公文写作好词好句速查大全

石头哥◎编著

人民邮电出版社
北京

图书在版编目（CIP）数据

公文写作好词好句速查大全 / 石头哥编著. -- 北京 : 人民邮电出版社，2025. -- ISBN 978-7-115-66646-8

Ⅰ. H152.3

中国国家版本馆 CIP 数据核字第 2025WC8009 号

◆ 编　　著　石头哥

责任编辑　曹可可

责任印制　王　郁　彭志环

◆ 人民邮电出版社出版发行　　北京市丰台区成寿寺路 11 号

邮编　100164　　电子邮件　315@ptpress.com.cn

网址　https://www.ptpress.com.cn

北京天宇星印刷厂印刷

◆ 开本：720×960　1/16

印张：22.5　　　　2025 年 5 月第 1 版

字数：527 千字　　　　2025 年 5 月北京第 1 次印刷

定价：99.80 元

读者服务热线：(010)81055256　印装质量热线：(010)81055316

反盗版热线：(010)81055315

前　言

写文章的“里子”，你更得会“抄”
——关于本书的使用说明

写完《公文写作标题结构速查宝典》，一个新的问题开始出现：文章的“脸面”（小标题）有了，可“里子”（内容）该怎么充实？巧妇最怕“无米”，写手最怕“无材”。写文章的“里子”，你更得会“抄”！只有又多又好地占有材料，以“数量”支撑“质量”，才能游刃有余写出得意之作。这种情况下，如能有个素材“小金库”，从中适当地“抄”素材，文章写起来势必会轻松很多。这也是编撰此书的初衷。在介绍这本让你写作“如虎添翼”的工具书之前，有必要探讨以下几方面问题。

1. 为什么要“抄”？

有句戏言叫“天下文章一大抄，看你会抄不会抄”，虽然没有登上正规写作教程的“大雅之堂”，但话糙理不糙，我们总能在跟人探讨写作之道时与其“邂逅”，在苦思冥想没有思路时尝试走这一条“道”，在明明知道要表达的意思却苦于“肚里没货”时借鉴他人文章，随后顿觉“柳暗花明又一村”。这也从侧面反映了“抄”对于写材料的重要性。

这里的“抄”，不是拿来主义，而是在不断丰富素材，积累、充实自己写材料的“小金库”的基础上，灵活运用各类素材的一种创作方法。“抄”是站在“巨人”肩膀上进一步创作的一种方法。唐代诗人贾岛在创作诗歌《题李凝幽居》时，留下了“推敲”的典故，充分说明了文字创作反复推敲、精益求精的过程。“吟安一个字，捻断数茎须”。相比“从零开始”创作，若能“抄”好他人打磨多遍的文字材料为自己所用，文章写作起来会更加得心应手，写作质量和效率也会高很多。

2. 去哪里“抄”？

石头常年苦口婆心地劝大家注意收集素材，建好自己的素材库。从公文材料、报刊中寻找好的词、句，把自己平时看到的所有精妙的表述记录下来，这对写材料很有帮助。

以石头为例，只要看到好的素材，无论是100条还是1条，都如获至宝，赶紧收录到资料库里。目前资料库已经积累了几千条精妙素材，包罗万象，应有尽有。对于这些积累素材，在工作中要经常翻阅，加深印象。

当然，毫无疑问，要靠一己之力建立起一个比较完善的写材料“小金库”，还要耗费不少时间和精力，甚至要花费几年的时间。说不定你的素材库还没建好，人都调离材料岗了。

这就是石头想通过这本书解决的问题。为了能让材料“抄”起来又快又好，笔者做了很多精巧的设计，本书在结构、内容等很多方面都颇费思量。

一是素材丰富。本书是一部“词典”性质的工具书，收集了30余万字的好词、好句，内容涵盖加强学习、哲学思辨、统筹领导、工作状态、党建工作、经济工作等多方面，目的是帮助办公室人员快速实现文稿“内容充实”“提质增效”。如果你写材料感觉没话可写或表达不够精准、生动，可以来这里面找找。

二是查阅方便。本书共分三编，将公文素材分别按公文结构套件速查、内容表达速查、工作类型速查进行编排。第一编包括开头帽段、结尾展望、过渡衔接等15类，第二编包括关于加强学习、关于哲学思辨、关于统筹领导、关于工作状态等16类，第三编包括党建工作、经济工作、农业工作、民生社会工作、老干部工作等13类。每一类又按照好词、好句的顺序编排，其中词与词之间按字数多少进行分类，好句部分按照“通用句式在前、经典好句在后，短句在前、长句在后”的顺序编排，查阅起来方便、一目了然。如果你的稿子需要充实素材，可以来这里面查阅。

三是新颖，质量高。本书收录的词、句，标准只有一个，就是要经典、新颖，让人看了感到耳目一新。

四是服务实践。参与本书编撰的写手，是在文字岗位浸润多年、写作基础较好的笔杆子，不仅文章写得好，素材积累也很好，公文写作经验丰富。在收集词、句的过程中，其投入了大量思考，倾注了大量心血。每个词、句的改写、收录等都以“服务实践”为第一要义，具有较高的参考价值。

五是方便“拿来就用”。本书在“好句”部分改写和收录大量通用句式，在实践中只需稍微修改就能使用，相信能给您的写作带来不少助力。

3. 该怎么“抄”？

拿到这本书，意味着你拥有了一个材料“小金库”。那么，如何从这个“小金库”中“抄”素材，写出好的文章？

第一，按图索骥“广搜”。在接到文章写作任务后，每个部分（结构）到底该写什么、该怎么写，首先做到心中有数。在此基础上，按照公文结构、内容表达、工作类型，从书中广而博地“占有”材料，建好素材“小金库”，做到“胸中有丘壑”，方可“下笔如有神”。

第二，对接供需“细选”。“小金库”建好后，就要根据“专业”“准确”的原则，从中选择贴合度高的优质、新颖内容，用于自己的文章。

第三，灵活改造“用好”。所谓“文以载道、文以辅政”，文章是为体现思想、为实践服务的，因此，搜集、选好素材后，更要学会活学活用，将素材加以改造，确保体现高度、体现思想、体现深度。

具体该怎么“抄”？举个例子：

一次，石头帮领导起草在某教育工作部署会上的讲话，经过反复思考和沟通，讲话稿拟定了三个小标题：第一，提高思想站位，认清出发点；第二，找准角色定位，把握关键点；第三，立足各自岗位，找准落脚点。

文章框架有了，要考虑的是用什么素材加以填充，让文章“有血有肉”。石头有话讲，知道要把“开这个会是为什么考虑”“重点要抓好哪几项工作”“下一步工作期待”这几层意思讲明白，可没什么素材表达，于是翻书，翻到第一编“开头帽段”“结尾展望”“过渡衔接”“提出工作要求”四节，发现书里有这么一些好词、好句：

其中，开头部分有“着眼于”“鉴于……的现状，为了改善……”，结尾部分有“终点站”“谱写华章”“奋力迈进”“把……转化为……的强大动力”“真中见境界，实中显作风，干中出成果”“咬定目标不放松，落实责任不松劲，定了就办、说了就干、干就干好”，过渡衔接部分有“据反映、据观察”“从短期效果看……从长远利益看……”“匠心聚，百业兴”，提出工作要求部分有“俯下身、沉下心”“抓住了这个重点，就抓住了……的关键；把握了这个环节，就把握了……的根本；做好了这项工作，就为……打下了坚实的基础”“掌握情况要细、分析问题要细、制定方案要细、配套措施要细、工作落实要细”“在严谨中‘上接天线’，确保学习宣传的权威性、准确性，做到忠实原文、忠实原义；在生动中‘下接地气’，确保解读阐释的形象性、生动性，做到贴近群众、贴近生活”。

翻到第三编“教育工作”一节，发现书里有这么一些好词句：“大学问、大情怀、大格局、大境界”“十年树木、百年树人”“质量是教育的生命线，我们要始终坚持以质量为中心，下大力气，提高教育质量”。

素材“小金库”建立好之后，接着就是对其灵活改造地“用”，对相关内容精挑细选、精雕细琢。

考虑到用词用句需“体现新意，彰显高度”及领导的讲话习惯、单位实际，开头帽段，石头选用了“鉴于……的现状，为了改善……”；结尾展望，石头选用了“谱写华章，奋力迈进”“咬定目标不放松，落实责任不松劲，定了就办、说了就干、干就干好”的词、句组合，将二者结合后进一步修改为“谱写新时代……事业华章，更需……奋力迈进，咬定目标不放松，落实责任不松劲，定了就办、说了就干、干就干好”；过渡衔接部分，石头选用了“匠心聚，百业兴”，但考虑到面向群体的特点等因素，这里我在原句基础上进行了扩充，改为：匠心聚，百业兴。只有以“择一事终一生”的执着专注，“干一行专一行”的精益求精，“偏毫厘不敢安”的一丝不苟，“千万锤成一器”的卓越追求，才能……干出不平凡的业绩；工作要求部分，我选用并改写为“抓住了教育重点，就抓住了……的关键；把握了教育的×项环节，就把握了……的根本；做好了教育各项工作，就为……打下了坚实的基础”“掌握情况要细、制定方案要细、配套措施要细、工作落实要细”“在严谨中‘上接天线’，确保教育工作的权威性、准确性，做到忠诚可靠、竭诚担当；在生动中‘下接地气’，确保教育宣传工作的形象性、生动性，做到贴近师生群众、贴近生活”。

最后将逻辑理顺、把观点讲清楚，成文的相关内容为：

【开头帽段】鉴于……的现状，为了改善……经校党委研究，决定召开这次……会议。为确保……提出如下工作要求。

【工作要求】

第一，提高思想站位，认清出发点。

抓住了教育重点，就抓住了……的关键；把握了教育的×项环节，就把握了……的根本；做好了教育各项工作，就为……打下了坚实的基础。

第二，找准角色定位，把握关键点。

掌握情况要细、制定方案要细、配套措施要细、工作落实要细。

第三，立足各自岗位，找准落脚点。

在严谨中“上接天线”，确保教育工作的权威性、准确性，做到忠诚可靠、竭诚担当；在生动中“下接地气”，确保教育宣传工作的形象性、生动性，做到贴近师生群众、贴近生活。

【过渡衔接】匠心聚，百业兴。只有以“择一事终一生”的执着专注，“干一行专一行”的精益求精，“偏毫厘不敢安”的一丝不苟，“千万锤成一器”的卓越追求，才能……干出不平凡的业绩。

【结尾展望】谱写新时代……事业华章，更需……奋力迈进，咬定目标不放松，落实责任不松劲，定了就办、说了就干、干就干好，为加快建设……努力创造……的新的更大成绩。

按照上面的方法填充内容，可谓屡试不爽，大大提高文章的写作效率。

石头真诚地希望，你有这本书在手边经常翻翻，不但能写出精准的内容、合格的稿子，或许还能有时间陪陪孩子、看看闲书，让自己拥有更广阔的精神世界。

最后，感谢晓庆在本书编写与出版过程中的巨大贡献，他是本书编写与出版的中坚力量。

石头哥

2024年10月

目 录

第一编

按公文结构套件速查

一、开头帽段

好词

根据，遵照、遵循，依据、依照、按照，围绕，为了，由于、鉴于、基于，最近，近来，兹因、兹为、兹悉，随着，目前，前接、现接，前收、现收，现将，惊悉、欣悉、收悉、谨悉，近闻、惊闻、欣闻、喜闻，承蒙，顷接，责成。

春有绿、夏有荫、秋有韵、冬有景，立足于、着眼于、发轫于，破题儿，出发点、落脚点、立足点，发源地，开门红、开场白，起跑线、起点站、起始站。

大地回春，春风报喜、春风化雨、春风拂面、春意渐浓、春意盎然、春意阑珊，万物欣荣，百花争艳，莺歌燕舞，桃红柳绿，景色宜人，风和日丽，暖意融融，暑威尽退，秋雨送爽，云淡风轻，金风送爽，秋意渐浓，稻菽飘香，硕果压枝，瑞雪初霁，寒意正浓，艳阳高照，风和日丽，天高云淡、天阔云舒，大地流金，万物呼晴，叠翠流金，漫山红遍，层林尽染，海风渐冷，阳春白雪，冬日暖阳，银装素裹，春寒料峭，粉妆玉砌，橙黄橘绿，玉树琼浆，海碧山青，青山萦翠，碧海流云、碧海青山，红瓦绿树，摆在首位，作为关键，努力方向，基本遵循，方法路径，统一思想，提高认识，明确目标，团结奋进、团结拼搏，克难而进，攻坚克难，积极参与，高度重视，认真组织，精心部署，总揽全局，协调各方，高举旗帜，服从大局，加强学习，提升能力，求真务实，提高效能，发扬民主，增进团结，抢抓机遇，开拓创新，坚定信心，转变作风，凝心聚力，同心同德，齐心协力，步调一致，解放思想，实事求是，锤炼作风，狠抓落实，敢于创新，迎难而上，紧扣重点，奋力推进，正视差距，准确把握，与时俱进，强化保障，加强领导，全力支持，恪尽职守，尽职尽责，勤勉工作，不负重托、不辱使命，认清形势，振奋精神，围绕中心，主动作为，锐意进取，扎实工作，全力以赴，吃透精神，把握精髓，未雨绸缪，突出重点，统筹兼顾，集中精力，乘势而上，大干快上，大力拓展、大力发展，努力改善，全力维护、全力保障，扎实开展，切实加强。

好句

- 依据……
- 旨在……
- 要突出……
- 根据……的要求/精神
- 鉴于……的情况
- 考虑到……的重要性，特此……

- 为……/为深入贯彻落实……精神

- 为进一步加强……

- 鉴于……的现状，为了改善……

- 基于……的需要，以实现……

- 聚焦/围绕……应……

- 舟至中流催帆竞，击楫勇进破浪行。一年来，在×××领导的关心支持下，我忠实履行×××工作职责，在努力提高自身业务及综合素质的同时，踏踏实实工作，在×××等各方面取得了一定成绩，现述职如下……

- 大争之世，非优即汰；崛起之时，不进则退。在全体同事的共同努力下，在×××领导的全力支持和关心下，×××以服务客户为宗旨，着眼于优化服务，从×××利益的角度服务、管理业务实现×××利益最大化。通过脚踏实地的努力，于20××年圆满完成了工作……

- 不挑担子不知重，不走长路不知远。在忙碌的工作中不知不觉迎来了新的一年，20××年，这一年有意义，有价值。回顾过去一年的工作经历，作为×××的一名职工，×××深深感受到了××拼搏精神。过去的一年，在领导和同事的指导下，经过不懈努力，×××取得了一些成绩，但也存在一些问题，过去一年工作总结如下……

- 人生海海，潮起潮落。

- 川行石立，花迎鸟笑。

- 阳春三月，万物复苏。

- 时序更替，岁物丰成。

- 桃红柳绿，景色宜人。

- 本固枝荣，根深叶茂。

- 山青水碧，日暖风轻。

- 德惟善政，政在养民。

- 岁月不居，时光如流。

- 众智之所为，则无不成。

❖ 众口铄金，积毁销骨。

❖ 一元复始，万象更新。

❖ 暖阳渐盛，万物葱茏。

❖ 日月改岁，万物萌新。

❖ 草木蔓发，春山可望。

❖ 阳和启蛰，品物皆春。

❖ 春潮滚滚，盛世如约。

❖ 今日云景好，水绿秋山明。

❖ 好景随春至，宏图与日新。

❖ 国无德不兴，人无德不立。

❖ 源浚者流长，根深者叶茂。

❖ 好雨知时节，当春乃发生。

❖ 亲亲而仁民，仁民而爱物。

❖ 其作始也简，其将毕也必巨。

❖ 上下同欲者胜，风雨同舟者兴。

❖ 国计虽艰，民生实为国本。

❖ 孟夏之日，万物并秀。

❖ 仲夏时节，万物丰茂。

❖ 仲夏之日，万物繁盛。

❖ 江南仲夏天，时雨下如川。

❖ 江南孟夏天，慈竹笋如编。

❖ 大雪压青松，青松挺且直。

❖ 终南阴岭秀，积雪浮云端。

❖ 香莲碧水动，风凉夏日长。

❖ 盛夏×××（地名），热情似火。

❖ 旗帜引领方向，道路决定命运。

❖ 秉纲而目自张，执本而末自从。

❖ 春去夏至，万木葱茏，生机勃发。

❖ 不挑担子不知重，不走长路不知远。

❖ 一言一行系民生，一枝一叶总关情。

❖ 唯利是图不可取，不忘初心方是道。

❖ 春拂三月繁似锦，巾帼笑靥贺佳节。

❖ 大鹏一日同风起，扶摇直上九万里。

❖ 千祥云集庆有余，百福骈臻贺新春。

❖ 春季山花烂漫，秋季层林尽染。

❖ 天时人事日相催，冬至阳生春又来。

❖ 爆竹声中一岁除，春风送暖入屠苏。

❖ 舟至中流催帆竞，击楫勇进破浪行。

❖ 熠火燃回春浩浩，洪炉照破夜沉沉。

❖ 金猴献瑞奋钧去，雄鸡欢鸣春到来。

❖ 绿树阴浓夏日长，楼台倒影入池塘。

❖ 接天莲叶无穷碧，映日荷花别样红。

❖ 回首向来风雨路，初心如磐谱华章。

❖ 繁霜尽是心头血，洒向千峰秋叶丹。

❖ 忽如一夜春风来，千树万树梨花开。

❖ 瑞雪兆丰年，×××（地名）万象新。

- 燕山雪花大如席，片片吹落轩辕台。
- 专业态度是做好任何一项工作的前提。
- 人间最美三月天，春花烂漫展新颜。
- 道虽迩，不行不至；事虽小，不为不成。
- 万山磅礴必有主峰，龙衮九章但挚一领。
- 党和国家事业要发展，青年首先要发展。
- 晓正当之事当力争，明谬误之事应不争。
- 根本固者，华实必茂；源流深者，光澜必章。
- 大争之世，非优即汰；崛起之时，不进则退。
- 拳握古今，肩挑明日。锻就烈火，履过薄冰。
- 时维九月，序属三秋，大地流金，万物呼晴。
- 河冰结合，非一日之寒；积土成山，非斯须之作。
- 人类只有一个地球，人类也只有一个共同的未来。
- 仲夏的×××（地名），绿草如茵，碧空如洗，风景如画。
- 地域有别，山川相异，自然会孕育出多姿多彩的文化。
- 渊渟岳峙，沂水春风，争做有道有义之人，展海晏河清。
- 春踩水城春绿，夏来花海漫步，秋看杏黄果熟，冬在雪上飞舞。
- 春到山花烂漫，夏到万木葱茏，秋来层林尽染，冬临玉树琼枝。
- 春季有繁花似锦，夏季有绿树成荫，秋季有硕果累累，冬季有踏雪寻梅。
- 丹心天为鉴，纵一腔豪情于阵前，热血中飘扬起英雄的旗帜；暗夜笔做剑，挥一纸悲愤于案上，墨迹里氤氲英雄的情怀。

二、结尾展望

好词

开拓，前进、前途、前景，奋斗，拼搏，务必，坚决，一定，登程，煞尾、收尾、首尾，算数，支点，截至、截止，终止、中止，返程，终于，极点，始终，高峰，峰顶，告终，回归，句点、节点，目标，终场、终究，总归、总算，完结、完毕，收场，到位，期限，发端，末期、末梢、末后，下来，收束，至此，归宿，尖顶，远志，青云，切盼，规划，宏图，骋目，抱负，在望，延伸，远方，庶几，奢想、奢望，遥远，探望，远期，出息。

压轴戏，目的地，终点站，落脚点、交汇点，画句号，末班车，岔路口，瞭望台，后尾儿，结束语，策源地，规划期、收官期、攻坚期，规划图、设计图、施工图，规划区，总预算。

爬坡过坎，滚石上山，谱写华章，斗志昂扬，奋力迈进，重塑辉煌，再铸伟业，只争朝夕，豪迈干劲，强大合力，永不懈怠，凝心聚力，锐意进取，积极作为，奋力赶超，抢抓机遇，重任在肩，振奋精神，扬帆破浪，策马加鞭，排难而进，再接再厉，抓铁有痕，踏石留印，一往无前，锐意拼搏，开拓奋进，使命在肩，责任重大，勤勉尽责，蓬勃向上，披荆斩棘，砥砺前行，万众一心，扎实苦干，奋发图强，坚定信心，乘势而上，永不僵化、永不停滞，勠力同心，守望相助，团结奋斗，一往直前，合力攻坚，图强图优，落地生根，开花结果，负重拼搏，争分夺秒，立说立行，迅速落实，集中力量，精准出击，踏实奉献，奋勇前行，持续发力，绵绵用力，善作善成，以小带大、以小见大，日积月累，风化俗成，标本兼治，立规明矩，力度不减、尺度不松、节奏不变，往严里抓、往实里干、往细里做，严字当头，实字托底，细上着力，蓬勃朝气、盎然锐气、浩然正气，夙夜在公，不舍昼夜，心无旁骛，静谧自怡，一门心思、一鼓作气、一心一意，敢为人先，抖擞精神，奋发有为，步步深入，口令不换、方向不变、力度不减，对标对表，咬紧牙关，开拓进取，兢兢业业，精益求精，爱岗敬业，干在实处、走在前列，勇立潮头，做出表率，豁得出去、顶得上去、沉下心去，提起气来，深思熟虑，源于精神，始于信心，奋楫争先，日拱一卒，脚踏春冰，头顶悬石，倍道兼程，急起直追，乘风破浪，扬帆远航，梦在前方、路在脚下，插柳成荫，育种蹲苗，事在人为，争先进位，后发崛起，吃透上情、摸清下情、把握内情、了解外情，不弃微末、不舍寸功、不受虚言、不听浮术、不慕虚荣、不务虚功、不图虚名、不采华名、不兴伪事、不留死角，焦点不散、靶心不变，夯基垒台，选材备料，立柱架梁，抓纲举目，纲举目张，统筹兼顾，整体推进、有序推进、持续推进，兜牢底线，蹄疾步稳，策马扬鞭，积极审慎，集中精力，聚精会神，积厚成势，凝聚荟萃，辐射带动，创新引领，全程跟踪，动态销账，精密调度、精确推进、精准督察、精细管理，督在实处、察在要害，扩点拓面，究根探底，扎实推进、纵深推进、有序推进、统筹推进，有序实施。

进入新时代、实现新目标、聚焦新任务、对标新使命、展望新蓝图、开启新征程、踏上新征程、开启新纪元、续写新篇章、聚焦新目标、落实新部署、瞄准新表现、激荡新气象。

好句

- 建议……
- 感谢贵单位对……的关注和支持。
- 请予以支持……
- 敬请批准……
- 推动……成为常态。
- 建议采取以下措施……
- 请求支持/协助……
- 希望……一如既往地关心和支持。
- 我们期待您的宝贵意见……
- 希望各单位认真贯彻执行……
- 把……转化为……的强大动力。
- 为……作出应有贡献（新的更大贡献）。
- 为做好……工作打下/打牢坚实（思想）基础/根基。
- 着力构建“横向全覆盖、纵向全链接、全局一盘棋”的工作格局。
- 壹引其纲，万目皆张。
- 化感动为行动，化实干为实绩。
- 装点此关山，今朝更好看。
- 海阔凭鱼跃，天高任鸟飞。
- 积一时之跬步，臻千里之遥程。
- 使命需要担当，实干成就未来。
- 沧海横流显砥柱，万山磅礴看主峰。

❖ 九万里风鹏正举，新征程砥砺初心。

❖ 百舸争流千帆竞，借海扬帆奋者先。

❖ 惊涛骇浪从容渡，越是艰险越向前。

❖ 风雨多经志弥坚，关山初度路犹长。

❖ 东风浩荡征帆满，豪情满怀谱新篇。

❖ 雄关漫道真如铁，而今迈步从头越。

❖ 锐始者必图其终，成功者先计于始。

❖ 任重道远须策马，风正潮平好扬帆。

❖ 牵一发而动全身，落一子而活全盘。

❖ 新使命催人奋进，新征程任重道远。

❖ 春风得意启新程，策马扬鞭勇奋进。

❖ 号角声声催征人，牢记使命在担当。

❖ 风帆劲满海天阔，俯指波涛更从容。

❖ 事业就是感召力，环境就是吸引力。

❖ 春有百花秋有月，夏有凉风冬有雪。

❖ 乘长风破万里浪，凌青云啸九天歌。

❖ 真中见境界，实中显作风，干中出成果。

❖ 志之所趋，无远弗届；志之所向，无坚不入。

❖ 创业精神需鼓而不泄，创新火炬要旺而不熄。

❖ 用事实来说话，拿成果来证明，以实效来检验。

❖ 时代是出卷人，我们是答卷人，人民是阅卷人。

❖ 蓝图已经绘就，目标振奋人心，奋斗正当其时。

❖ 一个行动胜过一打纲领，一天落实胜过一年空谈。

- 重任千钧、征途漫漫，唯有坚毅前行，方能不负重托。
- 蓝图绘就，正当扬帆破浪；重任在肩，更须策马加鞭。
- 风来潮起，自当扬帆破浪；任重道远，更须策马加鞭。
- 下定总攻的决心，集结总攻的兵力，吹响总攻的号角。
- 一步一个脚印走，一锤接着一锤敲，一棒接着一棒跑。
- 不登高山，不知天之高也；不临深溪，不知地之厚也。
- 盛年不重来，一日难再晨；及时当勉励，岁月不待人。
- 审视当下，人间正道是沧桑。展望未来，长风破浪会有时！
- 踏上新征程，我们信心满怀；展望新未来，我们豪情澎湃。
- 咬定目标不放松，落实责任不松劲，定了就办、说了就干、干就干好。
- 走路一阵风、工作往前冲，开工就开战、开战就决战、决战就决胜。
- 蓝图已经绘就，号角已经吹响；军令状已经下达，集结号已经吹响。
- 用“原理”来剖析“时代必答题”，用“规律”来解答“发展应用题”。
- 一切伟大成就都是接续奋斗的结果，一切伟大事业都需要在继往开来中推进。
- 每一个追梦的姿态，都将被定格为历史；每一滴奔跑的汗水，都将浇灌出未来。
- 圆梦的目标越接近，越要爬坡过坎；对美好生活的向往越热切，越要拼搏奋斗。
- 节点决定起点，开局关系全局。干事创业，精气神最宝贵；战胜困难，自信心最关键。
- 要事不避难、义不逃责，大胆地干、坚决地干。要有“事事争当第一流”的万丈豪情。
- “人生天地间，长路有险夷。”幸福是奋斗出来的，成功总是属于积极进取、不懈追求的人们。
- 志在必得，激情追梦促发展；破旧立新，甩开膀子放开干；夙兴夜寐，大干快干拼命干。
- “犯其至难而图其至远”。向最难之处攻坚，追求最远大的目标。
- 压力当动力，翻篇归零再出发；首战当决战，力夺首季开门红；现场当赛场，机制倒逼提效能。

- 贵有恒勇往直前，察时势择时转弯。吾辈寄梦未来，必将在晴空中沐浴着阳光飞行，追梦天宇间。
- 以坚如磐石的信心、只争朝夕的劲头、坚韧不拔的毅力，一步一个脚印把前无古人的伟大事业推向前进。
- 不折不扣、不偏不倚的行动自觉，马上就办、真抓实干的坚决态度，踏石留印、抓铁有痕的攻坚劲头。
- 变成更新观念、开阔视野的过程，变成查找差距、完善思路的过程，变成明确方向、推动发展的过程。
- 争做追求卓越的标兵，争做克难攻坚的标兵，争做恪尽职守的标兵，争做开拓进取的标兵，争做践行法治的标兵，争做服务为民的标兵。
- 筑牢绝对忠诚之心，把稳理想信念之舵，夯实执政为民之基，激发干事创业之志，恪守清正廉洁之本。
- 把稳政治方向之舵，夯实依规治党之基，提升选育管用之效，突出强基固本之举，绷紧作风建设之弦，严守纪律规矩之戒。
- 这是一方政通人和之地，发展活力无限；这是一方资源富集之地，发展潜力很大；这是一方干事创业之地，发展动能强劲。
- 把理想信念作为想干事的动力源泉，把政治责任作为想干事的根本要求，把执政为民作为想干事的初心使命。
- 对×忠诚的明白人，改革发展的引路人，服务群众的贴心人，管×治×的责任人，干事创业的带头人。
- 经常深入基层、深入一线，真诚倾听群众呼声，真实反映群众愿望，真情关心群众疾苦，切实做到民有所呼、我有所应，民有所求、我有所为，让群众时刻感受到温暖。
- 做到干事业一条心、抓工作一盘棋、谋发展一股劲，以一往无前的精神、锐意创新的思维、攻坚破难的勇气，努力追求一流效率、争取一流质量、创造一流业绩。
- 要把促进团结视为一种责任、一种胸怀、一种素质，珍视团结、维护团结、增进团结，努力把班子建设成为思想同心、目标同向、行动同步、责任同担的坚强领导集体。要以共同的事业维系团结。共同的事业、共同的追求，让我们走到了一起。
- 把思想定位在高站位上，把言行定位在讲操守上，把心思定位在干事业上，把职责定位在强主业上，把能力定位在干成事上，把管理定位在正风气上，把落点定位在实作风上。

- 求真务实地干，身体力行地干，身先士卒地干，只争朝夕地干，精益求精地干，团结一心地干。

- 天上不会掉下馅饼，梦想不会自动成真。没有辛勤耕耘，哪有一招制敌；没有汗水挥洒，哪有功成名就。

- 山长水阔不辞其远，风摧雨折不改其志。越是面对风险挑战，越是要用好××××，以更大决心和力度推进×××。

- 面向未来，更要通过改革创新的办法疏通堵点、疏解痛点、攻克难点，为创新松绑、为创业加油、为创造助力。

- 历史已经证明并将继续证明：以改革开放为帆，“中国号”巨轮必将行稳致远，与世界携手创造更加精彩的发展传奇。

- 5000多年浩瀚文明的滋养，上百年精神谱系的浸润，从历史中孕育的中华文化，必将焕发出更加迷人的魅力和风采。

- 在风雨中磨砺、在逆境中蓄势的×××，必定能积聚洪荒伟力，冲开绝壁夺隘而出，奔向更加辽阔宽广的新天地。

- 作为新时代的追梦人，我们必将沿着先辈开辟的道路，以梦想为岸、以团结作帆、以奋斗划桨，向着美好的明天砥砺前行。

- 今日之中国，顺应时代潮流，汇聚亿万人民的聪明才智，必将以“众人拾柴火焰高”的磅礴力量，打造一个活力无限的创新中国。

- 踏平坎坷成大道，斗罢艰险又出发。展望催人奋进的新蓝图，需要我们不负重托、敢于担当；启航超越发展的新征程，需要我们心无旁骛、砥砺前行。

- 展现新作为，以冲天干劲激发埋头苦干的奋进精神；不负新期待，以执着钻劲焕发精益求精的工匠精神；建立新功勋，以争先闯劲迸发勇于开拓的创新精神。

- 让“诗和远方”的故事更精彩，还需我们共同绘制好文旅融合的“工笔画”，推动文化与旅游在更广范围、更深层次、更高水平上实现融合发展，满足人民美好生活新期待。

- 这是一个人人可以追梦、圆梦的时代，不论是风和日丽还是狂风暴雨，不论是顺顺利利还是磕磕绊绊，只要你拼尽全力、勇往直前，就一定会与心中的梦想不期而遇。

- 当每一个平凡生命的创造精神、奋斗韧劲前所未有迸发出来，涓滴之水汇聚成不可阻挡的时代洪流，中华民族的逐梦征程将所向披靡，新时代中国的前途将不可限量。

❖ 越是愈进愈难、愈进愈险，越要非进不可，一棒接着一棒跑下去，一代接着一代干下去，在大有可为的舞台，以大有作为的劲头，奋力谱写新时代的壮丽篇章。

❖ 寻觅人才求贤若渴，发现人才如获至宝，举荐人才不拘一格，为各类人才铺就成长进步、施展才华的舞台，提供人生出彩、梦想成真的机会，党和国家的事业必将越来越兴旺。

❖ 要扛起光荣使命，以永不懈怠的精神状态和一往无前的奋斗姿态，把擘画的宏伟蓝图变为美好现实，向×××交上一份合格答卷。

❖ 不负×××的信任和重托，以赶考的心态、昂扬的状态、奋进的姿态，握稳“接力棒”，跑好“接力赛”，恪尽职守、不辱使命，圆满完成××提出的各项目标任务。

❖ 初心如磐，使命在肩；征途漫漫，唯有苦干。让我们以昂扬姿态和顽强意志，奋力开启全面建设×××的新征程，谱写新时代××绚丽篇章！

❖ 广大知识分子激发爱国之情、砥砺强国之志、实践报国之行，将满怀忠诚、毕生所学倾注到实现伟大梦想的坚实步伐中，就一定能创造无愧于时代、无愧于人民的成绩，在祖国大地上矗立起知识分子的时代丰碑。

❖ 我们相信，随着一系列具有含金量的措施落地见效，民营企业在聚焦实业做精主业的道路上一定会信心更足、定力更强、步履更稳，一定会讲出更多海阔天高鸟飞鱼跃、创造活力充分迸发的精彩故事。

❖ 置身新时代的前进洪流，我们要永远保持奋斗精神、永远保持爱国情怀，只争朝夕、不负韶华，于激荡和共鸣中汇聚智慧、凝聚力量，推动国家进步和民族复兴，在中华民族史上、人类发展史上写下新的篇章！

❖ 沧海横流方显英雄本色。20××年将是攻坚克难、充满挑战的一年，也将是充满希望、播种未来的一年。在这发展的重要节点，我们要坚定信心，咬定目标，统筹安排，真抓实干，为实现可持续健康发展而努力奋斗！

❖ 坐而言不如起而行，路虽远，行则将至；事虽难，做则必成。我们要上下同心，迎难而上，真抓实干，坚持一切有利于发展的事都做，一切不利于发展的事都不做，做正确的事，正确地做事，把事做正确，确保全面完成年度各项工作目标！

❖ 倘若一个国家是一条航行在大海上的船，新闻记者就是船头的瞭望者。作为船头的瞭望者，新闻工作者需要练就一双“慧眼”，将气象万千的景象尽收眼底，再加上手中的如椽之笔，将其记录下来，就能为公众描绘出一幅波澜壮阔的时代画卷。

❖ 志之所趋，无远弗届；志之所向，无坚不入。站在新的发展起点，过去和未来接替承续，机遇与挑战并存同行。面对新的发展任务，只要我们保持发展定力，增强自身能力，坚定凝心聚力，谋发展的决心不动摇，借势发力，砥砺前行，必将继往开来，再谱新篇，再创辉煌！

❖ 无论是弱小还是强大，无论是顺境还是逆境，×××都初心不改、矢志不渝，历经千难万险，付出巨大牺牲，敢于面对曲折，勇于修正错误，攻克了一个又一个看似不可攻克的难关，创造了一个又一个彪炳史册的人间奇迹，谱写了气吞山河的壮丽史诗，展现出无比灿烂的前景。

❖ 把握新发展阶段、践行新发展理念、融入新发展格局，自觉将×××发展放到×××大局中去谋划和思考，找准发展坐标和目标定位，不断提高“放眼全局看问题”的×××判断力、“立足大局求真知”的×××领悟力、“聚力开局抓落实”的×××执行力。

❖ 既是做决策的领导者，又是抓落实的责任人，既要当好指挥员，更要当好战斗员。攻坚克难做表率，示范引领当先锋，挑最重的担子，啃最硬的骨头，一级带着一级干，一级做给一级看，真抓实干，埋头苦干，抢干快干，推进×××尽早实现跨越发展。

❖ 百舸争流千帆竞，借海扬帆奋者先。回顾过去，是为了更好地面对未来。对20××年的不足，我将在20××年引起更高的重视，采取不懈的努力，争取做得更好，我会用行动来证明。为适应×××的发展，我将努力提高自己的职业技能和业务水平，认真学习各项制度，以积极的态度做好×××工作，在平凡的岗位上发挥自己的光和热。

❖ 按照工作项目化、项目节点化、节点责任化的要求，从现在就出发，只争朝夕、夙夜在公，风雨兼程、久久为功，以“功成不必在我”的精神境界和“功成必定有我”的历史担当，干成一批打基础利长远的实事，做成一批群众得实惠的好事，突破一批制约发展的难事，一步一个脚印把绘就的美好蓝图变成精彩现实。

❖ 坚持在职责上分、思想上合，在工作上分、目标上合，做到分工不分家、补台更补位。要以宽广的胸襟促进团结。大家要相互尊重、相互信任、相互支持，多一点容人容事、坦诚相待的气度，多一点闻过则喜、从善如流的胸襟，坚持大事讲原则、小事讲风格，努力成为政治上志同道合的同志、思想上肝胆相照的知己、工作上密切配合的同事。

❖ 力戒形式主义、突出结果导向，努力把形势判准、把情况吃透、把标准抬高、把思路厘清、把措施定细、把责任落实，推动各项工作晋位次、有特色、见成效。要勇于改革创新。必须增强系统观念，从全新视角认识问题，从全局角度思考问题，勇于打破不合时宜的思想观念束缚，大胆跳出传统思维定式，敢走没走过的路、敢拓没垦过的荒，努力在新发展阶段开创发展新境界、拓展发展新空间。

❖ 放开胆子想、迈开步子争、甩开膀子干，打破发展天花板，增创竞争新优势，重振产业雄风，再创城市辉煌。要有“越是艰难越向前”的坚定决心,要有“一锤接着一锤敲”的持久定力。新征程上，有发展机遇，也会有风险挑战。这就需要我们锤炼开顶风船的本领，面对困难不敷衍、面对矛盾不回避、面对责任不推卸，敢挑最重的担子、啃最硬的骨头、接最烫的山芋，知重负重、迎难而上，把越来越多的“不可能”变为“一定能”、把越来越多的“办不到”变为“办得到”。

三、过渡衔接

悉，接，而，即，将，乃，却，如，是，现，像，则，经，已，拟，请，希，望，敬，方。

诚然、固然、当然，为此、据此、值此、至此、因此，当否、可否、妥否，拟请、提请，比方，不过、不料，当经、前经、现经、均经、并经、业经、已经、兹经，此外，但是，鉴于，恳请、拟请、特请、务请，如蒙，为使、为此，即希，务望、务恳、务请，希予、希将、希能，至希、尚希，尚祈、尚盼，希望，勿误，如蒙，即予，对此、奉此，接着，据此，可是，譬如，偏偏，岂知，岂料，因此，其实，那么，但是，不过，然而、然后，如下，虽然，说到，特作，迅即，从速、火速，在即、当即，同时，现将、现有，一般，以上，顷接，收悉，责成，交办、试办、照办，办理，执行，同意，批准，可行，由此，于是、于下，只是，值此、至此，责成，查明，知照，下达，综上，总之，纵观，对于、关于，颁发、颁布，印发，发布，下达，尚望，希予，勿误，会同，上报，报批，拟订，左列、右列、下列、上列，如此，于后，上项，近闻、惊闻、欣闻、喜闻，总之，为感、为盼。

据反映、据观察、据通知，请见谅，相反地，大不了，于是乎，挨边儿、对茬儿、接茬儿，连接号，接合部，连贯性。

如此说来，由此可见，不难看出，毋庸置疑，古往今来，自古洎今，回溯历史，翻开史册，妙哉斯言，诚哉斯言，究其本质，物犹如此，人何以堪，由此观之，有鉴于此，纵观世界，放眼寰宇，综上所述，总而言之，无独有偶，放眼全球，筚路蓝缕，以启山林，特此通知、特予公告、特此公告、特此函达、特先函商、特先联系、特再函询，请即函复，并希见复，谨致谢忱、深表谢意。

好句

❖ 主观上……客观上……

❖ 显形的……隐形的……

- 有比较才能有鉴别：×××。
- 首先……其次……再次……
- 一方面……另一方面……此外……
- 物质方面的……精神方面的……
- 从短期效果看……从长远利益看……
- 纵观古今，凡是……无不是……
- 回顾过往……展望未来……
- 放眼寰球，大凡有……无不是……
- 与此形成鲜明对比的是：×××。
- 绝不是……更不是……而是说……
- 如果……不妨……但是……
- 匠心聚，百业兴。
- 文以化人，文化兴邦。
- 知之非艰，行之惟难。
- 征途如虹，浩荡前行。
- 为者常成，行者常至。
- 激扬精气神，奋楫再出发。
- 奋斗是一首永不过时的歌谣。
- 天育物有时，地生财有限。
- 观古今于须臾，抚四海于一瞬。
- 传千年之经义，燃万古之明灯。
- 国家之魂，文以化之，文以铸之。
- 为人民健康筑基，为美好生活添彩。

❖ 一花独放不是春，百花齐放春满园。

❖ 文化兴则国运兴，文化强则民族强。

❖ 一枝独秀不是春，百花齐放春满园。

❖ 时代是思想之母，实践是理论之源。

❖ 看似寻常最奇崛，成如容易却艰辛。

❖ 今人嗤点流传赋，不觉前贤畏后生。

❖ 最激昂是少年志，最闪耀是追梦人。

❖ 千年文脉绵延不绝，灿烂文明生生不息。

❖ 人法地，地法天，天法道，道法自然。

❖ 刻下“容”的底线，辨析“错”的性质。

❖ 志之所趋，无远弗届，穷山距海，不能限也。

❖ 各美其美，美人之美，美美与共，天下大同。

❖ 文脉绵延，熠熠重光；承古拓今，生生不息。

❖ 恪守信义说有价值的话，遵守恩义说暖人心的话。

❖ 让信仰扎根灵魂深处，让领头雁成为坚定举旗人。

❖ 在衰落遗失的边缘坚守，在快捷功利的繁荣里坚持。

❖ 不懂得传统的人正如没有地图的旅行者，不可能远行。

❖ 强音加鼓点，号令来催征；发展出考题，行动作答卷。

❖ 让领头雁成为忠诚播火者，让领头雁成为传统践行者。

❖ 勇立潮头，方知浪高风急；奋勇搏击，方能冲云破雾。

❖ 走得再远，不能忘记为什么出发；时而回望，方能找准方向前行。

❖ 洪亮处如黄钟大吕，振聋发聩；甘醇处如秋声鹤唳，余音绕心。

❖ 让目标成为引领方向的“路标”，让问题成为催人奋进的“酵母”。

- 前程越是广阔，就越要去开拓；梦想越是伟大，就越要去拼搏。
- “顶天”就是提高站位、打通心路，“立地”就是脚踏实地、强化执行。
- 既要静下来、坐下来原原本本学，也要谋起来、动起来踏踏实实干。
- 一切办法只有在实干中才能见效，一切机遇只有在实干中才能抓住。
- 锻长板扬优势，以实干赢得认同；坚信心强韧劲，用心用情激活力。
- 有起伏的道路，才有更美的风景；有故事的人生，才是更饱满的人生。
- 照亮前路、催人奋进的熊熊火炬，无惧风雨、乘风破浪的浩荡风帆。
- 蓄积“咬定青山不放松”的信念，砥砺“越是艰险越向前”的品格。
- 在历经曲折百废待兴时穷追猛赶，在改革转型冲破藩篱时劈波斩浪。
- 致力非凡事业，定需非凡精神；创造非常业绩，先有非常状态。
- 蓝图宏伟，任务必然艰巨，不必怕；征途漫漫，自有天道酬勤，不侥幸。
- 回望来路，时代的考卷，叠成阶梯；展望前路，未来的征途，任重道远。
- 既做当前有成效、长远可持续的事，也做当前见效慢、长远打基础的事。
- 这招数那招数，不见效都是虚招数；这把式那把式，不落实就是虚把式。
- 发展的画卷，在接力奋斗中愈加华彩；时代的乐章，在继往开来中更加昂扬。
- 走过的路，都将成为前行路上的“北斗”；迈过的坎，终会化作照亮前路的“星光”。
- 以奋斗为笔，我们书写不平凡的篇章；以梦想之名，我们拥抱充满希望的未来。
- 埋头爬坡过坎，因为这一条路必须得走；保持历史耐心，因为时间终将证明一切。
- 回顾了极不寻常、极不平凡的辉煌成就，绘就了波澜壮阔、催人奋进的宏伟蓝图。
- 前方，更加壮阔的新征程召唤我们再出发；明天，更加辉煌的新答卷有待我们来书写。
- 十年，是一把刻度尺，标注着中国发展的高度。十年，是一次跨越，见证着中国发展的速度。
- 奔跑者的脚下，是逢山开路、遇水搭桥的坦途；实干者的手中，是劈波斩浪、中流击水的双桨。

❖ 放到历史的长河中，不过是转瞬即逝的碧浪飞花；放在职业的生涯中，也只是时光流转的回眸一瞥。

❖ 既有“昨夜江边春水生，艨艟巨舰一毛轻”的欣慰，也有“天时人事日相催，冬至阳生春又来”的急切。

四、强调意义和重要性

抓，搞，上，下，出，想，谋，多，宽，高，大，好，快，省，新，狠，早，细，实，很，较，再，更，化，型。

日益、日趋、日渐、日臻，不断，逐步、稳步，深化、深入，推进、推动，促进，高度、深度、宽度、力度、强度、密度、浓度、气度、温度。

归属感、成就感、荣誉感、安全感、自卑感、优越感、使命感、责任感、自豪感、时代感、危机感、紧迫感、获得感、幸福感、认同感、依赖感、价值感、正义感，系统性、普遍性、严峻性、必然性、有效性、真实性、重要性、必要性、自觉性、坚定性、相关性、主动性、苗头性、战略性、紧迫性、迫切性、吸附性、敏感性、全局性、针对性、创造性、长期性、积极性、可讲性、复杂性、艰巨性、计划性、敏锐性、前瞻性、公平性、合理性、差异性，为基础（基点）、为核心（中心）、为根本、为重点、为举措（手段）、为载体（平台）、为保障（保证/后盾）、为契机、为总揽、为抓手、为目标、为动力、为依托、为突破、为目的、为关键、为先导、为宗旨、为支撑、为指导、为导向、为方向、为驱动、为主体、为补充、为标准、为主线、为主题，控制力、影响力、创造力、凝聚力、战斗力、亲和力、执行力、感召力。

互为条件，缺一不可，相辅相成，有机统一，相互协调，相互促进，互相成就，其势已成，未来可期，大有可为，谋生之道、安身之术、立命之本，减少阻力，增加动力，汇聚合力，发展之基、强国之策、兴国之道、活力之源，战略重点，一号工程，关键支撑，根本保障，重要领域、重要源泉、重要支撑、重要因素、重要阶段、重要力量、重点途径，应有之义，关键环节，龙头工程，亮丽名片，标志话语，强劲引擎，思想灯塔，精神支柱，力量源泉，进军口号，行动纲领，光辉篇章，时代宣言，理论飞跃，幸福指南，战略地位，时代主题，职责使命，正确道路，根本战略，第一方略，总体要求，深入人心、凝聚人心、激励人心、安稳人心，现实之需、形势之迫、战略之要，彼此联系，相互贯通，有机统一，生存之道、治本之策、双赢之法，正当其时、正合所需、正合时势，方向正确，定位准确，任务情绪，路径明确，时代所需、事业所需、人心所向，为立足点、为出发点、为切入点、为突破口、为落脚点、为闪光点、为结合点、为根本点、为增长点、为着力点、为动力点、为关键点，关键时期、重要时期、攻坚时期。

战略机遇期、发展加速期、结构转型期、攻坚爬坡期，战略的高度、发展的视角、理性的态度、超然的格局。

好句

- 只有……才能……
- 必须充分认识到……的重要性。
- 这是一个不容回避的重大政治和经济问题。
- ……是制定政策、做好……工作的基本出发点。
- 做好……工作，恰逢其时、意义重大、影响深远。
- ……会议，是在……关键时期召开的一次十分重要的大会。
- 统筹对×××来说，不仅是域内之事，更是要放眼全国乃至全球之事。
- ……具有十分重要的政治意义、战略意义和实践意义，充分体现了对……的高度重视和亲切关怀。
- ……既是一个重大经济问题，也是一个重大政治问题，……既是一个重大实践问题，也是一个重大理论问题。
- 关系坚持社会主义基本经济制度，关系改革开放基本国策，关系高质量发展和共同富裕，关系国家安全和社会稳定。
- ×××是大熔炉，可以锤炼意志；×××是大学校，可以增强本领；×××是大舞台，可以施展才干；×××是大摇篮，可以培养才俊。
- ……是应对挑战、化危为机的迫切需要，是服务大局、融入全局的重要支撑，是巩固优势、再创辉煌的关键抓手，是赶超跨越、争先进位的必然路径。
- 这×××个问题，是关系新发展阶段×××事业发展的全局性、战略性、前瞻性重大问题，是当前经济社会发展中重大而紧迫的课题。
- 当前和今后一个时期，要把……作为一项重大而紧迫的战略任务，切实抓紧抓好。这既是……的物质基础，又是……的必要条件；既是……的迫切需要，又是……的战略选择；既是……的重大举措，又是实现……的重要保障。

❖ 当好新时代的答卷人，是践行×××的初心使命所系。当好新时代的答卷人，是巩固×××的执政地位所在。当好新时代的答卷人，是实现×××的奋斗目标所需。

❖ 坚持把……作为……工作的重中之重，摆到……各项工作首位。这是……对……认识的深化，是……工作部署和安排的科学选择，也是做好……的重要保证。

❖ 在社会主义市场经济体制下，资本是带动各类生产要素集聚配置的重要纽带，是促进社会生产力发展的重要力量，要发挥资本促进社会生产力发展的积极作用。

❖ 要深刻认识×××是创新理论的拓展和延伸，全面系统理解掌握内涵其中的基本观点、科学体系、实践方法，再来一次理论大学习、思想大武装，强筋壮骨、固根铸魂、补钙化淤，筑牢信仰之基、补足精神之钙、把稳思想之舵。

❖ 这次会议全面总结×××工作取得的历史性成就、发生的历史性变革，深刻阐述加强×××建设的重大意义，明确提出加强×××建设必须坚持的重要原则，对加强×××作出了全面部署，是×××的根本遵循，对动员×××一起动手，推动×××建设迈上新台阶，具有重大现实意义和深远历史意义。

❖ 要深刻认识到，学以致用、知行合一是学习理论的价值所在，是学习条例的目的所在，坚持理论联系实际，切实用理论研究新情况，用条例解决新问题。要坚持学用一致，运用条例指导具体工作，推动事业发展，打通理论与实践的转化通道，提升能力本领，把理论的优势转化为实干担当的行动优势。

❖ 在……的组织体系中，×××是处在组织结构的“第一方阵”，离×××最近，服务×××最直接，对×××乃至其他领域×××具有风向标作用。在×××体系中，×××处在“最先一公里”和“第一棒”的位置。如果“第一方阵”出问题，危害会很大，属心腹之患而非皮癣之忧。如果“最先一公里”落空，“第一棒”掉链子，往后和向下的一切都会变形走样，甚至会变质变味。

五、分析形势

好词

局，态，状，势，况，看，样。

情势、风势、阵势、时势、局势、顺势、国势、大势、态势、架势、权势、劣势、优势、就势、借势、趋势、乘势、均势，意思，势头、势态、势利，风头、风云，样子，世态、事态，大事，状况、战况、事况、情况，世情，先机，现状，局面，态度，格局、世局、政局、时局、大局，方向、动向，模样，时务、时事，盘面，危急、危机，混乱，处境，严峻，前景、情景，境况、景况，对策，见机，实力，眼下，机宜，军情。

形势喜人、形势催人、形势逼人，势不可遏，天高地下，大势所趋，审时度势，观望风色，揆时度势、揆情审势，瓮中之鳖，识时达务、识时达变、识时通变，待势乘时，咄咄逼人，形制之势，逼不得已，敌变我变，实逼处此，趋时奉势，地嫌势逼，形格势制、形禁势格，通时达变、通时达务，鉴貌辨色，因势顺导，矢在弦上，当前决意，方兴未艾，强弱异势，逆风恶浪，刻不容缓，一叶知秋，风云万变，势在必行，应变将略，因势利导，建瓴之势，辅车之势，欲罢不能，急转直下，看风转舵，破竹建瓴，情见势竭、情见势屈，随方就圆，见风转篷，时移势易，事穷势迫，权时救急，形劫势禁，大敌当前，看风使舵，时变是守，鼎足之势，风云开阖，时异势殊，时变之应，全局在胸，一日千丈，权时制宜，势不得已，审势而行，居高临下，顺水推舟，风云变幻，审势相机，常观大势、常思大局，挑战逼人、使命逼人，人心思稳、人心思进、人心思富，因势而谋、因势而动、因势而进，分析形势，沟通思想，凝聚共识，谋划未来，登高望远，居安思危，拓宽视野，放眼世界，找到坐标、找到定位，紧跟时代，把握潮流，胸怀全局、胸怀大局、统筹全局，把握大势，着眼大事，厚植优势，自信坚定，瞄准靶向，赓续过往，立足当前，着眼长远，具有优势，占据先机，任务艰巨，道阻且长，有待提高，任重道远，历史所鉴，事业所需，人心所向，众望所归，必然要求，迫切需要，必由之路，不进则退，标兵渐远，追兵迫近，现实痛点，发展难点，民生热点，舆论焦点。

好句

- ……形势依然严峻复杂，仍需持续发力、久久为功。
- ……正处在结构调整阵痛期，转型升级攻坚期，政策叠加机遇期。
- 当前，×××正在发生深刻复杂变化，×××仍处于重要战略机遇期，前景十分光明，挑战也十分严峻。
- 必须清醒地看到，×××依然是……的薄弱环节，×××的状况并没有改变，×××机制并没有建立，×××的深层次矛盾并没有消除，×××的局面并没有根本改观，×××仍然处在艰难的爬坡和攻坚阶段，×××的任务非常艰巨。
- 放眼全球×××；综观国内×××；审视自身×××。
- 从历史维度看×××；从现实维度看×××；从全球维度看×××；从工作维度看×××。
- 追求的是发展，崇尚的是共赢，传递的是希望。

- 检验品质的“试金石”，锻造人才的“炼钢炉”。
- 前进路上的“拦路虎”，工作当中的“绊脚石”。
- 重视程度之高，政策密度之大，推动力度之强。
- 获得感更充盈，幸福感更可持续，安全感更有保障。
- 团结一心干事业，齐心协力谋发展，群策群力促和谐。
- 擘画的宏伟蓝图，指引的前进方向，寄予的殷切希望。
- 坚持问题导向，体现发展要求，承载历史成果，顺应时代大势。
- 全面调高工作标尺，全面激发发展活力，全面提升发展质效。
- 保持“稳”的定力，坚定“进”的信心，展现“新”的作为。
- 有风有雨是常态，风雨无阻是心态，风雨兼程是状态。
- 指明了前进方向，注入了强大动力，增添了无限信心。
- 战略机遇落地期，转型发展关键期，蓄势突破窗口期。
- 感到“本领恐慌”、出现“知识枯竭”、发生“岗位倦怠”。
- 移山填海干出来的，风雨兼程追出来的，闯关夺隘拼出来的。
- 数量与质量相统一，开发与优化相协调，内建与外引相结合。
- 纠风之难，难在防止反弹回潮；反腐之难，难在去除病根病灶。
- 遇到的挑战非比寻常，肩负的使命非比寻常，取得的战果非比寻常。
- 越是咬紧牙关、攻坚克难的时候，越是比拼意志、攻坚拔寨的时候。
- “老字号”由硬变软，“原字号”由短拉长，“新字号”由小做大。
- 走出“山重水复疑无路”的困境，迎来“柳暗花明又一村”的喜悦。
- 拉开攻坚必胜的架势，掀起大干快上的声势，彰显舍我其谁的气势。
- 克服困难的勇气不能少，开创新局的锐气不能减，艰苦创业的拼劲不能丢。
- 把握“进”的历史机遇，明确“进”的战略方向，创新“进”的思路理念。

❖ 开辟了伟大道路，建立了伟大功业，铸就了伟大精神，创造了伟大奇迹。

❖ 肩负的政治使命，所处的历史方位，担当的重要角色，奠定的现实基础。

❖ 既面临着“轻舟已过万重山”的喜悦，也面临着“雪拥蓝关马不前”的困难。

❖ 发展环境不会一成不变，发展条件不会一成不变，发展理念不会一成不变。

❖ 在复杂形势中找准方向，在矛盾交织中找到思路，在困难重重中求得突破。

❖ 应对困难，坚持新发展理念不动摇；面对挑战，实现高质量发展新业绩。

❖ 把形势估计得更复杂一点，把困难想象得更多一点，把措施考虑得更周密一些。

❖ 正是咬紧牙关的时候，正是屏息聚力的时候，正是比拼意志的时候。

❖ 厚积薄发的“窗口期”，爬坡过坎的“攻坚期”，转型升级的“加速期”。

❖ 政通人和之福，百业繁盛之兴，自然生态之美，多彩人文之韵，安居乐业之幸。

❖ 产业链重塑的“关键期”，新业态新模式的“爆发期”，转型跨越的“窗口期”。

❖ 都市区的引擎作用，大湾区的主力作用，大平台的支撑作用，大通道的链接作用。

❖ 发展势头持续向好，发展质量持续提升，发展活力持续增强，发展后劲持续积累。

❖ 保持对发展的信心，保持拼经济的状态，保持年初目标的坚定，保持进攻的态势。

❖ 在发展实体经济上一以贯之，在先进制造业上棋高一着，在产业集聚上毫不松懈。

❖ 发展的差距在困难时期拉大，解难的本领在困难时期练就，发展的水平在困难时期展示。

❖ ×××政策落得“实”，源头防腐抓得“紧”，×××运转管得“严”，×××风气转得“好”。

❖ 新形势下，基层工作“急、难、险、重、低”的特点日益明显，的确有一部分人不愿到基层。

❖ 基础产业持续做优做强，新兴产业加速培育壮大，未来产业正在谋篇布局，转型入轨呈现强劲态势。

❖ “稳”的是大政方针、战略指向，“比”的是战略耐力、战略意志，“进”的是发展速度、竞争优势。

- 在普遍联系中科学判断经济发展形势，在化危为机中妥善处理各种重大关系，在权衡利弊中作出最有利的战略选择。
- 惠企纾困取得新成效，简政放权实现新突破，优化服务再上新台阶，诚信建设呈现新气象，规范用权迈出新步伐。
- 认清发展的形势，以最强的干劲真抓实干拼经济；厘清发展的困势，以最强的担当紧抓快干破困局；看清发展的优势，以最强的措施实抓苦干开新篇。
- 当前，×××变局加速演进，×××博弈日趋激烈，×××发展格局加快重塑，外部环境严峻复杂，不确定不稳定因素明显增多。×××仍处于重要战略机遇期，×××格局加快构建，但也遇到许多前所未有的风险挑战。对此，我们要增强忧患意识，保持清醒头脑。

六、分析问题、风险和危害

好词

不会、不懂、不问、不稳、不精、不深、不细、不全、不厚、不优、不专、不红、不强、不稳。

知不足，明方向，补短板，亮点多，活力强，指标靓，成绩优，政策好，措施实，一刀切，蜗牛式，中梗阻，踢皮球，官油子，造盆景，庸懒散，堆盆景，打水漂，空对空，两面派，软骨病，老好人，两张皮，夹私货，走后门，假大空，胜负手，摸脑壳，一言堂，野路子，走过场，一阵风，半拉子，走读式，老一套，点穴式，墙头草，和事佬，一锅煮，空口号，隐形人，旋转门，空谈家，机关病，和稀泥，吃老本，花架子，放空炮，打太极，老三样，推绕拖，唯票论，打官腔，糊涂账，调研秀，伪君子，八股气，休止符，乱弹琴，投机者，花把式，摆拍者，候鸟式，撂摊子，吹鼓手，耳旁风，磨洋工，骑墙派，铺摊子，乱指挥，搞内耗，浮夸风，臭架子，老油条，走马灯，变脸术，功利病、冷漠病，小动作，老办法，万金油，装门面，镜中花，官僚气，耍威风，马后炮，吹喇叭，抬轿子，兜圈子，轰炸式，耍滑头，放冷枪，捅刀子，出风头，唱高调，假正经，假面具，放哑炮，歪脑筋，闷葫芦，避事佬，铜臭气，名利场，健忘症，负能量，恐慌症，没做过、没经历、没经验、没招数、没能力、没方法、没目标、没压力、没动力、没章法、没思路、没对策、没落实、没举措、没建议、没意义、没顾及、没统筹，搞空谈，踩虚脚，滑铁卢，假把式，刽子手，麻醉剂，假面具，马赛克，粉碎机，注射剂，大黑洞，报警器，导火索，安魂曲，万花筒，哈哈镜，后悔药，休止符，放大器，软刀子，死胡同，地沟油，烂尾楼，登云梯，压哨声，香诱饵，集散地，火药桶，雾霾天，下课铃。

上热下冷、上急下慢、上动下看，精神萎靡，故步自封，老气横秋，保守落后，圆滑世故，欺上瞒下，弄虚作假，虚报浮夸，发现问题、提出问题、直面问题、研究问题、解决问题，知识老化、思维僵化、能力退化、方法固化、精神弱化，尚未解决，有待提高、有待加强，尚需提高，盲目陶醉，孤芳自赏，抱残守缺，坐井观天，不思进取，墨守成规，安于现状，视野不宽、胸怀不广、眼界不高、思维不张、能力不强、站位不高、有令不行、有禁不止，思想偏差，视野盲区，能力短板，工作缺项，作风顽疾，脱离群众，与民争利，好大喜功，高高在上，眼高手低，慵懒散漫，贪图安逸，敷衍塞责，得过且过，无所事事，人浮于事，监管缺位，执行不力，效率低下，麻木不仁，落实不力、推动不力、跟进不力、监督不力、宣传不力，漠不关心，挑肥拣瘦，拈轻怕重，胸无点墨，不敢担责，推过揽功，心浮气躁，阳奉阴违，状态低迷，效率低下，徒劳无功，工作不实，拖拉磨蹭，思想保守、思想迷茫、思想封闭，遮遮掩掩，羞羞答答，推推脱脱，小进则满，小富即满，胸无大志，目光短浅，不敢创新、不敢较真，观念淡漠，组织涣散，作风不正、行为不廉、信心不足，要“嘴皮子”，搞“花架子”，当“半吊子”。

选择性落实、应付式落实、拖延式落实、机械化落实、被动式落实、情绪化落实，表态式服从，选择性执行，政治观偏离，群众观错误，权力观扭曲，政绩观走样，瞄着问题去，追着问题走，导向不鲜明，机制不顺畅，责任不明晰，评价不精准，保障不到位，容错不到位，氛围不浓厚，怕事不敢理，懒政不想理，庸政不会理，平庸不能理，为私不去理，认识跟不上，措施不具体，行动有温差，工作不到位，效果不理想，拍脑袋决策，拍胸脯表态，为官不为民，对上不对下，重说不重做，调研摆样子，开会念稿子，决策拍桌子。

好句

- 经调查/研究，发现……尚未解决，×××尚需提高。
- 目前，×××存在的主要问题是……还不高。
- 当前，×××不够强的问题，已经成为关注的重点。
- ……问题交织叠加……任务依然繁重……有待加强。
- ……存在不少薄弱环节，必须着力加以解决。
- 随着……同时引发了关于……的新问题，×××有待提高。
- ……的情况表明，我们需要采取……措施，×××任重道远。
- ……有不少短板，若不采取有效措施，预计未来……问题将更加严重。
- 虽取得了一些成绩，但仍存在……等方面问题和不足，下阶段……任务艰巨。

❖ 同时，必须清醒看到，我们的工作还存在……许多不足，也面临不少困难和挑战。

❖ 在看到成绩的同时，也要清醒地认识到，我们的工作与……差距依然较大，前进中还面临不少困难和问题，突出的是……

❖ 在……呈现好势头的情况下，我们必须保持清醒的头脑，全面、准确地分析和把握……形势，既要看到取得的显著成绩，更要看到存在的困难和问题，特别要充分认识……的艰巨性和长期性，×××面临不少难题。

❖ 在看到成绩的同时，我们也清醒认识到，在……发展大格局中，×××发展相对滞后，×××发展速度与×××还不相称，×××结构还不够优，×××效益还不够高，×××还不够活，有的干部×××与×××发展要求还不相适应等。在今后工作中，我们必须采取更加有力有效措施，认真加以解决。

❖ 同时，我们清醒看到工作中还存在一些不足和短板：×××支撑还不够强，×××还不够快，×××韧性和竞争力有待提升；×××标识打造有待加强，以文化力量推进×××的新格局仍需加快构建；×××转型任务艰巨，×××建设不平衡问题依然存在；×××挑战加大，用×××水平有待提高，社会领域风险×××还需不断提升。对这些问题，我们必须高度重视，切实加以解决。

❖ 在看到成绩的同时，我们要清醒认识到，对照×××新要求和×××新期待，我们×××的能力水平还需进一步提高；×××仍面临较大制约，×××能力不强，×××“卡脖子”问题比较突出，×××结合还不够紧密；×××的×××体系还不够坚实，×××仍有较大差距，×××水平还不够高；×××事业发展还有一些突出短板，×××等领域与×××对美好生活的向往还有差距；不少领域还存在×××隐患，防范化解×××的任务仍然较重。这些问题要在今后工作中着力加以解决。

❖ 金玉其外，败絮其中。

❖ 上面九级风浪，下面纹丝不动。

❖ 问题千头万绪，矛盾错综复杂。

❖ 头脑中缺一根弦，精神上缺一股劲。

❖ 前半程干劲十足，后半程强弩之末。

❖ 后悔着昨天，浪费着今天，幻想着明天。

❖ 拍胸脯说大话，拍手掌讲好话，拍屁股没后话。

❖ 思考问题肤浅，工作作风浮夸，成绩乏善可陈。

❖ 侥幸投机心理，盲目乐观思想，消极厌战情绪。

❖ 工作精力外移，工作力度减弱，工作劲头松懈。

❖ 自作聪明做选择，铤而走险搞变通，敷衍塞责打折扣。

❖ 脱离实际的空想，毫无根据的幻想，一厢情愿的臆想。

❖ 忙于工作没空学，心浮气躁不细学，缺乏兴趣懒得学。

❖ 思想慵懒不想为，能力局限不善为，怕担责任不敢为。

❖ 用口号代替行动，用套路代替事实，用作秀代替实干。

❖ 动力不足不想为，能力不足不善为，担当不足不敢为。

❖ 发现问题是能力，解决问题是本事，提交问题是胆识。

❖ 对上级“放礼炮”，对下级“放空炮”，对同级“放哑炮”。

❖ 批评领导“放礼炮”，批评他人“放空炮”，批评自己“放哑炮”。

❖ 看似热热闹闹，实则走马观花；看似明刀明枪，实则虚晃一枪。

❖ 部署不够有力，措施不够精准，推进不够到位，落实不够及时。

❖ 政治站位不高，自我要求不严，协作意识不强，争先氛围不浓。

❖ 口号喊在嘴上，措施贴在墙上，决心表在会上，精力耗在玩上。

❖ 形式上轰轰烈烈，场面上热热闹闹，内容上空空荡荡，效果上普普通通。

❖ 无所作为的不干，华而不实的虚干，违背规律的蛮干，目无王法的胡干。

❖ 穿靴戴帽绕弯子，照本宣科念稿子，避重就轻兜圈子，阿谀奉承抬轿子。

❖ 在按部就班中坐失良机，在观望等待中贻误战机，在四平八稳中延误时机。

❖ 部分×××在面对困难和挑战时，流露出“畏难情绪”、展露出“退缩心态”。

❖ 有些“一把手”其实是“三只手”，甩手当掌柜、挥手作动员、背手徒等待。

❖ 安安稳稳占位子，疲疲沓沓混日子，忙忙碌碌做样子，年年都是老样子。

❖ 认识上不清醒，感情上不到位，态度上不亲和，措施上不给力，工作上不投入。

❖ 坚持共性问题和个性问题、新问题和老问题一起解决，坚持治标和治本协同推进。

❖ 信念信仰缺失，革命意志衰退，理想追求错位，思想观念老化，思路举措僵化。

❖ 有的干部缺乏担当实干精神，消极避责、做表面文章。一些领域腐败问题仍然多发。

❖ 必须牢牢把握“问题导向”，“红脸出汗”后的“知耻后勇”，才是不断前进的动力。

❖ 政府工作存在不足，形式主义、官僚主义现象仍较突出，一些改革发展举措落实不到位。

❖ 坐上位子不想事，拿着薪水不干事，带着笑脸不办事，行使权力不担责，故步自封不上进。

❖ 学习浮于表面，工作做在表面，调研蜻蜓点水，监督浮光掠影，执纪不严不实，问责大而化之。

❖ 喜欢搞“木人探海”，“坐在车上”看问题，只看到“铺好”的门面，看不到“荒废”的后院。

❖ “抽脂强肌”的转型压力尤为突出，“通经活血”的自我革命极具挑战，“水土不服”的思维定式亟待突破。

❖ 常说的老话多，正确的废话多，漂亮的空话多，严谨的套话多，违心的假话多，形式越搞越烦琐，就是落实不了。

❖ 制度是管根本、管长远的。×××案的发生，也暴露出我们在制度建设、权力制约、监督机制等方面存在的漏洞，比如……

❖ 与新社会群体说话，说不上去；与困难群体说话，说不下去；与青年学生说话，说不进去；与老同志说话，给顶了回去。

❖ 如果以“遮遮掩掩、讳疾忌医”的态度“讲问题、述短板”，那么“小病”终究会在“捂”的过程中变成“顽疾”，最终“病入膏肓”。

❖ ……经济增长动能不足，地区热点问题频发，外部环境的复杂性、严峻性、不确定性上升。×××经济持续回升向好的基础还不稳固，有效需求不足，部分行业产能过剩，社会预期偏弱，风险隐患仍然较多。

❖ 缺少谋划改革的“全视角”，没有担当责任的“铁肩膀”，拿不住具体落实的“绣花针”，学不会“弹钢琴”的改革艺术。

❖ 部分中小企业和个体工商户经营困难。就业总量压力和结构性矛盾并存，公共服务仍有不少短板。一些地方基层财力比较紧张。科技创新能力还不强。重点领域改革仍有不少硬骨头要啃。生态环境保护治理任重道远。安全生产的薄弱环节不容忽视。

❖ 部署任务“添砖加瓦”，工作标准“层层加码”，表面上是为了更好地落实上级要求，促进工作落实，但这种做法很可能导致“高标准”变成“超标准”：严重脱离基层实际，违背工作规律，必然实效甚低、收效甚微，甚至导致基层吐槽声声，只好搞些“假动作”、玩些“客里空”。

❖ “炮弹”是用来消灭敌人的，不是用来当摆设的。如果把我们的文件会议、检查评比等一切工作比喻成“炮弹”的话，其目的只有一个，那就是解决问题、务实管用。一些人喜欢表面热热闹闹发“炮弹”，而不太注意“炮弹”打得怎么样。“炮声”隆隆的假象，不是迷惑了“敌人”，反而是迷惑了自己。

❖ 一些挂职干部那里出现一些不容忽视的不良现象，大体来说就是“三不到”：名到人不到，人到心不到，心到力不到。“三不到”有诸多原因：有的干部对“名到人不到”解释为原单位太忙，离不开自己；有的干部对“人到心不到”解释为自己只是“外人”，不宜参与到别人的“家事”当中；一些单位对“心到力不到”解释为“我们工作太忙，来挂职的干部又不懂业务，镀个金就行了，别给我们添乱就好”。

七、分析原因

故，用，由，以，习，溯，缘，啥，能，也，于，考，是，安，欤，偌，咋，怎，可，因，何，盍，胡，绎，原，盖，曷，端，维，源，底。

因为、因之、因此、因而，由头、由于、由来，缘故、原故、何故、借故，基于，主因、远因、起因、动因、成因、近因、肇因、诱因，那般，所以、何以，根由、来由、端由、事由、原由、缘由、因由、情由，缘何、缘起，析疑，来头，为此，谜底，张本、原本，所致，理由，出于，关系，根源、渊源、溯源，为何，使然，致使，寻根、追根，解释，导源、本源，原委、原为、原意，故此、故而，鉴于，出自，底数、底细，申说，因缘，唯其，何许、何如，玄机，关窍，不光。

穷根儿，干什么，为什么，怪不得，所以然，莫不是、岂不是，说实话，只不过，之所以，事实上，一方面，大部分、大多数，要不然，不一定，意味着，不用说，有的是。

层层剥笋，深入挖掘，换句话说，解剖麻雀，举一反三，找出病灶，分析原因，寻头讨脑，始末根由、始末缘由，事出有因，来龙去脉，穷根究底、寻根问底、寻根究底、搜根问底、归根结底，是亦因彼，始末缘由，从何说起，讨类知原，推本溯源、追本溯源、探本穷源、溯本求源，探源溯流、穷源溯流，推究根源，互为因果，有本有原，原原本本，其来有自，前因后果、来因去果，寻源讨本，溯流从源，叩源推委，积本求原，穷波讨源、沿波讨源、缘波讨源，水源木本，木本水源。

好句

- 因为（因/由于）……导致了（故/致使/致）……
- 究其原因，主要有以下几个方面。一是……二是……
- 总体分析……存在的突出问题，既有客观原因，又有主观原因。
- 成就来自和衷共济，发展源于勠力同心。
- 不守规则、无视规则——规则意识淡薄。
- 技能劳动者占比低，技术人才短缺——技能人才匮乏。
- 忽略游泳潜在危险，还下河游泳——安全意识淡薄。
- 放大领导缩小百姓，只顾自己不顾大局——本位意识严重。
- 用菜篮子装煤、去少年宫开补习机构——功能定位不合理。
- 收获与付出不成正比，导致不愿意多干，缺乏积极性——缺乏奖励机制。
- 有逢山开路、遇水架桥的意志，有敢为人先、勇于冒尖的锐气，有探索真知、求真务实的态度。
- 经济指标完成不理想，虽然有客观方面的因素，但更主要的是主观方面的原因，我觉得有以下×××个方面的问题。
- 个别干部对一些任务重、难度大的指标，深思熟虑、想方设法得少，常规推进、亡羊补牢得多，既不会未雨绸缪，也不想笨鸟先飞。
- ×××存在本位主义思想，工作协调配合不到位，从而影响班子成员之间的配合，影响干部职工工作的积极性和主动性。
- 开展批评与自我批评的自觉性不强。班子成员缺少批评与自我批评的自觉性，有时即使看到了别人的问题，认为在一起工作，没必要批评别人的缺点，保持“一团和气”。

❖ “公仆”意识有所淡薄。有的干部不愿倾听群众的呼声，不去体察群众疾苦，不能准确把握人民群众的所需、所急、所忧、所盼。

❖ 接到工作任务，个别班子成员有时首先想到的是怎样尽快完成，而不是怎样做到最好，有时候工作忙，人手又紧张，带着情绪工作，因此会出现应付的情况，只求完成，不求最好。

❖ 工作劲头不足。一些干部工作中长期存在“加压就抓、减压就放”的现象，年初对工作不紧不慢、不急不躁，等到×月份才着急慌忙想办法，造成工作贻误、局面被动。

❖ 落实党风廉政制度建设和监督约束不够有力。在制度建设上，主要是制度执行不严格，不到位。个别班子成员有立党为公的责任意识，但有时因一团和气搞好团结而导致制度执行不够有力。

❖ 监督机制不够健全，特别是群众监督机制，没有很好地发挥舆论监督、群众监督的作用。同时，没有意识到家风败坏是领导干部腐败堕落的催化剂，导致没有切实做到廉洁齐家。

❖ 理论学习有所放松。对理论学习重要性的认识不深，存在管什么学什么、用什么学什么的实用主义倾向，与工作关系密切就学，与工作关系稍微疏远的就少学或不学。

❖ 理想信念有所弱化。随着工作年限长久，为×××事业奋斗终身的誓言有时不那么清晰了，当初的志向慢慢有些淡忘了，奋斗的激情逐步消退了，放松了对理想信念的坚守。

❖ 宗旨观念不够牢固。主要表现在工作和生活中，部分班子成员有时会因为个人利益和局部利益，而忽视了群众利益和全局利益，导致工作和生活出现一些问题。

❖ 服务意识有待加强。个别班子成员深入群众了解民意不够，坐在办公室远程遥控较多，政策制定脱离实际，没有深入一线看看真实情况，了解真实诉求，不知不觉站到了群众对立面。

❖ 开拓创新意识不足。×××一直强调和提倡开拓创新思维，创造性开展×××工作，但真正落实到具体工作实施上还明显不够，在思维方式上习惯于凭经验考虑问题，缺乏创新精神，立足实际、大胆探索的方式方法不多。

❖ 思想不够解放，创新意识不强。个别班子成员满足于工作现状或过多强调客观，认为在工作中已取得了一定的成绩，保持现状即可，在工作中的创新和超前意识上做得不够，在创新思路和精益求精上有待进一步提高。

❖ ×××修养不够强。×××自我净化、自我完善、自我革新、自我提高的能力不足，带头学习理论、带头推动工作、带头执行纪律规定、带头改进作风的自觉性还需进一步加强，改革创新、勇于实践、敢于担当需改进。

- 传承红色基因的创造性不够强。对红色基因传承的理解比较局限，同质化现象严重，多以讲解红色故事、物件陈列和展示为主，内容和形式单一。简单的说教导致参观教育流于形式，存在“打卡”现象，在情感融入方面还有很大提升空间。

- 分析不足犹如制作一份“重庆老火锅”，如果一谈问题缺点，就避重就轻、躲闪遮掩，涂抹味道迥异的“芥末酱”，乱用似是而非的“番茄汁”，企图“蒙混过关”，长此势必会让查摆沦为“走过场”，最终导致“砸了老招牌”。

- 个人修养提高得还不够。在思想深处总认为细枝末节无关大局，小打小闹无妨大节，只要把工作干好了，就可一白遮千丑，因而对自己的要求放松了，标准降低了，在定心正身、养德修行上做得还不够好，未能严格做到慎小慎微、慎初慎独。

- 超前意识不足，从局部和全局的角度分析处理问题做得不够，没有用发展的眼光看待改革中的新事物，对工作的艰巨性、复杂性和长期性缺乏思想准备，“争”和“创”的意识不够强烈。

- 弘扬×××的优良传统有所放松，艰苦奋斗精神有待加强。认为现在物质生活水平提高了，享乐主义、形式主义开始萌芽，自我要求有所放松，导致在保持艰苦奋斗、勤俭节约、迎难而上、深入群众作风等方面出现了偏差，造成了心理上与群众脱离。

- 在品德合格方面，个人修养有所弱化。平时忙于事务工作，在思想上有所松懈，对个人修养锻炼的主动性、自觉性有所减弱，有时批评同志不注意场合，说话不注意方式，遇到较紧急事情时比较急躁。

- 担任×××以来，自己几乎把全部精力投入工作中去，只注重客观世界的改造，却忽视了主观世界的改造，没有很好地处理在改造客观世界的同时改造自己的主观世界的辩证关系，造成了主客关系的脱节。

- 纪律意识有所弱化。个别×××干部纪律意识淡薄，在严格执行纪律方面，自觉主动性还不够。对把纪律和规矩挺在前面、严守×的政治纪律和政治规矩的认识也还不够深刻，不自觉地产生了一些懈怠和麻痹思想，这就很容易发生工作松懈、“四风”问题反弹回潮。

- 艰苦奋斗精神不够强。弘扬党的优良传统有所放松，对自己要求还不够严，在发扬艰苦奋斗等党的优良传统方面存在差距，在抵制奢靡之风、享乐主义方面有所放松，在弘扬特别能吃苦、特别能忍耐、特别能战斗、特别能团结、特别能奉献等精神方面做得还不够。

- 从工作上讲，进取精神有所弱化。总认为自己工作了×年，经验丰富，只要按部就班，不出乱子，能较好地完成×××的考核指标和领导交办的工作任务就行了，面对一些新问题、新情况、敏感性和复杂性问题，缺少动真怕硬的开拓精神，等待观望，存在畏难情绪。

- 理论学习不够。在学习上仍存在着一定的片面性。用于学习的时间明显不足，集中学习形式比较单一，多为传达学习文件、学习会议材料，通读精读理论原著不够，导致学习粗枝大叶，抓得不够紧、理解不够深，不同程度地影响了自我修养的提高。

- 缺乏主观能动性，创新意识不强。对自己要求放松了，考虑个人的荣辱进退多了，考虑群众利益和全局利益少了，致使工作有时不够深入，满足于完成领导交办的任务，满足于面上不出问题，创新意识淡化，忽视了工作的积极性、主动性、创造性。

- 围绕身边反面典型案例反思不够彻底。一直以来，自己严格遵守党的政治纪律和政治规矩，用各项纪律规矩严格约束自己，坚决不碰“红线”，但在对×××等案件的思想根源上反思做得不够、分析不透，认识不够充分。

- 自己功底不厚。因不善于做深入细致的调查研究工作而陷入主观主义，导致能力下降；因科学管理知识学得太少，导致认知偏差，方法缺失。更何况，自己早已习惯于人治思维模式，不习惯用科学的知识和方法去解决实际问题。

- 思维能力与×××发展不同步。面对不确定难预料因素增多的问题挑战，自己缺乏提高思维能力的主动意识和科学方法，对事物演变规律、底层逻辑、内在机理的认识和理解不够系统全面，不善于运用历史思维能力总结历史经验、认识发展规律、把握前进方向。

- 理想信念有所弱化。认为受教育多年，自己已经有了一定的理论知识和工作经验，基本能满足工作所需，思想上存在着“无用感”“满足感”等不良倾向。自己在学习和工作冲突时，经常学习服从于任务，导致学习“欠账”越攒越多。

- 常把工作当成硬任务，学习变成软任务，认为首先要完成好事务性工作，完成×××交办的任务，至于理论没有必要去深钻细研，懂得一些基本观点、基本原理能适应工作就行。“经验主义”的思想导致理论学习的深度还不够，运用理论知识指导工作实践的能力还应该加强。

- 党性修养锻炼还有不足。没有较好地通过自我学习、自我教诲、自我锻炼、自我改造达到优秀领导干部应有的党性修养，比如，从政治理论方面来说，由于经验主义作怪，缺乏学习新理论、新知识的强烈愿望，放松了自己在精神层面的高追求和政治信仰的高要求。

- 个别干部缺乏“十个指头弹钢琴”的本领，有的抓不住重点、不知道工作轻重缓急，有的顾此失彼、捡了芝麻丢了西瓜，有的拈轻怕重、无利不起早。这些问题不仅严重影响了×季度×××指标，也严重影响了×××其他重点工作。

- 面对一些难啃的骨头和烫手的山芋，缺乏向困难叫板、向矛盾挑战的勇气。这是自己在担当负责，攻坚克难，以钉钉子的精神抓落实、纠正‘四风’，反对形式主义、官僚主义等方面做得还不够到位的根本原因。

- 艰苦奋斗精神消减，享乐苗头萌发。过去那种艰苦奋斗精神也随着时代的发展不断弱化，对艰苦奋斗精神的根源和灵魂开始认识模糊，对艰苦奋斗精神内涵中奋发进取、奋勇拼搏的创新精神，不怕困难、不怕挫折的坚强精神，勤俭节约、廉洁奉公的俭朴精神，勇于牺牲的奉献精神开始削弱。

- 作风改进不到位。有的领导对作风改进的长期性和艰巨性认识不足，放松了对主观世界的改造，没有严格按照领导干部的标准来提升党性修养、理想信念和道德境界，存在“只要不碰高压线、不越雷池就安全”的思想，致使进取意识、奋斗精神消减，导致思想观念、作风状态和能力本领不适应等问题出现。

- 遵规守纪不够严格。部分班子成员对执行党的纪律的极端重要性的认识不够，缺乏强烈的纪律意识和法纪观念，在严格执行纪律方面，自觉主动性还不够，认为作为领导干部，只需要管好身边人身边事就行了，对把纪律和规矩挺在前面、严守政治纪律和政治规矩的认识还不够深刻，各种监督主体的监督作用没有充分发挥。

- 制度执行力不强。个别班子成员自我约束有所松懈，示范带头标准跟不上时代的要求，对党员干部在严明责任、严肃纪律和严格管理上降低了标杆、放松了标准，对局属各单位各项工作纪律和制度的落实情况缺乏硬性的督促检查，以及在干部职工管理方面存在失之于宽、失之于软的问题，导致有些干部自我约束不力，不能自觉遵守各项规章制度。

- 立定脚跟做人、放开手脚干事的精神养成还不够。内心抱有宁可不干事，也要不出事的思想，一事当前，习惯于看文件写没写、过去有没有、别人干没干，思想深处不敢担当、不愿担当。工作中有惰性思想，认为多做多错，少做少错，存在风来加衣、雨来打伞的依赖习惯，缺乏逢山开路、遇河架桥的闯劲，只求过得去，不求过得硬。

- 坚定理想信念的自觉性不够强。面对新形势新变化，个别班子成员缺少更加坚定的理论自信，导致理想信念出现松懈，进而放松了对自身建设的要求，没有持续不断地加强政治理论、道德情操、思想文化和专业知识等修养，放松了对党性锻炼的要求和保持先进性纯洁性的追求，直接影响了自己思想的进步和工作的推进。

- 忽视理论学习。个别班子成员有时认为学理论是形式，是务虚，抓具体事务才是务实，所以不重视理论学习。个别班子成员在思想上存在不重视理论学习的问题，总认为高新理论是上面的事，上面怎么说就怎么干，自己把工作做好就行了，学不学理论无关工作大局，存在着学不学无所谓的思想，经常被动地学习，很少自觉地学习。

- 纪律规矩意识不强。严格落实全面从严的要求不够有力，对严守纪律规矩的认识不到位，缺乏斗争精神，有时害怕得罪身边人，对不当言行、不正之风的抵制不够坚决，没能充分认识到严管就是厚爱。对自己的要求不够高，满足于现有成绩，主动抓落实、主动强监督、主动促发展的意识不够强烈，导致工作的质效不高。

❖ 专业能力有所欠缺。围绕×××发展方面，自己未能全面优化知识结构、拓宽涉猎范围，补齐能力短板，不善于从不同领域、不同学科中汲取营养和能量，自己的抗压能力、应变能力、对冲能力、反制能力明显不足，自己把握关键点、找准切入点、集中发力点的实践能力还有待加强。

❖ 理想信念不够坚定。在工作中把更多的时间和精力放在了×××等具体工作上，没有在工作之余注重将×××修养内化于心、外化于行。总觉得自己是老×××了，在多年的坚守下，从来不讲不该讲的话，不去不该去的地方，不做不该做的事情，从没出现过违纪违法的问题，对×××的认识停留在纪律性的表面要求，导致本人践行×××还不够坚决彻底。

❖ 从党性上讲，主要是“宗旨”意识有所淡化，为人民服务的责任感不够明显。有时错误地认为自己所处的部门权力有限，自己本人的能力有限，对企业和群众比较关注的问题认为是上级领导和其他职能部门的事，自己反映就行了，产生了事不关己、高高挂起、少说为佳的错误思想。

❖ 对×××发展中的新问题、新情况，班子成员先行先试、敢为人先的精神所有弱化，更多时候沿用老经验、老办法居多，大胆创新、勇于突破、大刀阔斧×××不够，在抓实抓细抓深入上还做得还不够到位，缺乏真抓的实劲、敢抓的狠劲、善抓的巧劲、常抓的韧劲，有的工作未做到一竿子插到底，一定程度上缺少“功成不必在我”的精神境界和“功成必定有我”的历史担当。

❖ 对正确的人生观、价值观、权力观、荣辱观还不能深入理解和准确把握。对廉洁自律、廉洁从政准则，自重自省、自警自励，守好底线方面还需要进一步加强。在个别小问题上有所忽视和放松，表现在工作方面不够深入细致，严格遵循按制度、按原则、按程序办事还不够，在把好政治关、权力关、金钱关，大力弘扬求真务实的精神，虚心接受群众的批评和建议方面有待于进一步加强。

❖ 处置应对风险能力不足，没有掌握正确的工作方法，工作上缺乏整体性、连续性、稳定性。比如，对已经识别出的风险，虽然采取有效措施解决了表面上的“易爆点”，但形成风险的深层次矛盾未能彻底解决，导致“一波未平，一波又起”“按下葫芦浮起瓢”；对一些已经暴露的风险点的成因、特征和演化趋势认识不清、把握不准，做不到见微知著、一叶知秋，造成“小病不治成大病”；对一些风险的关联性认识不深，目光只停留在一时一域，导致操作上引发次生风险等。

❖ 监督机制不够健全，内部监督相对疲软。一是监督制度体系尚不完善，监督部门之间合作机制尚不健全。如对各监督部门的要求还没有转化为清晰、明确的制度规定，尚未针对各监督部门协作配合机制进行系统化梳理和安排等。二是监督机制缺乏横向协同，监督主责部门之间联动不够有力，各部门各自为战，缺乏有效的纽带连接各监督主体，以致造成监督力量之间相互脱节，相互削弱。三是监督重点聚焦不够突出，由于各监督主体部门工作职能上的差异，监督事项各有侧重，各部门只负责业务范围的部分，彼此之间少有交集或者聚合的焦点，不利于对面临的突出问题开展集中而有效的监督。

❖ 思想重视不够。一些干部认为去年在×××指标方面没有问责过或者问责得少，虽然×××领导对×××工作多次安排和督促，但仍然抱着“完成多少算多少、完不成我也没办法”的想法，有的对工作消极应付、降格以求、得过且过，有的甚至对目标任务置若罔闻、无所作为、因私废公。

❖ 存在个人主义和名利思想。受极端个人主义思想影响，一些同志想职务多、想责任少，想待遇多、想贡献少，想个人后路多，想集体事业少。最终淡化了理想信念，滋长了落后思想；淡化了服务意识，滋长了名利思想；淡化了进取意识，滋长了享乐思想；淡化了责任意识，滋长了懒惰思想。

❖ 开展工作有顾虑。工作中存在求稳怕出错思想，不敢放心放胆放手地开展工作。该决定的事情不敢轻易决定，一步一请示，一步一汇报，生怕由于决策失误而给领导添乱，认为慢一点、迟一点，组织和领导不会责怪我，导致工作中过于求稳，主动服务不够，超前服务不够，创新服务不够。

❖ 服务意识有待加强。个别班子成员深入群众了解民意不够，这是服务意识不强的表现。应充分认识到我们的工作重点在乡村，工作对象是广大农民群众，要保稳定抓发展，必须充分了解群众所急所想，将矛盾化解在萌芽状态，要充分尊重农民意愿，保护好、引导好群众发展的积极性。

❖ 缺乏创新意识。工作中满足于完成上级交办的工作任务，但在工作中主观能动性的发挥不够，创造性开展工作不多。工作缺乏主动，创新意识淡化。在解放思想、更新观念、创新工作方法和手段方面还有欠缺。对工作忙于应付多、主动落实少，研究情况多、解决问题少，改革创新意识有待增强。

❖ 理想信念不够坚定。对理想信念教育抓得不紧，在坚定理想信念方面自我教育不够，放松了自我要求，世界观、人生观、价值观的改造也不彻底，对社会上存在的消极因素和各种负面言论思想上重视程度不够，对新形势下我们面临的风险考验认识也不够深刻，导致理想信念有所弱化。

❖ 事业心、责任心减退。随着时间推移，同一个岗位待得久了，求稳守成的心态变重了，为自己考虑得多了，认为守好摊子不出事最要紧，工作上就有了顾虑，不敢想不敢干，安于现状、懒于奋斗的惰性心态滋生，主观上放松了对世界观的改造，放松了对保持先进性和纯洁性的追求，干事创业的劲头小了。

- 宗旨意识树得不牢。在做决策、抓工作中，没有更好地把人民利益作为一切工作的最高标准、放在心中最高位置，对脱离群众危险的尖锐性和严峻性认识理解不深不透，导致实践中密切联系群众、紧紧依靠群众的观点没有很好地落到实处，对一些与群众利益息息相关的问题关心得不及时、了解得不深入、解决得不到位。

- 勇于担当作为的积极性不够强。勇于担当作为、干事创业、奋发有为的劲头和积极性不够强，再上新台阶的精气神不足，缺乏像焦裕禄同志那样牢记使命、攻坚克难和“敢教日月换新天”的敬业精神，缺乏“千磨万击还坚劲”的拼劲，缺乏“不破楼兰终不还”的决心，缺乏“乱云飞渡仍从容”的境界，工作积极性、主动性、创造性不够。

- 由于受社会上一些消极颓废思想和各种诱惑的负面影响，×××班子艰苦奋斗的本色有所退化，在从众心理、攀比心理、随波逐流意识驱使下，逐步沾上了奢侈浪费的习气，关心个人生活胜过关心工作，没有坚持和发扬艰苦朴素、勤俭节约的优良传统，没有保持吃苦在前、享受在后的崇高风尚。

- 纪律意识不够强，满足于不暴露问题、不出问题的现状，思想松懈。班子成员对廉洁工作思想认识上不深刻、不全面。班子成员在执行×××的廉洁纪律的过程中，重制度建设，轻监督执行，总觉得班子比较清廉务实，“党要管党、从严治党”是上级的事，我们只是听从安排，服从落实，腐败离我们很遥远，没有真正认识到要坚持不懈加强对世界观的改造，做到警钟长鸣、筑牢思想防线。

- 一些干部以经济大环境不好、数字“审计”趋于严格为借口，对目标任务不敢担当，在指标数据上怕出问题、怕担风险、怕负责任，抓数据、盯指标的魄力不够、热情不足、力度不强。牵头部门没有发挥好抓总、指导、督促的作用，错误地认为只要把任务分解下去了，自己的责任就尽到了，工作就到位了；一些责任单位对自己承担的有难度的目标任务“老虎吃天爷，无处下嘴”，可以说是心中没底、脑中无策、手中无招。

- 宗旨意识有所淡化。随着职务的转变，特别是走上主要领导岗位之后，坐办公室时间多了，开会时间多了，慢慢淡忘了党的宗旨、淡忘了公仆身份。尽管也经常下去走走，但有时怕跟企业走得近被“说闲话”，与帮扶企业“心贴心”交流少了，缺乏“换位思考”，对×××的困难未能做到感同身受，没有很好地帮企业“扶一把”“送一程”。

八、提出对策措施

进农村、进社区、进学校、进机关、进企业、进军营、进网络，接地气、聚人气、鼓士气，

学报告，讲精神，论发展，理思路，听得懂，能领会，可落实，一盘棋、一张网、一碗水、一条心、一股劲、一本账、一张图、一条路、一池水、一条线，搭架子，定规矩，筑屏障，辟蹊径，划边界，补空白，立新规，树导向，强监管，强基础，补弱项，增优势，添活力，促转型、促改革、促民生、促开放、促和谐，抓治理、抓延伸、抓创新、抓改革、抓生态，强龙头、强治理、强平台、强“三农”，稳增长，建机制、建制度，优服务、优规划，打基础，谋长远，筑平台、搭平台，出政策，求突破，激活力，施法治，固根本，树形象，调结构，提质效，重建管、重保护，惠民生，转作风，保生态，防风险，结对子、理路子、想法子、甩膀子、强班子、凑份子、造册子，把准脉，点准穴，下准药，治准病，填洼地，铺好路，加满油。

有的放矢，切中要害，抓住根本，釜底抽薪，源头防控，多管齐下，标本兼治，完善程序，释放效力，及时回应，突破创新，统筹发展，补齐短板、加固底板、延长长板，补短扬长，追赶跨越，统筹发展，攻坚破难，共建共享，坚守底线，凝心聚力，稳中求进，科学赶超，强基固本，项目带动，聚力转型，融城带乡，协调发展，精简事项，简化流程，降低费用，聚焦主业、坚守实业，依法合规，审慎经营、审慎稳健，围绕节点、突出重点、打造亮点、破解难点、直击痛点、紧盯热点、疏通堵点、消除痛点，聚力转型，助力融资，援企稳岗，就业优先，闯出新路、不走弯路，掌握主动，先行探索，推陈出新、变中求新、革故鼎新，创新竞进，筚路蓝缕，手胼足胝，老树新枝，凤凰涅槃，勇于创新、勇立潮头，守正开新，永不僵化、永不停滞，澎湃动力、彰显实力、标注动力、激发活力，独领世界，翱翔苍穹，因事而化、因时而进、因势而新，勇于变革、质量变革、效率变革、动力变革，公正用人、公在公心、公在风气，事业为上，依事择人，人岗相适，善则赏之、过则匡之、患则救之、失则革之。

好句

- 以……为指针（引领、主线、抓手），以……为准绳。
- 抢抓……的机遇，着力……
- 把……作为……的关键一招。
- 要以……为抓手……
- 着力……形成……的强大合力。
- 要发挥好……和……两个积极性。
- 要坚持把……作为……的重中之重。
- 不断提升（提高）……水平，推动……向纵深发展。

❖ 将（推动）……与……同部署、同落实、同检查、同考核。

❖ 挽弓当挽强，用箭当用长。

❖ 见本而知末，执一而应万。

❖ 治疾及其未笃，除患贵其未深。

❖ 提纲而众目张，振领而群毛理。

❖ 面对矛盾有办法，面对问题有路径。

❖ 事事有人抓，件件有人管，项项有结果。

❖ 研发原创成果，提前布局专利，培养技术人才。

❖ 科学谋划部署，有效协调各方，层层传导责任。

❖ 强化需求对接，强化改革创新，强化资源整合。

❖ 健全完善制度，强化顶层设计，鼓励基层创造。

❖ 拧紧“动力阀”，释放“排污阀”，消除“污染源”。

❖ 筑牢“奠基石”，吹响“冲锋号”，下好“及时雨”。

❖ 立好“警示牌”，拉响“警报器”，照亮“启明星”。

❖ 当好“播种机”，打造“校验场”，开辟“直通车”。

❖ 用好“发酵剂”，谨防“麻醉剂”，增加“添加剂”。

❖ 穿上“防护服”，用好“扫描仪”，安装“预警器”。

❖ 高唱“大风歌”，扎紧“篱笆墙”，拧紧“螺丝钉”。

❖ 画好“标准线”，用好“考评账”，绘制“流程图”。

❖ 用好“锦囊计”，献上“金点子”，当好“智囊团”。

❖ 知其不善，则速改以从善，最要在“速改”上着力。

❖ 法令既行，纪律自正，则无不治之国，无不化之民。

❖ 寻求最大公约数，画出最大同心圆，汇聚改革正能量。

- 了解实情察民意，加强沟通听民声，办事公道聚民心。
- 用制度尺子定规矩，用制度笼子防贪腐，用制度框子促发展。
- 写明“整改措施”，标明“整改时段”，列出“清单台账”。
- 在深化上持续用力，在内化上凝神聚力，在转化上集中发力。
- 廓清思想迷雾，增强工作力度，体察基层疑难，完善制度细节。
- 在科学部署上下功夫，在狠抓落实上做文章，在破解难点上求突破。
- 一个“实”字抓到底，一个“民”字挂心头，一个“公”字贯始终。
- 在“统”字上下功夫，在“融”字上做文章，在“新”字上求突破，在“深”字上见实效。
- 改革促动，激发新活力；开放带动，拓展新空间；创新驱动，打造新引擎。
- 立牢工作遵循，深化工作研究，讲究工作方法，推动工作落实，跟踪工作成效。
- 推动移风易俗，弘扬文明新风，创造金山银山，保护青山绿水，突出环境治理。
- 着力擦亮×××“精准牌”，着力构建×××“滴灌田”，着力引入×××“动力源”。
- 抓好舆论宣传，造大声势；抓好典型宣传，求大推动；抓好群众宣传，促大参与。
- “一把手”抓到底，“一清单”管到底，“一张网”查到底，“一条线”督到底。
- 引路子，倡导向上的目标；出点子，设计合理的途径；压担子，提供良好的机遇。
- 把准改革发展之脉，谋定守正出新之策，再启攻坚突破之局，善为精准发力之举。
- 当好群众致富的“参谋员”、为民解困的“服务员”、化解矛盾风险的“消防员”。
- 工作作风做到“严”，工作措施做到“实”，工作节奏做到“快”，工作状态做到“勤”。
- 生态补偿“保家园”，医疗救助“除病魔”，教育就业“绝穷根”，政策兜底“全保障”。
- 制度建设强调“全”，覆盖范围强调“广”，待遇水平强调“优”，基金保障强调“久”。
- 锁定新目标，一张蓝图绘到底；谋求新跨越，一门心思抓发展；推出新举措，一鼓作气谱新篇。

❖ 把×××群众当“家人”，把×××来信当“家书”，把×××之事当“家事”，把×××工作当“家业”。

❖ 参谋服务的“奠基石”，推动落实的“撒手锏”，服务群众的“连心桥”，锤炼作风的“训练场”。

❖ 千万重担众人挑，把×××责任落到每个干部肩上；磨刀不误砍柴工，把×××基础性工作做实做细。

❖ 转方式，变瓶颈为抓手；优布局，变分散为集聚；深挖潜，变低效为高效；强监管，变粗放为精细。

❖ 政策落实全覆盖，确保×××至少享受一项×××政策；积极探索闯新路，不断创新×××的工作机制。

❖ 精确规划×××“路线图”，强力突破×××“主攻点”，精准打通×××“主渠道”，积极探索×××“新模式”。

❖ 立足“新”，深入开展学习教育；筑牢“规”，规范建设党员队伍；稳步“进”，不断夯实基层组织。

❖ 为官要善为，“法”字当头做功课；为官要敢为，“干”字为要抓效率；为官要有为，“好”字为纲惠民生。

❖ 坚持理念先行，向思想解放要动力；坚持改革攻坚，向体制机制创新要活力；坚持开放先导，向全面开放要空间。

❖ 民主监督“晒”作风、攻坚克难“担”作风、从严从实“考”作风、闻风而动“改”作风、以点带面“促”作风。

❖ 以上率下，强力推动学习贯彻工作开展；创新引领，引导干部群众广泛深入参与；建立制度，保障学习贯彻深入持久长效。

❖ “专项+科技监督”，做“体检”；活用监督建议，开“药方”；实施巡察抄告，固“疗效”；指定警示教育，强“免疫”。

❖ 制度建设做到“全”，覆盖范围做到“广”，待遇水平做到“稳”，基金保障做到“久”，经办服务做到“优”。

❖ 争做理论达人，当好提灯使者，壮大主流舆论，追溯报人报事，讲述同行故事，奏响时代强音，谱写崭新篇章。

❖ 闻鸡起舞谋发展，不断提升工作能力；敢为人先干实事，不断优化保障水平；不忘初心强队伍，稳步提升文明形象。

❖ 全方位打造人才就业服务“优环境”，全链条打造人才培养服务“好生态”，全要素打造人才创业服务“新模式”。

❖ 精准识别，锁定“帮扶谁”；精准对接，明确“谁帮扶”；精准施策，着力“怎么扶”；精准保障，确保“扶得好”。

❖ 在把握大局中鼓足“想干事”的劲头，在比学赶超中锤炼“能干事”的本领，在助推发展中检验“干成事”的成效。

❖ 注重一个“备”字，强化一个“熟”字，把握一个“准”字，突出一个“快”字，追求一个“好”字，牢记一个“协”字。

❖ 把握一个“高”字，以规划政策作引领；瞄准一个“新”字，以创新发展作动力；坚持一个“实”字，以实干落实作支撑。

❖ 落在“细”上，坚持细处着眼、润物无声；落在“小”上，注重小处着手、以小见大；落在“实”上，倡导实处着力、知行合一。

❖ 敬畏发展规律，尊重地方实际，增强工作力度，体察基层疑难，落实主体责任，厘清责任链条，拧紧责任螺丝，提高履责效能。

❖ 做大产业平台、做强承载平台、做优研学平台，维护社会稳定，加强法治建设，传承文化基因，筑牢精神家园，传播最美声音。

❖ 在做强支撑中释放突破动能，以项目建设“破题”、以改革创新“破茧”、以作风建设“破局”，不断塑造发展新动能新优势。

❖ 乘“坚定信念”之风，除“动摇理想”之心；乘“为民务实”之风，除“为官不为”之私；乘“严规肃纪”之风，除“损规破矩”之举。

❖ “科学谋划+压实责任”添干劲，“修好房子+建致富路”强基础，“发展产业+培训就业”促增收，“公共服务+政策兜底”固保障。

❖ 以“博学”之“才”，练“明辨”之“眼”；以“慎思”之“心”，悟“前行”之“道”；以“笃行”之“志”，执“中央”之“策”。

❖ 困难在一线解决，矛盾在一线化解，感情在一线联络，能力在一线培养，作风在一线磨炼，工作在一线推进，政策在一线宣传。

- 抓统筹，促协调，吹响×××工作“冲锋号”；上项目，扩投入，×××焕发“新面貌”；解民困，消民忧，落实惠民政策“暖民心”。

- 上紧作风发条，织牢制度牢笼，紧握法纪戒尺，挺起精神脊梁，增强党性修养，强化宗旨意识，改进优化作风，点明贪腐暗礁，警醒“关键少数”。

- 以战略思维谋全局，以辩证思维解矛盾，以法治思维图善治，以系统思维聚合力，以底线思维定边界，以创新思维增活力，以开放思维拓视野。

- 深入乡村“望”民情，观基层风貌；倾听建议“闻”呼声，查百姓需要；放下身段“问”计策，纳民间良方；把准脉搏“切”症结，解群众难题。

- 聚焦抓思路，把好改革的“方向盘”；聚焦抓调研，找到改革的“金钥匙”；聚焦抓推进，打通改革的“肠梗阻”；聚焦抓落实，提升改革的“含金量”。

- 让标语覆盖到山山水水，让学习体现出原原本本，让宣讲深入到旮旮角角，让活动展现出轰轰烈烈，让贯彻落实到方方面面，让精神渗透到家家户户。

- 抓住主要矛盾，明确主攻方向，咬定总攻目标，落细攻击点位，完善督战机制，区别轻重缓急，聚焦重点难点，推进理论创新，点燃创新引擎，激发创新活力。

- 结对子，建驻村机制；理路子，建规划机制；想法子，建帮扶机制；甩膀子，建动力机制；强班子，建引领机制；凑份子，建联动机制；造册子，建管理机制。

- 始终握牢方向盘，把好思想关；努力抬升标尺线，把好学习关；不断注入原动力，把好任务关；用心念好紧箍咒，把好作风关；切实筑牢防火墙，把好廉洁关。

- 用好用活“学”字诀，用好用活“做”字诀，用好用活“改”字诀，用好用活“领”字诀，用好用活“常”字诀，用好用活“促”字诀，用好用活“担”字诀。

- 护好“一片林”，让严整改成为新起点；盘活“一间房”，让好生态实现新价值；做精“一味药”，让老产业焕发新活力；深耕“一块地”，让小平台迸发新动能。

- 抓住思想政治建设这个“定盘星”，突出选人用人导向这个“指挥棒”，坚持补短板促提升这个“驱动力”，走好人才优先发展这个“先手棋”。

- 坚持目标标准，确保完成任务；坚持基本方略，夯实精准基础；坚持突出重点，解决×××；坚持求真务实，力戒形式主义；坚持从严考核，倒逼真抓实干；坚持典型引路，总结推广经验。

- 突出一个“准”字，严格落实“六个精准”要求；突出一个“实”字，用实功、出实招、求实效；突出一个“早”字，早部署、早到位、早实施、早见效；突出一个“稳”字，多管齐下，巩固×××成果。

❖ 立足精准要求，提升×××成效；立足×××引领，加快县域发展；立足利益联结，实现合作发展；立足自力更生，激发内生动力；立足开源节流，多方筹措资金；立足斩断穷根，巩固×××成果。

❖ 制定一套系统全面的工作方案，编制一本内容精准的工作手册，建立一支精干过硬的专业队伍，搭建一个比学赶超的工作擂台，增加一个细化量化的专项考评，出台一套导向鲜明的奖惩措施。

❖ 固化办理标准、简化申报材料、优化办事程序、细化办事指南，联通服务系统，共享政务信息，简化办事程序，合并办事环节，压缩办理时限，前后综合受理，后台分类办理，统一窗口出件。

❖ 调整发展思路，统筹协调发展，完善基础设施，集聚发展动能，厚植发展优势，补齐发展短板，提升发展质量，凸显发展温度，推进融合发展，提高经济指标，狠抓转型升级，突出项目引领，推动城市建设，壮大城市产业。

❖ 突出抓好思想教育这个根本，扎实推进党的思想建设；突出抓好基层组织这个基础，扎实推进党的组织建设；突出抓好“四风”整治这个重点，扎实推进党的作风建设；突出抓好正风肃纪这一关键，扎实推进党风廉政建设。

❖ 关注衣食住行，补齐民生短板，抓好基本民生，关爱生老病死，保障底线民生，关切安居乐业，强化热点民生，提高幸福指数，勤思富民之策，笃行利民之举，致力改善民生，增进民生福祉，凸显民生厚度，持续改善民生。

❖ 求实求效，实现思想引领和民众思维合拍共鸣；突破突围，实现传统媒体和新兴媒体同频共振；相生相长，实现文化事业和文化产业整体繁荣；借势借力，实现对内宣传和对外宣传出新出彩；实干实效，实现基层基础和队伍建设共同提升。

❖ 始终坚持“心中有信念”，把旗帜鲜明讲政治作为立身之本；始终坚持“胸中有全局”，把当好参谋助手作为首要职能；始终坚持“手上有本领”，把狠抓工作落实作为根本职责；始终坚持“肩上有责任”，把提升自我修养作为精神追求。

❖ 急难险重任务政治性敏感性强，×××工作必须着力用×××的决策指示统一思想；急难险重任务突发性紧迫性强，×××工作必须着力提高快速反应能力；急难险重任务艰巨性危险性强，×××工作必须着力激发×××英勇顽强的战斗精神；急难险重任务多样性复杂性强，×××工作必须着力拓宽领域创新方法。

❖ 用好用活“学”字诀，在夯实真学真懂这个基础上不动摇；用好用活“做”字诀，在抓住笃行求实这个关键上不懈怠；用好用活“改”字诀，在掌握即知即改这个方法上不打折；用好用活“领”字诀，在强化以上率下牵引上不落空；用好用活“常”字诀，在扭住支部建设这个重点上不放松；用好用活“促”字诀，在聚焦担当作为这个标杆上不停步；用好用活“担”字诀，在强化组织领导这个保障上不松劲。

九、提出工作要求

好词

朝下看、往下跑、向下钻、俯下身、沉下心，下农田，询经营，问效益，聚村头、进地头、坐炕头，听民意、察民情、悉民困、惠民生、解民忧、谋民意、暖民心、纾民困，勤走访，有底气、接地气，沉下去、融进去、走出去，拜名师，学标兵，取真经，开眼界，过筛子，不放松、不松懈、不松口、不动摇、不放弃、不罢手、不马虎、不懈怠、不停步、不懈劲、不遗漏、不脱节、不越位、不失位、不含糊、不务虚、不作秀、不丢失、不畏惧、不改变、不妥协、不折腾、不退缩、不畏惧、不收兵，说真话、报真情、做实事、求实效，责任感、紧迫感、危机感、认同感、荣誉感、成就感，扣扣子、担担子、钉钉子、转盘子、照镜子，正衣冠，洗洗澡，治治病，明大德、守公德、严私德，不放纵、不越轨、不逾矩，护森林，织铁网，挥利剑，出重拳，敲警钟，无禁区，零容忍，清存量、阻增量，量自身，正己身，打招呼，发信号，提要求，浚其源，涵其林，养正气，固根本，知边界，有约束，守纪律，讲规矩，重品行，挖根源，祛病灶，真整改，不贰过，重实际、察实情、讲实话、出实策、鼓实劲、办实事、求实效、出实绩、做实事、亮实招、下实功、施实策、见实效、抱实心、练实功、行实政、兴实业，一对一、点对点、面对面、心贴心、硬碰硬、实打实、背靠背、手拉手，动真情、动真格、动真章，做到底、做到位、做到家，下功夫，求突破，搞空谈，踩虚脚，放哑炮，动真的，来实的，碰硬的，干在先、干得准、干得对、干得成、干得好，强监督，实问责，下基层，接地气，摸实情，定思路，不松劲，不畏难，保安全，护稳定，特色化、综合化、轻型化、智能化、集约化、多元化、均衡化、数字化、精准化、专业化、差异化，多层次、多方面、多途径、多渠道、多角度、多方位，畅起来、忙起来、动起来、热起来、旺起来、拉上来、突出来、强起来、立起来、拿出来，观大势，谋全局，议大事，思全局，谋方略，动脑筋，谋思路，出点子，拿建议，想办法、想对策，花力气，找短板，瞄靶心，狠发力，督任务、督进度、督成效，察认识、察责任、察作风，听其言，观其行，查其果。

疏通堵点、解决难点、根治痛点、把握重点，降低内耗，消除掣肘，政治自觉、政治定力、政治历练、政治担当、政治自律，精准滴灌、精准发现、精准发力、精准突破、精准配对，回归初心、回归传统、回归本色，不忘初心、擦亮初心、践行初心，心存敬畏，手握戒尺，强化监督，政治认同、理论认同、组织认同、事业认同、感情认同、心理认同、环境认同，同步推进、同步实施、同步进行、同步优化，疏导情绪，解疑释惑，情感关爱，心理疏导，帮扶救助，团结协作，热情关心，海纳百川，兼容并蓄，同心同德、同频共振，齐抓共管，群策群力，齐头并进，抓点扩面，疏导情绪，再理一理、再促一促、再抓一抓、再推一推，拧拧螺丝、敲敲脑壳，上级推动、周边促动、先行带动，激发动力、激发动能，增强后劲，聚集合力、迸发合力、增添动力、汇聚合力，层层剥笋，深入挖掘，举一反三，找出病灶，分析原因，参之有道、参之有理、参之有据、谋之有方、取之有道，增信释疑，协调关系，解疑释惑，宣传政策，言之有据、言之有理、言之有度、言之有物，凝聚共识、凝聚智慧、凝聚力量，真诚协商，务实协商，前瞻务实，咨政建言，理顺情绪，化解矛盾，增进共识，上下求索，锐意改革，心存敬畏，手持戒尺，廉洁从政、廉洁用权、廉洁修身、廉洁齐家，激浊扬清，抓早抓小，看准红线、守住底线，激荡清风、塑造新风，以戒为固、以怠为败，守之以理、守之以法、守之以谦，正心明道，大公无私，先公后私，公私分明、公而忘私，戒贪止欲，克己奉公，严以修身、俭以养德，思想不乱、队伍不散、工作不断，崇尚创新，注重协调，倡导绿色，厚植开放，推进共享，大处着眼、小处着手，润物无声，点滴入心，寓理于事，深入浅出，宣出信心，讲出味道，不留“暗门”、不开“天窗”，静心沉潜，洗礼心灵，涤荡灵魂，内正其心、外正其行，学以修身、学以增智、学以提能、学以致用，意解情通，嵌入灵魂，学思践悟，融入血脉、融入血液，铸入灵魂，日积月累，勤学不倦，学在深处、谋在新处、干在实处，引向深入，推向持久，见到实效，奋斗以成，走深踩实，刻进灵魂，爱国守法，崇德守信，文明和善，热情厚道，开明包容，大气豁达，务实敬业，勤勉吃苦，坚韧自强，敢为人先，崇尚一流，追求卓越，坚韧前行，务实奋斗，从不屈服，永不言败，绝不退缩，朝气蓬勃，好学上进，视野宽广，开放自信，点亮荧屏，敢于发声、善于发声，坚定自信，站稳脚跟，借筒传声、借台唱戏，春风化雨，滴灌渗透，保持热度、保持风度、增加锐度、把握尺度。

建成小乐园，立下愚公志，形成合围势，打赢终极战，擦亮精准牌，构建滴灌网，引入动力源，提升精气神、增强精气神，争当领头雁，明确风向标，弘扬主旋律，传播正能量，守住警戒线，拥抱上升期，提升组织力，打造软环境，释放软优势，用好指挥棒、用好传家宝，答好赶考卷，打造好作品、传播好声音、展示好形象，建好大格局、奏好主题曲、唱好好声音、打好铁算盘、念好日常经、画好工笔画、用好救命钱，当好情报兵、当好侦察兵、当好尖刀兵、当好勤务兵，种好“责任田”，乐做“嫁衣裳”，甘当“渡人梯”，找准出发点、把握切入点、明确落脚点、找准落脚点、抓住切入点、把握着重点、找准切入点、把握着力点、抓好落脚点，吹响进军号、吹响集结号、吹响先锋号，眼睛向下看、重心向下移、心思向下沉，少画“延长线”，不编“花篮子”，不搭“花架子”，心里不长草，头脑不分神，行动不偏离，练就宽肩膀，提升真本领，争当主攻手，细耕责任田，搭建产业链，牵住牛鼻子，形成聚能环，攥成强拳头，激活一池水，唱响主旋律，扭住牛鼻子，筑牢基础桩，汇聚正能量，成为活档案，承当消防员，铸成多面手，常怀赶考心，讲清大道理，凝聚正能量，做对运算符，用足工具箱，出准撒手锏，晾晒对账单，丰富菜盘子，发出动员令、排出任务书、挂出作战图、定出时间表、打出组合拳、划出硬杠杠、做出新亮点、拿出硬作风，打通责任链，织密责任网，签订责任书，立下军令状，管好关键人、管到关键处、管住关键事、管在关键时，把握“保质期”，算好“折旧率”，警惕“迭代率”，画好“同心圆”，寻求“公约数”，立牢“顶梁柱”，定制“特效药”，清除“围猎场”，斩断“利益链，思想上“挂号”，工作中“上账”，胸中有大义、心里有人民、肩头有责任、笔下有乾坤，用好印把子、管住钱袋子、摆正官位子、慎碰酒杯子，珍惜“易碎品”，守护“荣誉牌”，打通“中梗阻”，抢抓新机遇、耕耘新动能、构建新格局、创造新作为、成就新作为、开辟新路径、培育新动能、创造新生活、跑出新速度、推动新跨越、开创新未来、贯彻新思想、掌握新知识、熟悉新领域、开拓新视野、适应新常态、研究新问题、破解新难题、活跃新生活、摆脱新平庸，筑就压舱石、筑牢防火墙，确立定盘星，坚定主心骨，强壮思想骨，树立风向标，握牢方向盘，严明高压线，抬升标尺线，注入原动力，常打免疫针，发挥威慑力，扣上风纪扣，关进制度笼，拧紧总开关，常打预防针，铺设高压线，原原本本学、原汁原味学、带着问题学、联系实际学，思想不松懈、行动不松劲、责任不松动。

好句

- 要贯彻（按照 / 践行）……理念。
- 既要……又要……做到……
- 必须坚持把……作为……的重中之重。
- 树立……的理念，多一些……，多一些……
- 要开展……工作，确保……（提要求）
- 采取……措施，防止……（提要求）
- 绝不允许借……之名，行……之实。
- 要开展……工作（实施……计划），力争……（定目标）
- 坚持+……理念、思路（如依法治国、全面从严、稳中求进等）。
- 加强+……措施、做法（如理论武装、综合治理、安全管理等）。
- 树牢+……意识、信念（如大局意识、责任意识、必胜信心等）。
- 突出+……导向、工作（如问题导向、目标导向、作风转变等）。
- 突出问题导向，突出精准发力，突出完善制度，突出督察落实。

❖ 踏踏实实地“扎根一线”，矢志不渝地“守正一身”，勇往直前地“争创一流”。

❖ 以更高站位下好×××建设“先手棋”，以更实举措打好×××“组合拳”，以更优机制织好×××“双面绣”。

❖ 我们要从多方面采取有效措施，坚持不懈地苦干实干，下决心遏制……的态势，争取用……的时间，使……基础设施和……条件明显改善，×××和×××明显加快，×××明显增强，×××明显提高，×××明显优化，×××明显提升。

❖ 抓住了这个重点，就抓住了……的关键；把握了这个环节，就把握了……的根本；做好了这项工作，就为……打下了坚实的基础。要进一步调动……的积极性和……的积极性，以……为基础，以……为重点，以……为支撑，以……为保障，力争经过……的努力，使×××明显改善，×××明显提高，×××明显增强。

❖ 清除“隔离带”，打通“梗阻层”。

❖ 时序上到季到日，责任上到人到岗。

❖ 不让职责挂空挡，不让承诺放空炮。

❖ 矢志不渝守初心，奋发有为担使命。

❖ 把落实作为生命，把创新作为追求。

❖ 政治上志同道合，思想上肝胆相照。

❖ 一切围着目标转，一切朝着目标干。

❖ 一门心思干事业，一以贯之抓落实。

❖ 用实干诠释诺言，用实绩兑现承诺。

❖ 心思花在干事上，本事用在落实上。

❖ 守好“责任田”，打好“攻坚战”。

❖ 燃烧奋斗豪情，昂扬率先斗志。

❖ 在金钱面前不低头，在名利面前不动心。

❖ 不计较眼前的得失，不计较个人的名利。

❖ 甩开膀子向前闯，心无旁骛谋发展。

❖ 以初心砥砺精神，以使命鼓舞斗志。

❖ 一锤接着一锤敲，一步紧着一步做。

❖ 把人心凝聚起来，把力量汇聚起来。

❖ 在应对变局中开新局，在守正创新中担使命。

❖ 树立踏实工作的作风，确立务实工作的规范。

❖ “两个班子”一起抓，“两副担子”一起挑。

❖ 把人心和力量聚起来，把干劲和斗志鼓起来。

❖ 保持严肃的生活作风，培养健康的生活情趣。

❖ 把重心放在行动上，把功夫下在落实上。

❖ 挺起理想的主心骨，筑牢信念的压舱石。

❖ 在入脑入心上狠下功夫，在见行见效上聚力用劲。

❖ 不因工作矛盾多而回避，不因任务难度大而退却。

❖ 敢于担当而不推脱责任，勤于担当而不消极懈怠。

❖ 奏响干事创业的最强音，形成改革发展的大合唱。

❖ 把思想和行动统一起来，把智慧和力量凝聚起来。

❖ 越要有如履薄冰的谨慎，越要有居安思危的忧患。

❖ 锤炼铁一般的责任担当，永葆火一般的创业激情。

❖ 以清风正气赢得民心，用发展实绩造福群众。

❖ 立说立行、马上就办，一抓到底、争求实效。

❖ 提升“信仰度”，增强“忠诚度”，淬炼“纯净度”。

❖ “一马当先”强势开局，“一环不失”除险保安。

❖ 常掸心灵灰尘，常清思想垃圾，常掏灵魂旮旯。

❖ 努力办好小事，勤勉办好实事，尽力办好难事。

❖ 摒弃政绩焦虑，敬畏发展规律，尊重地方实际。

❖ 盛年不重来，一日难再晨。及时当勉励，岁月不待人。

❖ 答好“附加题”，用好“计时器”，交上“满意卷”。

❖ 布好“输送管”，安装“滴灌机”，铺设“传送带”。

❖ 抓住“风口期”，紧抓“窗口期”，安装“蓄电池”。

❖ 甘当“小学生”，争做“布道者”，当好“工程师”。

❖ 横下“一条心”，拧成“一股绳”，保持“一股劲”。

❖ 当好“催化剂”，开好“千金方”，用好“体检单”。

❖ 名牌就是质量，就是效益，就是竞争力，就是生命力。

❖ 打造“发动机”，立好“总航标”，用好“教科书”。

❖ 跑出“加速度”，按下“快进键”，挂好“升级挡”。

❖ 甘做“拓荒牛”，勇当“下山虎”，争做“千里马”。

❖ 擦亮“显示屏”，赢得“资格证”，争当“全能王”。

❖ 当好“领头雁”，提高“制动力”，绘制“识别码”。

❖ 不做“糊涂虫”，不做“墙头草”，不做“两面人”。

❖ 多杀“回马枪”，杜绝“假把式”，添加“燃烧剂”。

❖ 把握时代新特征，探索工作新规律，开创事业新局面。

❖ 把使命放在心上，把责任扛在肩上，把工作抓在手里。

❖ 静下心来沉下去，身先士卒冲上去，发挥作用干进去。

❖ 矛盾面前不躲闪，挑战面前不畏惧，困难面前不退缩。

❖ 让实干家施展身手，让探路人专心谋事，让开拓者奋勇前行。

❖ 当好“代言人”，注入“润滑剂”，加强“动力轴”。

❖ 放大格局立潮头，策马扬鞭打头阵，奋进奋力作示范。

- 常走田间泥巴路，常坐农家小板凳，常开屋场院落会。
- 迈开双腿跑起来，撸起袖子干起来，弯下身子做起来。
- 擎信息化利剑，破执行难坚冰，扑下身子实干，雷厉风行快干。
- 发展指标有更多的“幸福指数”，发展成果有更多的“民生含量”。
- 把心思用到谋全局、抓大事上，把精力集中到抓落实、促发展上。
- 树立“开局就是决战”的意识，保持“起步就是冲刺”的劲头。
- 走遍千山万水，想尽千方百计，说尽千言万语，吃尽千辛万苦。
- 把“规划图”变成“施工图”，把“时间表”变成“计程表”。
- 敢为人先的精气神，披荆斩棘的攻坚力，善作善成的真本领。
- 怀着执着的信念学，怀着看齐的定力学，怀着深厚的感情学。
- 拿出“敢教日月换新天”的气概，鼓起“不破楼兰终不还”的劲头。
- “一鼓作气”抓项目，“一天不误”扩投资，“一刻不停”促消费。
- 政治建设是第一建设，政治标准是第一标准，政治能力是第一能力。
- 在精准施策上出实招，在精准推进上下实功，在精准帮扶上见实效。
- 符合条件立即办，跟踪服务主动办，重大事项优先办，群众有难上门办。
- 在全面覆盖、融入日常上下功夫，在学做结合、务求实效上花力气。
- 认识大局要看到新变化，服从大局要体现新标准，服务大局要把握新要求。
- 以“干”的姿态破解一切发展难题，以“干”的状态实现各项奋斗目标。
- 以“功成不必在我”的胸襟谋划长远，以“功成必定有我”的担当干在当下。
- 担“责”不推，担“事”不躲，担“学”不辍，担“难”不怯，担“忧”不惧。
- 掌握情况要细，分析问题要细，制定方案要细，配套措施要细，工作落实要细。
- 要有海纳百川的胸怀，要有气吞山河的气概，要有咬定青山的韧性，要有勇于负责的精神。

- 纪律是“紧箍咒”，更是“护身符”，规矩不能破，红线不能碰，雷区不能踩。
- 念好紧箍咒，用好处方权，把好方向盘，把好廉洁关，念好当家经，当好护林员。
- 守文化沃土，传红色基因，走田间地头，讲乡村故事，培精神厚土，育青春榜样。
- 全面紧起来，加速跑起来，以过硬作风提振奋斗干劲，以强劲开局带动全年发展。
- “进”能奋发有为，“退”能心情愉快，“留”能意志不衰，“转”能迎接挑战。
- 政治上互相信任，不猜疑；思想上互相交流，不疏远；生活上互相关心，不冷漠。
- 以“越是艰险越向前”的英雄胆识劈波斩浪，以“敢教日月换新天”的昂扬斗志一往无前。
- 困难面前，先让自己承担；荣誉面前，先让自己靠边；危险面前，先让自己闯关。
- 敬畏权力，坚持执政为民；敬畏群众，增强公仆意识；敬畏法纪，做到令行禁止。
- 既要“架天线”，把精神把握好、阐释好；又要“接地气”，把思想贯彻好、转化好。
- 做“常学常新”的“知之者”，做“善学善思”的“好之者”，做“真学真干”的“乐之者”。
- 用“广角镜”全方位识别干部，用“显微镜”精准考察干部，用“多棱镜”立体评价干部。
- 永远胸怀“一把烈焰”，去拼、去干，有困难，就千方百计克服；没有条件，就想方设法创造。
- 拭亮心灵之镜，扫除思想灰尘；常鸣警醒之钟，规范行业界限；擂起奋进之鼓，坚持砥砺前行。
- 千忙万忙，不抓落实就是瞎忙；千条万条，不抓落实就是白条；千招万招，不抓落实就是没招。
- 砥砺“千磨万击还坚劲，任尔东西南北风”的意志，舒展“弄潮儿向涛头立，手把红旗旗不湿”的豪迈。
- 拿出“越是艰险越向前，狭路相逢勇者胜”的斗志，怀揣“踏平坎坷成大道，扶摇直上九万里”的壮志。
- 要涵养崇尚创新的“制度水源”，要充盈鼓励创新的“制度空气”，要打造支撑创新的环境载体。

❖ 有困扰时带头厘清，有困难时带头解决，有危险时带头向前，有责任时带头担当，有失误时带头改正。

❖ 提高对标对表“执行力”，明确统揽统筹“总抓手”，练就善作善战“真本领”，弘扬团结奋斗“主旋律”。

❖ 思想上深刻认同核心，政治上坚决维护核心，组织上自觉服从核心，感情上坚决拥戴核心，行动上坚定紧跟核心。

❖ 以“纲举目张、执本末从”的智慧统揽全局，以“开弓没有回头箭”的决心锐意进取，以“明知山有虎，偏向虎山行”的气魄克难攻坚。

❖ 要胸怀“越是艰难越向前”的勇气，拿出“敢为人先创一流”的激情，怀揣“始终为民谋福祉”的目的。

❖ 打造“撸起袖子加油干”的铁军先锋，树牢“一切工作到支部”的鲜明导向，保持“打铁必须自身硬”的高度警醒。

❖ 勤走访、明责任，甩开膀子积极干；重交流、理思路，明确方向大胆干；凭实绩、争先锋，亮出形象示范干。

❖ 拓宽调研渠道，丰富调研手段，创新调研方法，深化社情认识，谋划重大战略，制定重大政策，部署重大任务，推动重大任务。

❖ 绷紧纪律之弦，调整行为之舵，常修为官之德，常怀律己之心，提升施政本领，依法履行职责，持续正风肃纪，优化营商环境。

❖ 以“学”为先导，筑牢思想政治之魂；以“做”为根本，切实付诸实际行动；以“改”为动力，努力打造模范机关。

❖ 敢担当、勇作为，坚决破除“等靠要”；强效能、优服务，坚决整治“庸懒散”；抓落实、重执行，坚决反对“做虚功”。

❖ 视见为表，推知为里，由表及里，由见入知，探求发展本质。已知为弓，推见为矢，以见知明往，以往知来，明确未来方向。

❖ 永葆“君子检身，常若有过”的修身自醒；永葆“不忘初心，方得始终”的政治清醒；永葆“如临深渊、如履薄冰”的处世警醒。

❖ 各乡镇要组织“会战”，×直相关部门要积极“参战”，各级领导干部要一线“领战”，×××工作队要全力“奋战”。

- 牢固树立“四个意识”，始终对×绝对忠诚，在政治上做表率；强化思想政治建设，不断坚定理想信念，在党性上做表率。
- 成为“行家里手”，不做“二传手”；当好“施工队长”，不做“裱糊匠”；发挥“头雁效应”，不做“稻草人”。
- 始终刻印在心，警示自己、丈量自己、约束自己，始终心有所畏、言有所戒、行有所止，始终尊崇纪律、维护纪律、恪守纪律。
- 在坚定理想信念中“长志气”，在锤炼品德修为中“硬骨气”，在练就过硬本领中“蓄才气”，在矢志拼搏奋斗中“强底气”。
- 工作多不能头脑发热，急躁蛮干；任务重不能乱了手脚，降低标准；难度大不能避重就轻，消极拖延；要求高不能超越实际，吊高胃口。
- 直击问题关键，抓住问题要害，坚持问题导向、坚持理念先行、坚持改革攻坚、坚持开放先导，做实协同战略，找准攻坚战术，打好年度战役。
- 串起旅游线，共织小网络，推动大治理，评议成绩单，畅通中梗阻，防止软落实，搭建大平台，筑牢安全线，唱响共赢曲，锻造硬作风，守住保障线。
- 牢固树立政治理想，筑牢“信念坚定”压舱之石；坚持正确政治方向，树牢“四个意识”政治高线；坚定站稳政治立场，筑牢“以民为本”宗旨意识。
- 不断学习“见微知著、守正创新”的现代化理论，不断开拓“因势而动、顺势而为”的现代化思维，不断练就“居安思危、砥砺奋进”的现代化本领。
- 准确把握大势，着眼长远发展，回答时代之问，勇立时代潮头，顺应时代潮流，凝聚时代智慧，打开历史视野，把握历史规律，抓住时间节点，树立工作坐标。
- 让“革命理想高于天”的信仰宣言“余音绕梁”，让“越是艰险越向前”的奋斗战鼓“余音绕梁”，让“化作春泥更护花”的奉献号角“余音绕梁”。
- 有深度，达到学理论要深、学业务要精、学政策要透的境界；有厚度，学会用历史的、发展的眼光看问题；有宽度，做到广泛涉猎、厚积薄发。
- 聚焦指导思想、聚焦主责主业、聚焦使命担当，加快追赶超越，回应群众期待，针对现实问题，加强制度供给，健全制度体系，完善制度细节，扎紧制度篱笆。
- 对于自己认准的事，就要不畏艰难，踏踏实实去干；对于上级部署的事，就要坚持不懈，一抓到底去干；对于群众反馈的事，就要马上落实，细致耐心去干。

❖ 客观看待“喜”与“忧”，在全面总结中坚定发展信心；准确把握“时”与“势”，在主动应变中找准发力重点；科学统筹“点”与“面”，在统筹兼顾中提升发展质效。

❖ 以“明知山有虎、偏向虎山行”的勇气大刀阔斧、攻坚克难；以“图难于其易、为大于其细”的智慧运筹帷幄、总揽全局；以“咬定青山不放松”的决心严明责任、狠抓落实。

❖ 强化“看齐追随、忠诚第一”的政治担当，强化“使命引领、一心谋战”的奋战担当，强化“初始即严、上下同严”的作风担当，强化“首任首责、起步领先”的实干担当。

❖ 在严谨中“上接天线”，确保学习宣传的权威性、准确性，做到忠实原文、忠实原义；在生动中“下接地气”，确保解读阐释的形象性、生动性，做到贴近群众、贴近生活。

❖ 健全规章制度，完善工作规范，优化服务程序，提高工作标准，完善政策举措，加强制度建设，扎紧制度笼子，聚合多元主体，融合多项举措，整合多种资源，推进互联互通，加快融合发展。

❖ 多从细节之处“体检”，审视一思一念、一言一行，慎独慎初、慎微慎友，防止“未病”演变成“已病”；勤以典型案例“自照”，对标先进榜样，思齐贤、补差距，对比反面典型，内自省、改问题，严以修身，律己正行。

❖ 只有坚持“要听”与“想听”相统一、“上接天线”与“下接地气”相统一、“说理”与“陈情”相统一，才能使创新理论直抵灵魂，释放出沁人心脾的亲和力、感染力，才能真正体会到“照亮了别人，也温暖了自己”的成就感、幸福感。

❖ 要让“承诺”落地，认真答好“抓整改”这道“应用题”，真刀真枪、一板一眼，对照薄弱领域和具体表现，提出深入化、有操作性的整改方案，以“阶段式＋时限制”将措施落实到位，确保问题对标对表逐个销号，“清仓”不“积仓”。

❖ 基层有基层的实际，一级有一级的任务，一层有一层的责任。不管是哪一级的机关、哪一级的领导干部在抓落实上，都应树立强烈的事业心、责任感，要把自己该担当的责任和担子勇敢担起来，不能动不动就随心所欲地把责任转移、把任务转嫁、把标准提高。

❖ 打好感情牌、打好优势牌、打好服务牌、打好机制牌、打好组合拳、打好精准牌，下好先手棋、练好基本功、立好军令状、弹好多重奏、打好主动仗、管好责任田、签好责任书，唱好主角戏、唱好重头戏，画好同心圆、当好笔杆子，当好小郎中、当好领头雁。

❖ 守住绝对忠诚之心，做政治坚定的“明白人”；守住勤政为民之心，做服务群众的“贴心人”；守住务实进取之心，做干事创业的“带头人”；守住清正廉洁之心，做严于律己的“规矩人”；守住兴×护×之心，做管×治×的“责任人”；守住宁静平常之心，做淡泊名利的“快乐人”。

❖ 整改不能仅仅盯着“述职中”的“台前问题”，还要注重解决“工作中”的“幕后问题”，要在消化已点评问题的同时摸清症结、总结经验，将“同根同源”的类似问题举一反三，一并解决，谨防“按下葫芦浮起瓢”，推动整改问题由“一个”向“一类”深化，工作质效由“部分”向“全面”提升。

❖ 不能一味以“不够”“疏忽”来阐述、概括问题，要做到具体案例具体分析，深刻检视“思想、能力、站位”上存在的差距，于“找不足”这道“证明题”中以“实际表象”倒推“病灶根源”，在讲问题“是什么”的基础上讲清“为什么”，讲明“怎么办”，原原本本将问题摆到台面上，为后续定靶定向“补短提升”打下坚实基础。

❖ 坚决破除等靠要、“不找市场找市长”的传统思维，树立市场为帅、需求为王的理念；坚决破除官尊商微、官大商小的官本位意识，树立“产业第一、企业家老大”的理念；坚决破除一亩三分地的封闭观念，树立海纳百川、兼容并蓄的理念；坚决破除怕字当头、自我设限、畏首畏尾的“蜗牛”思维，树立以新应新、以新赢新的理念；坚决破除坐而论道、知行不一的不良习气，树立艰苦奋斗、真抓实干的理念。

❖ 当弘扬“纸上得来终觉浅，绝知此事要躬行”的实干精神，坚决不做“纸上谈兵”式干部，自觉把中心任务、大战大考当作检验自身成色的“赛马场”，把基层一线、吃劲岗位当作担当作为的“磨刀石”，怀抱梦想又脚踏实地，敢想敢为又善作善成，以“当官避事平生耻”的自觉挑最重的担子、啃最硬的骨头、接烫手的山芋，以“功成不必在我”的境界当好党和人民事业的“铺路石”，以勇于担当、善于作为彰显新时代×××的“铁肩膀”，自觉做勇于担当作为的不懈奋斗者。

❖ 要以×××、创新理论、先进先辈、上级要求为“镜子”，抛开患得患失的思想，把自己摆进去，把职责摆进去，把工作摆进去，深查细找，直击痛点，触及灵魂，举例说明，相互佐证，切中要害，不绕弯子，不轻描淡写、敷衍了事、避重就轻，深刻理解“长痛不如短痛”的道理，敢于向自身“动刀子”，真找自己的茬，真戳自己的背，真揭自己的短，真扫自己的面，做到见人、见事、见思想，不用“一定程度”“有待提高”“有时”等模糊词语，给自己精准“画像”。

❖ 干在前，有“快人一拍”的行动，拿出起步就是冲刺的心态，拿出开局就是决战的状态，拿出决战务必决胜的姿态，今天干好明天的事，当下干好未来的事。走在前，有“胜人一筹”的招数，要敢闯敢试、争先争优、进步进位，力争更多工作出亮点、出样板、出品牌，全力实现争第一、干唯一、创一流。谋在前，有“先人一步”的眼光，超前思考、超前研究、超前布局，下好先手棋、打好主动仗，决不让机遇错失，决不让项目延误，决不让事情拖延，真正抢占发展先机、赢得工作主动。

十、明确目标任务

好词

模式，格局，效应，高地，标杆，名片，品牌，引擎，机制，体系，引领，融合，主导，指引，优势，共享，联动，锁定、限定、圈定，研究，起点，抓手，限制，契机，驱动，叠加，牵引，阶段，时期、时代，领域，方面，环节，任务，要求，定位，形势，进展，能级，效能，业态，特点，趋势，手段，模式，理念，方法，飞跃，焦点、堵点、痛点、难点，优化，升级，增加、增强，助力、助推，提升、提高，达到、达成，赋能、赋智，全面，系统，普遍，整体，充分，及时，尽快、尽早，完善、完成，狠抓，抓紧，大力、强力、竭力、全力、尽力，率先，加快，有效、高效，超前，深入、深刻，扎实，跟踪，密切，有序，逐步，更加，持续，不断，自主、自觉，主动，显著，明显，基本，初步，统筹，集中，积极，实现，产生，开创、共创，建立、建设、建成，构建、搭建，打造、筑造、改造。

治“病树”、正“歪树”、拔“烂树”，先行者（区），引领者，示范区，策源地，新模式，领导力、执行力、战略力、竞争力、影响力、集聚力、吸引力、展现力、生命力，着力点、支撑点、立足点、突破点、切入点、结合点，自动化、协同化、知识化、一体化、结构化、系统化、数字化、智慧化、整体化、常态化、现代化，台账式、清单式、闭环式，精准度、清晰度、知名度，系统性、可靠性、自主性、典型性、可用性、准确性、实时性、安全性、准确性、合规性，跨层级、跨地域、跨系统、跨部门、跨业务，幸福感、获得感、体验感、安全感、受益感，新生活、新纪元、新时代、新气象、新变化、新篇章、新版本、新浪潮、新世界、新提升、新动能、新提高、新成效、新台阶、新力量、新格局、新标杆、新征程、新骨架、新改善、新风貌、新步伐、新人才、新使命、新起点、新平台、新跨越、新引擎、新干劲、新作为、新境界、新举措、新发展、新突破、新成效、新形势、新高度。

势头不减，进度不慢，排位不降。

打掉“保护伞”，清除“拦路虎”，看准“红绿灯”，争当“多面手”，当好“灭火器”，争做“千斤顶”，立好“坐标系”，找准“参照系”，树牢“比对尺”，全区域统筹，多方面联动、多领域融合、多兵种集合、多媒体联动，故事化表达、立体化传播，不当“门外汉”，不讲“外行话”，争当“活字典”，唱响“好声音”，安装“净化器”，打好“预防针”，打虎无禁区、拍蝇零容忍、猎狐撒天网。

好句

- 推动……成为常态。

- 必须在……上更加……

- 以……支撑×××，以……服务……
- 把……转化为……的强大动力。
- 做到第一时间……第一时间……第一时间……
- 要将……与……（紧密）结合起来，做到两手抓、两促进。
- 要把……作为当前和今后一个时期的重要政治任务。
- 为……提供……支撑（强大动力/坚强保障）。
- 注重发挥……在……上的（突出/关键/重要）作用。
- ……着力构建“横向全覆盖、纵向全链接、全局一盘棋”的工作格局。
- 首抓……紧抓……深抓……实抓……细抓……常抓……长抓……（后面套上相对应的工作）
- 深化……细化……优化……强化……量化……美化……（一般加做法或某项工作）
- 以……为契机（突破口/切入点），（切实）做好……工作，推动……再上新台阶。
- 要坚持把……工作作为……（说明效果、作用和意义）的……（先导/重点/民心/龙头）工程来抓。
- 对大局了然于胸，对大事多谋善断。
- 拧紧刚性约束的螺丝扣，清除思想中的微生物。
- 目标倒逼进度，时间倒逼程序，督查倒逼落实。
- 开拓“无人区”，激扬“真空层”，挑战“最高峰”。
- 产业项目落下来，经营主体强起来，优势产业聚起来。
- 让互学互鉴成为共识，让扛旗争先成为习惯，让实干促进成为常态。
- 让优秀干部“冒得出”、躺平干部“下得去”、受处分干部“回得来”。
- 坚持零容忍，没有免罪“丹书铁券”；铲除微腐败，整治基层“蝇贪蚁腐”。
- 比形象，着力挑起担子；比干劲，着力迈好步子；比服务，着力畅通路子。
- 驾驭全局的能力，精于协调的技巧，乐于耐烦的修养，善于文字的通达。

- 夯实“稳”的基础，激发“进”的动能，提升“立”的质效，把好“破”的节奏。
- 坚持高质量发展方向不动摇，锚定全年目标任务不放松，加快新旧动能转换不懈怠。
- 把比较优势变为领先态势，把短板弱项变为后发优势，在融合创新中开辟发展新赛道。
- 常思发展之策，坚持干事创业；常怀学习之心，坚持修身求知；常存律己之念，坚持拒腐防变。
- 瞄准要害点，破立结合抓转型；聚焦促落实，只争朝夕抓转型；提振精气神，上下同欲抓转型。
- 坚持系统谋划，紧锣密鼓地干；坚持难处落手，攻城拔寨地干；坚持基础先行，凝心聚力地干。
- 铁拳出击，打出城区新品质；紧盯×××，做出民生新亮点；持续发力，干出稳定新局面；党建引领，带出队伍新气象。
- 打响正风反腐刮骨疗毒的“遭遇战”，打赢织密织牢制度之网的“阻击战”，打好构筑不想腐堤坝的“持久战”。
- 以破釜沉舟的勇气，实现破茧成蝶的升华；以推陈出新的战法，展现焕然一新的战绩；以脱胎换骨的蜕变，留下铭心刻骨的记忆。
- 创新发展，释放强劲动能；协调发展，推动行稳致远；绿色发展，赢得美好未来；开放发展，实现互利共赢；共享发展，增进人民福祉。
- 关注“衣食住行”，抓好“基本民生”；关爱“生老病死”，保障“底线民生”；关切“安居乐业”，强化“热点民生”。
- 塞外荒坡苦创业，丰富连队“菜盘子”；×××下添新景，建成官兵“小乐园”；深山沟里不寂寞，活跃连队“新生活”。
- 上率下随，层层压实责任；细处着眼，以点带面突破；专项整治，扫除沉疴痼疾；铁面执纪，倒逼作风好转；建章立制，扎紧制度笼子。
- 突出思想教育抓队伍，突出政治引领抓服务，突出薄弱环节抓整治，突出制度机制抓长效，突出点面结合抓提升。
- 聚焦主业、突出主责，细耕“责任田”；总结经验、把握规律，把好“方向盘”；坚定信仰、提升能力，牵住“牛鼻子”；明确责任、奖优罚劣，激活“一池水”。
- 大搞活动聚人气，强化宣传亮形象，多措并举强保障，多元供给提服务，夯实三基强引领，两个责任严×纪，全力以赴抓项目，统揽全局抓协调。

- 清清嗓，发出群众爱听的“好声音”；照照镜，立起群众赞誉的“好形象”；洗洗澡，除去群众厌恶的“坏毛病”；动动身，苦练群众需要的“真本领”。
- 个人事项报告，拧紧监管螺丝；织密制度笼子，防止带病提拔；日常管理监督，注重抓早抓小；系列专项整治，解决突出问题。
- 坚持用学习“治心”，锻造政治上忠诚的×××；坚持用制度“管行”，锻造干事上担当的×××；坚持用问责“提神”，锻造作风上过硬的×××。
- 聚焦竞进提质，进一步驱动发展引擎；聚焦改革创新，进一步增强发展动力；聚焦优化升级，进一步夯实发展基础；聚焦凝心聚力，进一步共享发展成果。
- 百舸争流的时代、千帆竞渡的当口，只有着眼长远、立足本职，转变观念思创新，盯着问题谋创新，扛起责任务创新，才能始终站上时代潮头、把握竞争主动。
- 立根固本，挺起精神脊梁，始终做到心中有×××；落细落小，倾情服务民生，始终做到心中有民；修枝剪叶，忠诚干净担当，始终做到心中有责；修身立德，自觉接受监督，始终做到心中有戒。
- 彰显特色育新风，坚持不懈抓改革，持之以恒抓班子，敢为人先抓发展，居安思危促转型，攻坚克难强统筹，坚定不移守底线，以人为本惠民生，蹄疾步稳求创新，从严从实夯基础。
- 争取支持，主动作为，改善事业发展“硬环境”；围绕民生，服务大局，充当社会管理“服务器”；重视基层，延伸触角，争当社会安定“稳压器”；加强管理，注重交流，增强建功立业“软实力”。
- 提振信心挖潜力，拉高标杆争进位，上下联动齐推进，内育外引共发力，整治环境抓创建，完善基础强功能，凝心聚力抓招商，强化支撑建园区，因地制宜兴产业，优化布局育基地，大搞活动聚人气。
- “固本培元”，加强思想政治建设；“激浊扬清”，让歪风邪气无所遁形；“立规明矩”，把纪律和规矩挺在前面；“以上率下”，领导带头立标杆、做示范；“继承创新”，赓续优良传统，不断创新发展。
- 牢牢把握坚持×××的领导这个首要原则，锤炼忠诚于×××的政治品格；牢牢把握以人民为中心这个精神主线，锤炼为民奉献的政治情怀；牢牢把握改革创新这个时代特征，锤炼革故鼎新的政治勇气；牢牢把握全面从严治×××这个根本保证，锤炼无私无畏的政治担当。

❖ 一刻不停强本领、一以贯之强担当、一如既往强作风、一以贯之抓作风、一马当先抓党建、一身正气抓廉政，旗帜鲜明抓落实、身先士卒抓落实、立说立行抓落实、善作善成抓落实、一件一件抓落实、一项一项抓兑现，沉下心来干工作，心无旁骛钻业务。

❖ 围绕中心任务抓学习，持续打牢理论根基；围绕重组整合抓部署，明确党建工作重点；围绕强化管理抓制度，逐步完善制度保障；围绕组织建设抓常态，不断夯实基础工作；围绕正风肃纪抓经常，打牢反腐倡廉基础；围绕和谐稳定抓协同，扎实做好群团工作。

❖ 加强教育，树立“真抓实干”的队伍“风向标”；建章立制，筑牢“为官不为”的制度“防火墙”；正风肃纪，严明“为官不为”的纪律“高压线”；多管齐下，打出“庸懒散拖”的监督“组合拳”；完善机制，探索“为官有为”的改革“新思路”；加大惩戒，发挥“为官不为”的治腐“震慑力”。

❖ 突出“全局化”的视野，推进×××业实现新作为；突出“啃骨头”的精神，推进城市建设实现新作为；突出“钉钉子”的精神，推进城市管理实现新作为；突出“出亮点”的意识，推进社区文化实现新作为；突出“吃螃蟹”的勇气，实现社区服务新作为；突出“大党建”的意识，实现党的建设新作为；确保这“第一刀”刀出不归鞘，这“一阵风”劲吹不停息。

十一、总结成绩

好词

攻坚战、歼灭战、遭遇战、持久战、保卫战、闪电战、车轮战、速决战、运动战、背水战、游击战、白刃战、拉锯战、追击战、阵地战、击溃战、攻心战、阻击战、总体战，亮点多，活力强，思路活，品牌好，一对一、点对点、面对面，心贴心，硬碰硬，实打实，动真情、动真格、动真章，做到底、做到位、做到家，下功夫，求突破，动真的、来实的、碰硬的，干在先、干得准、干得对、干得成、干得好，强监督，实问责，善谋大、善谋远、善谋深，有规划、有蓝图、有基础、有举措，运行“稳”，动能“新”，结构“优”，效益“好”，做于细、成于严，立得住、行得通、管得了。

跟踪进度，敲钟问响，扶危定倾，力挽狂澜，运筹帷幄，务实进取，立论定向，统揽全局，协调各方，领袖风范，政治智慧，理论勇气，卓越才能，人格魅力，亲之劳之，思接千载，视通万里，全面发力，多点突破，蹄疾步稳，纵深推进，日渐清晰，逐步建立，擘画新局、擘画愿景，意蕴深厚，立意高远，思想深刻，要求具体，内涵丰富，博大精深，好读易懂，言约旨深，主题鲜明，包含关切，寄托希望，情真意切，语重心长，令人鼓舞，催人奋进，振聋发聩，感染心灵，豪情满怀，引领方向，标明路径，开启征程，跃升最快、受益最广、投入最多、效果最显、变化最新、发展最好、成效最优、成果最丰、推进最实、力度最大，日趋协调，日趋凸显，初步形成、初步构建，加速形成、加速转换，深入推进、深入人心，相继问世、相继出台，有效实施、有效遏制，顺利实施、顺利完成，态势良好，生态向好，抓牢织好，亮点纷呈、异彩纷呈，为之一振，极大提振，大力实施，相得益彰，多点开花，初具规模，进展顺利，深刻转型，健全完善，空前释放，步伐加快，均衡普惠，殷实安康，卓有成效，硕果累累，富有成效，普遍提高，丰富多彩，频繁活跃，健康发展，形成品牌，优化提升，蔚然成形，同频共振，同步实施，合拍共鸣，力度空前，举世瞩目，作用明显，空前高涨，竞相迸发，名列前茅，蓬勃发展，创新推进，广泛弘扬，普遍增加，胜利完成，顺利实施，焕然一新，巩固发展，落地实施，齐头并进，压茬拓展，次第展开，扎下深根，撑出枝丫，蔚然成林，激荡人心，务实有力，较快增长，日渐洁净，愈益清朗，民生改善，活力释放，更趋完备、更趋协调、更趋合理，取得突破、取得进展、取得实效，全面加强、全面提升、全面深化、全面进步、全面推进、全面展开，守正出新，筑底企稳，转型加快，质量提升，成为样板，日益规范、日益健全、日益增进、日益成熟、日益浓厚，得到增强、得到提高、得到加强、得到改善，逐步完善、逐步扭转、逐步健全，百舸争流，千帆竞发，敢动真格，及时有力，高潮迭起，渐成主流，切实维护，总体稳定，跃然升华，愈加坚定，日臻完善，高位增长，保持低位，活跃有序，增势强劲，基本建立、基本实现、基本形成、基本完成、基本刹住，稳步推进、稳步增长、稳步提升、稳步提高、稳中有进、稳中向好、稳妥推进，不断深入、不断深化、不断优化、不断增强、不断提高、不断坚定、不断加强、不断改善、不断完善、不断巩固、不断彰显、不断涌现、不断扩大、不断发展、不断提升、不断明晰、不断回响、不断健全、不断加大、不断规范、不断集聚、不断清晰，更加繁荣、更加友好、更加完善、更加凸显、更加巩固、更加彰显、更加坚定、更加坚强、更加强劲、更加响亮、更加广泛、更加成熟、更加定型、更加鲜明、更加多元、更加开阔、更加优化、更加壮大、更加美丽、更加改善、更加和谐、更加强化、更加活跃、更加精细、更加便利、更加科学、更加聚神、更加聚焦、更加聚力，态度坚决，信心坚定，情绪饱满，决心很大。

学习教育“深”，征求意见“广”，对照检查“准”，开展批评“诚”，整改落实“真”，建章立制“实”，办事零跑动、服务零距离、群众零顾虑，发展不停步、服务不打烊，“稳”是关键词，“优”是最强音，“活”是大亮点，实现新提升、实现新提高、实现新跨越、实现新突破、实现新发展、实现新改善，取得新改善、取得新成绩、取得新突破、取得新成果、取得新成效、取得新进展、取得新胜利，得到新加强、得到新改善，思想在夯实、作风在转变、顽疾在整治、生态在净化、制度在完善，迎来新突破、呈现新气象、形成新骨架、汇聚新动能、展示新风貌、展现新风采、开创新局面、迈上新台阶、迈出新步伐、收获新成效、达到新高度、创造新辉煌、谱写新篇章、获得新提升、发生新变化，行动比较快、指向比较准、落点比较实、反响比较好，决心更坚定、思想更明确、方向更清晰、脚步更有力，勾勒新路径、绘就新蓝图、迈向新时代、适应新时代、迈进新时代、建功新时代、树立新理念、形成新机制、走出新天地、成为新引擎、引来新投资、换上新马甲、占领新阵地、出现新形式。

好句

- 回顾……有×点难忘。总结……有×点收获。结束……有×点感悟。
- 干（做/改）出了……干（做/改）出了……干（做/改）出了……
- 在各级领导的支持和帮助下，×××工作推进顺利，圆满完成了年初的目标。
- 面对……（困难、问题、挑战），我们坚持……（方针、原则），取得了……（成绩）
- 一系列新理念新思想新战略相继提出，一系列方针政策密集出台，一系列重大举措奋力推出，一系列重大工作务实推进。
- ×年来的成就是全方位的、开创性的，×年来的变革是深层次的、根本性的。
- ……成为共享共赢的合作名片……成为民族复兴的实力名片……成为全面小康的暖心名片……成为管党治党的亮丽名片……成为国家治理的珍贵名片。
- ×××年，本着……的原则，深入贯彻落实……举措，积极做好×××工作，全面优化×××环境，努力健全×××机制，发挥×××优势，为××作出了一定的成绩。
- 这是……“井喷”（“雄起”“高歌”“实用”“放大”“给力”）之年。这是……“临门一脚建奇功”（“攻坚克难做表率”“日趋向好争面子”“深入人心赢口碑”“扎实有为争先锋”）的一年。
- ……历来高度重视……工作。×××实行一系列更直接、更有力的……措施。×××认真贯彻落实……决策，保护和调动了……积极性，×××呈现出良好的发展局面。×××出现重要转机，×××实现较快增长，×××迈出重大步伐，×××取得新的进展。这对促进……发展和保持……稳定发挥了至关重要的作用。
- 研判风险见势早，应对挑战办法多，化解矛盾措施实。
- 脱下西装换农装，脱下皮鞋换布鞋，摘下官帽戴草帽。
- 离得开凳子，撂得下架子，扑得下身子，掏得出心窝子。
- 虽得意而不忘形，处困顿而不沉沦，临诱惑而不摇摆。
- 思想上充了“电”，精神上补了“钙”，工作上加了“油”。
- 严守政治纪律，强化政治担当，提高政治觉悟，加强政治建设。
- 思想跃然升华，信念愈加坚定，毅力不断坚强，人格日臻完善。

- 不断形成解决问题的新思维，持续积累解决问题的新经验。
- 饱含着成败和得失，凝结着鲜血和汗水，充满着智慧和勇毅。
- 攻克一道道难关，办成一件件大事，干出了实干争先的新气象。
- 呈现出全面发力、多点突破、蹄疾步稳、纵深推进的良好态势。
- 历史接力一棒接一棒向前奔跑，伟大事业一程接一程向前推进。
- 讲实绩、留“原味”，出实招、增“辣味”，求实效、常“回味”。
- 交出了一份满意答卷，打造了一张亮丽名片，赢得了一片喝彩点赞。
- “稳”的格局在巩固，“进”的走向在延续，“好”的态势更明显。
- 上连天线有高度、有深度、有广度，下接地气粘泥土、带露珠、冒热气。
- 昂扬向上的朝气，创新克难的勇气，走在前列的豪气，苦干实干的意气。
- 政治高点站稳，报告精神吃透，宣传马力开足，宣讲内容讲活，效果督查跟紧。
- 护航大局见行见效，基层党建攀高争先，干部队伍敢为善为，人才生态优化提升。
- 践行“责”，严格两个责任；遵守“纪”，坚持挺纪在前；守住“线”，深查违纪案件。
- ×××士气实现大凝聚，传统本色实现大回归，威信形象实现大重塑，打赢能力实现大跃升。
- “拼”出了高歌猛进、气势如虹的好态势，“干”出了逆势奋进、快速突破的好成绩。
- 突出“实”，建立了工作机构；体现“效”，落实了工作责任；把握“质”，健全了工作制度。
- 是忙碌充实、克难奋进的一年，是夯基垒台、蓄势聚力的一年，是上下同心、稳中有进的一年。
- 深改元年全面播种、次第开花，关键之年全面发力、纵深推进，攻坚之年立柱架梁、击楫勇进。
- 从神舟陆沉中奋起，于一穷二白中奋进，在“开除球籍”边缘奋斗，×××一路走来，“看似寻常最奇崛，成如容易却艰辛”。
- 树立“正”的导向，注重“总”的谋划，抓住“干”的重点，创新“战”的机制，取得

"好"的成效。

- 大棋局，开启×××新里程；大视野，奠定×××新格局；大引擎，书写××新速度；大梦想，追逐×××新未来。
- 党风政风为之一新，社风民风向上向善，回应了群众期盼，兑现了庄严承诺，赢得了党心民心，厚植了执政基础。
- 从高认识，周密部署抓推进；创新驱动，服务群众树形象；建章立制，勤督严查促落实；紧扣中心，创先争优求实效。
- "学"的基础更加牢固，"做"的标尺鲜明确立，"改"的成效充分体现，"严"的常态基本形成，"实"的导向全面树立。
- 将问题破题、向挑战宣战、对短板叫板，办成了一批多年想办而没有办成的大事，解决了一批多年想解决而未解决的难题。
- 改革改在问题根子上，难题少了，带来获得感；改革改在百姓心坎上，保障好了，夯实获得感；改革改在民生刀刃上，机会多了，增强获得感。
- 坚持顶层设计和基层探索相结合，做到了"上"与"下"的良性互动；坚持重点突出和整体推进相结合，做到了"点"与"面"的同向发力。
- 健全基层组织，优化组织设置，理顺隶属关系，创新活动方式，筑牢信仰之基，打牢从政之基，夯实廉政之基，提高政治能力，增强政治能力。
- 思维理念更加前瞻开放，运行模式更加有序有效，制度机制更加科学完善，内容设置更加贴近走心，方法手段更加实在管用，××队伍更加纯洁过硬。
- 从主要指标看，"稳"的态势在持续；从经济结构看，"进"的力度在加大；从发展动能看，"新"的动能在成长；从发展质量看，"好"的因素在累积。
- 发出中国声音，讲好中国故事，澎湃中国动力，彰显中国实力，标注中国能力，激发中国活力，挺起中国脊梁，激发中国力量，引领中国风尚，给出中国答案。
- 跑腿少了，创业一身轻；裁决快了，纠纷不闹心；门槛低了，积分当市民；校舍新了，老师愿留村；出诊勤了，医生似家人；书记强了，老乡有奔头；河长来了，水质三级跳。
- 突出"转型升级"，产业实力持续提升；围绕"项目提速"，投资拉动支撑有力；加快"内涵提标"，城乡面貌深刻发化；深化"改革提效"，发展活力逐步显现；致力"民生提挡"，民生福祉不断增进；贯穿"全面从严"，党的建设得到加强。

❖ 站在节点回望过去，从“漏舟之中”的危局站起来，从“一穷二白”的起点富起来，从“开出球籍”的边缘强起来，正可谓“人间正道是沧桑”。站在节点展望未来，全面小康千年愿景成真，现代化百年目标提前实现，社会主义现代化强国召唤在前，更可道“长风破浪会有时”。

❖ 领导率先垂范、上下齐心协力，人社宣传氛围日益浓厚；主题宣传高潮迭起、亮点纷呈，主旋律广泛传播；舆论引导及时有效、稳中向好，正向理性渐成主流；新媒体建设加速发展、活力迸发，宣传广度和深度大幅提升；基层宣传不断加强、试点进展顺利，惠民政策更近民心；体制机制逐步完善，队伍建设不断加强，宣传工作能力进一步提高。

十二、总结经验

好词

向心力、凝聚力、影响力、号召力、创造力、洞察力、执行力、推动力、战斗力、保障力、落实力、驾驭力、自控力、亲和力、感召力、活动力、控制力，举旗帜，指方向，明方略，绘蓝图，谋大局，定政策，管方向，把方向，作决策，保落实，带队伍，促改革，办大事，解难题，挽狂澜，开新局，总载体、总部署、总动员，强国论、战略论、人民论，压舱石，分水岭，校正仪，主打歌，预警器，勇字诀，助推器，基本色，龙头跃，生命线，三部曲，发动机，谈心术，吸铁石，始发地，正能量，好声音，强磁场，硬功夫，通天桥，绣花功，救生圈，紧箍咒，催化剂，通行证，百事通，减压阀，出气筒，透视机，诊断器，新起点，里程碑，宣言书，动员令，总纲领，主战场，突破口，新篇章，动力源，试验田，排头兵，净化器，标准像，垫脚石，案头书、工具书，座右铭，总开关，金钥匙，把线头，打七寸，抓重点、克难点、造洼点、建高点，法治化、规范化、制度化、程序化、集约化、正常化，系统性、时效性，为基础（基点）、为契机、为总揽、为抓手、为核心（中心）、为根本、为重点、为举措（手段）、为载体（平台），切入点、立足点、着力点、着重点、出发点、落脚点、制高点、突破点、主攻点、受力点、结合点、兴趣点、关键点、根本点、支撑点、闪光点、增长点、动力点。

用脚探路、用手记录、用脑过滤，制度设计、制度建设、制度安排、制度完善、制度保障、制度衔接，前后衔接，左右联动，上下配套，系统集成，为立足点、为出发点、为切入点、为突破口、为落脚点、为闪光点、为结合点、为根本点、为增长点、为着力点、为动力点、为关键点，身临其境，找到关键，看出路径，触碰瓶颈，密切配合，凝聚共识，形成合力，双手联弹、双量发力、双色并重、双管齐下，高位推动、部门联动。

好句

- 唯有通过……方能……
- 越是……越要……越要……
- 唯有（只有）……才能……
- 要在……的同时，统筹做好……
- 要贯彻（按照/践行）……理念……
- ……的话，不……就只能是一句空话。
- 总结实践经验，我们深刻体会到，做好×××，必须坚持×××，必须坚持×××，必须坚持×××。
- 历史的经验告诉我们，要实现×××，总是需要×××，总是需要×××，总是需要×××。
- 做好×××，关键在于×××，核心在于×××，根本在于×××，源头在于×××。
- 我们之所以能够在复杂严峻形势下书写新时代改革发展新篇章，归根到底靠的是……靠的是……靠的是……靠的是……坚决按照……重要指示要求办，是我们最深切的体会、最宝贵的经验，也是我们奋进新征程最大的信心所在、底气所在、力量所在！
- 必须把……作为基本治理方式，坚持在法治轨道上推进改革发展稳定，筑法治之基、行法治之力、积法治之势，推动由“事”向制度、治理、智慧提升；必须把……作为重要方法，在战略全局中谋划工作；必须把……作为前提和底线，增强……意识，下好先手棋、打好主动仗，促进……良性互动；必须把……作为根本保证，始终保持严的主基调，严管严治、激浊扬清。
- 必须把……作为行动指南；必须把……作为根本原则；必须把……作为力量源泉，在任何时候都把人民群众放在心中最高位置；必须把……作为第一动力，下好创新先手棋，促进科技创新势能转化为经济发展新动能；必须把……作为根本要求，坚持用……引领发展行动；必须把……作为强大动力，以……破除体制机制瓶颈，以……塑造合作竞争优势；必须把……作为基本底线，用大概率思维应对小概率事件。
- ×年踔厉奋发，×年开拓创新，我们深化了对做好×××工作的规律性认识：最根本最具决定性的是必须把……作为最高原则；必须把忠实践行……作为一以贯之的主题主线，坚持一张蓝图绘到底；必须把……作为价值取向，坚持……为核心，扎实推进×××。做到……必须把……作为根本要求，贯穿到……各领域，坚持……

- ×年砥砺奋进，我们深切体会到：对标看齐，才能明确方向。办好×××的事情，最根本的一条就是……胸怀大局，才能行稳致远。不谋全局者，不足以谋一域。只要我们始终……更加注重从全局谋划一域、以一域服务全局，就一定能在服务……中实现自身更好的发展。只要我们坚持……就一定能赢得×××的美好明天。实干担当，才能不负重任。幸福都是奋斗出来的。只要我们坚持……就一定能跑好属于我们这代人的这一棒。风清气正，才能团结奋进。做好各方面工作，必须有一个良好生态。只要我们坚定不移……就一定能凝聚起推动……的强大合力。这些经验启示，我们必须在今后工作中加以坚持和发扬。
- 突出问题导向，敢于直面问题，勇于自我解剖。
- 顶层设计要立足全局，基层探索要观照全局。
- 抓落实、促落实，重在列出时间表、画出路线图。
- 不走制定路线，不看示范景区，不听经验汇报。
- 脚上沾满泥土，身上带着灰土，手上捧过沙土。
- 浮夸是清谈者的遮羞布，实干是行动者的座右铭。
- 理论水平决定看多远，政治素养决定能走多稳。
- 发现问题是能力，解决问题是本事，提交问题是胆识。
- 既要兼顾全面，又要突出重点；既要讲成绩，也要说问题。
- 靠博学蓄才气，靠包容养大气，靠负责显浩气，靠清廉树正气。
- 既要攻坚拔寨，敢于啃硬骨头；又要统筹兼顾，善于抓大格局。
- 求真务实，是×××的精神品质；真抓实干，是干事创业的不二法门。
- 突出重点抓关键，明确责任抓主体，试点创新求突破，强化督察促落实。
- 看着群众作决策，听着民生定举措，嗅着民味接地气，说着方言掏心窝。
- 把“细”的要求贯穿改革试点工作始终，既注重框架构建，又着眼细节把控。
- 既抓重要领域、重要任务、重点试点，又抓关键主体、关键环节、关键节点。
- 必须激活思想“动力源”，必须强化制度“硬杠杠”，必须用好考评“指挥棒”。
- 提交问题时，不要交“填空题”，最好交“选择题”。在讨论问题时，要“七嘴八舌”。

- 以上率下、压实责任；以小见大，凝聚人心；以惩促治，标本兼治；以虚带实，开门监督。
- 指向“准”，突出第一责任；横向“联”，突出以上率下；纵向“深”，突出“关键少数”。
- 眼勤，多看百姓脸色；嘴勤，多问民间疾苦；手勤，多做惠民实事；腿勤，多跑田间地头。
- 透过“进”的人看差距，透过“退”的人看担当，透过“留”的人看使命，透过“转”的人看境界。
- 找准思想观念转变这个“突破点”，抓好职责分工明确这个“着力点”，夯实保障体系完善这个“支撑点”。
- 淡泊之心对待“名”，知足知心对待“利”，敬畏之心对待“权”，从容之心对待“苦”，进取之心对待“事”。
- 要抓试点、求突破，加强试点工作统筹；要抓督察、促落实，严格督察工作要求；要抓宣传、聚共识，及时宣传总结推广。
- 专项整治，精准发力，攻克作风顽瘴痼疾；建章立制，抓常抓长，作风建设久久为功；狠抓节点，从严执纪，筑牢纪律规矩意识。
- 唯有登高望远，方能行稳致远；唯有感恩奋进，方能激情勇进；唯有敢为人先，方能晋位争先；唯有读懂民心，方能不忘初心。
- 以时间节点为坐标，可环环相扣、节节取胜，击鼓催征稳驭舟；以历史方位谋伟业，能洞若观火、势如破竹，不畏浮云遮望眼。
- 同是落实工作，轻重缓急各异，该闻风而动的理应马不停蹄，该锲而不舍的理应不休不止，努力做到“审大小而图之，酌缓急而布之”。
- 对敢担当的干部要鲜明地“上”，对不敢担当的干部要坚决地“下”，对敢闯敢试的干部要大胆地“容”，对广大干部要真情地“爱”。
- “扭”住三个环节，扛好党建责任；“做”到四个建设，抓实学习教育；“抓”住一点一滴，夯实党建基础；“卡”好责任考核，筑牢廉政建设。
- 只有号准了群众的脉搏，触摸到群众的心跳，“大思路”配套“小举措”，“大道理”对接“小日子”，才能让基层群众乐于接受、感受魅力。
- 深入乡村“望”民情，观基层风貌；倾听建议“闻”呼声，查百姓需要；放下身段“问”计策，纳民间良方；把准脉搏“切”症结，解群众难题。

❖ 事前调研论证、听取意见、协调各方、形成共识，事中拿出办法、画出路径、及时拍板、作出决定，事后认真推进、及时跟踪、加强督查、取得实效。

❖ 要学会“弹钢琴”，把两点论和重点论统一起来，既善于抓重点、抓关键，又善于统筹兼顾、以点带面，拿捏好各项工作的力度和进度，实现统筹推进，牢牢掌握主动权。

❖ 坚持正确的方法论，处理好解放思想和实事求是、整体推进和重点突出、顶层设计和摸着石头过河、胆子要大和步子要稳、改革发展稳定的关系，才能找到解决难题的钥匙。

❖ 联系群众要贴心，服务群众要全心，关心群众要真心，帮助群众要热心，接待群众要耐心，请教群众要虚心，宣传群众要实心，动员群众要细心，依靠群众要诚心，善待群众要恒心。

❖ 一要找得准，善于多视角、多因素地分析比较，找准全局工作中的重点事项、关键环节；二要抓得狠，对重点工作扭住不放、一抓到底，做到踏石留印、抓铁有痕，善始善终、善作善成。

❖ 坚持提高经济指标与提高幸福指数“齐头并进”；坚持创造金山银山与保护绿水青山“相提并论”；坚持推动城市建设与壮大城市产业“携手并肩”；坚持厚植发展优势与补齐发展短板“双向并举”。

❖ 对干部群众反映的突出问题，釜底抽薪、源头防控；对长期在原地打转的老大难问题，多管齐下、标本兼治；对制度操作性不够的问题，完善程序、释放效力；对改革中出现的新情况新问题，及时回应、突破创新。

❖ “严”字当头，作风建设是永恒课题；“学”字为先，勤奋学习是成事之基；“干”字为重，干事创业是人生追求；“廉”字为荣，清正为官是最高操守；“贤”字为尺，公道用人是重要职责；“实”字为要，取得实效是衡量标准。

十三、举例说明

如，况，譬，例，比，喻，提，像，于，与，觌，举，则，然，拟，引，孚，甫，亦，是，示。

例如、譬如、比如，好比，实例、沿例、引例、事例、援例、范例、特例、个例、开例，援用，乃是，如下，例证、例言、例句，引证、论证，比照、比方、比及，类推、类比，借喻，定义，再举，假定。

新起点，里程碑，宣言书，动员令，总纲领、总部署、总动员、金钥匙，净化器，凯旋门，正能量，好声音，催化剂，通行证，借代义，打比方，一股绳、一盘棋、一颗钉、一班人、一条心、一股劲、一面旗、一座山、一堵墙、一支笔、一条枪、一块砖、一条龙、一把手，好参谋、好帮手、好同事，道实情，建良言、建真言，会协商，善议政，凝众智，展宏图，添动力、增助力、聚合力，会协商，谋良策，眼睛亮，见事早，行动快，敢开放、真开放、先开放、全开放，疏功能，转方向，治环境，补短板，促协同，讲仁爱，重民本，守诚信，崇正义，惠民生，疏堵点，拆藩篱，破壁垒，提品质，创品牌，优服务，尚和合，求大同，听得懂，记得牢，传得开，观其德，视其能，看其行，评其绩，察其廉。

历史维度、理论维度、现实维度，鼓舞斗志、明确方向，坚定信念、凝聚力量，启迪智慧、砥砺品格，洗礼心灵，涤荡灵魂，内正其心，旁征博引，妙喻取譬，比物假事，引为口实，繁称博引，举不胜举，外正其行，学以修身、学以增智、学以提能、学以致用，入脑入心，意解情通，嵌入灵魂，学思践悟，融入血液，学在深处，谋在新处，干在实处，见到实效。

好句

- 从……到……的背后，是一代代……的艰苦奋斗和无私奉献。
- 纵观……阅览……人物/事物+共性：有……也有……（对比）
- 再……再……又怎能……更何况，×××所以……
- 从历史上的……中华文化始终在“兼收并蓄”中历久弥新。
- 毋庸置疑（显而易见），×××也……不仅……而且……但是，毕竟……毕竟……
- ……这些问题如“温水煮青蛙”，会让你慢慢放松警惕，进而心存侥幸、私欲膨胀，最后不能自拔，滑入深渊。
- 无论是……还是……又或是……都以实际行动践行着刀刃向内、自我革新的品格，展现出忠诚干净担当的崇高风范。
- 从秋收起义时期的……到延安时期的……再到脱贫攻坚战中……这一路走来×××人民心昭昭、初心熠熠。
- 高山仰止，景行行止。青年一代站在新时代的历史起点上，可见……可见……可见……（举例当代人物事迹）
- ……历史经验告诉我们，一旦丢弃了艰苦奋斗的精神，生活便会开始追名逐利，进而人为物累、心为形役，难逃腐化堕落的命运。
- 回望百年党史，无论是……还是……抑或是……（举例说明）无数革命先烈用生命诠释了对党忠诚的深刻内涵，为后辈树立了光辉榜样。

- “立志而圣则圣矣，立志而贤则贤矣。”从……到……再到……他们始终信念如磐，忠于党忠于民，用生命诠释了信仰的力量。
- 一代人有一代人的使命，一代人有一代人的担当……在民族复兴、国家富强的漫漫征途中，无数青年不畏难、不惧牺牲，以青春之我书写了使命担当。
- 驰而不息、久久为功，才能拼搏出一番天地。×××（举例说明）为……作出了突出贡献，为强国建设、民族复兴伟业凝聚青春动能。
- 余百年里，涌现了一大批视死如归的革命烈士、一大批顽强奋斗的英雄人物、一大批忘我奉献的先进模范，形成了……伟大精神，构筑起中国×××人的精神谱系。
- “各美其美，美人之美，美美与共，天下大同。”从……到×××，从……到如今……中华文明包容合作的开放胸怀一以贯之。
- 此前，短视频剧集……文艺创作火热“出圈”，就是以人民喜闻乐见的形式、独特的立意和深厚的文化情怀引发广大观众强烈共鸣。
- 当前，无论是……还是……抑或是……这些历史长河中的珍珠在现代化科技的“抛光”下愈发焕发光彩，让无数人驻足欣赏、流连忘返。
- 知是行之始，行是知之成。从……到……再到不拿群众一针一线的……一批批先进楷模，为我们树立了党员干部廉洁自律的“标杆”、干净干事的“标尺”。
- 无独有偶，历史上……（中心论点）不在少数。前有/古有人物+名句……后有/今有人物+名句……前有/古有人物+事例，后有/今有人物+事例（同类型举例）。
- 从口口相传的……到……从南湖小小红船到如今……的巍巍巨轮，×××之所以能够发展壮大，这背后书写的都是以恒心守初心、以行动践誓言、以生命赴使命的鲜活例证。
- 党的根基在人民，党的血脉在人民。从长征路上……到建设时期……的公仆情怀，再到……的担当奉献……×××心中时刻想着人民，始终装着人民，把人民放在心中最高位置。
- 在我国5000多年文明发展史上，曾有许多民族登上过历史舞台，在不断交往交流交融中，最终形成了……是各民族共同铸就的辉煌。
- “惟创新者进，惟创新者强，惟创新者胜。”从……到……从……核心攻关到……从……到……创新是经济社会发展的核心驱动力，也是绘就人民幸福画卷的重要支撑。

- 近年来，从以……等新技术、新传播形式打造的智慧博物馆，到颇受年轻人追捧的……等“国潮”消费，清明、端午、七夕、中秋、重阳等传统节日逐渐“潮”了起来。

- 从古到今，我们国家从来不乏为了国家安危而抛头颅、洒热血的仁人志士，如……他们不怕牺牲、艰苦奋斗、迎难而上，树立了光辉的榜样。

- ……（举例说明）纵观这些查处的违纪案件，大多是从收一个“小红包”、吃一顿“家常便饭”、打一场“小麻将”……中丧失了底线、丢掉了纪法，并成为忏悔录中的“高频词句”。

- 传统文化热潮持续升温，从……开幕式，到……从……火爆的夜游经济，到……一票难求……传统文化展现出强大的时代魅力，不仅为经济社会发展注入源源不断的动力，也让我们的文化自信更加深厚饱满。

- 传统文化与新时代“碰撞”，毅然蜕变为了“主流”，并在更广泛的社会层面掀起了文化共创的浪潮。×××引领当下时尚风潮，从……到……年轻人对中华优秀传统文化的认可度日益提高，折射出了文化自信。

- 非凡历程中，涌现了一位位“忧民之所忧、乐民之所乐”的贴心人，从“生也沙丘，死也沙丘”的……到“水过不去，拿命来铺”的……初心的“接力棒”传承下来，闪耀着时代的光芒，浸润着人性的温度。

- 要在攻坚克难上见真章、在担当作为中求实效。如……始终把百姓的“小事”当“大事”，当好“老百姓的官”，以一辈子只干一件事的执着，秉持“不负人民”之心而作出的坚守与奋斗，把党史学习成果转化为干事创业的强大动力。

- 新的文化使命，既在于传承，亦在于创新……不断激活着文化遗产的生命力，让其在广阔大地上的文化遗产展现出自身的魅力，只有坚持创造性转化、创新性发展，才能不断提供正确的精神指引和强大的精神动力。

- 无论是……还是……或者是……呈现出许许多多生动鲜明的人物形象。他们为了保护国家和人民的利益，在关键时刻冲得上去、危难关头豁得出来，以“小我”担当成就“大我”精神，以“有我”作为成就“无我”境界。

- 在看到成绩的同时，也要清醒认识到，我们的工作与……还有不小差距，前进中还面临不少困难和问题，突出的是……（举例说明）等方面关系……的问题仍然较多……我们要高度重视这些问题，继续认真加以解决。

- 知所往来，方明所往，从浙江嘉兴南湖红船，到……再到井冈山革命博物馆收藏的……文物史料是鲜活的历史，是激发爱国热情、振奋民族精神的生动教材，承载着党和人民英勇奋斗的光荣历史，蕴含着丰富的红色文化。

- 从“些小吾曹州县吏，一枝一叶总关情”的……到“生也沙丘，死也沙丘，父老生死系”的……从把人民放在心中……的……到……从……的……到倾情投入、奉献自我的……一代代奋斗者们不戚戚于私利、不汲汲于富贵，谋事一时，造福一方。

- 要把党的群众观点和群众路线植根于灵魂深处，落实到具体行动，诸如……等优秀干部楷模学习，在“常”上用功，把人民群众对美好生活的向往当作奋斗目标，做到有所为、有所不为，把实事好事做到群众心坎上，不断推动……走深走实、见行见效。

- 广大党员干部当用心品读……鱼水故事，常悟初心“枝叶关情”，始终怀揣着赤子之诚奔赴为民服务的最前沿，始终用实际行动诠释为民之诺，带领群众过关斩将、披荆斩棘，步履坚实迈向向往的生活，真正以“俯首甘为孺子牛”的奉献心境躬耕在责任田里，推动……“往深里走”。

- 要善于用好正反面典型，坚持正面典型教育引导和反面案例警示教育相结合，既要树立先进典型的正面形象，采用……生动方式，让理论宣传引人入胜，传递正能量，又要加强警示教育，深刻剖析违纪典型案例，以案促改，注重用身边事教育身边人，使党员干部做到警钟长鸣，永葆清廉之心。

- 从……到……从……到……一代代×××人时刻谨记“我是谁、为了谁、依靠谁”，始终将“全心全意为人民服务”作为行动指南，始终牢记人民公仆是第一身份，人民利益是第一目标，为民造福是第一职责，以更多惠民生、暖民心举措，以“枝叶关情、念兹在兹”的为民动力，聚焦人民群众急难愁盼问题，把问题一个一个破解。

- 广大干部当做到常学理论“上下求索”，既要从……的动人往事中汲取丰沛能量、感悟坚韧不拔，也要结合时下丰富多元的学习载体，通过……等平台、方式，进一步从马克思主义中国化的百年历程中追寻思想之光，真正汲取“革命理想高于天”的信仰伟力，进而提高理论素养、党性觉悟，推动党史学习教育“往心里走”。

- ×××的根基在人民、血脉在人民，从古至今，让人民过上好日子这一目标始终不渝、毫不动摇，回望党的百年历史，从……到……再到……全面胜利，×××之所以可以攻克一个又一个难关，创造一个又一个奇迹，归根到底在于始终与人民心心相印、与人民同甘共苦、与人民团结奋斗，始终为人民而生，也靠人民而胜。

- 当今世界正处于百年未有之大变局，时代飞速发展，科技日新月异，我们的知识储备必须常学常新，无论是传承千年的……还是现代……从……到……为了读透……需要我们永葆“路漫漫其修远兮，吾将上下而求索”的求知精神，力求目标“新”、思想“新”、知识“新”、办法“新”，以海纳百川之势扩充知识的仓库。

❖ 信念历久弥新，力量穿越时空。工人阶级是我们党最坚实最可靠的阶级基础，是党和国家事业发展的坚强脊梁，从新民主主义革命时期的……到社会主义革命和建设时期的……从改革开放时期的……到社会主义现代化建设新时期的……一个个平凡却闪光的名字都是中国的工人阶级，他们在×××的坚强带领下，坚定理想信念，走在时代发展的前列，担负起领导阶级的使命，发挥出主力军的作用，一砖一瓦为社会主义建设起雄伟的大厦。

十四、分析数据

稳，进，新，好，增，减，降，涨，多，宽，高，大，快，省，狠，早，细，实，很，较，再，更。

分析，研究，了解，掌握，发现，提出，推进、推动，制定，出台，完善，建立，健全，加强，强化，增强，促进，加深，深化，扩大，落实，细化，突出，建设，营造，开展，发挥、发扬，创新，转变，发展，统一，提高、提升，保持，优化，召开，举行，贯彻，执行，树立，引导，规范，整顿，服务，协调，沟通，配合，合作，支持，加大，开拓，拓展，巩固，保障，保证，形成，指导，频数、频率，比例、比率，倍数、番数，同比、环比，变量，均值，方差，上升，下降，持平，同比。

绝对数、相对数、平均数，平均值，标准差，百分比、百分点，中位数，缺失值、异常值。

同比增长、同比下降，离散变量、连续变量、定性变量，做深做细、做好做实，全面分析、全面贯彻，持续推进，全面落实、实施，逐步扭转，基本形成，普遍增加，基本建立，更加完善，明显好转，努力形成，不断加强，大幅提高，显著改善，日趋完善，比较充分，注重规范，不断改进，积极发展，努力建设，依法实行，良性互动，优势互补，率先发展，互惠互利，切实抓好，有效减轻，扎实推进，加快发展，持续增收，积极稳妥，从严控制，严格执行，坚决制止，明确职责。

好句

❖ 20××年×月，在××市×个区县中，×××零售额排第×名，其×××零售额在区县中占比为×%。

❖ 20××年×月，××市×××行业中，……位居前×，×××零售额分别为×万元、×万元、×万元。

❖ 20××年数据，相比20××年，成交金额减少（增加）×%，成交面积减少（增加）×%，成交均价涨（降）×%。

❖ ×年×月，×××共计发生×笔交易，交易总额达×亿元，交易规模同比增加×%，环比增加×%。本月×××投资交易规模略高（低）于上月。

❖ 从分行业交易规模来看，日用品类行业在……零售市场中占据×位，零售额占比为×%……行业紧随其后。从实物行业交易规模来看……类排名前×；从非实物行业交易规模来看……排名前×。

❖ 从分区域交易规模来看……位居×××市×××零售额前×甲，×××额占比分别为×%、×%、×%。从实物行业区域交易规模来看，×××零售额排名前×为……从非实物行业区域交易规模来看，××零售额排名前×为……

❖ ……较为活跃的地区为……和……等地，其中……地区交易量为×起，为最活跃地区，共计有×个省（市）交易量在×起以上。……等×省相对其他地区（上述×地除外）表现活跃，本期发生多起交易，×省交易规模总额为×亿元。

❖ 我省（市、县、区）共有传统村落×个，其中，国家级传统村落×个，位居第×，占全国总量的×%；在×××地区低于×××省的×个，高于×××省的×个、×××市的×个，位居第×。其中……位居全国市级第×（……×个，位居全国第×）；×××位居全国县级第×。

❖ ……资质方面，×××要求×人，实有×人，缺少×人……要求×人，实有×人，缺少×人；×××专业要求×人，实有×人，缺少×人；×××专业要求×人，实有×人，缺少×人。×××专业×××资质方面，×××要求×人，实有×人，缺少×人。

❖ 全国×家国家高新区共有×万家企业纳入统计，较上年同比增长×%，共实现营业收入×亿元、工业总产值×亿元、净利润×亿元、实际上缴税费×亿元、出口总额×亿元。营业收入、工业总产值、净利润、实际上缴税费和出口总额同比增长分别为……

❖ 20××年……成交规模同比下跌（上涨），跌幅（涨幅）大于20××年同期水平。其中×××金额×亿元，同比下跌（上涨）×%（统计局修正数据为×%）；×××销售均价×元/m^2，同比上涨（下降）×%。

❖ ×××目前一线技术生产人员共×人，占比×%（全员占比），男×人，女×人。年龄分布情况：21～30岁×人，占比×%（全员占比）；31～40岁×人，占比×%（全员占比）；41～50岁×人，占比×%（全员占比）；51岁及以上×人，占比×%（全员占比）。一线生产人员平均年龄×岁。

❖ 截至20××年×月，市法院老干部共有×名，其中离休干部×人，退休干部×人；中共党员×名，占×%，非党员×名，占×%。设老干部党总支×个，党支部×个。从学历上看，文化程度相对较高，大专及以上学历×人，占×%；中专及以下×人，占×%。老干部工作部门现有工作人员×名。

❖ 从×××事件数量来看，20××—20××年，中国××事件数量呈现逐年增长（下降）趋势，20××年×××事件为×起，×××金额为×亿元，20××年1月—12月共发生×起×××事件，涉及金额×亿元。从市场规模来看，20××年×××规模达×亿元，增速达×%。乐观预计，到20××年，×××规模有望突破×元。

❖ 20××年……投资规模整体延续20××年的跌势，无论是总量还是单位面积投资强度同比都出现较大幅度下跌。全年……投资累计规模×万亿元，同比减少×%（统计局修正数据为×%），单位面积投资金额×元/m^2，同比减少×%。相较于20××年末，投资规模减少×%，单位面积投资金额减少×%。

十五、关于各类专有名词、各种原理

踢猫效应：指对弱于自己或者等级低于自己的对象发泄不满情绪，而产生的连锁反应。人的坏情绪，一般会沿着等级和强弱组成的社会关系链条依次传递。由金字塔尖一直扩散到最底层，无处发泄的最弱小的那一个元素，则成为最终的受害者。踢猫效应描绘的是一种典型的坏情绪的传染。

蝴蝶效应：指在一个动力系统中，初始条件下微小的变化能带动整个系统长期的、巨大的连锁反应。蝴蝶效应是一种混沌现象，说明了任何事物发展都存在定数与变数，事物在发展过程中其发展轨迹有规律可循，同时也存在不可测的“变数”，有时还会适得其反，一个微小的变化能影响事物的发展，证实了事物的发展具有复杂性。

修昔底德陷阱：修昔底德陷阱是古希腊史学家修昔底德（Thucydides）在阐述公元前5世纪雅典和斯巴达两国发生的战争时提出来的。在长达30年的战争之后，最终双方都被毁灭。修昔底德总结说：“战争无可避免的原因是雅典日益壮大的力量，还有这种力量在斯巴达引发的恐惧。”修昔底德陷阱是指一个新崛起的大国必然要挑战现存大国，而现存大国也必然回应这种威胁，从而使得战争变得不可避免。

对立统一规律：对立统一规律亦称矛盾规律，对立面的统一和斗争的规律。它揭示，无论在什么领域，任何事物、事物内部及事物之间都包含着矛盾。而矛盾双方的统一与斗争，推动着事物的运动、变化和发展。对立统一规律的基本内涵可大致概括为矛盾的同一性与斗争性；矛盾的普遍性与特殊性；矛盾的不平衡性，即主要矛盾与次要矛盾、矛盾的主要方面与次要方面。

自然辩证法：所谓自然辩证法，是由马克思和恩格斯共同创立的。在19世纪，随着能量转化、进化论和细胞学说等一系列重大科学研究成果的诞生，以黑格尔为代表的旧唯心主义世界观再也站不住脚。在这样的背景下，马克思和恩格斯创造性地把辩证法的思想运用到了科学研究中，试图证明自然界存在着基本的客观发展规律。自然辩证法是马克思主义自然观和自然科学观的反映，体现马克思主义哲学的世界观、方法论和认识论的统一，是关于自然、自然科学和技术工程活动的一般性质、存在方式和发展规律的哲学学说。

实践辩证法：所谓实践辩证法，包括客观辩证法和主观辩证法，是人类在实践活动中基本规律的反映。客观辩证法是自然辩证法和历史辩证法的研究对象，是不以人的意志为转移的客观存在，而主观辩证法是事物的客观规律在人头脑中的反映。客观辩证法与主观辩证法是存在与思维的关系，客观辩证法是第一性的，主观辩证法是第二性的。实践辩证法的概念是马克思为了区分认识的主观与客观内容而提出的，对于贯彻唯物主义的一元论，在实践中坚持辩证唯物主义的世界观和方法论，防止主观主义和片面性具有重要意义。

青蛙现象：把一只青蛙直接放进热水锅里，由于它对不良环境的反应十分敏感，就会迅速跳出锅外。如果把一只青蛙放进冷水锅里，慢慢地加温，青蛙并不会立即跳出锅外，等水温高到青蛙无法忍受时，它已经来不及或者说没有能力跳出锅外，最终被煮死。青蛙现象告诉我们，一些突变事件，往往容易引起人们的警觉，而易置人于死地的却是在自我感觉良好的情况下，对实际情况的逐渐恶化，没有清醒的察觉。

雪球效应：社会财富的雪球效应是指，两个雪球，一大一小，大雪球本来就大，相同的速度可以滚动更大的面积；而小雪球体积小，所以相同的速度滚的面积小。假设一块地上的积雪一定，那么大雪球可以变得非常大，可以吸走绝大多数积雪；而小雪球所能增加的雪就非常小了。最后，两个雪球体积便相差得更大。在经济学中，这一现象被称为“报酬递增率”。正确运用雪球效应是一种智慧，既可以提高员工的凝聚力、帮助企业稳步发展，又可以使企业在人力资源管理工作中合理育人、用人，从而使企业不断壮大、脱颖而出。

鳄鱼法则：“鳄鱼法则”是经济学交易技术法则之一，也叫“鳄鱼效应”。它指的是假定一只鳄鱼咬住你的脚，如果你用手去试图挣脱你的脚，鳄鱼便会同时咬住你的脚与手。你愈挣扎，被咬住的部分越多。所以，万一鳄鱼咬住你的脚，你唯一的办法就是牺牲一只脚，有点类似虎怒决蹯。这一效应源于自然界中的生存规则，在投资心理学中也有类似的概念。这个说法听起来很残忍，但这就是自然界中的一种生存规则。

历史辩证法：所谓历史辩证法，分为唯心主义历史辩证法和唯物主义历史辩证法。唯心主义历史辩证法认为历史存在发展规律，但人本身并不参与这种规律的创造，这种规律是独立于人之外存在的，并且支配着人类的历史进程。持有这种思想的最大代表人物是黑格尔，他的历史唯心主义学说对后来的科学历史发展观产生重要影响；而唯物主义历史辩证法同样认为历史存在发展规律，但与唯心主义历史辩证法不同，唯物主义历史辩证法认为一切历史都是建立在人的实践活动基础上的，是人创造了历史，而不是由人之外的其他人造的观念决定着历史的发展进程。唯物主义历史辩证法又叫历史唯物主义，他的提出者是马克思。马克思为了批判黑格尔的绝对精神思想，在费尔巴哈的不彻底的唯物主义的基础上，对唯心主义历史辩证法做了彻底的改造，形成了历史唯物主义思想。

巴莱多定律：又称“二八定律”。1897年，意大利经济学者巴莱多偶然注意到19世纪英国人的财富和收益模式。在调查取样中，他发现大部分的财富流向了少数人手里。同时，他还从早期的资料中发现，在其他的国家，都发现有这种微妙关系一再出现，而且在数学上呈现出一种稳定的关系。于是，巴莱多从大量具体的事实中发现：社会上20%的人占有了80%的社会财富，即财富在人口中的分配是不平衡的。同时，人们还发现生活中存在许多不平衡的现象。因此，“二八定律”成了这种不平等关系的简称，不管结果是不是恰好为80%和20%（从统计学上来说，精确的80%和20%出现的概率很小）。习惯上，“二八定律”讨论的是顶端的20%，而非底部的80%。人们所采用的“二八定律”，是一种量化的实证法，用以计量投入和产出之间可能存在的关系。

海恩法则：海恩法则是航空界关于飞行安全的法则。海恩法则指出，每一起严重事故的背后，必然有29次轻微事故和300起未遂先兆，以及1000起事故隐患。按照海恩法则分析，当一件重大事故发生后，我们在处理事故本身的同时，还要及时对同类问题的“事故征兆”和“事故苗头”进行排查处理，以此防止类似问题的重复发生，及时消除再次发生重大事故的隐患，把问题解决在萌芽状态。海恩法则多被用于企业的生产管理，特别是安全管理中，许多企业在对安全事故的认识和态度上普遍存在一个“误区”：只重视对事故本身进行总结，甚至会按照总结得出的结论“有针对性”地开展安全大检查，却往往忽视了对事故征兆和事故苗头进行排查；而那些未被发现的征兆与苗头，就成为下一次事故的隐患，长此以往，安全事故的发生就呈现出“连锁反应”。

木桶理论：也被称为短板理论，说的是一个木桶能装多少水，并不是由最长的那块木板决定的，而是由最短的那块木板决定的。也就是说，一个系统的整体性能往往受到其中最薄弱环节的限制。在我们的生活和工作中，这个理论同样适用。比如，在一个团队中，如果有一个成员的能力或态度明显弱于其他人，那么整个团队的效率和成果可能会受到这个成员的影响。就像那个破损的木桶一样，即使其他木板再完美，也无法弥补因一个木板破损而带来的损失。因此，木桶理论提醒我们，要关注系统中的薄弱环节，努力提升它们，以实现系统的整体优化。这就像农夫修好了破损的木桶后，能够打到更多的水一样。你之前可能认为，只要大部分方面做得好就足够了，但木桶理论告诉我们，那些被忽视的短板可能会成为阻碍我们成功的关键因素。所以，我们需要时刻保持警惕，发现并改善自己的短板，这样才能更好地提升自己，实现更大的成功。

晕轮效应：晕轮效应又称“光环效应”“成见效应”“日晕效应”，属于心理学范畴，是指当认知者对一个人的某种特征形成好或坏的印象后，他还倾向于据此推论该人其他方面的特征，本质上是一种以偏概全的认知上的偏误。晕轮效应越来越多地被应用在企业管理上，其对组织管理的负面影响主要是体现在各种组织决策上，比如“爱屋及乌”就是一种典型的晕轮效应。晕轮效应除了与人们掌握对方的信息太少有关外，主要是个人主观推断泛化、扩张和定势的结果，它往往容易形成人的成见或偏见，产生不良的后果。故在人才选拔、任用和考评过程中应谨防这种倾向发生。

破窗理论：破窗理论由政治学家威尔逊和犯罪学家凯琳提出，他们认为如果有人打坏了一个建筑物的窗户玻璃，而这扇窗户又得不到及时的维修，别人就可能受到某些暗示和纵容去打烂更多的窗户玻璃。久而久之，这些窗户玻璃就给人造成一种无序的感觉，结果在这种公众麻木不仁的情况下，犯罪就会滋生、繁荣。破窗理论在社会管理和企业管理中都有着重要的借鉴意义，它给我们的启示是：对于那些看起来是偶然的、个别的、轻微的“过错”，如果熟视无睹或纠正不力，就会纵容更多的人“去打烂更多的窗户玻璃”。必须及时修好“第一扇被打碎的窗户玻璃”，对犯有过错者给予必要惩罚，这样才能有效阻止“破窗现象”。

羊群效应：也称羊群行为、从众心理。羊群效应是个人的观念或行为由于真实的或想象的群体的影响或压力，而向与多数人相一致的方向变化的现象。羊群是一种很散乱的组织，平时在一起盲目地左冲右撞，但一旦有一只头羊动起来，其他的羊也会不假思索地一哄而上，全然不顾前面可能有狼或者不远处有更好的草。因此，羊群效应就是比喻人有一种从众心理，从众心理很容易导致盲从，而盲从往往会陷入骗局或遭到失败。经济学里经常用羊群效应来描述经济个体的从众跟风心理。

剩余价值论：马克思通过分析剩余价值的生产、积累、流通及分配，揭示了剩余价值的运动规律及其作用，创立了剩余价值论。其中，剩余价值的生产理论是这一理论的核心内容。这一理论认为剩余价值是在资本主义的生产过程中生产出来的。资本家购买的劳动力在生产过程中创造的价值超过了补偿劳动力的价值，从而形成了剩余价值。雇佣劳动者的剩余劳动是剩余价值产生的唯一源泉。剩余价值论的意义：一是剩余价值论深刻揭露了资本主义生产关系的剥削本质，阐明了资产阶级与无产阶级之间阶级斗争的经济根源，指出了无产阶级革命的历史必然性。二是剩余价值论是马克思主义经济理论的基石，是无产阶级反对资产阶级、揭示资本主义制度剥削本质的锐利武器。由于唯物史观和剩余价值的发现，社会主义由空想变为科学。三是揭示了商品经济和社会化生产的一般规律，例如资本循环周转规律、社会再生产规律、积累规律等。这些规律在资本主义条件下，由于受到资本主义制度的制约，具有了特殊的表现形式。如果撇开制度因素，对发展社会主义市场经济也具有重大指导意义。

唯物史观：唯物史观是马克思主义哲学的基本内容之一，它认为物质是客观存在的第一性质，意识是物质存在的第二性质。唯物史观包括以下几个主要内容。① 物质决定意识：唯物史观强调物质决定意识，也就是说，社会意识、政治制度、文化等意识形态是由物质生产力、经济基础所决定的。在人类社会发展的过程中，经济基础的变化促使上层建筑发生变革，反映了物质生产关系和生产力矛盾运动的必然规律。② 社会发展的物质基础：唯物史观认为社会的发展是由生产力的发展水平决定的。生产力的提高会推动社会生产关系和社会制度的变革，从而推动社会向前发展。③ 阶级斗争和历史发展：唯物史观指出，社会存在着阶级矛盾和阶级斗争。通过阶级斗争，生产关系得以不断更新，社会由低级向高级发展。历史的发展是阶级斗争的产物，每一个时代的主要矛盾都是由生产关系和生产力之间的矛盾所引起的。④ 历史观：唯物史观对历史的解释是从物质条件出发，历史的发展是有规律可循的。历史上每一个重大事件、每一个社会变革都有其经济根源和必然性，这种必然性体现了社会历史发展的规律。⑤实践观：唯物史观坚持实践是认识的来源，实践是检验真理的唯一标准。只有通过实践，人们才能认识客观世界，改造客观世界，推动社会的发展。

总体来说，唯物史观是马克思主义关于社会历史发展规律的总体观点和认识方法之一，强调了物质是社会发展的基础，批判了唯心主义的观点，对揭示社会发展规律、推动社会进步具有重要的指导意义。

辩证唯物主义：辩证唯物主义是一种哲学观点，它强调物质是客观存在的、唯一真实的实体，而思想、意识和观念等都是物质的产物和表现形式。辩证唯物主义是马克思主义哲学的重要组成部分，其核心理念是辩证法。辩证法是一种思维方法，通过对矛盾的认识和处理，推动事物的发展和进步。辩证唯物主义认为，任何事物都包含着内在的矛盾和对立面，这些矛盾和对立面相互作用、斗争，推动事物不断向前发展。在这个过程中，旧的事物被新的事物代替，矛盾被解决，事物得到了新的发展。这种发展是无限的、不断的，直到社会主义和共产主义社会的实现。辩证唯物主义还强调历史唯物主义，即历史发展是由生产力和生产关系之间的矛盾和斗争所推动的。它认为，经济基础是社会发展的决定因素，而政治、法律、文化等上层建筑则是在经济基础之上建立起来的。因此，只有改变生产力和生产关系之间的矛盾，才能实现社会发展的进步。

鲇鱼效应：挪威人喜欢吃沙丁鱼，尤其是活鱼。市场上活鱼的价格要比死鱼高许多，因此渔民总是千方百计想办法带活沙丁鱼回港。虽经种种努力，可大部分沙丁鱼还是会在中途窒息而死。后来，有人在装沙丁鱼的鱼槽里放进了一条以沙丁鱼为主要食物的鲇鱼，沙丁鱼见了鲇鱼四处躲避，这样一来缺氧的问题得到解决，大多数沙丁鱼活蹦乱跳地回到了渔港，这就是著名的鲇鱼效应。鲇鱼效应原指鲇鱼在搅动小鱼生存环境的同时，也激活了小鱼的求生能力。后来，鲇鱼效应是指采取一种手段或措施，刺激一些企业积极参与竞争，从而激活市场中的同行业企业。

零和游戏原理：又称游戏理论、零和博弈，广泛用于有赢家必有输家的竞争与对抗，胜利者的光荣背后有着失败者的辛酸和苦涩。20世纪时，零和游戏开始逐渐被“双赢”观念取代，“双赢”的格局日益明显，损人利己、彼消此长的现象也渐渐地得到改变。零和游戏是信息不对称状态下的一种结果，从社会发展的角度来看是不利的，人们应该力求改变。从“零和”到“正和”，要求各方要有真诚合作的精神和勇气，遵守游戏规则，不耍小聪明，不占小便宜，否则“双赢”的局面就不会出现。

华盛顿合作规律：华盛顿合作规律说的是一个人敷衍了事，两个人互相推诿，三个人则永无成事之日。人与人的合作，不是人力的简单相加，而是复杂和微妙的。在这种合作中，假定每个人的能力都为1，那么，10个人的合作结果有时比10大得多，有时甚至比1还要小。因为人不是静止物，而更像方向各异的能量，相互推动时自然事半功倍，相互抵触时则一事无成。传统的管理理论对合作研究得并不多，最直观的反映就是，目前的大多数管理制度和行为都是致力于减少人力的无谓消耗，而非利用组织提高人的效能。

刺猬法则：刺猬法则说的是在一个寒冷的冬季，两只困倦的刺猬因为冷而拥抱在了一起，但是无论如何它们都睡不舒服，因为它们各自身上都长满了刺，紧挨在一块儿就会刺痛对方，反倒睡不安宁。因此，两只刺猬就离开了一段距离，可是又实在冷得难以忍受，因此就又抱在了一起，折腾了好几次，最后它们终于找到了一个比较合适的距离，既能够相互取暖又不会被扎，这也就是在人际交往过程中的心理距离效应。刺猬法则讲究权威性与人情化同步，刚性化与弹性化融合。管理者和员工保持一定的“心理距离”，一方面可以有效减少下属对自己的恭维奉承，防止彼此间称兄道弟、原则不分；另一方面可以获得下属的尊重，保持工作上的顺畅关系，各项指令可以通畅实施。

手表定律：又称为两只手表定律、矛盾选择定律。手表定理是指一个人有一只表时，可以知道现在是几点，但当他同时拥有两只表时，却无法确定时间。两只手表并不能告诉一个人更准确的时间，反而会让看表的人失去对准确时间的信心。手表定律带给我们一种非常直观的启发：对任何一件事情，不能同时设置两个不同的目标，否则将使这件事情无法完成；对一个人，也不能同时选择两种不同的价值观，否则，他的行为将陷于混乱。一个人不能由两个以上的人来同时指挥，否则将使这个人无所适从；而对一个企业，更是不能同时采用两种不同的管理方法，否则将使这个企业无法发展。

酒与污水定律：一匙酒倒进一桶污水，得到的是一桶污水；一匙污水倒进一桶酒里，得到的还是一桶污水。可见那勺污水才是真正起决定性作用的，只要有它在，再多的酒也都是污水。该定律启示我们，对坏的组织或成员，要在其开始破坏前及时处理。组织中，难免有污水，污水又总会给组织带来矛盾和冲突，现代组织管理的一项带有根本性的任务，就是对团体中的人才加以指引和筛选，剔除具有破坏力的“污水”，使合格者的力量指向同一目标，从经济学的角度看，组织就是个人的集合体，组织的整体效率取决于其内部每个人的行为，这就要求这个集合体内的每个人都能发挥最大效能，以保持团队整体步调一致、动作协调。

马太效应：马太效应是一种强者愈强、弱者愈弱的现象，广泛应用于社会心理学、教育、金融及科学领域。马太效应是社会学家和经济学家常用的术语，它反映了两极分化的社会现象。1968年，罗伯特·莫顿提出这个术语，用以概括一种社会心理现象：相对于那些不知名的研究者，声名显赫的科学家通常得到更多的声望；即使他们的成就是相似的，同样地，在一个项目上，声誉通常给予那些已经出名的研究者。即任何个体、群体或地区，在某一个方面（如金钱、名誉、地位等）获得成功和进步，就会产生一种积累优势，就会有更多的机会取得更大的成功和进步。此术语后为经济学界所借用，反映经济学中赢家通吃、收入分配不公的现象。

不值得定律：不值得做的事，就不做好。它反映出人的某种心理，假如某人觉得眼前的事是不值得做的，他便会敷衍了事，成功率会大大降低，事成后也没什么成就感而言。值得做的事需要满足以下三个条件。①价值观：符合价值观的事才会满怀激情。②个性与气质：如果做的事与个性和气质相背离，那么事情是很难做好的。③现实处境：同一份工作，不同的处境去做，感受是不同的。对单位或组织来说，应当合理分析员工，合理分配工作，如让管理型人格的员工单独或带头完成某项具有挑战性的工作，并在完成时给予一定奖励，使每个人都能在岗位中尽心发光发热。

蘑菇管理定律：该词来源于20世纪70年代程序员们的自嘲——“像蘑菇一样地生长”。这一定律指的是组织或个人对待新人的一种管理心态。新人们往往不受重视，被安排做打杂跑腿的工作，无人指导，这种生存状态就像蘑菇。蘑菇的生存条件一是阴暗环境，二是以人或动物的排泄物作养料。新人也是这样的，组织如果对新人和老人一视同仁，那么便会失去羽化的成熟经历，也就失去了在组织中树立良好的、值得信赖的个人形象的机会。该定律也是对刚从“象牙塔”走出的学生的考验，新人需要磨去棱角适应社会，摆正心态，从简单的事中学习，做好每件小事，快速进入社会角色，赢得前辈们的认同和信任，从而进入真正能发挥才干的领域。

奥卡姆剃刀定律：又称“奥康的剃刀”，是由14世纪哲学家奥康姆提出的“如无必要，勿增实体”，其内容简述为“简单有效原理”，其作用是剔除思想上的“赘肉”，使人们的思想方向更加趋向科学，而不是走向伪科学或其他非科学的道路。

彼得定律：彼得定律是由管理学家劳伦斯·彼得提出的，是指在一定等级制度中，员工们总想升职，直到该位置是他所不能胜任的。在一个岗位工作出色的员工自然会升职加薪，等到该位置上又做得比其他人更出色时，便会再次升职加薪，依次上升，直到达到下一个不能胜任的职位为止。该项研究的结论事实上是，每个岗位最终都会由一个出色但不具备该位置能力的人来胜任，而工作则是由尚未达到自己不能胜任职位的员工来完成的，每个员工都会以达成彼得定律为职业目标，在达到该位置时，其自身提升商数为零。达到该目标的方法有两种，一是“熟人带动”，由各路关系被人带到上位；二是“主动上位”，通过自我能力的提高与他人的认可升职。劳伦斯·彼得也因此发现了“新大陆”——层级组织学，该项发现可以解答所有的层次制度谜团，无论是哪种层级组织关系，它们都存在着彼得定律的影子，当然该定律需要满足时间长与组织中有足够的阶层的条件。

第二编

按内容表达速查

一、关于加强学习

好词

学，研，思，用，析，究，讨，知，信，行。

法规，条例，意见，资料，数据，立场，观点，方法，书本，课堂，深入，浅出，承上，启下，力度、准度、热度，口味，背景，意义，空间、时间，领域，启发，学习，常学，实干，严改，练兵，考场，赶考，原理、哲理、道理，理念，思路，办法，真心、热心、恒心，钻劲、巧劲、韧劲、狠劲，深入，生动，云端，掌中，讲全、讲深、讲透、讲好，巩固，拓展，深化、内化、转化，学全、学深、学透、学好，补课，充电，入脑、入魂、入心、入行、入微，活力。

集中学、脱产学、自主学、讲授学、研讨学、实践学，勤咀嚼，善研磨，常反刍，主体班、专题班，报告会，赛马场、主战场、练兵场，试金石，大熔炉，必修课，磨刀石、铺路石，铁肩膀，硬骨头，精简版，概括本，门外汉，智多星，主攻手，宣传家、理论家，政策通，活字典，多面手，筑基期、天窗期，课外书，谋大事，明趋势，把方向，定方位，有深度、有厚度、有宽度，接天线、接地气，吸引力，新变化、新提法、新表述，坚持好、运用好、发展好，常学之、博学之、审问之、慎思之、明辨之、践用之、笃行之，爱读书、读好书、善读书，勤学习，精业务，强基础，主动学、认真学、深入学，是什么、为什么、干什么、缺什么、少什么、补什么、增什么、学什么，谁来讲，如何学，怎么干，动起来、学起来，有标准、有质量，管全局、管方向、管思想、管长远，读新书，学新知，施新策，读原著、学原文、悟原理，讲政策，谈理论，悟规律，明方向，学方法，增智慧，学得进，弄得懂，记得清，摆造型。

线上课堂、流动课堂、理论课堂，科学体系，核心要义，实践要求，武装头脑，指导实践，推动工作，敢想敢做、敢闯敢试、敢破敢立，立足本职，专注专业，深化学习，主动发力，崇尚学习、改造学习、随时学习、持续学习、跟进学习、日常学习、专项学习、主题学习、集中学习，固定地点、固定时间、固定内容，任意时间、任意地点、任意“主题”，尚学之心、求实之心、检视之心，内容为王，最新政策，文件精神，行动指南，精神食粮，送学上门，帮学助学，知识空白、知识弱项，经验盲区，能力短板、能力弱项，精神软肋，三省吾身，持续体检，深入思考、深入研究，充分把握，认真理解，晦涩难懂，扎实领会，多思多想、多学多看，细心用心，专业专注，学习跟进、认识跟进、行动跟进，先学一步，深学一层，先人一步，快人一拍，赢得主动，夺得先机，手不释卷，学而有恒，汲取智慧，勇于尝试，敢于突破，优化所学，思想一致，情感共振，步调同频，重大挑战、重大风险、重大阻力、重大矛盾，向书本学、向实践学、向群众学，加强学习、依靠学习，集中座谈，专题研讨，善于学习、善于进步，举一反三，求真务实，学进心里，刻入脑中，学有所思、学有所悟、学有所用、学有所成、学有成效，表里如一，时时回顾，常存感悟，持续践行，知行合一，学用结合，学深悟透，融会贯通，疑难共商、经验共享，日积月累，厚积薄发，共育互学，学习交流，学以致用，矢志不渝，身体力行，工学统筹，充盈内心、充实自我，墙上芦苇，山间竹笋，知识不够、眼界不宽、能力不强，浅尝辄止，囫囵吞枣，思想僵化，能力退化，照抄照搬，固化自封，少知而迷、不知而盲、无知而乱，本领危机、本领恐慌、本领不足、本领落后，学而不深、学而不精、学而不实、学用脱节，惯性思维，行为惰性，路径依赖，集体学习，交流研讨，知识竞赛，擂台比武，内容多样、形式多样，主题集中、重点突出，有效管用，高屋建瓴，立意深远，勤学活用，常学常新、常修常炼、常悟常进，强读强记，反复研读，多思多悟，真学真信，以学益智、以学修身、以学增才、以学促干，学用相长，入心入脑，凝聚共识，坚定信心，走深走实，见行见效，内化于心、外化于行、转化于效，找准定位，明确坐标，幼有善育、学有优教、劳有厚得、病有良医、老有颐养、住有安居、弱有众扶，学无止境，思想启迪，虚心学习，勇于实践，练好本领，掌握技能，勤于行动，“破题”思路、“破冰”办法、“破局”关键，思想价值，工作方法，空杯心态，精心研究、精细思考、精准施策，全力破解，调整思路，明确重点，凝聚共识，形成合力，拓宽视野，提升本领，增长才干，正心修身，打磨品行，掌握体系，改造学风，维护核心，引领发展，政治认同、思想认同、情感认同，判断能力、决策能力、统筹能力、执行能力，思想觉悟，精神境界，道德修养，战略思维、历史思维、创新思维、底线思维、辩证思维，学有方向、学有高度、学有实效，出口成章，理论金句，理论原料、技术鲜料、实践佐料，虚心请教，耐心倾听，悉心解答，积水成湖，日久年深，汲取养分、汲取经验，经受磨炼，加速成长，站位提高，心胸开阔，头脑清醒，专心致志，原原本本，反反复复，标准不降、劲头不松、力度不减，不懂就问、不耻下问，在学中悟、在悟中学，有字之书、无字之书，主观臆断，不懂装懂，专业知识、专业能力、专业作风、专业精神。

终身必修题，政治清醒剂，获取新知识、熟悉新领域、开拓新视野，学出了感情、悟到了门道、坚定了信仰，虔诚而执着、至信而深厚，学习有场所、活动有阵地，践行新思想、适应新时代、展现新作为，吃透新思想、把握新论断、贯彻新要求，原汁原味学、突出重点学、及时跟进学、形成常态学、联系实际学、逐字逐句学，带着问题学、带着信仰学、带着使命学、带着责任学、带着情感学，奔着成效用，动态掌握难、学习落实难、发挥作用难，研究新情况、解决新问题，凝聚“正能量”，上好微党课、诵好微朗读、讲好微故事、谈好微分享。

好句

- 通过学习，不断提升（提高）……水平。
- 借（乘）……的东风，全面掀起……新高潮。
- 在……（学思用贯通）上迈出实质性步伐。

❖ 学习（付出）……的是……（成长）……的是……（收获）……的是……

❖ 干（学/做/改）出了……干（学/做/改）出了……干（学/做/改）出了……

❖ 加强学用结合，以……的具体成果体现（检验）……的实际成效。

❖ 学思用贯通，知信行统一。

❖ 知者行之始，行者知之成。

❖ 带着问题学，带着人民期待学。

❖ 在干事中长本事，在历练中变老练。

❖ 学乃益智之药，智乃成业之基。

❖ 是非明于学习，境界升于内省。

❖ 掌握“几把刷子”，成为行家里手。

❖ 学所以益才也，砺所以致刃也。

❖ 刻在灵魂深处，融入血液骨髓。

❖ 学则智，不学则愚；学则治，不学则乱。

❖ 把零散的认识系统化，把粗浅的认识深刻化。

❖ 有干劲有情感，有朝气有活力，有学历有想法。

❖ 筑牢信仰之基，补足精神之钙，把稳思想之舵。

❖ 政治敏感的程度，思维视野的广度，思想境界的高度。

❖ 常翻学习笔记以求新得，常看学习心得以求新效。

❖ 高涨的学习热情，科学的学习方法，不懈的学习毅力。

❖ 一种良好习惯、一种政治责任、一种思想修养、一种精神境界。

❖ 追求心无旁骛、静谧自怡的境界，巧用去粗取精、博而愈专的方法。

❖ 认字就在背包上，写字就在大地上，课堂就在大路上，桌子就在膝盖上。

❖ 加强创新理论学习，对干部来说，既是政治要求，也是工作需要，更是责任所在。

- 笃定一股劲汲取精神钙质，倾注一腔情浇铸初心梦想，捧出一颗心播撒真理火种。
- 理论是管全局、管方向的，也是管思想、管长远的，更是管行动、管落实的。
- 怀着执着的信念学，怀着看齐的定力学，怀着深厚的感情学，怀着坚定的自觉学。
- 理不学则不知，学不深则不通。理论学习贵在态度真、功夫深，如此才能效果实。
- 干什么学什么、缺什么补什么、做什么钻什么，精神面貌更好、向前干劲更足。
- 为山九仞，岂一日之功。理论学习是一个循序渐进、厚积薄发、从量变到质变的过程。
- 要通过全面系统学习，进一步锤炼政治品格，涵养高尚道德品质，激发担当作为的精气神。
- 在参与活动中加强实践思考，在互动交流中受到教育感悟，在亮晒展播中提升思想境界。
- 入脑入心“学思想”、笃信笃行“强党性”、唯实唯干“重实践”、善作善成“建新功”。
- 拜人民群众为师，把人民群众当友，将知识化为动力，以行动诠释信念，用实践实现理想。
- 把学习作为一种精神追求、一种工作习惯、一种生活态度，思想理论学习、全面系统学习、工作实践学习。
- 要把理论学习与解决实际问题相结合，将学习成效转化为工作动力，防止学习和工作“两张皮”。
- 接受思想洗礼，锤炼意志品质，积蓄奋进力量，理解上的通透、理论上的自洽、思想上的彻底。
- 深化理论学习，创新学习形式，不断自我锤炼，加强党性修养，稳固理想航向，夯实信仰基石，坚守初心使命，掌握实际情况，捋清具体思路，找准问题症结，拿出务实举措。
- 筑牢立身之本，夯实为政之基，培养专业精神，丰富专业知识，提高专业能力，深化学习成效，提升学习效果。
- 拧紧思想螺丝，上紧行动发条，靠博学蓄才气、靠包容养大气、靠负责显浩气、靠清廉树正气。
- 备好主题教育的“潮货、干货、硬货”，做到“货真价实”，真正实现学思用贯通、知信行统一。

❖ 主题教育学习不是一个人的事情，也不是一个部门的事情，而是广大党员干部的“家务事、要紧事”。

❖ 学习上常“抓一抓”，思想上常“紧一紧”，认识向高处提升、学习向信仰扎根、工作向纵深推进。

❖ 用“学思践悟”搏击“诱惑之浪”，加强政治理论学习，将学习创新理论作为“必修课”“常修课”。

❖ 把从理论学习中获取的“知”，深化外化转化为脚踏实地、攻坚克难的“行”，做到以知促行、以行求知。

❖ 理论学习只有抓在经常、融入日常，才能把所学学进心里、刻入脑中，让“知识库”更丰富，让“工具箱”更多样。

❖ 要提升“逆水行舟、不进则退”的紧迫感，养成“日拱一卒、勤学不怠”的习惯，将学习抓在经常、融入日常、化作平常。

❖ 组织集中“补课”，提供“菜单式”教育服务，靶向发力做好×××“归巢学”，开展集中学习和讨论，确保“一个都不掉队”。

❖ “路漫漫其修远兮，吾将上下而求索。”唯有踏实学好“一招一式”，走好“一步一印”，才能取得“一点一滴”的成果。

❖ 加强经常性学习教育，助其“三省吾身”，方方面面做好“全身体检”，扎扎实实加强革命性锻造，始终保持“上电”状态。

❖ 理论学习要有“望尽天涯路”那样志存高远的追求，耐得住“昨夜西风凋碧树”的清冷和“独上高楼”的寂寞，静下心来通读苦读。

❖ 理论学习，根本目的是增强工作本领、提高解决实际问题的水平，倘若学到的知识停留在书本上、口头上，那只能是镜花水月、空谈务虚。

❖ 坚持“第一议题”抓学习、“第一遵循”抓贯彻、“第一政治要件”抓落实，做到对标对表明方向、知行合一促发展。

❖ 要“挤”时间学，善于利用空隙，巧用“线上”平台，满怀热情地学，如饥似渴地学，扎扎实实地学，下一番真功夫、苦功夫、细功夫。

❖ “河冰结合，非一日之寒；积土成山，非斯须之作。”党的创新理论学习绝非一日之功、一时之功，而需久久为功、积尺寸之功。

❖ 理论只有和实践相匹配，才能产生“化学反应”，学在用中巩固，用也是学的一种途径，知行合一、学用结合是理论学习最终的落点。

❖ 要多给自己“充电”，在为民办实事上再“提速”，在知识积累上“做加法”，以孜孜不倦的热情加强学习，在学习中提升思维能力。

❖ 学习需要掌握“三度”，有深度，达到学理论要深、学业务要精、学政策要透的境界；有厚度，学会用历史的、发展的眼光看问题；有宽度，做到广泛涉猎、厚积薄发。

❖ 在理论学习中走在前列，做到先学一步、学深一层，真正学懂、弄通、做实，争做学习研究、阐述宣传先进理论的“排头兵”和“先行者”。

❖ 要通过线上微课、实景宣讲等方式定期“送学”，确保所属人员在管理教育中“不掉队”“不漏学”“不落伍”，坚持用创新理论武装头脑、指导实践、推动工作。

❖ “为学之实，固在践履。”加强理论学习的最终落脚点在于指导实践、推动工作，如果不能把握好这个根本，这样的理论学习就是无源之水、无本之木。

❖ 以深化学习坚定理想信念，以深化学习锤炼过硬作风，以深化学习筑牢初心使命，以深化学习推进担当作为，以深化学习涵养清廉本色。

❖ 理论如同政治的一针醒神剂，理论上清晰明了，政治上才会坚定不移；理论上一知半解，政治上便容易“走岔路”，从而导致思想软弱不坚定、行动涣散不自觉。

❖ 善学善用，主动发力，持续学习，不断汲取智慧、总结经验，养成“好记性不如烂笔头”的好习惯，不断丰富理论素养。

❖ 要列好路线图、排好时间表，认认真真读原著、学原文、悟原理，反复阅读、逐字“咀嚼”重要篇章和重要观点，强读强记、常学常新。提升学习效果，避免纸上谈兵。

❖ 涵养“书卷多情似故人，晨昏忧乐每相亲”的阅读气质，追寻“衣带渐宽终不悔，为伊消得人憔悴”的读书境界。

❖ 只有加强学习，才能增强工作的科学性、预见性、主动性，才能使领导和决策体现时代性，把握规律性，富于创造性。

❖ 在提笔写文章时，有足够多的书籍资料可供查阅，已属难得；不用查书就能下笔，更为难得；若不用查书还能把文章写得出类拔萃，境界自然又高出许多。

❖ 要杜绝“摆花架子”、空喊口号等不良作风，不断增强真诚学、真心学的思想自觉和行动自觉，以扎实的理论学习涵养初心使命。

❖ 开展学习，既要惜时如金、孜孜不倦，下一番心无旁骛、静谧自怡的功夫，又要突出主干、择其精要，努力做到又博又专、愈博愈专。

❖ 要把各项工作都做到前面，时刻对自己高标准严要求，踔厉奋发、笃行不怠，做到在思想上毫不松懈、在行动上绝对坚决、在信仰上绝对忠诚，掌握新方式新方法。

❖ 越是纷繁复杂的工作，越要以严格的思想淬炼、政治历练、实践锻炼，提升自己的斗争本领，从而历练出“草摇叶响知鹿过，松风一起知虎来，一叶易色而知天下秋”的见微知著能力。

❖ 要加强学习实践，坚持勤学善思，常怀“空杯心态”，努力向书本学习，向实践学习，跳出“舒适圈”，走进“历练场”，对自身思想、工作、业务时刻“补课”“充电”。

❖ 要摒弃一蹴而就、一劳永逸的想法，不止于学一本、记一时、过一遍、用一回，要继承和发扬“吃小米饭，攻理论山”的优良传统，自觉地、认真地、深入地进行理论学习。

❖ 要把好干部初任培训、晋升领导职务培训等关口，盯紧事业换道、工作转向等节点，促其“压一压、稳一稳”，为其“扶上马、送一程”，提振精气神，为每一次出发创造无限可能。

❖ 要“开门”接受检验，用群众获得感来检验主题教育成效，要让群众看到“为民办事承诺”践行情况，让群众看到“上下左右前后”差距情况，让群众看到“整改完善提升”变化情况。

❖ 理论学习并非“记问之学”，目的不在于一时的完美记忆。要发扬“书不可以一日不读”的“挤”和“钻”，一刻不停地加强党性修养，让学习成果内化于心、外化于行，使之日用不觉。

❖ 面对新征程新挑战、新任务新要求，如果学得少、学得散、学得浅，或者只学不思考，只思考不行动，就会出现学而不深、学而不精、学而不实、学用脱节的问题，就无法解决问题、推动发展。

❖ 要坚持“学思践悟”一体推进，以水滴石穿的恒心和始终如一的热情刻苦钻研，悟规律、明方向、学方法、增智慧，找准奋进目标，掌握运用创新理论解决新问题的能力本领，确保学有所得、学以致用。

❖ 在理论学习中多“钻研”、常“记诵”、肯“用功”，把理论中蕴含的具体方法和工作实践相结合，做到方法学得多、知识学得透、实践用得好，掌握解决实际问题的“金钥匙”，筑牢信仰之基。

❖ 要能学能用，以“朝受命，夕饮冰”的危机感、紧迫感，“真学、勤学、好学、乐学”的责任感、使命感，“博观而约取，厚积而薄发”的获得感、成就感加强理论学习，紧跟时事热点，更新自身储备。

- 学习既需要“高得上去”，反复精读原文，掌握思想原旨，提高政治站位和政治觉悟；又需要“低得下来”，落细落小落实，从实际出发，在上下结合中做到学深悟透，学以致用、学以力行。

- 要将所学联系实际，在实践中“用”，也在实践中“悟”，列出科学的工作计划，聚焦问题的核心，找准解题的“最优解”，让好方法、好经验在实践中“落地生根”，结出事业成就的“硕果”。

- 以“不待扬鞭自奋蹄”的自觉和走在前列、争创一流的干劲，加快本领学习，加强实践锻炼，在身经“风吹浪打”，手捧“烫手山芋”的火热实践中，锻造“攻无不克”的尖刀利剑，增强“收放自如”的信心底气。

- 着力打造沉浸体验式、问答互动式、上下联动式学习课堂，变“固定”为“流动”，变“室内”为“室外”，变“填鸭式学习”为“沉浸式体验”，把理论课堂搬到田间地头、党性教育基地、工作现场等。

- 要以“一日不学、寝食难安，学而不深、倍感羞愧，学而不久、前功尽弃”的危机感牢牢树立“终身学习”的理念，持之以恒加强新时代党的创新理论武装，在创新理论学习中悟规律、明方向、学方法、增智慧。

- 始终保持对知识的渴望、对求知求学的热情，既要坚持系统学习，把理论学习中的必读书目、重要章节、关键难点揣摩透彻，也要注重学思结合，在实践中加深理解、增强本领，真正在上下求索中厚实理论功底，学出如磐信念、思想境界。

- 切实端正学习作风，坚决摒弃“学深学浅一个样”“真学假学一个样”的思想，以时不我待、如饥似渴的劲头认真学、刻苦钻、精心研，做到学而不厌、学而有思，力争成为“读得多、想得多、写得多、问得多”的先锋模范。

- 坚持不懈用创新理论凝心聚魂，紧跟知识更新步伐，获取新知识、熟悉新领域、开拓新视野，坚持“干中学，学中干”，甘当群众的“小学生”，从朴素智慧中汲取营养、提炼经验，提升“咬定青山不放松”的实践“驱动力”。

- 以“闻鸡起舞”“囊萤映雪”“青灯黄卷”的毅力恒心认真读原著、学原文、悟原理，把党的创新理论学深悟透、融会贯通，真正领悟和把握其中蕴含的科学世界观和方法论，不断提高运用马克思主义分析问题、解决实际问题的本领和能力。

- 要把原文原著学透，不能为求速度看“精简版”和“概括本”，不能为了“出口成章”对

"理论金句"死记硬背，也不能为了"表面功夫"把时间和精力用在"摆造型"上，要逐字逐句地读，认真学、深入学，下足磨穿铁砚的"钻劲"，让所学的内容能够入脑入心。

❖ 要时刻以最严格的标准要求自己，在学习教育中要主动接受严格的思想淬炼，打扫政治灰尘，纠正行为偏差，锤炼坚强党性，不断增强纪律意识、规矩意识，树立正确的权力观、政绩观、事业观，以新气象、新作为推动事业发展取得新成效。

❖ 要走出机关，深入基层、下到一线，把"行万里路"和"读万卷书"结合起来，把"他山之石"和"囊中珍灿"结合起来，把"伯乐相马"和"赛场跑马"结合起来，大兴理论联系实际之风，做到"带着课题下去、形成思路上来"。

❖ 对工作中遇到的疑惑与不解，要善于"眼观六路，耳听八方"，刨根问底、追根溯源，博采众长、为我所用，积极探索解决问题的有效方法，争取把各种情况想透彻、把各种风险研判足、把各项工作做周密，从多方面培养锻炼自己的能力，不断提升服务科学发展能力。

❖ 在理论学习上要铆足劲，要将之作为提升自己、推动工作的"必修课"，做到"需要什么，学习什么"，聚焦岗位需要"多充电、蓄足能"；做到"缺失什么，补足什么"，对自己知识空白、能力空缺加强学习，把专业能力学精，把重要本领学好，提升把事干好干成的能力才干。

❖ 要坚持常态化学习，树牢"学贵有恒，方能学有所得"的学习理念，增强学习自觉，端正学习态度，拒绝"三天打鱼、两天晒网"的间歇式学习和"囿于书本、浅尝辄止"的过场式学习，潜心读熟读透、读深读懂理论经典、权威著作，在深嚼细品、久久为功中掌握思想精髓、精神实质。

❖ 要读新书、学新知、施新策，时刻把理论学习摆在突出位置来抓，做到与时俱进、常学常新，在学中悟、在悟中学，在不断阅读新理论作品过程中感悟内涵、汲取养分、优化作风，真正把蕴含其中的新思想方法、新工作办法学懂弄通、活学活用，不断筑牢信仰之"基"、补足精神之"钙"，把稳思想之"舵"。

二、关于哲学思辨

好词

思辨、思维、思考、思忖、思路、思议、思索，哲学，见解，本质，理性、理念、理路、理学，真知，辩证，哲理，论题、论道、论断、论辩，原因，感知，判断，寻思，观念，悖论，格物、格致，玄学，心智，看法，义理，类推，实学，神思，琢磨，学说，主义，提法，真谛，觉悟，考虑，主体，智慧，根据，推见，设问。

找病根、拔病根，下准药，小切口，连根拔，破瓶颈，平行论，组合拳，双刃剑，双循环，两点论，两手抓，抓两头，带中间，共振点，加减法，分水岭，度量衡，打补丁，铁三角，周期率、命中率，加把火，把把脉，补空白，参照系，同质化，内生力、外驱力、支撑力、竞争力、创造力、凝聚力、牵引力、震慑力、免疫力、约束力、执行力、组织力、软实力、掌控力、辨别力、承受力、观察力、领悟力、沟通力、亲和力、向心力、监管力、硬实力、师资力、聚合力、理解力，相对性、同一性、依赖性、风险性、复合性、膨胀性、立体性、开拓性、渗透性、严密性、偶然性、丰富性、逻辑性、斗争性、保密性、正常性、政策性、学术性、批判性、通用性、主导性、独特性、常规性、互动性、公平性、资源性、持续性、客观性、计划性、必要性、目的性、关联性、支撑性、指向性、连贯性、靶向性、坚韧性、独创性、持久性，不图名、不唯上、不照抄、不参与、不违反、不偏离、不遮掩、不徇私、不讲价、不放纵、不拆台、不迟疑、不掺杂、不躲闪、不衰减、不投入、不停滞、不唯实、不遗漏、不后退、不分心、不张狂，总盘子、一竿子、半拉子、金点子、菜篮子、小圈子、腰杆子、穷帽子、臭架子、搭梯子、老路子、提领子、好路子、烂摊子、铁笼子、钱袋子、印把子、台柱子、开口子、进笼子、揭盖子、话匣子、紧日子、照镜子、挑担子，清单化、标准化、高速化、科技化、庸俗化、可量化、经常化、便利化、高端化、随意化、信息化、精细化、大变化、最大化、最小化、产业化、特色化、长效化、品质化、职业化、自由化、系统化、网格化、扁平化、碎片化、合理化、集团化、官僚化、指标化、理想化、日常化、形象化、庸俗化、通俗化、商业化、物质化、便捷化、形象化、口语化、虚拟化、物质化、货币化、自动化、绿色化、一般化、差别化、社会化、多极化。

好句

❖ ……问题宜疏不宜堵，宜顺不宜激，宜散不宜聚，宜解不宜积。

❖ 从全局的高度去认识×××是“牵一发动全身”的系统工程，从战略的高度去认识×××是“迟一步退百步”的时效工程，从执政的高度去认识……是“……”的政绩工程。

❖ 行有度，贵在专。

❖ 立物易，立心难。

❖ 树挪死，人挪活。

❖ 不经春花，难有秋色。

❖ 车之四轮，相辅相成。

❖ 信之愈深，行之愈笃。

❖ 行源于心，力源于志。

❖ 欲利其事，先励其心。

❖ 唯其磨砺，始得玉成。

❖ 支部强不强，要靠领头羊。

❖ 人事有代谢，往来成古今。

❖ 海日生残夜，江春入旧年。

❖ 方向决定前途，道路决定命运。

❖ 谋事当先谋势，谋事当先识势。

❖ 眼界决定境界，思路决定出路。

❖ 认识决定摆位，看法决定办法。

❖ 知常明变者赢，守正创新者进。

❖ 劲可鼓不可泄，势可造不可衰。

❖ 有形之手更有效，无形之手更有力。

❖ 年年岁岁花相似，岁岁年年人不同。

❖ 统筹是一门艺术，结合是一种能力。

❖ 坐地日行八万里，巡天遥看一千河。

❖ 芳林新叶催陈叶，流水前波让后波。

❖ 功名多向穷中立，祸患常从巧处生。

❖ 风物长宜放眼量，思路一新天地宽。

❖ 人生代代无穷已，江月年年望相似。

❖ 一步登天是为拙招，得寸进尺方为有效。

❖ 天地之功不可仓卒，艰难之业当累日也。

❖ 理想因其远大而为理想，信念因其执着而为信念。

- 出手一定要快，出招一定要准，出拳一定要重。
- 比认识更重要的是决心，比方法更关键的是担当。
- 靠上级封不出来，靠权力压不出来，靠自己吹不出来。
- 发展是第一要务，稳定是第一责任，创新是第一动力。
- 既要狠抓重点，又要兼顾均衡，实现抓重点、带全局。
- 信仰之花，需要用行动去浇灌；信念之志，需要用行动去践行。
- 知识不等于能力，关键在于转化，解决好“怎么训”的问题。
- 撷取吉光片羽，窥一斑而知全貌，见表层而晓内里，是真正的大智慧。
- “全面”不等于撒胡椒面，不是平均用力，而是注重抓主要矛盾和矛盾的主要方面。
- 有什么样的精神状态、有什么样的工作作风，就会有什么样的行动、有什么样的收获。
- “严”才能没有漏洞，“新”才能攻坚克难，“细”才能精益求精，“实”才能持之以恒。
- 时代只会眷顾“吾将上下而求索”的奋进者，而不会等待“雪拥蓝关马不前”的畏难者。
- ×××是疏解社会矛盾的压力阀，是经济社会的晴雨表，既能看到老难题，也能发现新动向。
- 节点决定起点，开局关系全局。干事创业，精气神最宝贵；战胜困难，信心态度最关键。
- 只“走近”不“走进”，犹如“行百里者半九十”；只有“走进”，才能善始善终，走出实效。
- 每一次困难、挑战，都是转型和进步的机会。主动出击、求新求变，才能从危与机的转换中赢得发展主动权。
- 基层是大舞台，一线是大熔炉，实践是大考场，要时刻以“特种钢”为目标，锤炼自己，一以贯之，做一个不掉队的“追梦人”。
- 责任是担起来的，发展是干出来的，超越是拼出来的，管理是盯出来的，潜力是逼出来的，技能是练出来的，办法是想出来的。
- 做定海神针，当中流砥柱，困难面前，群众就有“主心骨”；危急关头，群众就有“定盘星”；干事创业，群众就有“聚合力”；放飞梦想，群众就有“领头雁”。

❖ “困难像弹簧，你强它就弱”，面对前进路上的困难，坐等观望没有出路，迎难而上、坚韧不拔，把困难当阶梯，才能不断向上攀登。

❖ 使用也是培养，而且是更为重要的培养，解决好“怎么用”的问题，是抓好干部队伍建设的根本；严格管理出效益，从严治官出人才，解决好“怎么管”的问题，是抓好干部队伍建设的保证。

❖ 心存敬畏，就会大局面前多一分定力，自觉克服疑惑心理，防止政治上的自由主义；就会权力面前多一分清醒，自觉克服侥幸心理，防止思想上的功利主义；就会得失面前多一分理智，自觉克服攀比心理，防止行为上的个人主义；就会责任面前多一分担当，自觉克服应付心理，防止工作上的形式主义。

❖ 古人讲，“小人好恶以己，君子好恶以道”。消除偏见，还需处理好公与私的关系，坚持行公正之大道，弃个人之私欲。消除偏见，要辩证、客观、全面地看待事物。

❖ 干事要有“想为”之境界（想为，彰显的是一种思想自觉；想为，蕴含的是一种价值追求；想为，迸发的是一种精神状态），干事要有“敢为”之担当（在破发展难题中展示担当，在碰烫手山芋中展示担当，在办民生实事中展示担当），干事要有“勤为”之作用（以“马上办”的行动干事；以讲奉献的情操干事；以“钉钉子”的韧劲干事），干事要有“善为”之能力（提升善谋良策的能力，提升善抓落实的能力，提升善带队伍的能力）。

三、关于统筹领导

应，策，计，着，术，方，谋，措，谟，事，招，有，筹，施。

找准、找实、找细，定性、定量，头雁，对策、上策、计策、良策、长策，方案、方略，计谋，献计、献策，谋划，举措，措施、措置，主意，容错，权宜、机宜，对应、因应，解决，良方，设法、办法，手段，治标，策略，单方，点子，措举，得法，指出，补救，划策，拟议，上算，亟盼，解困，权略，门路，对症，急务，有救，利害。

重点事、琐碎事、实绩事、关键事，两面人，二传手，稻草人，裱糊匠，出点子，打主意。

坐镇中枢，指挥四方，领衔主抓，靠前指挥，破局开路，主动推进，全程过问、全程负责，一抓到底，握指成拳，同频共振，合力合拍、合力攻坚，统一思想，提高认识，认清形势，明确任务，加强领导，精心组织，完善机制，胸怀天下，立己达人，定于一尊，一锤定音，扛起主责、抓好主业、当好主角，引航掌舵，把握方向，谋划全局，研究战略，制定政策，科学决策，保障落实，亲自挂帅、亲自出征、亲自督战、亲自推动，日昃忘食，枕戈待旦，夙夜在公，坐而待旦，高屋建瓴、高举旗帜、高瞻远瞩、高位引领、高位聚能、高位推进，跟踪进度，敲钟问响，扶危定倾，力挽狂澜，运筹帷幄，乐以天下、忧以天下，务实进取，立论定向，统揽全局，协调各方，政治智慧，理论勇气，卓越才能，人格魅力，亲之劳之，思接千载，视通万里，行家里手，施工队长。

“系统式”推进，“创新式”打造，“全程式”发力，小事不出村、大事不出镇、矛盾不上交、平安不出事、服务不缺位，总揽不包揽、放手不撒手、负责不推责，系统化思维、清单化管理、闭环化督查。

好句

- 提高认识，加强领导……
- 加大力度，突出重点……
- 强化整改，重在落实……
- 围绕……在……上下功夫。
- 着眼于……（目标，要求）……
- 以……为……在……上下功夫（措施）。
- 以……促进（带动）……工作开展（措施）。
- 抓……在……上实现新突破（统筹领导的措施目的）。
- 做好……工作，需正确处理……与……的关系。
- 正确把握……与……的关系，在……上搞突破/搞创新。
- 抓……在……方面下功夫（统筹领导的措施）。
- 抓……（具体做法），×××（统筹领导的措施成效/目的）。
- 以……为……（基准、方法、指引），×××工作取得了新突破/新成绩（措施成效）。
- ……从规划到统筹，从目标到路径，每一步都踏在时代节拍上，这也是其成功的根本原因。
- 我们统筹推进……（工作总结、成绩），×××胜利完成，×××顺利实施，×××全面开创新局面。
- ……精准施策，激活每一个创新的“点”，链接起协同发展的“链”，聚合为产业升级的

“片”，进而拓宽经济增长的“面”。

❖ 干部干部，干字当头。

❖ 将教天下，必定其家，必正其身。

❖ 干什么学什么，缺什么补什么。

❖ 管理是一门关于人的学问。

❖ “出场”就要出色，“出手”就是高手。

❖ 紧而又紧，抓好关键环节，细而又细，加强对下指导。

❖ 泰山崩于前而色不变，麋鹿兴于左而目不瞬。

❖ 木心不直，则脉理皆邪，弓虽劲而发矢不直。

❖ 位也者，立德之机也；势也者，行义之杼也。

❖ 参透“施工图”是首务，明白“任务书”是首责。

❖ 领导干部挂帅，机关单位包联，党建专员专抓。

❖ 贤者以其昭昭，使人昭昭；今以其昏昏，使人昭昭。

❖ 以家为家，以乡为乡，以国为国，以天下为天下。

❖ 管理从思想上来说是哲学的，从理论上来说是科学的，从操作上来说是艺术的。

❖ 从“统筹规划”起笔，“问题导向、靶向施治”，勾勒“研之有向”的鲜明“框架”。

❖ 管理是一个过程，通过它，大量互无关系的资源得以结合成为一个实现既定目标的总体。

❖ 抓大事和抓具体从来不是非此即彼，提纲挈领设计与细致入微推动相得益彰。

❖ 深化×××检视整改，坚持查与改并重、点与面统筹、标与本兼治。

❖ 头雁勤，群雁能“春风一夜到衡阳”；头雁惰，结果只会“万里寒云雁阵迟”。

❖ 紧盯大事要事打攻坚战，紧盯急事难事打歼灭战，紧盯薄弱环节打持久战。

❖ 胸怀全局深度谋划，解放思想勇于创新，研究政策抢抓机遇，力促领导能力提升。

❖ 重要改革亲自部署，重大方案亲自把关，关键环节亲自协调，落实情况亲自督察。

❖ 要把握好“为”与“不为”的尺度，才能因地制宜、顺势利导，充分利用区域优势资源。

❖ 要协调好“守正”与“创新”的平衡，才能以旧带新、统筹推进，大力促进产业转型升级。

❖ 要关注到“内”与“外”的联动，才能取长补短、兼收并蓄，增强全球经济共享红利。

❖ 没有哪一个部门是“二线部门”，也没有哪个人是旁观者、局外人，必须全局一盘棋、上下一条心。

❖ 在思考上深一层、在领悟上细一些、在行动上快一拍，负起责任用心干、开动脑筋创新干、撸起袖子加油干。

❖ 思想统一起来、精神振奋起来、动力激发出来、潜能挖掘出来，实现直道冲刺、弯道超车、换道领跑。

❖ 要统筹考虑短期应对和中长期发展，既要立足当前解难题、寻突破，更要放眼长远多布局、出实效。

❖ 知不足，然后能自反也；知困，然后能自强也。只有不断检视自身、查找问题，才能准确找到努力的方向。

❖ 统筹是重要的战略思想，也是重要的工作方法。今年特别强调的是，坚持先立后破，统筹兼顾，辩证对待稳和进。

❖ 在综合指导、工作督导、机制运行、舆论宣传、后勤保障上要全面谋划，紧而又紧，抓好关键环节，细而又细，加强对下指导，以绣花功夫推进改革施工。

❖ 有“两把刷子”，不做“两面人”；成为“行家里手”，不做“二传手”；当好“施工队长”，不做“裱糊匠”；发挥“头雁效应”，不做“稻草人”。

❖ 要统筹规划，算好“眼前账”和“发展账”，抓好硬件改造和软件升级，美化“面子”，夯实“里子”，对症下药、久久为功，方能根治×××这一“系统性”顽疾。

❖ “欲筑室者，先治其基”，社区是城市运行的“底盘”，要着力增强统筹协调能力，发挥“主心骨”作用。

❖ 各级各部门要提前统筹部署，完善×××方案，创新×××方式，做好×××“提前量”，在“硬任务”上下“软功夫”。

❖ 以“系统化思维”谋划下步举措，以“清单化管理”落实整改任务，以“闭环化督查”压实整改责任，以“绩效化考核”推动问题销号。

- 要锲而不舍为基层减负，统筹各类会议、项目、材料、报表，能取消的取消，能减少的减少，能合并的合并，切实把基层从文山会海、材料报表中解放出来。

- 要加强组织领导，做好统筹协调，亲自部署重要任务、亲自把关关键环节、亲自督导落实情况，善于“十个指头弹钢琴”，做到总揽不包揽、放手不撒手、负责不推责。

- 树牢和践行正确政绩观，统筹之中有党性、有规矩，要始终向着高质量发展去统筹，注意防范和纠治×××，创造出经得起实践检验、不负人民和历史的实绩。

- 推进基层治理，要以党建为总抓手，超前高位谋划、构建组织体系、落实责任分工，构建起“一把手”抓带头、“一盘棋”抓统筹、“一竿子”抓到底的良好工作格局。

- 要“科学发力”，有针对性地调查研究，从中国基本国情出发，“既不能刻舟求剑、封闭僵化，也不能照抄照搬、食洋不化”，针对群众切实的需求，去“按图索骥”。

- 树立系统思维，强化整体观念，把×××作为年度工作的大事抓好抓实；坚持把年度各项工作向教育融入，推进×××与各项工作结合，一体组织、贯穿推进、协调落实。

- 各级主要负责人需要有主体意识、主角意识、主场意识，负起责任用心干，开动脑筋创新干，撸起袖子加油干。

- 要以“书记领办”“书记项目”等形式不断压实领导责任，做到高位统筹推进，常态化对打造举措进行“修偏正向”，避免“一创了之”“不合时宜”。

- 切实履行主体责任，加大工作统筹力度，带头压减会议文件和讲话材料，带头发短文、讲短话，把主要时间和精力用于解决实际问题，杜绝“只挂帅、不出征”现象。

- ×××部门要加强工作的宏观指导和统筹协调，充分尊重用人单位主体作用，定期开展人才工作调研、督导，做到牵头不包办、统筹不代替。

- 统筹各类资源和力量，在拓平台、抓联动上凝聚合力，搭建服务群众的“连心桥”，激活基层治理“神经末梢”，不断提高社会治理效能，推动基层治理实现新飞跃。

- 对标对表的统筹，首先要加强学习领悟，切实把思想统一到×××对形势的科学判断上来；其次是不折不扣落实，形成狠抓落实的好局面。

- ×××组织力强不强、政治功能优不优，抓统筹抓落实是试金石，也是磨刀石，关键在于以严的要求、实的举措，推进各项工作的统筹落实。

- 每个×××都是一个封闭的集成系统，内部各个组成部分性能独特却又相互关联。优秀的管理者既洞悉每个部分如何独立运行，也熟知各部分之间如何相互协作。

❖ 做到“向上对表”，才能确保×××不偏不倚，沿着正确的方向前进；做到“下坊民情”才能确保×××下接地气，跳出形式主义“怪圈”。

❖ 要更好地顺应宏观环境变化，趋利避害、应对挑战、保持经济工作整体有序和有效，必须抓好统筹这一关键，在复杂局面中把握主动、创造优势、赢得未来。

❖ 要统筹一体推进，紧抓党建与业务“同频点”促长效，把党的领导融入业务工作全过程，前瞻发展态势、挖掘工作优势，破除“两张皮”问题。

❖ 对基层干部来讲，上面千条线、下面一根针，一定要学会“穿针引线”，懂得分清主次，合理分工，统筹兼顾，把问题分出轻重缓急，否则就会手忙脚乱，顾此失彼。

❖ 要坚持发挥党委统筹全局、协调各方的领导作用，构建出“党委统一领导、政府负责推进、部门协同配合、社会广泛参与”的×××发展工作模式。

❖ 只有打好“攻”与“守”的组合拳，才能在新时代征程中把握机遇、攻坚克难，在大浪淘沙的经济浪潮中坚守阵地、扩展市场，不断稳中求进、进中提质、向新发力、以质取胜。

❖ “问渠那得清如许，为有源头活水来。”池塘一直保持清澈有活力，是因为源头有活水注入，×××想要落实好，过程一帆风顺，就要提前统筹，深入调研，超前一步布好局。

❖ 在为兄弟单位服好务时，既要强化与各乡镇、部门的沟通交流，及时传达上级部署要求；又权衡事件的轻重缓急，以“抓大事不放、抓急事先办”为要领。

❖ 抓思路，带领大家一起定好盘子、厘清路子、开对方子；抓调研，拿出来的方案要有底气、接地气；抓推进，时不时给大家拧拧螺丝、敲敲脑壳；抓落实，要知难而进，不能畏首畏尾。

❖ 要提级谋划、高位推动，坚持把制度机制落实作为推动干部教育培训工作的重要途径，围绕组织需要、岗位需求、能力提升，高起点规划部署相关工作、高标准审定各项培训计划。

❖ 群雁高飞头雁领，领导干部特别是“一把手”坐镇中枢、指挥四方，其作风形象、精神状态如何，决定着工作推进的成效。“头雁”头在领路先飞，头在担当作为，头在一抓到底。

❖ 领导干部要亲自抓、带头干，做到有困扰时带头厘清，有困难时带头解决，有危险时带头向前，有责任时带头担当，有失误时带头改正，以“带头干”的硬作风凝聚民心民力、推动事业发展。

❖ 当领导人，必须在把情况搞清楚的基础上，统筹兼顾、综合平衡，突出重点、带动全局，有的时候要抓大放小、以大兼小，有的时候又要以小带大、小中见大，形象地说，就是要十个指头弹钢琴。

- 要统筹好领导力量，领导带头，指定一人负责；统筹好时间，严格按照时间节点，完成教育任务；统筹好资源，确保×××开展有内容、有场地、有保障；统筹好上下衔接，确保上传下达，高效落实。

- 要制定×××实施方案，统筹落实×××要求、×××内容、×××时间；要调整力量，统筹好本级和基层单位抓×××的主责部门、骨干力量；要把握×××节奏，分阶段分层次分步骤推动教育实施，确保×××末端落实。

- “活水还须活火烹，自临钓石取深清。”煎茶要用流动的活水和旺盛的炭火来烹煮，×××工作也一样，要得到“活水”与“活火”，就要与各单位、各部门做好资源共享，扩大主题教育的联动性。

- 在工作中，不仅要有长远的职业规划，还需要“有序”的规划，明确不同阶段的主责主业，深入思考当下要谋划解决的主要矛盾是什么，不能本末倒置，更不要想着一蹴而就，而是要串点为线、久久为功。

- 过多过频、过度留痕的督查考核让基层干部不堪其扰，制约着基层工作。要开展联合督查检查，建立多部门横向协调机制，统筹整合督查检查考核事项，统一制定方案、统一组织实施，防止多头、扎堆等“疾风骤雨”式督查。

- 必须突出政治引领，坚定不移地把加强×××建设作为贯穿社会基层治理的一条红线，从体制机制上强化×××对×××的领导和统筹，发挥党的政治优势、组织优势和密切联系群众优势，下好治理“一盘棋”，画好×××“同心圆”，确保方向正确、协调各方。

- 工作中，还有的某项工作刚起步就要结果、出亮点，成绩不足、材料来凑，从背景分析到组织领导，从协调联动到亮点频出，标题要合辙押韵、对仗工整，甚至为了出新、出彩，挖空心思提炼几个新观念、造几个新词，实则真正的工作成效却寥寥无几。

- 社区情况“千变万轸”、社区问题“千头万绪”、社区群众“千家万户”，面对错综复杂的基层治理情况，社区工作者当提升“刚性”的政治素养，在不断铸就政治过硬、思想过硬、意志过硬的思想淬炼中提升“硬实力”。

- 进入新时代，我们必须坚持理论联系实际，坚持“望远镜”和“显微镜”相结合，观察新形势、研究新情况、解决新问题，洞察时与势、观察危与机，创新思路办法、激发动力活力，将学习成果转化为推动党和人民事业发展的实绩。

- 着眼服务阵地功能发挥，加强力量统筹、机制统筹、功能统筹，高标准建设×××阵地，打造“一站式”服务窗口，细化编制为民服务清单、服务事项流程图等，同步探索各类创新服务，汇聚更多服务资源下移一线。

❖ 迫切需要我们主动适应时代发展需要，坚持守正创新，兼顾局部全面，统筹当前长远，用更高站位、更宽视野、更实举措来谋划和推进工作，奋力开创××工作新局面，推动党的各项决策部署落地见效。

❖ 行百里者半九十。谋篇×××，新发展任重而道远，唯有为了人民、依靠人民，一以贯之抓统筹，在“一致、一步、一体”中保持定力、乘势而上，才能满足人民对美好生活向往的现实需要。

❖ 当前，×××正处于新发展阶段，社会转型过程中各种不协调、不适应、不平衡在基层表现很突出。如果在当前与长远、重点与全面、一般与个别等方面把握住了动态平衡，也就提升了统筹能力。

❖ 要站在全局思考谋划，要代表单位领导推进工作，要围绕中心工作统筹调度资源；善于协调艺术，坚持原则性和灵活性相统一，善于综合分析，对涉及政策性、原则性问题，严格按规定、按程序办理。

❖ 亲自部署、亲自把关，就要身处“庙堂”逐字逐句推敲“花脸稿”，听从不同观点交锋，对群众期盼了然于胸；亲自协调、亲自督察，就要深入“江湖”手端一本台账，在基层实践中反复改进、不断优化。

❖ 要建立工作跟踪问效机制，对安排部署的工作，要全程督办、追踪问效，确保件件有着落，事事有回音；要严格责任追究，对不担当、不作为、工作应付推诿的人和事，要坚决问责追责，营造人人抓落实、事事能落实的良好局面。

❖ 要盯责任主体，抓“关键少数”，要知责明责、守责尽责，各就各位、各负其责，落实不力、整改不到位的就追究责任。牵头单位负主要责任，要主动推进、全程过问、全程负责、一抓到底，配合单位要顾全大局、积极配合。

❖ 啃最硬的骨头，接最烫的山芋，善于抓住矛盾问题的“牛鼻子”，勇于化解利益纠纷的“卡脖子”，敢于突破推诿扯皮的“肠梗阻”，扑下身子，动真碰硬，主政一方的领头雁定能团结带领“关键少数”施展好全面深化改革的“关键一招”。

❖ 要兼顾全局，在动态平衡中提高统筹能力。要在把情况搞清楚的基础上，统筹兼顾、综合平衡，突出重点、带动全局。动态平衡不是左顾右盼、举棋不定，而是强调在决策或执行时要重视左右协调，内外统一，不走极端。

❖ “君王勉力前，谁敢不争先。”大海航行靠舵手，万物生长靠太阳，做到“以上率下”，才能确保×××势头不减、动力充足；做到“齐头并进”，才能确保×××各项工作同频共振，平衡推进。

❖ 当前与长远相融共促，确保基础牢固常态长效。事务是发展变化的，社会形势、任务目标、问题困难不是一成不变的，而是处于不断的变化发展中的，只有处理好当前和长远的关系，才能紧跟事务发展变化，抓住问题根源症结，从而未雨绸缪地迎击风浪考验。

❖ 方向已经明确，任务贵在落实。实现今年的奋斗目标，我们必须要有虎口夺食的拼劲、重锤钉钉的狠劲、拧准螺丝的巧劲、蚂蚁啃骨的韧劲，直面各种矛盾和问题，逐级分解任务，层层压实责任，确保圆满完成全年目标。

❖ 工作就是要有弹钢琴的本领，善于把千头万绪统筹好、协调好，善于将千根线穿过一根针，就是把方方面面，尤其是矛盾着的各条战线、各个领域，统一于一起，协调在一块儿，各展其长、各建其功，形成互相给力、共同向好的生动有效局面。

❖ 全过程、各环节都坚持对标对表向上看齐，坚持深入基层收集民情，在上下结合中找到切合实际的科学路径，切莫为了创新而创新，把×××变成“箩筐”，什么都往里面装，把×××变成“花瓶”，华而不实，最终导致×××脱离实际、表里不一、徒增负担、没有实效。

❖ 领导干部要有号召力，让人信服，让人愿意跟着干，就必须增强自律意识、标杆意识、表率意识，知行合一、率先垂范。领导干部只有时时责任到位、件件真抓实干、处处带头示范，以行动为号令、以实干为准绳，才能团结带领广大干部群众做出无愧于新时代的业绩。

❖ 要注重发挥“关键少数”的示范引领作用，加强宣传引导，营造氛围声势，谋划制定涵盖各级干部、党员、群众的学习方案，因时因地、分层分类、精准精细开展主题教育，奏响全参与、全方位、全覆盖的“大合唱”，为推动中国号巨轮乘风破浪、行稳致远注入强大动能。

❖ 注意处理好建章立制与落地生效的关系，持续加强制度建设，把在工作中探索的好办法、形成的好经验，通过建章立制规范管理，形成长效机制；严抓制度执行，根据基层实际与需要来完善制度，补短板、填空白，让出台的制度更接地气、更具活力，确保制定的制度落地见效。

❖ 做好工作，既要注重当前，立足实情，抓好正在做的事，解决好最现实最紧迫的问题，一步一个脚印，完成任务目标，争创更佳业绩，积小胜为大胜；又要着眼长远，把握规律、前瞻未来，加强战略规划与长远设计，紧跟发展变化形势，谋划和解决一批长期矛盾问题，驰而不息打好“持久战”。

❖ ×××工作是有机统一整体，无论是党建、干部、人才，各个领域、各个方面都是相融共促、互联互通的，要处理好全面和重点的关系，既要统筹兼顾协同推进，推动全面提升全面进步，守好“责任田”；也要抓住关键扭住要害，掌握关键节点，分清轻重缓急，合理有序推进，打造更多典型亮点，持续推动工作提质增效。

❖ 统筹能力是事物的本质特征对领导干部提出的要求。唯物辩证法认为，事物是普遍联系的，而不是孤立存在的。如果一事物没有同其他事物的相互联结、相互依赖、相互渗透、相互作用，就不会有该事物的存在和发展。事物之间相互联结、依赖、渗透、作用的普遍联系的本质特征要求领导干部需要具备统筹协调能力。

❖ 要为领导服务、为机关干部职工服务、为人民群众服务。在为领导服好务时，既要认真落实领导指示要求，对决策部署持续跟踪问效，抓好各项工作落地落实；也要高效统筹安排，办好关键会议、重点活动、协调各方；还要有“身在兵位、胸为帅谋”的主人翁思想，积极为领导建言献策，发挥辅助决策参考作用。

❖ 地方应聚焦本地区的特色产业和显著优势，差异化发展现代化产业体系，对适宜本地实际情况的发展规划，要敢于做、善于做，大力推、快速推，充分发挥地方政府的主观能动性；对不符合本地实情、照搬照抄其他地区经验的做法，谨慎研究或拒绝实行，坚决把有限的时间、精力、财力、物力聚焦在重要的、合适的实情上。

❖ 干部特别是“一把手”作为“施工队长”，既要当好“指挥员”，又要当好“施工员”。当好“指挥员”，参透“施工图”是首务，明白“任务书”是首责，按图施策，挂图作战，对标施工，确保×××决策部署在自己手上不走样、不跑偏。作为“施工员”，“出场”就要出色，“出手”就是高手，夯基垒台必须步步推进，立柱架梁需要招招精准，确保施工无纰漏、安全有保障。

❖ 要强化领导统筹，综合上级点、互相查、集体议、群众提等多种方式，系统梳理×××关心关注的、防范化解重大风险中的、全面从严治党方面的重点问题，深入排查影响制约高质量发展的、人民群众急难愁盼的、长期没能得到解决的突出问题，紧密结合调查研究、巡视巡察、审计监督等发现的漏洞问题，形成全面、准确、有分量的“问题清单”，为抓好整治整改提供“精准靶向”。

❖ 要“左右”联动，与兄弟部门加强交流，分享经验，共享阵地，学习优秀做法，让好的方式方法“流动”起来，带来活力；要“内外”联动，让人民群众参与进来，打造群众可听、可看、可感的体验式活动，做到×××请群众参与、受群众监督、让群众评判；要“上下”联动，加强统一领导、统筹规划，推动落实领导干部带头学习，把握住×××的目标和方向，加强上级监督，拒绝“面子工程”，让×××“活”起来。

❖ 统筹能力是基层干部所处位置的现实需求。基层是党和政府方针政策和决策的执行层，是党和政府与群众联系沟通的“最后一公里”。基层干部处于协调各方、承上启下的重要位置，担负的工作具有全面性和复杂性。他们要调动各方力量将上级的各项政策与决策贯彻落实，不仅要统筹本单位内部的人与事，还要统筹协调社会各阶层或群众之间的各种利益与矛盾。科学的决策力、坚强的执行力需要与高水平的统筹力相互补充，才能使党的路线、方针、政策在基层得到不折不扣的贯彻落实。

❖ 要驾驭全局，在解决矛盾和问题中提高统筹能力。所谓的矛盾和问题，就是制约区域、部门发展的因素和各项工作中存在的弱项与短板。当矛盾和问题呈现时，为避免陷入手忙脚乱、顾此失彼的境地，就需要透过现象看本质，抓住主要矛盾和关键点，着力增强工作的系统性、整体性和协同性。既要抓大放小，又要抓小防大；既要解决紧急的事，又要兼顾重要的事；既要处理眼前的矛盾，又要未雨绸缪、防微杜渐。要在增强工作的预见性和有效性方面下功夫，致力于化解各种矛盾和问题，在化解矛盾和解决问题中提高统筹能力。

❖ 要能纵观全局，培养“一盘棋”的整体思维。做到纵观全局，要对地区的资源、禀赋、优势和短板有一个整体的了解与把握，对地区的发展目标、各个因素在实现这一总目标中的作用及其相互关系有一个全面的了解与把握。对各项工作任务要做到科学统筹谋划、合理安排。在部署工作任务前要先汇总，对内容相近的工作任务要进行“同类合并”。要练就“十个指头弹钢琴”的本领，在完成各项工作任务时，要根据工作任务的内容性质，分解成若干个具体任务，分清楚轻重缓急，分别派发到具体部门和具体人，形成“一盘棋”，各负其责，各显其能。

❖ “一把手”抓是责任，是使命，不容含糊；抓“一把手”是手段，是措施，必须坚持。“一把手”抓，抓什么？一是抓思路，带领大家一起定好盘子、厘清路子、开对方子；二是抓调研，拿出来的方案要有底气、接地气；三是抓推进，时不时给大家拧拧螺丝、敲敲脑壳；四是抓落实，要知难而进，不能畏首畏尾。抓“一把手”，怎么抓？要给足激励，对于敢改、会改、能改的，容错纠错、鼓励激励，放手试、大胆用；要明确责任，对责任不到位、不担当、敷衍塞责、延误改革的，严肃问责；要加强督察，开展对重大改革方案落实情况的督察，确保改革推进到哪里、督察就跟进到哪里。

四、关于工作状态

实干、苦干、巧干、精干、长干、硬干、大干、蛮干，高线、中线、底线、红线，加法、减法、乘法、除法。

经风雨，见世面，长才干，壮筋骨，递梯子、给位子、压担子、铺路子、搭台子，有信仰、有信念、有信心，增本领，强素质，作奉献，起好步，筑好基，蹲蹲苗，接地气，勇担当，思进取，善作为，共情心、责任心、敬业心，挑大梁，唱主角，站队首，立潮头，等不起、拖不得、坐不住，不能推、不能拖、不能躲、不能闪，当先锋，树标杆，站排头，做示范，先行者，排头兵，挺在先，冲在前，扛重担，打硬仗，敢发声、敢拍板、敢揽过、敢担当，能推功，善纠错，定准位、换好位、补对位，大胆试、大胆闯，自主改，放手干，树雄心，立壮志，勇拼搏，展拳脚，走弯路、走偏路、走歧路，马上办，钉钉子。

头脑清醒，态度鲜明，行动坚决，心中有魂，目光明澈，心中笃定，成风化人，绽放清芬，不务虚名、不求清誉、不尚清谈，勇往直前，舍生忘死，勇于攻坚，善于克难，刚正不阿，扎根基层，默默无闻，奉法固基，担责不误、担责不推、担事不躲、担学不辍、担难不怯、担忧不惧，敢破敢立、敢闯敢试，临难不却，履险不惧，受屈不计，负重前行，夙兴夜寐，“闯”的精神、“创”的劲头、“干”的作风、“勇”的胆气、“专”的执着、“强”的意志、“稳”的思想、“守”的观念、“怕”的心理，“归零”心态、“冲刺”姿态、“赶考”状态，带头“敬业”，坚持“专注”，注重“精益”，勤于履责、勇于担责、敢于负责，政治要强、站位要高、谋划要早、政令要通、协调要顺、督察要实、文稿要精、把关要严、作风要硬、效能要好，不能悲观、不能失望、不能停摆，高效办事，破解难事，善于成事，和衷共事，人人出力、人人尽力、人人给力，激情不减、状态不变、恒心不失，理解得深、把握得准、落实得早、行动得快，永不服输、永不退缩、永不逃避，拓展势能、增添动能、发挥潜能。

敢挑重担子、敢啃硬骨头、敢探深水区，保持紧迫感，增强进取心，锤炼执行力，强化责任心，真抓的实劲、敢抓的狠劲、善抓的巧劲、常抓的韧劲，满腔的热忱、谦虚的态度、吃苦的精神、坚持的毅力、必胜的信心、饱满的热情、昂扬的斗志、百倍的努力、奔跑的姿态、战斗的状态、必胜的心态、逆行的勇气、断腕的魄力、涅槃的决心，尽非常之力、下非常之功、行非常之策，心往一处想，劲往一处使，拧成一股绳，精神更饱满、士气更振奋、意志更坚定，点燃新激情、展现新风貌、焕发新干劲。

好句

- ……的雄心……的胆略……的韧劲。
- ……的魄力……的意识……的劲头……的锐气。
- ……的决心……的雄心……的恒心……的真心。
- ……冲刺目标任务……狠抓落地落实……推动提质增效。
- ……的决心……的标准……的干劲……的精神……的状态。
- ……树立……的志气，锤炼……的骨气，坚实……的底气。

❖ 胸怀……的大格局，彰显……的大气魄，干成……的大事业。

❖ ……的干劲（勇气）……的拼劲（智慧）……的冲劲（精神）……的狠劲。

❖ 保持……的毅力恒心，保持……的奋斗姿态，保持……的无畏气概。

❖ 弘扬……的英雄气概，保持……的昂扬斗志，凝聚……的勇气力量。

❖ 以……的姿态创先争优，以……的状态攻坚克难，以……的常态迎难而上。

❖ 用心感悟……的脉搏，着力锻造……的境界，持续砥砺……的锐气，始终保持……的韧劲。

❖ 要干就干最好，要拿就拿第一。

❖ 踩稳发展节拍，跟上竞争节奏。

❖ 一股韧劲干到底，一股闯劲拼到底。

❖ 明哲保身装糊涂，得过且过混日子。

❖ 遇到困难就兴奋，见到艰险就想冲。

❖ 满足于一般化，满足于过得去。

❖ 事业要“出状态”，干部要“在状态”。

❖ 思想上重视，措施上落实，办法上实在，效果上明显。

❖ 蕴含辩证思维，体现为民情怀，展现务实作风。

❖ 越跑越有精神，越干越有劲头，越拼越有动力。

❖ 精神的力量处处闪耀，落在地上便化为奇迹。

❖ 状态反映认识，状态体现精神，状态决定成败。

❖ 有风有雨是常态，风雨无阻是心态，风雨兼程是状态。

❖ “差不多”最终会差很多，“过得去”往往会过不去。

❖ 燕子垒窝的恒劲，蚂蚁啃骨头的韧劲，老牛爬坡的拼劲。

❖ 不服输的韧劲，不怕难的闯劲，肯吃苦的干劲。

❖ 从逆境中转折，从困境中突围，从绝境中奋起。

❖ 有一种奋斗叫争分夺秒，有一种奋战叫使命必达。

❖ 靠的是信念，讲的是付出，比的是智慧，拼的是定力。

❖ 不达目的不罢休，不到长城不停步，不到黄河不死心。

❖ 居安思危的意识，昂扬向上的状态，冲锋冲刺的姿态。

❖ 满怀信心不动摇，坚定决心不松劲，保持恒心不懈怠。

❖ 从“想法”变为“做法”，从“纸面”落到“地面”。

❖ 开始“轰轰烈烈”，中间“平平淡淡”，最后“无声无息”。

❖ 干工作不能光看“说”的姿态，关键还要看“干”的状态。

❖ 勇往奋进以赴之，断头流血以从之，瘅精瘁力以成之。

❖ 抓学习如饥似渴，抓创新如痴如醉，抓发展如坐针毡。

❖ 工作作风有转变，工作效率有提高，工作面貌有变化。

❖ 筑牢思想、认准目标，才有源源不断的动力源泉保持向实生长。

❖ 摒弃“下游心态”，拒绝“中游心态”，保持“上游心态”。

❖ 把时间抢回来，把任务补上来，把节奏拉起来，把进度赶出来。

❖ 不一般的工作精神，不一般的工作干劲，不一般的工作作为。

❖ 保持中流击水、奋楫者进的豪情，涵养逢山开路、遇水架桥的智慧。

❖ 在思想上“绷紧弦”，在行动上“拉满弓”，在责任上“落到点”。

❖ 工作中要当好千里马，工作中要做好领头羊，工作中要争当孺子牛。

❖ 破釜沉舟、背水一战的决心信心，苦干实干、大干快干的实际行动。

❖ “一滴汗珠摔八瓣”的辛勤奋斗，“一步一个脚印走”的实干笃干。

❖ 拿出“跑起来干事”的冲劲与闯劲，激发“同时间赛跑”的速度与激情。

❖ 精神状态要“好”，政绩观要“正”，管×治×要“严”。

- “交卷”不等于“交差”，“收官”不等于“收场”。
- 抓和不抓大不一样，真抓和假抓大不一样，严抓和松抓也大不一样。
- 指导工作的观点，谋划工作的思路，破解难题的方法，推进落实的措施。
- 看得清工作形势，摸得准工作规律，提得出工作思路，拿得出工作办法。
- 与时俱进的精神，坚忍不拔的定力，克难求进的信心，化危为机的本领。
- 考量的是一种工作态度，探究的是一种工作方法，追寻的是一种工作精神。
- 坚定执着追理想，实事求是闯新路，艰苦奋斗攻难关，依靠群众求胜利。
- 敷衍塞责不作为，抓发展提不起劲，抓民生上不了手，抓稳定把不准脉。
- “马上就办”的紧迫感，“迟则生变”的危机感，“舍我其谁”的责任感。
- “马上办”的工作劲头，“钉钉子”的工作精神，“敢担当”的工作魄力。
- 把普通工作做成特色，把优势工作做成亮点，把亮点工作做成精品。
- 大干快干的工作冲劲，苦干实干的工作韧劲，巧干会干的工作闯劲。
- 咬紧牙关的耐力，执着专一的精神，精益求精的标准，一丝不苟的态度。
- 用专注的姿态去掌握“一招鲜”的本领，用精益求精的韧劲去磨炼“金刚钻”的能耐。
- 时不我待的紧迫感，不进则退的压力感，干事创业的责任感，执政为民的使命感。
- 只争朝夕的拼劲儿，锲而不舍的韧劲儿，敢为人先的闯劲儿，拼搏进取的干劲儿。
- 对工作环境“挑三拣四”，对工作岗位“挑肥拣瘦”，对工作责任“拈轻怕重”。
- 组织生活一以贯之、落实规定一丝不苟、批评帮助一针见血、苗头小事一抓到底。
- 于挑战中寻求对策，于困难中找到办法，于无望中创造可能，于可能中办好事情。
- 自我意识强，责任意识差；地盘意识强，大局意识差；当官意识强，服务意识差。
- 铆足“比”的劲头，增强“学”的主动，激发“赶”的动力，强化“超”的追求。
- 表率中的表率，示范中的示范，前列中的前列。
- 决心从未动摇，工作从未间断，方向从未转变。

❖ 河入峡谷、风过隘口，尤须以精神对决、用意志较量。

❖ 打大仗的拼劲，打硬仗的闯劲，打胜仗的韧劲。

❖ 好状态要靠好素质来支撑，好素质要靠好状态来表现。

❖ 把真干作为本分，把实干作为责任，把苦干作为追求。

❖ 坚定勇毅笃行的信心，拿出敢打必胜的勇气，鼓足苦干实干的斗志。

❖ 干“事”不避“事”，闯“险”不惧“险”，担“责”不推“责”。

❖ 小富即安的自满心态，自命不凡的自负心态，自我膨胀的浮躁心态。

❖ 压不垮的精神力量，扛得住的决心意志，拿得下的信心勇气。

❖ 禁止推诿塞责的“鸵鸟心态”，磨砺担当尽责的“头雁精神”。

❖ 敢闯一流的拼搏精神，敢挑重任的担当精神，敢为人先的首创精神。

❖ 走出“舒适圈”，战胜“恐惧圈”，用好“学习圈”，步入“成长圈”。

❖ 保持更强的定力，锚定更高的目标，勇挑更重的担子，展现更大的作为。

❖ 以冲锋的姿态闯关夺隘，以斗争的精神勇敢迎接挑战，以顽强拼搏的劲头缩小差距。

❖ 最考验人的是面对风险挑战的信心和勇气，最磨砺人的是攻坚克难的锐气和坚韧。

❖ “烈火焚烧若等闲”的正气，“火迸金星上九天”的豪气，“白日登山望烽火”的勇气。

❖ 滚石上山，一步不能退；逆水行舟，一篙不能松；滴水穿石，一滴不可滞。

❖ 让领先成为一种工作常态，让优秀成为一种工作习惯，让奉献成为一种工作追求。

❖ 志存高远、追求高标的心气，闻令而动、雷厉风行的作风，敢想敢干、敢闯敢拼的劲头。

❖ 更坚定的决心，更空前的力度，更扎实的作风，更积极的态度，更饱满的热情。

❖ 越是任务艰巨越是勇挑重担，越是创业艰难越是迎难而上，越是清苦寂寞越是甘于奉献。

❖ 保持“箭在弦上、引而待发”的战备状态，保持“朝食不免胄、夕息常负戈”的敌情观念。

❖ 不辱使命的政治自觉，创新制胜的决心定力，攻坚克难的斗争精神，真抓实干的能力水平。

❖ “敢教日月换新天”的胆气、“不信东风唤不回”的自信、“千磨万击还坚劲”的韧性。

❖ 拿出事事“争第一”的勇气，追求处处“创唯一”的业绩，立起件件“求专一”的精神。

❖ 同时间赛跑、同历史并进，用汗水浇灌收获，以实干笃定前行，唱响新时代奋斗者之歌。

❖ “千磨万击还坚劲”的意志，“直挂云帆济沧海”的执着，“打铁必须自身硬”的自觉。

❖ 不让事情在手中延误，不让工作在手中扯皮，不让问题在手中遗留，不让文件在手中积压。

❖ 增强勇立潮头站队首的志气，树立敢闯敢试、敢为人先的胆气，鼓起深化改革求突破的勇气。

❖ 披荆斩棘、一往无前的拼劲，不屈不挠、愈挫愈勇的韧劲，居安思危、续写荣光的干劲。

❖ 增强高效办事的意识，发扬马上就办的作风，强化敢打敢拼的冲劲，锤炼锲而不舍的韧劲。

❖ 慢慢腾腾，抓不住工作机遇；轻轻松松，实现不了工作目标；躲躲闪闪，解决不了工作难题。

❖ 涵养“想干事”的高度自觉，锤炼“能干事”的能力素质，展现“干成事”的一流业绩。

❖ 踏石留印、抓铁有痕的干劲，攻坚克难、披荆斩棘的拼劲，驰而不息、久久为功的韧劲。

❖ 始终保持众志成城、人人担当的干劲，始终保持不畏艰难、敢于斗争的拼劲，始终保持一马当先、开拓创新的闯劲，始终保持水滴石穿、持之以恒的韧劲。

❖ “长风破浪会有时”的雄心壮志，“咬定青山不放松”的决心毅力，“衣带渐宽终不悔”的恒心意志。

❖ 情绪高涨、斗志昂扬，干事创业就会红红火火；情绪低迷、精神懈怠，干事创业就难以有起色。

❖ 夙兴夜寐、激情工作、奋发作为的劲头鼓起来，抢抓机遇、争创一流、真抓落实的心气提起来。

❖ 守土尽责的内在动力，勇立潮头的担当勇气，只争朝夕的工作劲头，真抓实干的工作作风，矢志报国的进取意识。

❖ 拿出“拼”的劲头，强化“优”的服务，厚植“新”的动能，坚守“严”的标准，保持“实”的作风。

❖ 放眼全局不为细节所累，立足长远不为现实所扰，抓住本质不为表面所惑，顺应形势不为身份所限。

❖ 点燃“争”的激情，坚定“拼”的意志，强化“闯”的意识，塑造“优”的环境，保持“快”的状态。

❖ “咬定青山不放松”的坚强定力，“不达目的不罢休”的顽强意志，“重整行装再出发”的气魄担当。

❖ 舍生忘死担责不推，昂首挺胸担难不怯，临危请命担险不畏，坚持真理担事不躲，忍辱负重担忧不惧。

❖ 提振“快马加鞭未下鞍”的奋进状态，培塑“越是艰险越向前”的奋斗姿态，保持“撸起袖子加油干”的工作常态。

❖ 一切愿景，只有在实干中才能实现；一切机遇，只有在实干中才能把握；一切难题，也只有在实干中才能破解。

❖ 压倒敌人的狠劲，坚持到底的后劲，突破突围的拼劲，舍我其谁的拼劲，逢山开路的闯劲，只争朝夕的韧劲。

❖ “事争一流、唯旗是夺”的工作理念，“勇于担当、善于作为”的工作追求，“拿事当事、认真较真”的工作态度。

❖ 争一流、唯一流的标准，抓一线、在一线的作风，敢创新、谋创新的锐气，勤复盘、善复盘的耐心。

❖ 挺起“泰山压顶不弯腰”的脊梁，涵养“乱云飞渡仍从容”的定力，永葆“石破不可夺其坚”的刚强。

❖ 进必迎前，不能见着矛盾绕开；进必争先，抓住机遇绝不放过；进必向上，没有最好追求更好；进必担当，不惧风险又容错纠错。

❖ 鼓足“逢山开路、遇水搭桥”的干劲，砥砺“刀在石上磨、人在事上练”的勇气，涵养“吃苦不言苦、知难不畏难”的精神。

❖ 年轻干部的词典里没有“退缩”和“逃避”，更没有“服输”和“放弃”，要敢于向困难“亮剑”、向问题“宣战”。

❖ 把挑战当陪练，一次交锋一次提高；把困难当台阶，攻克一个攀高一步；把问题当磨刀石，解决一个前进一步。

❖ 无数“拓荒牛”躬耕在充满希望的原野，无数创新种子播撒在神州大地，我们的征途是星辰大海。

❖ 只争朝夕，时不我待的拼搏劲头；驰而不息，久久为功的坚定意志；昂扬向上，真抓实干的精神状态。

❖ “一日无为、三日不安”的紧迫意识，“逢山开路、遇水架桥”的攻坚精神，“撸起袖子、扑下身子”的实干态度。

❖ 艰苦奋斗、牺牲奉献、开拓进取的风貌，不惧艰险、敢于斗争、敢于胜利的风骨，高尚纯洁、坦荡无私、紧密团结的风范。

❖ 勇往直前、冲锋陷阵的“冲劲”，坚韧不拔、持之以恒的“韧劲”，求真务实、躬身入局的“实劲”。

❖ 敢于直面挑战、动真碰硬、尽责尽力、善作善成的精神状态，善于迎难而上、攻坚克难、逢山开路、遇水架桥的坚定行动。

❖ 对发展思路和工作举措进行再审视再完善再深化，对精神状态和工作作风进行再对标再校正再提升。

❖ “逢山开路、遇水架桥”的干劲，“踏石留印、抓铁有痕”的韧劲，“甩开膀子、迈开步子”的闯劲。

❖ 浸润着“给予人者多，取与人者寡”的奉献精神，焕发着“敢教荒原成沃野，誓将沙碛变新洲”的开拓豪情，闪耀着“老牛亦解韶光贵，不待扬鞭自奋蹄”的勤劳品质。

❖ 在“急”的一线增强应变能力，在“难”的一线增强协调能力，在“险”的一线增强驾驭能力，在“重”的一线增强执行能力。

❖ 背水一战、不留退路的决心，只争朝夕、争分夺秒的劲头，直面问题、动真碰硬的态度，踏石留印、抓铁有痕的作风。

❖ 对工作疏漏之处帮助“打补丁”，对闹不团结的干部解开“小疙瘩”，对骄傲自满的及时“泼冷水”，对状态不佳的及时“扬鞭子”。

❖ 以“自信人生二百年，会当水击三千里”的勇气闯关夺隘，以“暮色苍茫看劲松，乱云飞渡仍从容”的定力笃信实干。

❖ 要绷紧“思想之弦”，拧紧守岗尽责“螺丝钉”，牢记时代使命、岗位职责，回应人民需要，干好点滴小事，让“马上就做”成为工作状态。

❖ 以“勤”为基，一勤天下无难事；以“勇”开路，勇者无惧破难题；以“韧”坚守，久久为功抓发展；以“能”攻坚，能征善战抓落实；以“义”为先，担当道义创辉煌。

❖ 空杯心态是对自我的不断扬弃。身入基层，一定要把自信与自负区分开来，保持空杯心态才利于自身成才。拥有空杯心态者，虚怀若谷，海纳百川，善于汲取外部的能量。

❖ 精神状态直接影响工作状态。精神积极昂扬，工作就充满激情、主动性强，工作成效就会高；反之，如果精神消极颓废，人就没有干劲，工作效果就会打折扣。

❖ 有闯劲，敢闯敢试、敢为人先；有狠劲，迎难而上、动真碰硬；有冲劲，即交即办、日清日结；有韧劲，持续发力、久久为功；有实劲，说了就干，不胜不休。

❖ “一味求稳、不思变革”的消极思想，“小富即安、小进即满”的自满思想，“故步自封、自以为是”的封闭思想，“心浮气躁、急于求成”的功利思想。

❖ 有梦想，一张蓝图绘到底；有担当，咬定青山不放松；有方法，知明行笃相激荡；有朝气，打铁必须自身硬。

❖ “咬定青山不放松”的坚韧品格，“吹尽黄沙始到金”的不懈追求，“吾将上下而求索”的求学心态。

❖ 有“聚室而谋”的勇气直面改革，用“固不可彻”的信念应对复杂局面，以“叩石垦壤”的干劲儿开拓创新。

❖ 在状态，就是想用心、能用心；在状态，就是头拱地、往前冲；在状态，就是尚实干、求实效；在状态，就是在其位、尽其职。

❖ 克服安于现状、停滞不前的心理，树立谦虚谨慎、务实笃行的作风，涵养专心一意、孜孜不倦的心性，下足心无旁骛、静谧自怡的功夫。

❖ “一万年太久、只争朝夕”的奋斗姿态，“功成不必在我”的精神境界，“功成必定有我”的历史担当，“前无先例我当先”的志向勇气。

❖ “干部干部，先干一步。”×××走进基层，必当躬身入局，身体力行，不能旁边坐看，而要局内苦干。常怀入局心态，置身事内，方能走到群众中去，赢得群众的信赖和支持。

❖ 一些干部不担当、不作为，有的虚字当头、空字挂帅，有的推诿扯皮、得过且过，有的机械照搬、表面落实，尽管外在表现各异，但根子上还是理想信念出了问题。

❖ “当仁不让”“舍我其谁”是争，“无意争春”“宠辱不惊”是不争，“功成不必在我，功成必定有我”是争又是不争，争的是工作状态，不争的是功劳苦劳。

- 思想决定行动，态度决定干劲。思想上如果选择“躺平偷懒”，行动上就会失去“起而行之”的动力；思想上如果选择“发奋而进”，行动上就会凝聚起“攻坚克难”的劲头。

- 对待目标，要有“咬定青山不放松”的韧劲；对待任务，要有“不破楼兰终不还”的决心；对待群众，要有“俯首甘为孺子牛”的情怀；对待自己，要有“静我凡心立功名”的淡定。

- 年轻干部唯有先想干事，展现年轻人的朝气，树立正确的政绩观，把聪明才智放在守正创新上，将心思放在学习提高本领中，不要等安排才干什么，要多想想自己要干什么、该干什么。

- 唯有“想干事”最靠谱。修己以敬，修己以安人。要时常内省修身。年轻干部要以×××为契机，用×××凝心铸魂，保持干事创业的进取心，保持既想干又能干的工作状态，树立主动作为想干事的思想观念。

- 敢打必胜的底气，所向披靡的锐气，宁死不屈的骨气，锐意创新的勇气，蓬勃向上的朝气，不甘落后的志气，争创一流的豪气。

- 要享受工作目标实现过程中的步步探索，而不是陶醉于小成即满的“成绩单”；要享受问题矛盾化解过程中的层层推进，而不是陶醉于过往成就的“当年勇”；要享受严峻挑战过程中的渐渐熟练，而不是陶醉于过去写下的“功劳簿”。

- 要带头守初心、担使命，树牢以人民为中心的发展思想，着力解决理论武装“淡化”、群众观念“弱化”、干事创业“浮化”、责任担当“虚化”的问题，从根源清除形式主义等弊病的生存土壤，把对上负责和对下负责统一起来，把求真务实的作风体现在行动上。

- 要用好×××成果，树牢“为民造福”政绩观，以“不待扬鞭自奋蹄”的担当品格，激发“愿为”的干事热情，做到从“重痕迹”到“重业绩”，从“重数量”到“重效率”的切实转变，在“挺膺负责”中赢得群众满意“口碑”。

- 要厚植“心中为念农桑苦，耳里如闻饥冻声”的为民情怀，以“寝不安席，食不甘味”的责任担当，“拉满弓”“绷紧弦”的昂扬状态，始终将人民群众的“枝叶小事”当成“头等大事”，真正成为人民群众的“贴心人”。

- 要以“马上就办、真抓实干”的工作作风，用好“一线工作法”，聚焦“衣食住行、业教保医”等重点民生领域，“身入”基层“实打实”走访调研、“面对面”听取诉求，不断吸纳创新“金点子”、解锁发展“新路子”，擦亮人民公仆的“金字招牌”。

- 要保持“勇争一流”干事激情，走出“舒适圈”，不做“躺平族”，争当“排头兵”“先行者”“领头雁”，争做新时代的“疾风劲草”“烈火真金”，努力创造无愧于时代、无愧于人民的崭新业绩。

❖ 在破立结合中解放思想，在知行合一中担当作为，在比学赶超中争先进位。在鉴往知来中砥砺前行，在乱云飞渡中把准航向，在凝心聚力中团结奋斗，在倾情奉献中镌刻初心，在身体力行中勇担使命。

❖ 广大年轻干部不能有丝毫骄傲自满的念头，更不能有“歇歇脚、慢慢来”的想法，要有“等不得”的紧迫感、“慢不得”的危机感、“停不下”的使命感，目标不变、靶心不移、脚步不停，一手握着时间，一手握着努力，以过硬的理论功底和丰富的知识储备练就过硬本领。

❖ 聚焦群众急难愁盼问题，以“夙夜在公、夜不能寐”的责任感和使命感去思虑谋划，以“立说立行、马上就办”的工作状态去快速执行，以一件事接着一件事办，一个问题接着一个问题解决，用“情”更用“力”办好为民实事，切实增强人民群众获得感、幸福感、安全感。

❖ 要一刻不能延误地通过理论学习为自己“充电赋能”，要以“闻鸡起舞”的状态绽放“宵衣旰食”的时代新貌，不要将“等一等、缓一缓、慢一慢”等“口头语”当成“挡箭牌”，要以“学如逆水行舟，不进则退”的紧迫感在学深悟透创新理论中培“根”铸“魂”，保持蓬勃的精神状态和饱满的学习热情。

❖ 士以天下为己任，泥犁拔舌自担当。年轻干部是党员干部中坚力量，既要有“拥抱宇宙”的人生梦想，又要有纵情燃烧的青春活力，要始终保持昂扬向上、奋发有为的工作状态，面对困难和问题，要敢“下深水”、敢“涉险滩”、敢啃“硬骨头”、敢接“烫手芋”，把困难和问题当成锤炼和提升自己的“磨刀石”。

❖ 要以“安于奉献”的态度拨动“平平淡淡就是真”的淡泊之弦，安守“人生万事须自为，跬步江山即寥廓”的清苦，以“时时放心不下”的实干姿态踏上充满光荣和梦想的远征，以“毫不利己，专门利人”的崇高认知唱响“不忘初心、继续前进”的“养心曲”，以良好的工作作风站好节前“最后一班岗”，守好自己的“责任田”。

❖ 我们要永葆“时不我待、只争朝夕”的奋斗姿态，以“慢不得”的紧迫感和“坐不住”的责任感，拿出履职尽责的使命担当，展现先锋模范的精神风貌，强劲开拓创新的奋勇之势，用干事创业的辉煌业绩和万众一心的磅礴力量，点亮巨龙“破壁之睛”，启动巨龙腾飞的“引擎”，敲响巨龙跃升的“钟声”，擎起巨龙送瑞的“祥云”，见龙在田，让中华民族以昂然屹立的伟岸身姿挺立于世界民族之林，实现民族复兴的伟大梦想。

❖ 现阶段，我们面临的问题都是“两难、三难、多难”，面对的任务都是“既要、又要、还要”，如果不沉下心来抓落实，再好的目标、再好的蓝图，也只是镜中花、水中月。这也倒逼组工干部要以“严、实、细”的工作标准，在出实效、落实绩上下功夫，注重统筹谋划，上下联动、内外协调，形成全方位的工作落实体系，“上接天线”，善抓机遇、抢抓机遇；“下接地气”，引入民间智慧，鼓励基层创新，让“对上”负责和“对下”服务内在一致、相得益彰，确保每项任务目标落实落地。

❖ 看似寻常最奇崛，成如容易却艰辛。面对新一年的工作任务，需要我们认清形势、迎接挑战、抓住机遇；需要我们迎难而上、敢于斗争，拼搏不止、奋斗不息；需要我们把艰难当“垫脚石”，把风险当“磨刀石”，把困苦当“试金石”，在急难险重的工作中鼓足披荆斩棘、开拓进取的精气神，以胸怀大局的志气、敢于负责的勇气、本领高强的底气和“时时放心不下”的责任感，迅速让思想归位、身心到位、业绩上位，以身到、心到、责任到的良好状态和高昂的干劲、韧劲、闯劲，不畏风浪、劈出新路、建立功业；需要我们扎扎实实干、点点滴滴做，既能仰望星空，又能脚踏实地，不弃毫末之益，多积尺寸之功，在新的一年里书写干事创业新篇章。

五、关于理想信念

仁，义，礼，智，信。

总开关，思想尘，心中贼，防火墙，指南针，明大德、守公德、严私德，青年在、力量在、希望在、未来在，信得过、靠得住，能放心，见精神、见风骨，世界观、人生观、价值观。

一个个抓、一件件改、一步步改，立心铸魂，重塑思想、重塑作风、重塑生态，凝神聚气，强根固本，补钙壮骨，固根铸魂，更有高度、更有境界、更有品位，起而行之，勇挑重担，荆棘丛生，充满坎坷，一帆风顺，世间冷暖，民众忧乐，现实矛盾，信一辈子、守一辈子，常修常炼、常悟常进，坚强有力，无坚不摧、无往不胜，信仰迷茫，精神迷失，认识真理、掌握真理、信仰真理、捍卫真理，理想远大，信念坚定，静气志气，痴劲钻劲，广泛涉猎，点上出彩，线上结果，面上开花，活力增强、后劲增强、力度加强，成效显著、成效明显、成效突出、成果丰硕、成果突出，凝聚共识、凝聚智慧、凝聚力量，言之有据、言之有理、言之有度、言之有物，带着温暖，饱含深情，字字千钧，催人奋进，出新出彩，入脑入心，会风清新，建言务实，擘画科学，砥砺奋进，生态向好，民生改善，活力释放，守正出新，后劲增强，春风化雨，显著增强、显著改观、显著提升、显著提高、显著加大、显著改善、显著增进、显著完善、显著减少，明显提升、明显提高、明显提质、明显增强、明显加强、明显好转、明显进步、明显改善、明显推进、明显改观、明显优化、明显加快，持续改善、持续发展、持续完善、持续深化、持续壮大、持续向好、持续增强、持续提升、持续加大、持续优化、持续释放、持续繁荣、持续放大、持续下降，涵泳其中，激发信仰，获得启发，汲取力量，永久奋斗，赤诚奉献，明辨是非，恪守正道，保持定力，严守规矩，珍惜韶华，不负青春，敢为人先、敢于突破，如饥似渴，孜孜不倦，增长知识，锤炼品格，增长才干，练就本领，担当作为，鼓足干劲，只争朝夕，砥砺奋进，不负韶华，信方能守，守源于信，信得坚定，守得坚定。

思想“免疫针”、思想“启明灯”，少说“不能办”、多想“怎么办”，少说“以后办”、多说“抓紧办”，拿出“硬招数”、啃下“硬骨头”。

好句

- ……是“原生动力”……是“意志盔甲”。
- ……的志气……的勇气……的豪气。
- ……的“卫士”……的“干将”……的“能手”。
- ……的政治定力……的求知状态……的豪情壮志……的浩然正气。
- 赓续……的奋斗精神，厚植……的为民情怀，保持……的强劲动力，坚定……的道德操守。
- 心有所信，方能远行。
- 旗帜凝聚意志，旗帜彰显力量。
- 穷且益坚，不坠青云之志。
- 坚定的理想信念是灵魂，是指针。
- 思想不能变质，信念不可动摇。
- 壮心未与年俱老，死去犹能作鬼雄。
- 理想因其远大而为理想，信念因其执着而为信念。
- 信方能守，守源于信，信得坚定，方能守得坚定。
- 老骥伏枥，志在千里；烈士暮年，壮心不已。
- 信念坚定方能凝神，凝神则气定，气定而能专注。
- 精神层面的锤炼，理想信念的结晶，干事创业的本源。

❖ 坚定理想信念，铸牢军魂意识，矢志强军打赢。

❖ 确立思想理论的“定盘星”，校准理想信念的“指南针”。

❖ 古之立大事者，不惟有超世之才，亦必有坚忍不拔之志。

❖ 理想信念的淡薄，责任担当的缺失，拼搏精神的减退。

❖ 在真学真信中坚定理想信念，在学思践悟中牢记初心使命。

❖ 信仰之花，需要用行动去浇灌；信念之志，需要用行动去践行。

❖ 理想的滑坡是最致命的滑坡，信念的动摇是最危险的动摇。

❖ 筑牢理想信念的魂，深扎艰苦奋斗的根，满怀为民服务的情。

❖ 确立理想信念不容易，始终保持理想信念不动摇更难。

❖ 理想信念再教育，使命意识再强化，奋斗精神再激发。

❖ 理想信念更牢固，思想方法更科学，思想境界更高远。

❖ 立理想信念之魂，立价值理念之魂，立道德观念之魂。

❖ 信仰认定了就要信上一辈子，否则就会出大问题。

❖ 理想是奋斗的彼岸，实干则是从此岸到达彼岸的桥梁。

❖ 根除沽名钓誉之心，摒弃急功近利之意，涤荡冒进浮躁之气。

❖ 枪因为有准星，才能找准目标；人因为有理想，才能实现人生梦想。

❖ 一谈理想信念觉得空，一提纪律规矩觉得严，一过组织生活觉得烦。

❖ 铸牢政治信仰的魂，深扎理想信念的根，把正思想行为的舵。

❖ 坚定信仰是忠诚之根，理想信念是忠诚之干，为民服务是忠诚之冠。

❖ 理想信念就会动摇，干事激情就会衰退，标准要求就会下降，工作干劲就会减弱。

❖ 挺起理想信念的硬脊梁，锤炼担当实干的铁肩膀，提升干事创业的真本领。

❖ 理想越远大，人的精神力量就越强大；信仰越坚定，人的革命意志就越坚强。

❖ 夯实理想信念“动力阀”，砥砺担当干事“助推器”，恪守廉洁自律“加压泵”。

❖ 用革命基因坚定理想信念，用革命基因锤炼过硬作风，用革命基因助推强军伟业。

❖ 面向未来，走好新时代的长征路，我们更需要坚定理想信念、矢志拼搏奋斗。

❖ 坚定理想信念，立在高处；坚决服务大局，落在实处；坚持务实创新，干在先处。

❖ 理想的人物不仅要在物质需要的满足上得到体现，还要在精神旨趣的满足上有所体现。

❖ 高擎理想的旗帜，才能坚定前行的脚步；燃烧信念的火炬，才能充满奋斗的激情。

❖ 不因岗位平凡而漫不经心，不因任务繁重而怕苦怕累，不因一时挫折而灰心丧气。

❖ 同人民一道拼搏、同祖国一道前进，服务人民、奉献祖国，是当代中国青年的正确方向。

❖ 通过加强学习坚定理想信念，通过加强学习提高党性修养，通过加强学习提升道德素质。

❖ 守牢绝对忠诚的“生命线”，拧紧理想信念的“总开关”，激发敢于斗争的“精气神”。

❖ 理想信念的根基更加坚固，与党同心的情感更加深厚，听党指挥的行动更加有力。

❖ 红色家风闪耀着理想信念的光芒，红色基因体现着理想信念的底色。

❖ 把坚定理想信念作为永恒课题紧抓不放，把强固精神支柱作为毕生追求永不懈怠。

❖ 理想信念是战胜千难万险的“胜利之钥”，理想信念是淬炼奋斗决心的“精神之钙”。

❖ 铁一般的理想信念，铁一般的责任担当，铁一般的过硬本领，铁一般的纪律作风。

❖ 一个人也好，一个××也好，最难得的是历尽沧桑而初心不改、饱经风霜而本色依旧。

❖ 理想愿望再高远，不懈奋斗，就会逐步接近；目标目的再接近，不去努力，也将咫尺千里。

❖ 人生的道路布满了荆棘，但只要你肯扬起信念的风帆，生命的小舟也可以冲破大海的巨浪。

❖ 坚定理想信念，穿好信仰之“针”；掌握工作规律，引顺方法之“线”；增强综合本领，扣实治理之“结”。

❖ 理想信念纯粹，没有丝毫杂质；政治立场坚定，没有丝毫杂念；纪律规矩严明，没有丝毫杂音。

❖ 坚定理想信念“铸警魂”，强化责任担当“重实干”，练就过硬本领“强素质”，严明纪律作风“树形象”。

- 坚定忠诚的理想信念，真诚朴实的为民情怀，奋发有为的勤政状态，高度自觉的责任担当，干净正派的纯洁本色。
- 坚定理想信念的“定盘星”，提高思维能力的“奠基石”，把握客观规律的“方向盘”，砥砺人格修为的“营养源”。
- 坚定理想信念筑牢政治灵魂，强化宗旨意识站稳政治立场，务实担当作为锤炼政治品格，严格遵规守纪增强政治自觉。
- 把理想信念立起来，把理论学习强起来，把宗旨意识树起来，把职责任务扛起来，把管党治党严起来。
- 作为锤炼×性、洗礼灵魂的实践课堂，作为坚持思想建×、推进理论强×的有力举措，作为坚定理想信念、践行初心使命的内在要求。
- 坚定不移把住理想信念的“方向灯”，坚定不移把稳贯彻执行的“方向盘”，坚定不移把牢政治规矩的“方向标”。
- 乘“坚定信念”之风、乘“为民务实”之风、乘“严规肃纪”之风，除“为官不为”之私、除“动摇理想”之心、除“损规破矩”之举。
- 在理论学习中厚植×××性，在理想信念中坚定×××性，在初心使命中诠释×××性，在修身律己中涵养×××性，在担当作为中锤炼×××性。
- “悟原理”，就要通过往深里走坚定理想信念；“求真理”，就要通过往心里走牢记初心使命；“明事理”，就要通过往实里走主动担当作为。
- 坚定理想信念，筑牢政治之基；强化×性修养，筑牢思想之基；践行×的宗旨，筑牢群众之基；发扬奋斗精神，筑牢干事之基。
- 理想信念进一步明确，政治站位进一步提升，核心意识进一步筑牢，大局观念进一步增强。
- 理想是需要用实践浇灌的花，青年在追求理想的道路上，应做到务实去脚踏实地奋斗，应敢于直面困难，乘风破浪，不畏艰难险阻，以青年之芳华谱写理想之新篇。
- 梦想是一盏明灯，能刺破重重迷雾，照亮前进的方向；信念是一泓清泉，能滋润苦难艰辛，永葆内心的力量。
- 要正确对待一时的成败得失，处优而不养尊，受挫而不短志，使顺境逆境都成为人生的财富，而不是人生的包袱。
- 一个人的思想境界不会随着党龄的增加而自然提高，一个人的理想信念也不会随着职务的上升而必然坚定。

❖ 理想信念笃信力是“灵魂支柱”，全局大势把控力是“灯塔坐标”，是非原则鉴别力是“基准标尺”，纪律规矩执行力是“底线方寸”，责任担当驱动力是“成事之要”。

❖ 革命精神是理想信念的源头活水，革命精神是永远奋斗的不竭动力，革命精神是“四个伟大”的根本保证，革命精神是进行到底的奋进号角。

❖ 在知行合一中砥砺党性修养，增添学识的成色；在格物致知中坚定理想信念，擦亮学识的底色；在学以致用中贡献智慧力量，展现学识的本色。

❖ 在常学常新中加强理论修养，在真学真信中坚定理想信念，在学思践悟中牢记初心使命，在细照笃行中不断修炼自我，在知行合一中主动担当作为。

❖ 干事创业是我们的旗帜，理想信念是我们的动力，公道正派是我们的操守，业务精湛是我们的支点，甘为人梯是我们的品格，知人善任是我们的能力，团结协调是我们的装备。

❖ 以人民为中心是×××人的理想信念之基，以人民为中心是×××人的根本政治立场，以人民为中心是×××人的力量源头活水。

❖ 深刻理解理论修养的“奠基石”作用，深刻理解理想信念的“总开关”作用，深刻理解初心使命的“指南针”作用，深刻理解修炼自我的“安全阀”作用，深刻理解担当作为的“精气神”作用。

❖ 他把理想信念比作×××人精神上的“钙”，认为没有理想信念，理想信念不坚定，精神上就会“缺钙”，就会得“软骨病”。

❖ 推动理想信念教育常态化制度化，加强青少年理想信念教育,以坚定的理想信念筑牢精神之基。

❖ 从回答“理想信念是什么”，到阐述“为何要坚定理想信念”，再到解答“如何坚定理想信念”……

❖ 信仰从来不是缥缈的空中楼阁，而是存在于现实生活中；初心从来不是空洞的说教，而是靠具体行动体现。

❖ 理想是人生的导航灯塔，没有理想的人就会失去人生的方向，因此我们每个人都要有理想。

❖ 奋斗本身就是艰辛的，奉献自然也不能追求“立竿见影”的短期效应。艰难困苦、玉汝于成，立场坚定、行稳致远。我们要勇于在艰苦奋斗中磨砺意志、坚定信念。

- 信念的力量在于即使身处逆境，亦能帮助你鼓起前进的船帆；信念的魅力在于即使遇到险运，亦能召唤你鼓起生活的勇气；信念的伟大在于即使遭遇不幸，亦能促使你保持崇高的心灵。

- 必须始终把稳理想信念之舵不动摇，必须始终严守纪律规矩之戒不含糊，必须始终保持清正廉洁之本不偏离，必须始终夯实执政用权之基不懈怠。

- 一旦深入群众、武装头脑，就有强大的穿透力和动员力；一旦同频共振、同向发力，就有磅礴的凝聚力和生命力。

- 理想信念的确立，是一种理性的选择，而不是一时的冲动，光有朴素的感情是远远不够的，还必须有深厚的理论信仰作支撑，否则一有风吹草动就会发生动摇。

- 追求理想，要有“虽千万人，吾往矣”的勇敢，要有“精感石没羽，岂云惮险艰”的坚韧，还要有“人生如逆旅，我亦是行人”的豁达。

- 理想信念是×××人的精神之“钙”，必须加强思想政治建设，解决好世界观、人生观、价值观这个“总开关”问题。

- 这是一次触动心灵的“思想整风”，这是一场刻骨铭心的“政治洗礼”，这是一次直击要害的“刮骨疗毒”，这是一次深入骨髓的“破旧立新”。

- 在“理想之海”深潜原著、领悟真谛，在“精神之田”勤施肥料、细灌清泉，在“成长之路”确保茁壮、追求高远。

- 坚持理想信念的“高线”，遵守道德规范的“中线”，严守纪律规矩的“底线”，远离违法乱纪的“红线”。

- 点亮破除思想迷雾的“启明灯”，标定抵御干扰的“定盘星”，筑牢拦阻政治风险的“防火墙”。

- 人生需要理想构建的支撑，更需要信念的毅力取向。热切的期望、执着的追求，加上不懈的努力，理想才会变成现实。

- “长风破浪会有时，直挂云帆济沧海”，这才是手握理想的昂首姿态；“回首向来萧瑟处，也无风雨也无晴”，这才是笃定理想的平和从容。

- 超越名利的羁绊，常思以身许国，就能用信念引领人生选择，就能无惧困境，愈战愈勇。不会怨天尤人，气馁懈怠，就能初心如磐，使命在肩，不会忘记为什么出发。

- 坚定理想信念，必先知之而后信之，信之而后行之。坚定理想信念不是一阵子而是一辈子的事，要常修常炼、常悟常进，无论顺境逆境都坚贞不渝，经得起大浪淘沙的考验。

❖ “一个民族最深沉的精神追求，一定要在其薪火相传的民族精神中来进行基因测序。”理想信念是一个民族精气神的“钙片”，理想信念的传承总是被寄予强烈期望。

❖ 理想信念是×××人精神上的“钙”，×××人如果没有理想信念，精神上就会“缺钙”，就会得“软骨病”，必然导致政治上变质、经济上贪婪、道德上堕落、生活上腐化。

❖ 用崇高理想、伟大事业筑牢信念根基。理想信念是×××人的精神之“钙”。精神上“缺钙”，骨头就会出问题，就会得“软骨病”“佝偻病”，扛不起重担，挺不直腰板，必然坠入贪婪、堕落、腐化的深渊。

❖ “信仰、信念、信心是最好的防腐剂。”加强思想政治建设以筑牢信仰之基，提高党性觉悟以高扬信仰之帆，就能为全面打赢反腐败斗争攻坚战、持久战注入强大思想动力，把我们党建设得更加坚强有力。

❖ “路漫漫其修远兮，吾将上下而求索”，这才是追寻理想的艰辛；“雄关漫道真如铁，而今迈步从头越”，这才是追寻理想的信念；“黄沙百战穿金甲，不破楼兰终不还”，这才是追寻理想的气度。

❖ 从“分数满当当、脑袋空荡荡”之类的信仰空虚，到“‘90后’遭遇‘中年危机’”之类的精神早衰，再到“长着中国脸，不是中国心，没有中国情，缺少中国味”之类的“基因蜕变”，虽然只是少数现象，但理想信念弱化、软化的问题值得重视。

❖ 志之所趋，无远弗届，穷山距海，不能限也。修好“坚定理想信念”这道终身课题，就是要矢志不渝，把青春的奋斗融入党和人民事业中，把青春的汗水挥洒在中华民族伟大复兴的新征程上，绚烂青春芳华。

❖ ×××干部有了坚定理想信念，才能经得住各种考验走得稳、走得远；没有理想信念，或者理想信念不坚定，就经不起风吹浪打，关键时刻就会私心杂念丛生，甚至临阵脱逃。形成坚定理想信念，既不是一蹴而就的，也不是一劳永逸的，而是要在斗争实践中不断砥砺、经受考验。

❖ 伟大出自平凡，平凡造就伟大。只要有坚定的理想信念、不懈的奋斗精神，脚踏实地把每件平凡的事做好，一切平凡的人都可以获得不平凡的人生，一切平凡的工作都可以创造不平凡的成就。

❖ 新时代的舞台上处处刻印着青年奋斗的脚步，洋溢着青春火热的激情。无论你在祖国的哪个角落、从事什么样的工作，把理想和抱负熔铸在脚踏实地的前进征程中，当青年理想与历史使命同频共振，奏响的就是这个时代的最强音。

❖ 将个人理想融入民族复兴伟大理想，做走在时代前列的奋进者、开拓者、奉献者，努力成为堪当民族复兴重任的时代新人，广大青年方能不辜负×的期望、人民期待、民族重托，不辜负我们这个伟大时代。

❖ 如果理想是一条长路，那绝非平坦大道，遍布荆棘与坎坷，漫步或行走只能在半途徘徊，必须以坚忍不拔的毅力和顽强不屈的勇气，艰难地穿越与跋涉，直至耗尽生命最后一丝精力，才有可能拜瞻到理想的圣殿。

❖ 坚定理想信念，拧紧世界观、人生观、价值观这个“总开关”，既严以修身、严以用权、严以律己，又谋事要实、创业要实、做人要实，让“严”与“实”成为自己人生的主基调，未来才能收获更好的成长。

❖ 理想信念对人的精神世界起决定性作用。人的身体不能缺钙，而人的精神世界也不能缺少“钙”，它左右人的灵魂、激发人的斗志、指导人的行动，在人的大脑中含量越充分，越能引导人们沿着正确的方向前进，这种“钙”就是理想信念。

❖ 因为对×××的信仰，才有“坚持革命继吾志，誓将真理传人寰”的凛然；因为对×××的信念，才有在改革中“杀出一条血路来”的无畏；因为对实现×××的信心，才有“请党放心，强国有我”的壮志。

❖ 大厦巍然屹立，是因为有坚强的支柱，理想和信仰就是人生大厦的支柱；航船破浪前行，是因为有指示方向的罗盘，理想和信仰就是人生航船的罗盘；列车奔驰千里，是因为有引导它的铁轨，理想和信仰就是人生列车上的铁轨。

❖ 翻开史册，我们不难发现，无数贤才志士在追求理想中实现人生价值。西汉名相陈平，年少时喜读书，心怀大志，终助刘邦一统天下，成就大业；东汉军事家班超，为人有大志，终助汉威慑匈奴，平定西域；西汉经学家匡衡，凿壁偷光，发奋读书，位列朝廷，实现抱负。

❖ 信仰、信念、信心，任何时候都至关重要。无论过去、现在还是将来，对马克思主义的信仰，对中国特色社会主义的信念，对实现中华民族伟大复兴中国梦的信心，都是指引和支撑中国人民站起来、富起来、强起来的强大精神力量。

❖ 翻开历史长卷，从“天行健，君子以自强不息”的理念，到“路漫漫其修远兮，吾将上下而求索”的志向，再到“天下兴亡，匹夫有责”的情怀，中华优秀传统文化的丰富哲学思想、人文精神、价值理念、道德规范等，都可以古为今用，为人们认识和改造世界提供有益启迪。

❖ 理想指引青春航向，信念决定事业成败。新时代的中国青年，更加自信自强，富于思辨精神，同时也面临各种社会思潮的现实影响，不可避免会在理想和现实、主义和问题、利己和利他、小我和大我、民族和世界等方面遇到思想困惑，更加需要用理想之光照亮奋斗之路。

❖ 小麦灌浆期，阳光跟不上，就会耽误一季庄稼的收成。理想信念是个体奋斗的动力和方向，对青少年而言，恰似阳光之于小麦，绝不是可有可无，更不能随意裁量。青少年处在价值观形成的关键阶段，知识体系搭建尚未完成，价值观塑造尚未成形，若是第一粒扣子扣错了，剩余的扣子都会扣错。

❖ 革命前辈谢觉哉有句诗写得好：“可有尘瑕须拂拭，敞开心肺给人看。”广大×××干部常补精神之钙，勤掸思想之尘，多思贪欲之害，不断叩问初心、守护初心，不断自我净化、自我完善，甘于做一颗永不生锈的螺丝钉，就能让人迎面感受到不掺一丝污浊的清澈、不含一毫杂质的纯粹，抵达更高的人生境界。

❖ “古之立大事者，不惟有超世之才，亦必有坚忍不拔之志”，我们正在进行的正是前无古人的伟大事业。广大党员、干部把坚定理想信念作为人生的头等大事、终身课题常修常炼，全党保持永不懈怠的精神状态和一往无前的奋斗姿态，就一定能创造出属于我们这一代、无愧新时代的历史功绩。

❖ 心有所畏，方能言有所戒、行有所止。要构筑拒腐防变的思想堤坝，用理想信念强基固本，用党的创新理论武装全党，用优秀传统文化正心明德，补足精神之“钙”，铸牢思想之“魂”，筑牢思想道德防线。这要求广大×××干部坚定理想信念、强化宗旨意识，牢固树立正确的世界观、人生观、价值观，自觉做到补钙壮骨、立德铸魂、明德不腐。

❖ “理想信念之火一经点燃，就永远不会熄灭。”从长征的血战到抗日的烽烟，从建设的探索到改革的攻坚，从发展的事业到复兴的伟业，真理之光与理想之光交相辉映，展现着一个政党的恢宏气象，照亮了一个民族的历史天空。奋进新征程、建功新时代，我们更当筑牢信仰之基、补足精神之钙、把稳思想之舵，保持×××人政治本色，挺起×××人的精神脊梁。

❖ “本根不摇，则枝叶茂荣。”坚定理想信念，牢记初心使命，人生的奋斗才有更高的思想起点，干事创业才有不竭的精神动力。我们正处在一个船到中流浪更急、人到半山路更陡的时候，以×××武装头脑、指导实践、推动工作，勇立潮头、奋勇搏击，我们就一定能战胜一切艰难险阻，在新时代创造中华民族新的更大奇迹，创造让世界刮目相看的新的更大奇迹。

❖ 浩浩江河水，巍巍民族魂。“自胜者强，自强者胜”“千磨万击还坚劲”，映照自强不息的进取精神；“仰不愧天，俯不愧人，内不愧心”，彰显高尚坦荡的精神境界；“留取丹心照汗青”“苟利国家生死以”，昭示忠诚坚贞的理想信念……在漫长的历史长河中，中华民族形成了秉持仁、义、礼、智、信，推崇格物、致知、诚意、正心、修身、齐家、治国、平天下，追求真善美的价值导向。

❖ 革命前辈这种清澈的气质、纯粹的品质，穿越时空、熠熠生辉，给人以美好，感召人前行。透过这种精气神，我们能感受到一种迎面而来、打动人心的力量。它是“伸手摘红叶，我取红透底”的坚定，是“能坚持走一百步，就不该走九十九步”的担当，是“从顶燃到底，一直都是光明的”无私奉献，是“唯一的、彻底的、无条件的、不掺任何杂质的、没有任何水分的”绝对忠诚。

❖ “功崇惟志，业广惟勤。”理想指引人生方向，信念决定事业成败。领导干部尤其是年轻干部要经常对照×××，检视自己的理想信念和思想言行，筑牢信仰之基，补足精神之钙，把稳思想之舵，在风险考验面前不为所动、不为所困、不为所扰、不为所惑，在伟大斗争、伟大工程、伟大事业、伟大梦想的火热实践中昂首阔步，用理想之光照亮奋斗之路，用信仰之力开创美好未来。

❖ 能不能正确看待小我梦想和大我情怀，能不能正确认识中国大势和世界潮流，能不能正确处理个人奋斗和国家需要，无不系之于理想信念的“总开关”。正所谓，浇花浇根，育人育心。推进教育现代化不能忘记初心，建设教育强国不能脱离立德铸魂，办好人民满意的教育亦需要在加强理想信念教育中塑造有理想有信念、能奋斗敢担当的时代新人。

❖ 保持坚定理想信念，需要在斗争实践中不断砥砺、经受考验。“风雨侵衣骨更硬，野菜充饥志越坚”，在红一方面军二万五千里的长征路上，平均每300米就有一名红军牺牲，战士们却从未退缩，勇毅向前只为崇高革命理想。“虽然有苦，还是甜多”，脱贫攻坚的战场上，数百万扶贫干部爬最高的山、走最险的路、去最偏远的村寨、住最穷的人家，步履匆匆只为群众过上更好生活。实践启示我们，理想信念不是拿来说、拿来唱的，更不是用来装点门面的，只有见诸行动才有说服力。

❖ “当代中国青年是与新时代同向同行、共同前进的一代，生逢盛世，肩负重任。”要让青春中国始终充满朝气、活力，就要一代代青年人，坚守初心使命，插上梦想翅膀，燃旺青春之火，在党和人民需要的地方展现向上向善的青春风采，奔赴当代青年的“青春之约”，献力奋进的中国。青年是推动党和人民事业的中坚力量，青年怎么样，国家便怎么样，青春要在广袤大地自由奔跑，放飞梦想，把爱国之情转化为报国之行，在每一个平凡的岗位上为国家发展添力，以昂扬奋进的青春书写国家更美好的未来。

❖ 革命理想高于天。这些历史场景或许早已为人熟知，但每每重温依然让人震撼。1927年4月，北京西交民巷京师看守所，面对反动派的刽子手，李大钊高呼“共产主义在中国必然得到光辉的胜利”，英勇就义；1928年3月，湖北汉口余记里刑场，面对敌人的生死威胁，夏明翰挥笔写下“砍头不要紧，只要主义真”，壮烈牺牲；1935年6月，福建长汀，瞿秋白到达刑场后，盘膝而坐，微笑着对刽子手点头说“此地甚好”，从容就义……一路走来，为了理想，靠着信仰，多少义无反顾，多少壮怀激烈，多少坚毅前行。

❖ 任何事物的变化发展都是内因和外因共同作用的结果，内因是事物发展的根本原因。青年处在人生发展的关键时期，影响人生事业发展的因素固然是多方面的，但内在综合素质才是决定成长成才的根本所在。青年的人生道路风景无限，而“世之奇伟、瑰怪，非常之观，常在于险远”，如果没有道德品质、理想信念、精神意志、专业素养等“内功”方面的深厚修为，极易憾失机遇、受挫于困顿。“求木之长者，必固其根本。”练好“内功”，是青年更好利用外部条件干事创业的坚强底气，是青年成长成才的基本规律。

❖ 培育高尚品格，练就过硬本领，勇于创新创造，矢志艰苦奋斗，点亮理想之灯，笃立鸿鹄之志，激扬青春梦想，知之而后信之，信之而后行之，政治信仰不变、政治立场不移、政治方向不偏，补足精神之“钙”、把牢思想之“舵”、高扬信念之“帆”、坚守为政之“本”，思想跃然升华，信念愈加坚定，毅力不断坚强，人格日臻完善，在担当中历练，在磨砺中成长，拒绝投机取巧，远离自作聪明，敏锐的观察力、丰富的想象力、深刻的洞察力，远离低级趣味，心怀鸿鹄之志，练就过硬本领。

❖ 坚定理想信念是终身课题，需要常修常炼，要信一辈子、守一辈子。今天，我们早已远离战火纷飞的险境，长期过着和平生活，特别是面对各种诱惑，最容易患上理想信念缺失的“软骨病”。我们必须时刻保持警醒，没有坚定的理想信念，就可能在乱云飞渡的复杂环境中迷失方向、在泰山压顶的巨大压力下退缩逃避、在糖衣炮弹的轮番轰炸下缴械投降。始终葆有赤子之心，明大德、守公德、严私德，坚定理想信念、坚定奋斗意志、坚定恒心韧劲，平常时候看得出来、关键时刻站得出来、危难关头豁得出来，才能让鲜红的党旗始终凝聚起磅礴力量。

六、关于作风修养

抓常、抓细、抓长，防线、底线。

钻空子、混日子，正一正、理一理、紧一紧，使歪招，打折扣，搞变通，大伙演，领导看，坚持住，不发散、不手软、不松劲、不停步、不懈怠，扛责任，改作风，门好进，脸好看，事难办，作表率，比学习、比工作、比作风、比效率、比结果、比奉献，下狠招，用猛药，动真格，来实的，持续抓、长期抓，真功夫，硬本领，铁肩膀，识别区，防火墙，隔离带，顽固性、反复性，再出发，管卡压，推绕拖，喘口气，歇歇脚，无禁区，全覆盖，零容忍，重遏制，强高压，长震慑，指挥棒，方向标，重预防，善发现，精救治，根本性、全局性、稳定性、长期性。

敢于吃苦、善于吃苦、乐于吃苦，思想作风、工作作风、领导作风、生活作风，顽瘴痼疾，歪风陋习，言出纪随，动辄则咎，毫不手软，寸步不让，放下架子、扑下身子、做好样子，一次调研、一趟出行、一餐便饭，一言一行、一举一动，抓在日常、严在经常，防早防小、防微杜渐，铿锵有力，掷地有声，政务公开，便民服务，警钟长鸣，久久为功，对准焦距、找准穴位、抓住要害，不能“走神”、不能“散光”，紧抓不放，一抓到底，以点带面，红脸出汗，咬耳扯袖，急于求成，层层加码，虚与委蛇，大打折扣，驰而不息。

“机械式”落实、“走秀式”调研、“软钉子”接待、“选择性”检查，从自己做起、从现在改起，一级抓一级、一级带一级，层层抓落实，人人见行动。

好句

- ……的精神……的品质……的传统。
- 用……引领人心，用……收束人心，用……聚集人心，用……鼓舞人心。
- 见微知著的细心，换位思考的诚心，百折不挠的耐心，久久为功的恒心。
- 在……上更暖心，在……上更称心，在……上更省心，在……上更安心。
- 以……的忧患之心对待自己的一思一念，以……的谨慎之心对待自己的一言一行，以……的公仆之心对待自己的一职一责。
- 坚定……的信心，重整行装加油干；坚强……的决心，把准方位抓紧干；坚韧……的雄心，瞄准目标拼命干。
- 利益的羁绊是作风的大敌。
- 务必谦虚谨慎、艰苦奋斗。
- 一锤接着一锤敲，一年接着一年干。
- 文风之“风”，乃思想之风、情感之风。
- 无功、无效都是过，不进、慢进也是过。
- 年轻干部在艰苦奋斗中不断成长。
- 光明在前，但仍需艰苦奋斗。
- 不论何时，艰苦奋斗的底色不能丢。
- 艰苦奋斗，管好自己，做合格的党员、干部。

- 奋斗的本色在于“艰苦”，即艰苦奋斗。
- 求真务实，说一千，道一万，不如办成事一件。
- 要做艰苦奋斗、无私奉献的模范。
- 永远保持艰苦奋斗的朝气。
- 他因此被称为一心为民、艰苦奋斗的“当代愚公”。
- 班子作风，这经验那经验，深入一线最关键。
- 改作风，既触及思想问题，又涉及具体问题。
- 作风建设不是嘴上说说、纸上写写的样子工程。
- 拿出见人见事的过硬措施，一步一步地扎实整改。
- 不能只是“遥控指挥”，更不能搞形式主义、做表面文章。
- 作风彰显形象，作风成就事业。
- 接地气，才能有底气；转作风，才能树新风。
- “照猫画虎”绝非捷径，敷衍应付没有出路。
- 抓而不实等于白抓，致广大而尽精微，是成事之道。
- 作风就是形象，关系人心向背，关系生死存亡。
- 作风建设抓长效，防治思想上的“病毒”至关重要。
- 脓包不挑破，就会养痈遗患；讳疾而忌医，难免病入膏肓。
- 做到有想法还有办法，有表态更有行动，有结果也有反馈。
- 形成优良作风不可能一蹴而就，克服不良作风也不可能一劳永逸。
- 纠风之难，难在防止反弹回潮；反腐之难，难在去除病根病灶。
- 我们党是靠艰苦奋斗起家的，也是靠艰苦奋斗发展壮大、创造辉煌的。
- 但在村民们看来，最大的财富却是艰苦奋斗的治沙精神。
- 刹长会风：你两句我两句，大家都来说两句，哪有时间办实事。

❖ 作风之变，迁染民众，关乎盛衰。作风改进之难，不啻一场“自我革命”。

❖ 新时代，凝结着一代又一代人的艰苦奋斗，清晰标示出中国发展新的历史方位。

❖ 只要敢于抛弃个人私利，冲破利益樊篱，就没有越不过去的障碍、迈不过去的坎。

❖ 弃“副业”，钻“主业”；丢“花枪”，练“真枪”；除“娇气”，增“虎气”。

❖ 脑子里有思路；眼睛里有问题；手上有招数；脚下有路子。

❖ 抓工作必须抓具体，一具体就深入，一深入就能发现问题。

❖ 轻“唱功”，重“实功”，强化“答卷意识”，克服“本领恐慌”。

❖ 找不到差距就是最大的差距，没有危机感就是最大的危机。

❖ 针大的窟窿斗大的风。作风顽疾不会自愈，必须重预防、善发现、精救治。

❖ 好作风不是靠漂亮的言辞说出来的，而是靠实干的行为做出来的。

❖ 去的是同一条路线，访的是同一批对象，听的是同一套说辞。

❖ 坚定执着追理想，实事求是闯新路，艰苦奋斗攻难关。

❖ 筑牢理想信念的魂，深扎艰苦奋斗的根，满怀为民服务的情。

❖ 艰苦奋斗、自力更生的革命意志，比石还硬、比山还高的坚定信念。

❖ 在为民服务中茁壮成长，在艰苦奋斗中砥砺品质，在实践实干中增长本领。

❖ 锻造敢于斗争的铁脊梁，练就攻坚克难的硬本领，保持艰苦奋斗的精气神。

❖ 舍生取义以争之，实事求是以谋之，艰苦奋斗以立之，殚精竭虑以成之。

❖ 发现问题是水平，解决问题是政绩，揭露问题是党性，掩盖问题是失职。

❖ 心术不正，腰杆不硬，每个环节都可能发生不正之风，让你“走麦城”。

❖ 悬挂横幅、摆放花草、铺设迎宾地毯等，在不少领导机关已形成惯例和制度。

❖ 坚持自我革命，绵绵用力、久久为功，才能持续擦亮作风建设“金色名片”。

❖ 找准突破口和切入点，紧抓不放、一抓到底，以点带面，用小切口推动大变局。

❖ 战略是破浪之舟，作风就是乘风之帆；战略是飞驰列车，作风就是强劲引擎。

❖ 作风问题具有顽固性反复性，必须抓常、抓细、抓长，持续努力、久久为功。

❖ 反“四风”既要改面子，更需换里子，作风改到深处是在思想和灵魂上动手术。

❖ 过去的辉煌成就是靠艰苦奋斗取得的，更加美好的明天依然要靠艰苦奋斗来创造。

❖ 百年艰苦奋斗，我国从一个落后的农业大国跃升为制造业大国，并在向制造业强国迈进。

❖ 比精神状态、抓对标争先，比创新举措、破发展瓶颈，比担当作为、促任务落实。

❖ 领导干部如果没有刮骨疗毒的勇气、自我开刀的决心，作风改进就不会有大的突破。

❖ 观念更新越自觉，改进作风的动力就越强大；除旧立新越彻底，改进作风的成效就越明显。

❖ 改进工作作风，可能意味着原来理所当然的“待遇”没有了，原来习以为常的“感觉”不在了。

❖ 全面从严治党，于党自身，是刮骨疗毒、自我革命，于国而言，是为天地立心、为生民立命。

❖ 言必信、行必果，确定了重大目标，就以“钉钉子”精神，坚韧不拔抓部署、抓落实、抓督查。

❖ 制度好可以使坏人无法任意横行，制度不好可以使好人无法充分做好事，甚至会走向反面。

❖ 作风改进的难点，在于克服习以为常的惯性；作风改进的焦点，在于打破见怪不怪的惯例。

❖ 对用来意思意思的“小礼物”、通融通融的“小错误”、帮衬帮衬的“小事情”浑然不觉。

❖ 对错误言论，要“大声说不”；对歪风邪气，要“当头棒喝”；对敌对行为，要“敢于亮剑”。

❖ 长征是不屈不挠精神的典范，长征是艰苦奋斗精神的楷模，长征是无私奉献精神的史诗。

❖ 是一种艰苦奋斗的创业精神，是一种科学务实的创新精神，是一种敢争一流的创优精神。

❖ 摒弃见怪不怪的潜规陋习，纠正扭曲颠倒的价值标准，打破习非成是的惯性做法。

❖ 从近身处筑牢“防护网”，从远离底线的地方拉起“警戒线”，从小事小节上设置“安全阀”。

- 事情不怕难，就怕自己感到烦；事情不怕杂，就怕每天不去抓；事情不怕多，就怕自己常常躲。
- 解决“四风”问题，要对准焦距、找准穴位、抓住要害，不能“走神”，不能“散光”。
- 艰苦奋斗是中华民族薪火相传、生生不息的精神动力，能否坚持艰苦奋斗精神是关系党和人民事业兴衰成败的大事。
- 以“不入局则败局”的危机感，以“心不乏则身不累”的事业心，突出重点，紧抓关键，比学习、比工作、比作风、比效率、比结果、比奉献，提升眼界、品位、能力、素质。
- 风险挑战面前，怎么看、怎么办，需要党员干部保持战略定力，准确判断时与势、危与机、利与弊，坚定不移沿着既定目标和方向前进，做到“任凭风浪起，稳坐钓鱼台”。
- 在项目建设方面，一些地方热衷于打造领导“可视范围”内的项目工程，而不考虑客观实际，“不怕群众不满意，就怕领导不注意”“奖状一屋子，工作还是老样子”。
- 保持爬坡过坎、滚石上山的奋斗状态，保持艰苦奋斗、担当作为的干事激情，保持抓铁有痕、久久为功的工作韧劲。
- 在献身事业、真抓实干中涵养家国情怀，在知难而进、敢闯敢干中修炼无我境界，在艰苦奋斗、埋头苦干中锤炼高尚品德。
- 在召开会议方面，一些地方无论什么会议都要层层重复开，一个接一个，检查评比走马灯，导致干部疲于应付，没有时间抓落实。
- 在改进文风方面，有的地方写文件、制文件机械照搬照抄，出台制度规定“依葫芦画瓢”，内容不是来自调查研究，而是源自抄袭拼凑。
- 在责任担当方面，有的领导干部“只求不出事，宁愿不做事”，凡事都要上级拍板，避免自己担责，甚至层层往上报、层层不表态。
- 在工作实效方面，有的地方对工作不重实效重包装，把精力都放在“材料美化”上，一项工作刚开始就急于总结成绩、宣传典型，搞“材料出政绩”。
- 在履行职责方面，有的部门热衷于与下属单位签订“责任状”，将责任下移，试图让下级的“责任状”成为自己的“免责单”。
- 缺乏求真务实、履职尽责的作风，没有分析问题、解决问题的能力，只会拾人牙慧、邯郸学步，可谓“上抄下抄样样不少，左抄右抄坚决跟跑，一点不抄工作难搞”。
- 把持续深入推进能力作风建设作为“治已病”“除未病”的良机，一条一条列出清单，不搞官样文章，不硬性规定字数。

❖ “割韭菜”：作风建设是攻坚战，也是持久战。这么多年，作风问题我们一直在抓，但很多问题不仅没有解决，反而愈演愈烈，一些不良作风像割韭菜一样，割了一茬长一茬。

❖ 抓作风不可能一帆风顺、一团和气、一马平川，越是深入，面临的矛盾就越尖锐，个个都是硬骨头。

❖ 古人讲“人不率则不从，身不先则不信”。坚持“当下改”与“长久立”相结合，关键在人，关键在知行合一。

❖ 在对待问题方面，有的党员干部对身边不良风气和违规问题态度漠然，事不关己、高高挂起，知情不报、听之任之，甚至在组织向其了解情况时仍不说真话。

❖ 党风建设如同植树造林，一天栽一棵，天天活一棵，坚持下去，就会种出一片挡歪风的森林；也如同人的头发，一天掉一根，虽然不感到痛，一直掉下去，就会成为一个“秃头”者。

❖ 摆摆表现，找找差距，抓住主要矛盾，特别要针对表态多调门高、行动少落实差等突出问题，拿出过硬措施，扎扎实实地改。

❖ 凡是有利于党和人民的事，就要事不避难、义不逃责，大胆地干、坚决地干，正所谓“苟利国家生死以，岂因祸福避趋之”。

❖ 大力弘扬马上就办、真抓实干的作风，拿出动真碰硬、攻坚克难的毅力，引导广大干部把心思和精力聚焦到抓落实上。

❖ 踏实的“身影”比飘浮的“声音”更有现实价值。要想有“头雁效应”，关键是领导干部要有“远飞者当换其新羽，善筑者先清其旧基”的意志决心。

❖ 杜绝坐而论道、只说不做的“讲话秀”，杜绝只摆问题、不去解决的“问题秀”，杜绝蜻蜓点水、走马观花的“调研秀”。

❖ 在坚持中深化，在深化中坚持，把标尺立起来，把底线划出来，把形象树起来，校准思想之标，把好行为之舵，绷紧作风之弦，正风必须肃纪。

❖ “严于律己，出而见之事功。”奋进新征程、创造新伟业，严于律己是党员干部的必修课。人人朝乾夕惕，人人奋勇争先，我们的事业必将蒸蒸日上。

❖ 抓细抓小、落细落小，才能积尺寸之功，收穿石之效；严字当头、实字打底，才能防止前紧后松，避免踩空走虚。

❖ 我们党依靠艰苦奋斗起家，依靠艰苦奋斗发展壮大，而延安时期党领导的大生产运动，就是一部自力更生、艰苦奋斗实践的壮丽史诗。

❖ 艰苦的时代环境造就了沙钢干部职工“自力更生、艰苦奋斗”的顽强品格，时至今日，“自力更生、艰苦奋斗”仍是沙钢精神最重要的内核，被镌刻在每一个沙钢人的心中。

❖ 坚持结果导向，强化“交卷意识”，用结果来作答，以实绩来交卷，推动各项工作往实里抓、向目标奔。

❖ 形式主义实质是主观、功利、私心、私欲在作祟，是政绩观错位、责任心缺失；官僚主义实质是官本位思想严重、权力观扭曲，做官当老爷，高高在上，脱离群众，脱离实际。

❖ 培养严谨细致的作风，做到干一行、钻一行、爱一行，确保“针针精准，丝丝到位”，努力编织出巧夺天工的“治理锦绣”。

❖ 做到虔诚而执着、至信而深厚，方能在面对风险挑战、艰难险阻甚至惊涛骇浪时，将忠诚化作“乱云飞渡仍从容”的定力、“越是艰险越向前”的精神和“踏平坎坷成大道”的本领。

❖ 作风建设要有新气象新作为，必须准确把握形势；作风建设要有新气象新作为，必须增强政治定力；作风建设要有新气象新作为，必须完善方法举措。方法决定成效。

❖ 主动发现问题，用严谨细致的作风提升执行力；主动解决问题，用精益求精的态度提升执行力；主动沟通信息，用快速高效的运转提升执行力。

❖ 下狠招、用猛药，动真格、来实的，持续抓、长期抓，引导×××学到“真功夫”、掌握“硬本领”、练就“铁肩膀”。

❖ 练就敢于啃“硬骨头”的勇气与担当，敢于“涉险滩”的能力与本领，敢于“闯难关”的胸襟与气魄。

❖ 持续加强作风建设，用身边事教育了身边人，打响了作风建设的攻坚战，激发了干事创业的精气神，作风建设取得阶段性成效，崇尚实干、担当作为的氛围也越来越浓。

❖ 在“严”字上下功夫，在“精”字上下功夫，在“实”字上下功夫，在“做”字上下功夫，在“改”字上下功夫。

❖ 尽管群众啧有烦言，但真要从自己这级“叫停”，又有各种顾虑。现在，自上而下抓作风，消除了下级的迎合、观望和攀比心理，好比“提领而顿，百毛皆顺”。

❖ 无论是“调研成作秀”，还是“材料出政绩”，无论是“依葫芦画瓢”，还是搞“可视工程”，都是未被斩断的“四风”思想根子上开出的新的虚花。

❖ “四风”问题由来已久、成因复杂，而且受到历史文化、传统观念、社会习俗等因素影响，不是一朝一夕就能彻底解决，也不可能一劳永逸，必须警钟长鸣，久久为功。

❖ 只有完善便于执行、利于监督的常态化机制，好作风才能大行其道，内化于心、外化于行、固化于制。

❖ “天下事，以实则治，以文则不治。”口号喊得响亮不如把事办得敞亮。不解决问题就是最大的形式主义；群众满不满意，是检验作风建设的唯一标准。

❖ 在矛盾问题上较真一次，作风建设就会加强一分；在矛盾问题上碰硬一回，作风建设就会向前一步。

❖ 在改进作风上，领导干部既是组织者、推动者，更是落实者，既是指挥员、督导员，更是冲锋员。

❖ 着力深化思想认识，鼓足真抓的实劲；着力提振精神状态，鼓足敢抓的狠劲；着力把握规律方法，鼓足善抓的巧劲；着力锤炼意志品质，鼓足常抓的韧劲。

❖ 自架“高压线”，自设“防火墙”，自念“紧箍咒”，耐得住寂寞、顶得住歪风、经得住寂寞、管得住自己。

❖ 决策科学，定一条是一条，条条算数；做事到位，做一件成一件，件件落实；承诺有度，说一项是一项，项项兑现。

❖ 专项整治，精准发力，攻克作风顽瘴痼疾；建章立制，抓常抓长，作风建设久久为功；狠抓节点，从严执纪，筑牢纪律规矩意识。

❖ 有的怕触着自己的痛处，否定自己的过去；有的怕改到自己的头上，个人利益受损。于是，层层出题，无人答题，最后跑题；只改皮毛，不改本质，流于形式。

❖ 自上而下抓作风，本身就是一种无言的要求、无声的号召，能产生一种“不令而行”的示范效应。

❖ 如果领导干部走不出路径依赖，就会一味陷入盲从，把惯例当圭臬，把潜规则当显规则，从而丧失改进作风的紧迫感、危机感和责任感。历史告诉我们，不舍弃老路，就蹚不出新路。

❖ 用好政治生活“大熔炉”，树正选人用人“风向标”，突出正风肃纪“主抓手”，培优社会风气“大环境”。

❖ 艰苦奋斗是×××人的政治本色，艰苦奋斗是党员干部的应有品格，艰苦奋斗是人民公仆的鲜明标识。

- 爱岗敬业是本分，争创一流是追求，艰苦奋斗是作风，勇于创新是使命，淡泊名利是境界，甘于奉献是修为。

- 爱岗敬业、争创一流的职业操守，艰苦奋斗、勇于创新的进取精神，淡泊名利、甘于奉献的高贵品质，勇于担当、拼搏实干的优良作风。

- 以“不忘信仰初心”坚定“理想信念使命”；以“不忘本质初心”践行“为民服务使命”；以“不忘道路初心”发扬“艰苦奋斗使命”；以“不忘基因初心”永葆“先进纯洁使命”。

- 井冈山精神是胸怀理想、坚定信念的精神，井冈山精神是实事求是、勇闯新路的精神，井冈山精神是艰苦奋斗、敢于胜利的精神，井冈山精神是依靠群众、无私奉献的精神。

- 思维定式的藩篱、路径依赖的怪圈、个人利益的羁绊……让作风建设上的“破”与“立”均显得困难重重。

- 要有“水滴石穿、绳锯木断”的执着，要有“默默无闻、俯首为牛”的奉献，要有“攻坚克难、舍我其谁”的担当，要有“追求进取、追求卓越”的标准。

- 涵养统筹谋划的大格局，养成终身学习的好习惯，培养与时俱进的新思维，锤炼马上就办的硬作风，锻造抗压耐磨的真本色。

- 改作风说难也难，说不难也不难。说难，是因为作风建设具有长期性、反复性特点；说不难，就在于只要敢向自己开刀，许多问题就会迎刃而解。

- 公开鼓励民众反映情况，揭自己的短、亮自己的丑。他之所以能成为廉吏，带出好的政风，就在于他无私无畏，敢于揭自己身上的疮疤。

- 扮好“头雁”角色，敢于率先垂范、带头担当；扮好“山羊”角色，善于明辨是非、彰显风气；扮好“苍鹰”角色，重于鞭策激励、反向倒逼；扮好“老虎”角色，甘于壮胆撑腰、加油鼓劲。

- 思想上的堡垒往往比战火中的碉堡更难攻克，作风上的惯例往往比高速列车的惯性更难克服。

- “上以风化下，下以风刺上。”上与下是相对的。上，是风之源、化之始。上有所率，下有所进；上有所行，下有所仿。

- 作风好不好，群众最知晓。工作作风改什么、怎么改、从哪里改起，都要到群众中求方法、找答案。群众不满意的地方，就是我们应该着力改进的地方；群众最期待的事情，就是我们应该尽力做好的事情。

❖ 作风建设永远在路上，只有发扬“钉钉子”精神，一锤接着一锤敲，一个节点一个节点坚守，一个问题一个问题解决，不松劲、不停步、再出发，一刻不停歇地推动作风建设向纵深发展，才能将这张亮丽名片越擦越亮。

❖ “烂尾”工程：逆水行舟，一篙不可放缓；滴水穿石，一滴不可弃滞。各级党委要把作风建设紧紧抓在手上，持续抓好各项整改任务的落实，绝不允许出现“烂尾”工程，决不能让“四风”问题反弹回潮。

❖ 在贯彻落实方面，有的领导干部对贯彻落实×××重大决策部署表态多调门高，但行动少落实差，虚多实少，仅仅满足于“轮流圈阅”“层层转发”“安排部署”，个别领导干部说一套做一套，我行我素。

❖ “逆水行舟，一篙不可放缓；滴水穿石，一滴不可弃滞。”改进作风绝非一日之功，一曝十寒只能隔靴搔痒。推动作风的根本好转，领导干部要做不倦的“头雁”，不惧逆风之难，不惧山河之远，把“常”“长”二字化作远飞“双翼”。

❖ 形式主义是口井，限制了×××创新转型的视野；形式主义是堵墙，阻断了理论通向战场的联系；形式主义是条绳，捆住了真打实备的手脚；形式主义是块布，掩盖了训练演习中的矛盾问题。

❖ 激励干部担当作为、干事创业，不能只靠“拍拍肩膀鼓鼓劲”“攥攥拳头喊加油”，必须坚持严管和厚爱结合、激励和约束并重，引导党员干部挺直脊梁、甩开膀子，闯出路子、干成事业。

❖ 转变作风，要清除雷声大雨点小的“浮躁风”，克服不打雷不下雨的“懒惰风”，常吹求真务实的“实干风”，常下不闻惊雷但见雨露的“毛毛雨”，使工作达到“微雨夜来过，不知春草生”的效果。

❖ 郑板桥有这样一副名联：“室雅何须大，花香不在多。”知足知止，难在坚守，关键在于常修身、常反省，牢固树立以人民为中心的发展思想，在廉洁堤坝面前知止，在为民服务方面知进。

❖ “太高调”固然不好，“太低调”也须警惕。有些人看似不慕名利，实则为官不为，是“连形式主义都懒得搞”；有些人装模作样，是为了给人留下“低调”的印象，并借此达到个人目的。

❖ 从过去的实践看，真改的人，都是先从自身改起，在自己身上“动刀”；而少数单位之所以开始时决心很大、轰轰烈烈，到最后无声无闻、偃旗息鼓，很重要的是自己这一关过不去，在自我面前停滞不前了。

❖ “门好进、脸好看、事难办”“不怕群众不满意，就怕领导不注意”“用会议落实会议”“材料出政绩”“说一套做一套、台上台下两个样”等现象，究其思想根源，还是一些干部政绩观错位、责任心缺失，官本位思想严重、权力观扭曲。

❖ 越往深处改，就越可能触动单位、部门和个人的利益。能不能把自己摆进去，敢不敢拿自我开刀，不仅折射党性、品行，而且决定改的真假和成效。如果一改到自己头上就畏首畏尾、缩手缩脚，一涉及个人利益就不敢动真的、来实的，最后必然改不下去或改不彻底。

❖ 现在，一些人并不是不知道改什么、怎么改，而是不愿失去既得利益，被自我的樊篱捆住了手脚，一改到自己头上时，就没有了教育动员时那样的气魄，没有了向别人提要求时的那种坚决。

❖ 以更为紧迫、更有责任、更加扎实、更加精细的作风，传承“敢闯、敢坚持、敢于苦干硬干”、发扬“敢担当、敢创新、敢为天下先”的首钢精神，思“破题”之策，寻“解题”之法，行“答题”之道。

❖ 华而不实，怨之所聚也。表态表得漂亮，实则轮子空转、另搞一套，形式主义让工作在无形中变味走样、扭曲变形。可以说，形式主义是许多不正之风的“门神”，是我们一切工作的大敌。

❖ 面对责任，多一些“舍我其谁”的担当，少一些“不归我管”的推卸；面对目标，多一些久久为功的定力，少一些急于求成的浮躁；面对工作，多一些干就干好的进取精神，少一些得过且过的混世心态；面对事业，多一些敢为人先的创新，少一些因循守旧的套路。

❖ 从点滴做起，从日常抓起，从积习改起，把好作风固化为自身行为习惯，把抓作风摆上不变的工作日程，只有“进行曲”，没有“休止符”，落实好作风建设抓长管远的制度规定，持之以恒抓新标准新风尚养成。

❖ 严于律己，要内化于心。“吾日三省吾身”“君子求诸己，小人求诸人”“检身若不及”……中华优秀传统文化里，“修己以安人”是一个重要命题，有着数不清的经典案例；百年党史中，注重自我修养，养成崇高政治品格的光辉榜样更是数不胜数。

❖ 服务作风不严不实，实际难题不管不问，政策执行就会出现“两种温度”：上级温度高、决心大、力度大，到了基层温度层层递减、力度绵软无力；政策效果便会产生“两种感受”：政府部门自我感觉良好，老百姓的实际获得感却寥寥可数。

❖ 空泛表态，只讲紧跟不讲扎根，只武装嘴巴不武装头脑；做表面文章，轰轰烈烈搞形式，扎扎实实走过场；学用脱节，学归学、做归做，对问题装作看不见，对工作满足差不多；领导干部缺位，一抓学习就抓下面，一讲问题就讲下面。

❖ “涛声依旧”：现在，改进作风到了节骨眼上，社会上有种种议论和思想情绪。很多人担心活动一结束就曲终人散，“四风”问题又“涛声依旧”了。还有一些人盼着紧绷的弦松一松，好让自己舒服舒服。一些人等着看中央还要出什么招，看左邻右舍有什么动静。

❖ 在服务群众方面，有的单位表面上推进服务型政府建设，“门好进、脸好看”，但还是“事难办”，将过去的“管卡压”变成了现在的“推绕拖”；有的政务服务热线电话长期无人接听；有的政府网站更新的内容主要是领导活动，政务公开、便民服务等栏目几乎成为“僵尸”栏目。

❖ 在正风反腐滚石上山、爬坡过坎的关键时期，如果稍微松一松、退一退，就会出现大的“回头浪”，甚至前功尽弃。必须坚决克服差不多、松口气、歇歇脚的想法，克服打好一仗就一劳永逸的想法，克服初见成效就见好就收的想法，一刻不松、半步不退，以更高的标准和更严的要求，把×××的螺丝拧得紧而又紧。

❖ 作风好，真抓实干，务求实效，就出生产力；作风好，奋发向上，争创一流，就出竞争力；作风好，以人为本，关注民生，就出亲和力；作风好，发扬民主，团结共事，就出战斗力；作风好，言行一致，表里如一，就出公信力；作风好，用心把握，带头苦干，就出执行力；作风好，廉洁自律，情趣健康，就出免疫力。

❖ 自觉树立正确的权力观，时刻牢记肩上责任，正确处理好公与私、义与利的关系，不能以权谋私；树立正确的事业观，“不采华名，不兴伪事”，不为博取名利而颠倒黑白、混淆是非，不因争取个人升迁而搞形象工程、面子工程，自觉做到凭实绩进步、靠素质立身；树立正确的是非观，大是大非面前敢于坚持原则，把说真话、讲实话作为一种政治担当，善于接受别人的批评建议，彻底与“巧官”习气划清界限。

❖ 主观上，按“老章程”办事，不需动脑筋，不用担风险，不会得罪人；客观上，坏作风养之成习，改革起来难度很大，正如鲁迅所说“可惜中国太难改变了，即使搬动一张桌子，改装一个火炉，几乎也要血”；本质上，一切问题都与利益有关，作风上的陋习同样可以从利益上找到“根子”，马克思早就精辟地指出，如果几何公理违背了某些人的利益，也会招致他们的否定与攻击。

七、关于群众基层

法，理，情，义，术。

所思、所想、所盼，善察、善思、善说、善判、善控、善解，避见、避谈，大话、空话、套话，蹲苗，扎根。

困难大，意见多，局面紧，实在话、贴心话、暖心话，下田头、蹲码头、上山头、围炉头，查实情、出实招、见实效，“墩”经历、“墩”经验、“墩”心态、“墩”状态，操心事、烦心事、揪心事，办实事、做好事、解难事，忌摇摆、忌偏颇、忌胆怯、忌轻率、忌短浅、忌反复，勤下村，多认人，最关心、最直接、最现实，接地气、冒热气，摸活鱼，带露珠，沾泥土，同呼吸，共命运，心连心，有底气、讲和气、聚人气、扬正气，纾民困、排民忧、解民难，获得感、幸福感、安全感。

大包大揽，专权擅权，不讲条件、不找借口，问需于民、问计于民、问效于民，换位思考，推己及人，躺着想事、坐着议事、站着干事，和颜悦色、和风细雨、和蔼耐心，干在实处，利为民谋，笑脸相迎，心中有民，守望民生，如沐春风，说话算数，一诺千金，去粗取精、去伪存真，由此及彼、由表及里，沉得下去、融得进去，开宗明义，直奔主题，简短上口，便于记忆，不仅身入，更应心入，走在一起、打成一片，进得了门、唠得了嗑、吃得了饭，心与意合、意与气合、气与力合、肩与胯合、肘与膝合、手与足合，务本抑末、务实去华、务期必成，悟出道理，想得明白，做得踏实，敞开窗口，畅听民意，半心半意、三心二意、无心无意、假心假意。

心里装群众，脑中有宏图，手中有方法，脚下接地气，打好感情牌、打好优势牌、打好服务牌、打好机制牌、打好组合拳、下好先手棋、练好基本功、立好军令状、打好主动仗、管好责任田、签好责任书、唱好主角戏、画好同心圆、当好笔杆子、当好小郎中、念好紧箍咒、用好处方权、把好方向盘、用好指挥棒，真抓的实劲、敢抓的狠劲、常抓的韧劲，向能者求教、向智者问策，拜群众为师、向群众学习，叫得出名字，帮得上事务，多说浅道理，少讲深理论。

好句

- 使……经得起群众、实践和历史的检验。
- 强化各级政府的……职责，开展……全民行动。
- 从……到……再到……变的是……不变的是党全心全意为人民服务的初心。
- 当群众遇到困难时，要……面对矛盾纠纷时，要……当群众有正当诉求时，要……
- ……答“准”联系服务群众的客观题……答“深”宣传教育群众的主观题……做“实”组织凝聚群众的实践题。
- 无论村子再大、巷子再深，基层党组织和党员都要把……开到群众家门口、公园里甚至街心广场，敞开窗口，畅听民意。

❖ 基层是落实……方针政策的第一线，基层是联系服务群众的最前沿，基层是维护和谐稳定的桥头堡，基层是培养锻炼干部的大熔炉。

❖ 要坚持情感式入户、常态式串门，全面排查隐藏的矛盾纠纷风险点，让群众……要用比心换位的方式想问题，真正走进群众心里，了解群众的需求和想法，得到群众的信任，做好……

❖ 要主动拉下面子、俯下身子、放下架子深入……走进……走入……着力解决群众身边的操心事、烦心事、揪心事，切实提升群众的幸福感、安全感、满足感。

❖ 基层干部与群众打交道……是关键，把……转化为适应群众口味的本土语言，通过“大白话”形式展示出来，解释清楚，让群众一听就懂、一学就会。

❖ ……要紧扣人民群众这条“生命线”，围绕……用群众听得懂、听得进、愿意听、最熟悉的大白话、大土话把党的路线方针政策讲清楚、讲明白，让……有讲头更有听头。

❖ 要坚持身到声更到，通过……一字一句解释说明，让群众……真正让宣传宣讲走进群众心中，做到入耳更入心。

❖ 群众语言是最能够打动群众的，用……的口吻……的语言……的方式，用好……等老百姓喜闻乐见的形式，让党的路线方针政策真正“飞入寻常百姓家”。

❖ 答案在基层，高手在民间。

❖ 为基层“减负”，为实干“加油”。

❖ 用脚丈量基层，用心思量民情。

❖ 基层是最好的课堂，群众是最好的老师。

❖ 把支部建强，把基层抓牢，把基础夯实。

❖ 百姓多寒无可救，一身独暖亦何情。

❖ 重心在基层，难点在基层，活力在基层。

❖ 目光盯住基层，心思用在基层，功夫下在基层。

❖ 基层兴，军队生机勃发；基层稳，军队坚如磐石。

❖ 心里装着群众，凡事想着群众，工作依靠群众。

❖ 俯下身子“看清蚂蚁”，蹲在基层“解剖麻雀”。

- 守初心担使命，找问题抓落实，沉基层解难题。
- 基础不牢，地动山摇；基层不抓，一盘散沙。
- 基层一线磨炼，重要岗位历练，任务前沿淬炼。
- 人民群众中有无穷智慧，基层实践里有万千高招。
- 破解基层难题的金钥匙，提升改革攻坚的内驱力。
- 一心可以兴邦，一心可以丧邦，只在公私之间尔。
- 敞开大门“迎谏”，伏下身子“求谏”，鼓励群众“进谏”。
- 冲在斗争最前线，站在奋斗最前沿，干在艰苦最基层。
- 干部从基层提拔，干部到基层成长，干部在基层考验。
- 工作在基层推进，问题在基层发现，政策在基层落实。
- 把感情投向基层，把思路贴近基层，把工作深入基层。
- 资源向一线配置，力量向一线聚焦，监督向一线延伸。
- 既要有战略谋划、顶层设计，又要有基层探索、高效联动。
- 组织要为干部担当，上级要为基层担当，干部要为事业担当。
- 听取一线“真声音”，掌握基层“活情况”，解决企业“急事情”。
- 创新的活力在基层，创新的源头在××，创新的动力在激励。
- 基层是最好的课堂，实践是最好的教材，群众是最好的老师。
- 在边疆这个“大熔炉”里淬火，在基层这块“磨刀石”上磨砺。
- 看问题的眼力，谋事情的脑力，察民情的听力，走基层的脚力。
- 练就勤跑基层的“铁脚板”，锤炼深入实际的“真功夫”。
- 着力深化理论武装，着力夯实基层基础，着力推进正风肃纪。
- 架起联系群众的“连心桥”，画好履职尽责的“工笔画”。
- 用自己的操心换来群众的舒心，用自己的辛苦换来群众的支持。

❖ 多为群众解决方方面面的困难，多为群众谋取实实在在的利益。

❖ 群众参与，既是压力也是动力；群众评判，既是尺子也是鞭策。

❖ 高举反腐“利剑”，擦亮监督“探头”，延伸基层“触角”。

❖ 落实的重心在基层，落实的主体在基层，落实效果体现在基层。

❖ 基层“沃土”中汲营养，基层“天地”中长枝干，基层“风雨”中强本领。

❖ 信访接待下基层，现场办公到基层，调查研究走基层，宣传政策进基层。

❖ 精兵强将充实基层，真招实招帮助基层，真心实意关心基层，真金白银支持基层。

❖ 基层治理“大脑”更强大，基层治理“触角”更灵敏，基层治理“眼睛”更雪亮。

❖ 让基层组织体系强起来，让基层党员队伍强起来，让政治功能和组织功能强起来。

❖ 在一线凝聚人心，在一线推动工作，在一线解决问题，在一线创造业绩。

❖ 基层是一个调色板，最能描绘出新气象的风采；基层也是一面“军容镜”，最能折射出新气质的内涵。

❖ 基层是国家治理的神经末梢，也是党和政府联系服务群众的“最后一公里”。

❖ 以“时时放心不下”的责任感，践行初心使命，破解发展难题，办好惠民利民实事。

❖ 凝心聚力第一线，决策咨询第一线，国家治理第一线，协商民主第一线。

❖ 捧出真心，带着感情下基层。下基层，深入群众，既要身到，更要心到、情至。

❖ 多搞“精准滴灌”，少搞“大水漫灌”；多点“弱项补差”，少点“面面俱到”。

❖ 没有一种根基，比扎根于群众更坚实；没有一种力量，比从群众中汲取更持久。

❖ 基层军官的“左膀右臂”，干部管理的“参谋助手”，连接官兵的“纽带桥梁”。

❖ 在路上，心里才有时代；在基层，心里才有群众；在现场，心里才有感动。

❖ 调查研究沉到基层，检查帮带直插末端，指导把关深入一线。

❖ 发现问题的眼力，谋篇布局的脑力，洞悉民情的听力，联系基层的脚力。

❖ 为改革发展多献计，为扩大开放多出力，为基层治理多用心。

❖ 把“严”的信号传递到“神经末梢”，把“严”的责任落实到“基层细胞”。

❖ 专项治理抓紧抓实，基层治理精准精细，依法治理持续发力，智慧治理全面加强。

❖ 全军上下“一盘棋”，机关基层“一条线”，广大官兵“一条心”。

❖ “衙斋卧听萧萧竹，疑是民间疾苦声。”问题是时代的声音，民心是最大的政治。

❖ 以忠诚之心践行党的宗旨，以敬畏之心对待手中权力，以感恩之心服务人民群众。

❖ “面对面”倾听群众心声，“心贴心”感受群众疾苦，“实打实”化解群众难题。

❖ 抓住了基层治理的“牛鼻子”，拿到了破解难题的“金钥匙”，走进了居民群众的“心窝子”。

❖ 老百姓当我们是稀客，说明我们的干部平日工作还浮在面上，干群关系还没有做到水乳交融。

❖ 出现问题不回避，面对责任不推诿，一口唾沫一个钉，畏畏缩缩“躲猫猫”，慢慢吞吞“磨洋工”。

❖ 基层“主心骨”越来越硬，基层“主导权”越抓越牢，基层“主旋律”越唱越响，基层“主阵地”越筑越实，基层“主力军”越建越强。

❖ 责任，是基层人才发展“助推器”；制度，是基层人才发展“稳定器”；交流，是基层人才发展“永动机”。

❖ 基层干部“想干”，精神状态才会“变”；基层干部“真干”，群众意识才会“变”；基层干部“敢干”，乡村面貌才会“变”。

❖ 基层是年轻干部锻炼的“大熔炉”，基层是年轻干部淬炼的“试金石”，基层是年轻干部成才的“直通车”。

❖ 以“点穴”之功抓建基层，首位的是方向正；以“点穴”之功抓建基层，核心的是识穴准；以“点穴”之功抓建基层，关键的是功力深；以“点穴”之功抓建基层，重要的是力道活。

❖ 基层党建工作做细了就是凝聚力，基层党建工作做实了就是战斗力，基层党建工作做强了就是影响力。

❖ 乐于走出去，开阔视野、启迪思维；敢于沉下去，深入基层、接通地气；坚持干下去，提升修养、增长才干。

❖ 讲政治顾大局，抓基层打基础，强党建树品牌，抓班子带队伍，守规矩严纪律，扬正气惩腐败。

❖ 组织领导要突出“重中之重”，基层基础要实现“全面过硬”，作风转变要体现“落到实处”，督导考核要强化“结果运用”。

❖ 坚持“事业为上”选准人用好人，围绕“实用实战”提素能增本领，突出“大抓基层”固根本强基础。

❖ 只有扎根实践“接地气”，才能汲取营养“长才气”；只有深入基层“蹲蹲苗”，才能健康成长“高又壮”。

❖ 坚持标准，让好书记“当家带路”；强化指导，让好制度“落地生根”；大抓基层，让好资源“倾斜下沉”。

❖ 用基层的清贫艰苦磨砺干部献身理想的信心，用基层的小事难事磨砺干部踏实履职的恒心，用基层琐事烦事磨砺干部攻坚克难的决心。

❖ 厚植民心，才能凝聚力量。群众是真正的英雄，民心是最大的政治。必须坚定人民立场，坚守民生情怀，让发展实绩更有“温度”，惠民答卷更有厚度。

❖ 对群众来说，生活中更多的是“柴米油盐酱醋茶”式看似“鸡毛蒜皮”的小事情，这些小事情如果不引起重视，容易积成大事，乃至酿成问题，形成挫伤群众幸福感的“绊脚石”。

❖ 时代是出卷人，我们是答卷人，人民是阅卷人。生活过得好不好？人民群众最有发言权，工作做得行不行？人民群众最有表决权。

❖ “锅不热，饼不贴。”倘若没有甘为孺子牛的姿态，没有对群众的满腔热忱，即使人下去了，心也难免有隔阂。

❖ 做群众工作，为群众服务，基层干部要与群众说好“五种话”：以心换心说家常话，上情下达说大白话，实事求是说真话，对症下药说内行话，出谋划策说鼓劲话。

❖ 要把“坐得下、聊得开”作为基本功，用群众“听得懂”的语言通过实质性、形象化、通俗化对政策措施进行全方位解读，让人民群众“看得懂”“能明白”“信得过”。

❖ 带着深厚感情做群众工作，了解实情察民意，加强沟通听民声，办事公道聚民心，从群众中汲取智慧和力量，始终与人民群众同呼吸、共命运、心连心。

❖ 光有为民之志，没有过硬的本领、务实的作风，做不好基层工作，特别是做不好千头万绪的群众工作。

❖ 只有苦练基本功，才能仰不愧党、俯不愧民。练好基本功，“转换角色”是前提，“把准脉搏”是基础，“对症下药”是关键，“攻坚克难”是重点，“脚踏实地”是保证。

❖ 工作要具体化，政策要有“棱角”，不能大而无当、左右逢源，而应直击基层实际需求，充分激发各方“闯”和“创”的探索动力。

❖ 基层干部应该是一个实干家，不能只想当“战略家”、画大箭头，不愿当“突击手”、“爆破手”；抓工作一定要有“一竿子插到底”的决心和韧劲，不见成效不收兵。

❖ 基层工作难，难在发展、稳定任务重，××××手脚受到“束缚”；基层工作也不难，关键是我们要找到消除“病症”的“药方”。这个药方就是坚持把群众利益放在第一位。

❖ 以人民忧乐为忧乐、以人民甘苦为甘苦，始终同人民在一起，有福同享、有难同当，有盐同咸、无盐同淡。

❖ 人民群众中蕴含着丰富的智慧和无限的创造力。要把广大基层群众组织起来、动员起来、凝聚起来，充分激发人民群众的积极性、主动性、创造性。

❖ 基层干部必须是“万金油”，不管什么工作、什么难题都能合理安排、妥善解决。“万金油”在这里不是贬义词，不是“老油条”，而是“多面手”的意思。

❖ 当好乡镇干部，能做到“心里装群众、脑中有宏图、手中有方法，脚下接地气”才算合格。在原则问题上能担当，在具体问题上能灵活，同时还要有心怀一方土地的诚挚感情。

❖ 民意，是改革的前行准绳，更是改革的价值尺度。推进改革时，把民意请进门；评价改革时，让民意居上座。如此，才能“让人民群众有更多获得感”具有更坚实的落点。

❖ 泰山不让土壤，故能成其大；河海不择细流，故能就其深。只有凝聚乡、村、部门干部力量，才能加快乡域、村域山河面貌的改变。

❖ 增强问题意识，多到困难多、群众意见集中、工作打不开局面的地方去，才能摸清社情民意，了解群众的急难愁盼。

❖ 在基层工作，要有底气、讲和气、聚人气、扬正气。当前，肩负加快发展的重大使命，作为一名基层干部，更要再振精神、激情实干，再鼓干劲、执行到位。

❖ 基层干部一定要放下架子，放低位置，急群众之所急、解群众之所求。不仅要把大事难事的解决作为重点，更不能忽视鸡毛蒜皮的小事小诉求，多为群众办实事、做好事、解难事。

❖ 要树立为民情怀，以民评民说为标准、民心民力为依靠、民意民生为依据、民愿民盼为目标、民苦民痛为失职。

- 体会群众的感受、维护群众的利益，善于从基层一线汲取发展智慧，谋划思路、落实工作就有了方向和重点。

- 在农村，能“进得了门、唠得了嗑、吃得了饭”的干部永远比政策、规定等具有更大的影响力。

- 实惠传递到基层，矛盾化解在基层，感情融洽在基层，情况掌握在基层，问题解决在基层，工作推动在基层。

- 走基层，轻车简从不扰民；察民情，进村入户不做作；问民计，虚心请教不清高；解民难，亲力亲为不推诿；助民富，想方设法不畏难。

- 坚持人民创造历史、人民是真正英雄的唯物史观，坚持以人为本、人民至上的价值观，坚持立党为公、执政为民的执政观。

- 深入乡村“望”民情，观基层风貌；倾听建议“闻”呼声，察百姓需要；放下身段“问”计策，纳民间良方；把准脉搏“切”症结，解群众难题。

- 重点向基层倾斜，骨干向基层下派，干部从基层选拔，精力向基层集中，力量向基层加强，政策向基层倾斜，工作向基层贴近。

- 民心在基层聚焦，资源在基层整合，问题在基层解决，服务在基层拓展，认识在基层深化，阅历在基层积累，能力在基层锻炼，才智在基层增长，情况在基层掌握，工作在基层推动，感情在基层融洽。

- 基层工作多滋多味，在享受完成各项工作任务的喜悦时，困惑也挥之不去。有时因为落实一些脱离实际的“闭门政策”，基层干部却成了群众的“出气筒”。期盼上级在出台政策前，多听听我们这些落实者的意见。

- 管好不是“关住”，加强指导不能捆住手脚。基层自建能力的高低，很大程度上决定基层建设发展的质量。上级放心放手，下级才有尽心尽力的空间；上级放权还权，下级才有尽职尽责的余地。

- 在……中，要……及时了解在上面难以听到、不易看到和意想不到的新情况新问题，掌握第一手资料，并根据实际运行情况适时调整，尽心尽力为群众办实事、解难题，坚持不懈，持之以恒，开创出“事事关心”的好局面。

- 基层有一些能在群众中说得上话、能反映相当一部分群众心声的“热心人”。他们在群众中有一定威望，了解群众的所思所盼，清楚群众工作与生活中的难点痛点，知晓政策落地的梗阻障碍。

❖ 由于基层事务大多是细小琐碎、难以定性的事务，大多数“小事”源自人们的生活习惯，社会关系失调，这也就意味着政府无论怎么解决“小事”，“小事”都会源源不断地产生出来。因此，只要政府“花钱办事”的逻辑没有改变，治理成本就只可能上升，不可能下降。

❖ 基层工作千头万绪，难免出现这样或那样的问题，这就要求我们的干部敢于承担责任，敢于接受挫折和群众的批评，敢于在吸取教训中站起来，群众反而会更支持解决工作中出现的新情况、新问题。

❖ 实际上，基层工作的核心是群众工作。一旦群众的思想通了、人心齐了、组织好了，基层治理便会事半功倍，反之则会事倍功半。这一点不改变，基层治理便会一直受制于时间紧、任务重，基层治理的成本当然也就会不断上升。

❖ 人民群众是历史的创造者，是真正的英雄。要做好群众工作，就要坚决站稳人民立场，从群众中来，到群众中去，带着真情实感为民谋实事，发扬优良作风为民解难事，练就过硬本领为民办好事，发挥语言艺术为民暖心事，真正成为群众的贴心人，切实提高做群众工作的能力和水平。

❖ 多听群众揪心事，做到有呼必应；多听群众身边事，做到一呼百应；多听群众关切事，做到未呼先应，把“身边热点”变成群众“幸福起点”。遇到问题将心比心，换位思考，请群众一起来参与议事，让群众的金点子成为改善民生、造福民生最佳的切入点和着力点，成为为群众纳福、聚福、造福之源。

❖ 热情是增进人际交流的第一道阀门、第一感官印象，能够打下信任的基础。但在实际工作中，部分同志言语生硬、态度冷漠，甚至板着脸、背着手，摆出一副高高在上的神态。如此一来，他们与群众说话要么讲不到一块儿去，要么说了不到两句就被顶了回去，群众甚至对其避见、避谈。实际上，群众最讲感情，只要党员干部多一分热情，群众就会多一分认可。因此，对群众要和颜悦色、和风细雨，笑脸相迎、和蔼耐心，让群众如沐春风。

❖ 情况在一线掌握，实情在一线掌握，问题在一线解决，决策在一线落实，短板在一线补齐，作风在一线转变，工作在一线创新，工作在一线推进，难点在一线突破，形象在一线树立，问题在一线发现，矛盾在一线解决，业绩在一线创造，能力在一线提升，成效在一线检验，人才在一线识别，创新在一线体现，干部在一线选拔，情况到一线了解。

❖ 幽默诙谐的话是人际关系的润滑剂，也是大智慧的体现。“当局者迷，旁观者清”。做群众工作时，幽默诙谐的话往往能让当事人醍醐灌顶、豁然开朗。基层干部很多时候都是通过说话来做群众工作，如果说得僵硬、死板、套路，群众就会有“听觉疲劳”，任你之后说得唾沫横飞，也不会做回应，从而遭遇说话无人听的尴尬境地。因此，要适当增强语言的幽默感，多说得体、风趣、幽默的话。在拉近距离的同时，化解尴尬紧张氛围，让群众感受到干部的个人魅力，树起干部的威信。

❖ 激情是做好群众工作的内在动力，是担当作为的内在要素。现实中，群众有难题心急火燎等待党员干部来处理，有的同志却畏畏缩缩“躲猫猫”或慢慢吞吞“磨洋工”；一些年轻同志面对群众工作不确定、不稳定性因素，存在畏难情绪，躲躲闪闪；部分年龄稍大的基层同志干事积极性存在消减现象，尤其遇到棘手问题和矛盾能推则推、能拖则拖。党员干部是人民的公仆、勤务员，尤其是广大基层党员干部要有时不我待的急迫感、舍我其谁的责任感，要有躺着想事、坐着议事、站着干事的主动和自觉，才能赢得群众的青睐和支持。

❖ 古语有云：“良药苦口利于病，忠言逆耳利于行。”有些反对之声恰巧是“问题所在”“隐患根源”。基层工作是“上面千条线，下面一根针”，要真正发挥好“穿针引线”的作用，就需要基层干部和各级代表主动听“民生民怨”、解“矛盾忧患”，到群众批评多的地方去，到矛盾产生的地方去，走进群众内心，感受百姓“冷暖”，记录民生“百态”，真正懂得群众“需要”什么、“主张”什么、“反对”什么，使各项政策和民生措施真正符合广大群众的需求、代表广大群众的根本利益，从而根治群众反映强烈的突出问题，产生社会治理实效，提高保障和改善民生水平，努力实现人民群众向往美好生活的“愿望”。

❖ 共情是指深入他人内心世界了解其感受的能力，做到换位思考、推己及人。一些同志之所以不能做好群众工作，重要原因在于没有真正将群众当作自家人，没有把老百姓的困难视为自己的困难。如果真正从群众的立场出发，那么面对群众的合理诉求就会多一分认同，面对群众的激动情绪就会多一分理解。要经常换位思考，用心了解群众所思、所想、所盼，解决群众最关心、最直接、最现实的利益问题，急群众之所急，想群众之所想，搭建起干群沟通的桥梁。尤其是面对复杂多变的矛盾纠纷时，才能制定出干部群众都认同的合理方案，确保矛盾纠纷得到妥善有效的处置。

八、关于调查研究

深，实，细，准，效，诇，询，解，求，查，察，勘，考，讨，讯，索，视，治，司，搜，阅。

最盼、最急、最忧、最想，走透、看透、问透、听透，调查、调研，考究、探究、深究，采访，蹲点，推究，搜查、排查、待查，据悉，访查，观察，问卷，寻究，探索，科考，查实、查找、查询、查问、查究、查证、查勘、查明、查缉，普查，勘察、考察，察勘，体察，清查，报告，征询、查询、探询，究诘，摸排，考求，钩稽，检核，巡访，踏勘、踏访，察访，追问、追查，课题。

压一压、稳一稳，扶上马、送一程，知与行、为与位、亲与疏、表与里，学一本、记一时、过一遍、用一回，进行时、完成时，跟进曲，休止符，嵌入式、浸润式、攻心式，再加压、再加力、再加劲，找切口，做融合，沉下心、潜下气，全方位、全过程，定制式、点餐式、快餐式，不唯书、不唯上、只唯实，铭于心，融于魂，践于行，世界观，方法论，知识面，去一次、走一圈、看一眼、拍一下、问一句、说一嘴，求证实，听评价，收建议，听真话、摸真情、取真经、求真知，问题秀。

吃透上情、摸清下情、把握内情、了解外情，找准症结，上下结合，融会贯通，开拓创新，开好药方，提实措施，扑下身子、迈开步子、放下架子，打开“大门”，搬起“板凳”，走入“庭院”，放下架子，迈开双腿、迈开步子，蹚出路子，扎下身子，沉到一线，亲自察看、亲自体验，吃透两头，刨树搜根，听真声音、挖真问题、找真药方，心中有数、心中有谱、心中有招，揣着问题，带着感情，躬身向下，深入基层、深入群众、深入一线，说走就走，随时可停，关注终端，接触末梢，去伪存真、由表及里，听到真话，把准问题，做实决策，寻根问底，盘根究底，民意测验，搜根问底，察三访四，剖根究底，即穷验问，“真”下一线、“真”做调研、“真”解困难。

听到真声音、发现真问题、找到真药方，撤掉“过滤网”，打捞“干硬货”，撕去“外包装”，移开“摄像头”。

好句

- 要大力推行“一线工作法”，将“办公桌”……与群众……
- 为深入贯彻落实……指示精神，×××开展了……活动，并形成本调研报告，具体报告如下……
- 要做足调查研究前的功课，主动扑下身子，把心贴近群众，不能……看“优美盆景”，也要……
- 群众反映的一些诉求和问题，往往是历史遗留的“疑难杂症”，想要听真话、察真情，离不开……更离不开……
- 按照……调研方案部署安排，×年×月×日至×月×日，×××到×××等地开展调研。主要围绕……重点任务，采取约谈……召开座谈会、逐案剖析、实地走访、暗访等形式进行调研。
- 拿出……的积极性和执行力……用实际行动解决好“群众关切”，以“务实作风”多让群众感受到热气腾腾的暖意，有效做到发现问题在一线、化解矛盾在一线、工作落实在一线。

❖ 下一步，建议以……为统领，力争在以下……方面实现突破：一是在……上重点突破。二是在……上重点突破。三是在……上重点突破。

❖ 调查研究要善于……做……（“明眼人”“有心人”）努力获取……真正把本质规律把握准，把思路对策研究透，通过主动为群众燃起火炉，多做雪中送炭之事，把群众工作做得更温暖、更贴心、更有效。

❖ 到一线接待群众，通过……等方式，对涉及的问题不回避、不拖延，做到目光所至看到问题、耳听范围想到问题、所思所想直面问题、所作所为解决问题，全力以赴把群众诉求解决到位，化解“心”疙瘩，用群众的获得感、幸福感、安全感来检验……成效。

❖ 在……的关键阶段，为推动解决……等问题，今年×××时间以来，×××组建了以主要负责同志为组长的调研指导组，深入……开展调研工作，历经××天，深入……等地，走访……等人，为……打下了良好基础，具体报告如下……

❖ 七分调查，三分研究。

❖ 有懒得看、懒得做的思想。

❖ 脚下有泥，心中才有底。

❖ 没有调查就没有发言权。

❖ 一语不能践，万卷徒空虚。

❖ 走到田间地头，走到房前屋后。

❖ 调研成效如何，工作方法是关键。

❖ 调研深入土地，决策才有养分。

❖ 诊对症状，是解决病根、开对药方的前提。

❖ 涉浅水者得鱼虾，涉深水者得蛟龙。

❖ 搞调查研究，看“门面”更要看“后院”。

❖ 只看“盆景”，就会错过真正的“风景”。

❖ 屁股挪不开办公椅，步子走不出会议室。

❖ 贴近群众“鱼得水”，脱离群众“树断根”。

❖ 空谈调查，不做研究，搞“花架子”“花把式”。

- ❖ 老百姓走“泥土路”，干部就不能走“水泥路”。
- ❖ 调查研究要用心用情，既要身入，更要心至。
- ❖ 一层一层往内里剥，一锹一锹往深处挖。
- ❖ 一竿子插到底，真研究问题，研究真问题。
- ❖ 从“办公室”走出来，从“文件夹”走出来。
- ❖ 体现发展要求，承载历史成果，顺应时代大势。
- ❖ 调研覆盖很全，调研看得很细，调研成果很实。
- ❖ 群众意见往往不是“明摆着”的，具有一定“隐蔽性”。
- ❖ 让实践来检验、让基层来评判、让群众来打分。
- ❖ 政策对不对，方向偏不偏，基层群众最有发言权。
- ❖ 调研的真正目的是听真话、摸真情、取真经、求真知。
- ❖ 调查研究就像“十月怀胎”，解决问题就像“一朝分娩”。
- ❖ 发现问题的敏锐，正视问题的清醒，解决问题的自觉。
- ❖ 真正的调研，是要调查之后着手“研究”而非“总结”。
- ❖ 当好群众“传声筒”，让群众“有地可去”“有话能说”。
- ❖ 搞好调查研究，不能坐在办公室用听来的数据“闭门造车”。
- ❖ 看问题的眼力、谋事情的脑力、察民情的听力、走基层的脚力。
- ❖ 调查研究最大的敌人，是形式主义。
- ❖ 以解决问题注入动力，以解决问题赢得民心。
- ❖ 习惯坐在“软沙发”上拍板决策，害怕下去坐“灰板凳”。
- ❖ 厘清问题来龙去脉，把脉问诊才能得心应手、游刃有余。
- ❖ 握紧“竹竿”求实，解剖“麻雀”求深，剥好“洋葱”求细。
- ❖ 别人的报告代替不了自己调查，别人的意见代替不了亲手计算。

- 调查研究不是一场说走就走的旅行，而是一场一直在路上的旅行。
- 既要聚焦问题，更要深挖根源；既要研判现象，更要把握本质。
- 到现场心里更有触动，到一线更能找到办法，到群众心里更踏实。
- 调查研究是获得真知灼见的源头活水，是做好工作的基本功。
- 被“盆景展”“报喜会”所迷惑，没得出实事求是的结论。
- 调查研究从来都并非目的，调研后的总结整改方是工作重心。
- 如果“调查圈”总是在“家门口”，就会降低调查的全面性和科学性。
- “若射之有的也，的必先立”。坚持问题导向是调查研究的关键策略。
- 不能满足于“报告一出，万事大吉”，更不能“调研一阵风，事后一场空”。
- 坐在办公室碰到的都是问题，深入基层看到的全是办法，高手在民间。
- “人无远虑，必有近忧”，调查研究归根结底要依赖调查者的问题意识。
- 修好调查研究这门“必修课”，必须做到“群众不满意、坚决不销号”。
- 调查研究是主观和客观结合的纽带，是谋事之基、成事之道、决策之要。
- 身挨身坐，才能拉近心与心的距离。心贴心聊，才能听到最真实的声音。
- 调查研究不是“服装秀”，不是“放烟花”，方式可以多样，要因势而取其一。
- 笑脸迎是见面礼，拉家常是基本功，谈感情是切入点，情理法是标尺线。
- 少让展板材料说，多听基层群众讲；少听干巴巴的汇报，多听顶花带刺的实嗑。
- 调查研究就如“战场指挥”，必须亲临一线、现场查看，才能总揽全局、精准打击。
- 坚持从群众中来、到群众中去，掌握“沾泥土”“带露珠”“冒热气”的基层实况。
- 正所谓“磨刀不误砍柴工”，“说走就走”“拍脑袋”式的调研很难达到预期效果。
- 调查研究不仅是一种工作方法，而且是关系党和人民事业得失成败的大问题。
- 既看光鲜亮丽的“门面”和“窗口”，也得看黯然失色的“后院”和“角落”。
- 存有“随便看看”的“应付”心态，也存有“放松心情”的“错误”心态。

- 调查研究就是要直面矛盾和问题，寻求破解矛盾的“钥匙”，拿出解决问题的“药方”。
- “知屋漏者在宇下，知政失者在草野”。离开“问题”的调研，就是“盲人骑瞎马，夜半临深池”。
- “调”是出发点，“研”是延长线。发现问题是基础，抓住核心问题和要害环节才是关键。
- 用旧眼光去分析新问题，其结果只能是被动地适应，处于“亡羊补牢”的尴尬局面。
- 有些干部习惯在办公室拍拍脑袋作决策，调研纸上来纸上去，或是电话遥控。
- 有些干部调研走马观花，沉不下去、漂在上面，没有思考分析，转半天什么收获也没有。
- 部分干部不摸实情、不找问题，盲目开方子、出点子、定调子的现象仍然存在。
- 要吃透上情、摸清下情、把握内情、了解外情，坚持上下结合、融会贯通、开拓创新。
- 将问题找精准，把对策建议弄到“点子上”，谋划到“关键处”，才能真正把握全局，精准出击。
- 下基层之前让基层做足“功课”，这种走过场、不真实的调查研究无异于“掩耳盗铃”。
- 底气不足，缺少调研经验和技巧，容易出现“为了调研而调研”“调研变汇报”的现象。
- 这就要求进行全面深入的调查研究，刻舟求剑不行，闭门造车不行，异想天开更不行。
- “一语不能践，万卷徒空虚”。调查和研究，是调研的两个必要环节，不应有所偏废。
- 认识问题担难不怯，发现问题担责不推，直面问题担事不躲，解决问题担险不畏。
- 开展调研，营造良好氛围、让群众想讲愿讲是前提，发现问题、解决问题才是最终目的。
- 调查研究是发现问题的“探测仪”、分析问题的“显微镜”、解决问题的“金钥匙”。
- 带着思考深进去，用好“显微镜”“放大镜”，从细微之处观察，从点滴小事琢磨。
- 有些人接到上级文件转身就丢给基层，责任部门变成了督查部门，让基层干部不知如何是好。
- 如果出现“调而不研、研而不用”的情况，必然是陷入形式主义的窠臼，最终导致“竹篮打水一场空”。
- 调查研究是一个循环往复、推陈出新的动态过程，而非“一镜到底”即可收尾的常规动作。

❖ 开展调查研究，如果出发前方向不正，就会“糊涂神逛糊涂庙”，兜不出实情，找不准病根。

❖ 既不是如暗访般悄无声息，也不搞文山会海开局布阵；既不计点看时步步走程序，也不无病呻吟人人都发言；既不高举旗帜喊着口号进点去，也不卷起旗帜不打招呼撤队伍。

❖ 少走有准备的“规定路线”看“门面”、看“窗口”，多走随机性的“自选路线”看“后院”、看“角落”。

❖ 要善于抓住重点、要点，合并陈述同类工作，精练概括具体事例，确保逻辑清晰、详略得当，拧干“水分”，写出“干货”，多用实实在在的数据和事例，支撑起实打实的业绩。

❖ 调查研究在于通过走访问询和数据分析，提早掌握、深入掌握现实情况和存在的问题，不能以“冷冰冰”的态度敷衍对待，也不能用“冷板凳”的方式搁置不用。

❖ 调研的根本目的在于发现问题、解决问题，对问题进行持续跟踪、对方案进行实时更新。

❖ 没有问题意识，对一切社会现状、工作动态的变化不具备敏感度，甚至习以为常，就永远迈不出“不识庐山真面目”的认知困境。

❖ 对群众最盼、最急、最忧、最想的问题要主动调研、抓住不放，真正听到实话、察到实情、获得真知、收到实效。

❖ 调查研究是谋事之基、成事之道、决策之要，没有调查就没有发言权，没有调查就没有决策权。

❖ “踩点式”的走马观花、“盆景式”的只看不问、“报喜式”的探访政绩、“脱节式”的回避落实。

❖ 没有“研”的下文，不仅不能正确反映实际情况，而且还会为某些错误主张和做法提供“事实”依据。

❖ “闭眼难看三春景，出水方显两腿泥”。调查研究是我们党的传家宝，是做好各项工作的基本功。

❖ 进而言之，在艰难困苦的环境中，在突出矛盾的破解中，在与群众一起摸爬滚打中，当几次“热锅上的蚂蚁”，敢于接“烫手山芋”，多钻“矛盾窝”，更有助于砥砺品质、增长才干。

❖ 了解民情不问“百姓”问“百度”，收集民意“指尖”代替“脚尖”，关注民生用“平板”代替“脚板”。

❖ 倘若先射箭、后画靶，预设结论就会屏蔽原生态的真知灼见，不仅浪费宝贵的工作时间，给基层和群众造成负担，更可能误导科学决策。

❖ 如果只调查不研究，装了一兜子材料，回来汇报一下写个报告后就“没有下文”，不仅背离初衷，也会失信于民。

❖ 开出能够切实解决实际问题的“良方妙计”，点准能够切实推动发展的“关键穴位”，下足调研结果的转换运用功夫，将破解难题的思路举措真正落实到基层的“神经末梢”。

❖ 想制定好政策，却不愿意深入基层、花费时间精力去调研的干部，无异于“隔空建楼”，是不可能实现的。

❖ 有些调查对象开始并不配合，持有怀疑态度，甚至抱有敌意；有的调查地点山高路远、条件艰苦。

❖ “蜻蜓点水”不知水深几许，走“经典路线”容易被假象所迷惑，就会造成片面甚至是错误的判断，徒劳无功，还对决策有害。

❖ 如果只动腿、不动心，脚下生风来也匆匆去也匆匆，不带问题去，也不拿办法回，那调查研究就成了一种“脚尖上的形式主义”。

❖ 因此，到基层调查，要一下到底，寻求“源头活水”；既要抓点、搞好典型调查，也要注重调查研究对象的广泛性；敢于“钻矛盾窝”了解实情，少看花瓶和盆景，多看后院和角落。

❖ 不走制定路线，不看示范景区，不听经验汇报，一竿子插到底，一板子盖到边，防止材料过滤、数据掺水、问题调包。

❖ 东拼西凑、复制粘贴，习惯从网上“拿来”或者由他人“代劳”，将别人的想法与成果变成自己的“功劳”，这样的调查研究显然失去了其本身的意义。

❖ 调查研究要有“半杯水”的心态，半杯水里装问题，多向群众请教；剩下半杯装办法，把好做法带回来。

❖ 只是浮光掠影、人到心不到的“蜻蜓点水”式调研，围着篱笆转转，隔着玻璃看看，只去“门面窗口”，不去“后院角落”，那么只能收获一堆“浅滩鱼虾”，起不到任何作用。

❖ 把问题作为研究制定政策的起点，调查研究要直奔问题去，实行问题大梳理、难题大排查，着力打通贯彻执行中的堵点淤点难点。

❖ 调查研究是否能够取得实效，是检验干部能力素质的“试炼场”、反映工作水平的“温度计”、体现宗旨意识的“试金石”。

- 要坚决防止简单把任务交代给基层，把责任推卸给基层，只收材料、“摘果子”。调研变成了“调演”，不仅不解决问题，还加重基层负担，损害干部形象，影响干群关系。

- 如若领导干部在调查研究中践行一切都在“意料之中”“完全掌控”，再多的调查研究也是无用的，走基层不是走形式。

- 跑跑“经典路线”，看看“优美盆景”，这样的调研固然轻松，但最后必定鲜少收获，空费人力物力。

- 必须力戒形式主义，做到持之以恒、久久为功，防止走马观花、蜻蜓点水，防止一得自矜、以偏概全。

- 调研不求“过得硬”，只求“过得去”，热衷扎堆“网红”地点，“厚此薄彼”，搞“彗星式调研”“逆向调研”。

- 脚下沾有多少泥土，心中就沉淀多少真情。做好调查研究，考验的是工作作风，厚植的是人民情怀。

- 深入了解实际，真正掌握全面、真实、丰富、生动的第一手材料，是进行科学决策的前提和基础。

- 只要“面子”不要“里子”，只停留在面子工程上，不体现在具体行动上，做“两面派”“两面人”。

- 调查研究不能闭门造车，否则建造的只会是天马行空的“空中楼阁”，成不了人民群众俱欢颜的“广厦千万间”。

- 体现调研成效的标准，不是字斟句酌的调研报告，不是舌灿莲花的现场汇报，不是“键对键”的交流互动，而是管用可行的对策、眼见为实的措施、人民满意的成效。

- “只调不研”“一调了之”等把调研成果束之高阁的行为，只会让调查研究成为“烂尾工程”，让人民群众“嗤之以鼻”。

- 莫让调查研究“纸上谈兵”，真正问计于民。莫让调查研究“浅尝辄止”，真正解剖麻雀。莫让调查研究“虎头蛇尾”，真正一以贯之。

- 围棋有术语“长考”，为落一子花几个小时思考，力争每一子都有所用、出效果。调研工作的“先手棋”重在布局，而如何布局离不开深入调研、全面分析的“长考”。

- 群众是各类政策制度的亲身体会者，在各项政策具体实施过程中存在的矛盾问题，他们的体会最真切、感受最直接，也最有发言权。

❖ 调研不是看“盆景”、走过场，也不是“匆匆来一趟，草草看一下”，其目的必须是解决实际问题。

❖ 如果干部脱离群众、脱离基层、脱离一线，不知道第一手情况，没有第一手资料，所知所想皆是来自他人“汇报”，必然导致决策失衡、失序、失实。

❖ 虽“身在基层”但心不在焉、浮于表面，看着花哨好看，但实际上凌空蹈虚，难堪一用，没有发现问题，反而助长新问题。

❖ 不注重调查研究，制定的政策、晒出的承诺、亮出的计划也只能是镜中花、水中月，既破坏了政治生态环境，也不利于工作的有效开展。

❖ 心贴心交流，解决“一层纸”问题；送服务上门，解决“一厘米”问题；急群众所急，解决“一分钟”问题。

❖ 当前，很多干部反映工作繁忙，走不开、下不去，没有时间下基层调研，特别是广大机关干部，真正到田间地头、基层一线调研的机会寥寥无几。

❖ 事实证明，坚持攻坚克难，扑下身子搞好调查研究，把问题找准，把思路厘清，把办法找到，推进工作就能事半功倍，战胜困难就能更有底气。

❖ 一幅完美的绣品切不可仅仅停留在起针的那一刻，起针之后还得不断整饰，一切以最终效果为主。

❖ 如果说因“工作繁忙”脱不开身而“打电话调研”，或用“笔头调研”，或在办公室“拍脑袋调研”等这些形式主义，都是万万不可取的。

❖ 搞创新、做工作要在调查研究的基础上才能形成新思路新方法，调查研究做得好、做得实、做得透，工作创新、工作推进就会事半功倍、行之有效。

❖ 听取汇报、查阅资料是了解情况、知悉工作、发现问题的“快捷方式”，但如果仅靠“纸上材料”取代亲眼所见、亲耳所闻、亲口所问、亲身所感，必将错失调研的“原风景”。

❖ 近水知鱼性，靠山识鸟音。调查研究越深入，调研的价值就越突出，对工作的指导性就越好、决策的参考度就越高。

❖ “眼皮”与“地皮”的距离，反映的是落实党的政策的能力和水平，体现的是践行为民宗旨的意识和境界。

❖ “不深思则不能造于道，不深思而得者，其得易失”。脑力是指能够在调查研究过程中抓住事物本质的能力，是调查研究工作落地落实的关键一环。

- 如今许多地方的调研存在“一副药方治百病”的“万能调研”，年年调研的结果“相差无几”，次次调研的效果“原地踏步”。

- 用行动消除距离，用脚步丈量民情，“身入”更要“心至”，时时刻刻把握主动调研的“竹竿”，把存在的矛盾困难搞清、搞透。

- 在开展调研工作时，只求形式上的“完成”，只顾打通与群众的“物理距离”，没有拉近与群众的“心理距离”，导致调研没有让群众讲“心里话”。

- 调查研究的重要原则之一是实事求是。一项工作的落地执行多在基层，大量的事实发生在基层。

- 有的地方满足于“一调了之”“调而不研”“研而不久”，对调研中基层反映的问题能推则推，对走上门来的群众能躲就躲，对历史遗留的“老大难”能拖就拖，生怕给自己带来麻烦。

- 调查研究目的是把事情的真相和全貌调查清楚，把问题的本质和规律把握准确，把解决问题的思路和对策研究透彻。

- 文件未发，调研的“老三样”——“转转、看看、聊聊”已经踩好了点，调研路线也设置得“明明白白”，一路的“功劳簿”满满当当，用“千篇一律”来形容当前的调研方式毫不夸张。

- 调研要像把脉一般，掌握到问题的“病灶”，才能有的放矢。如果只是“盲人摸象”，那调研就是虚有其表，不能探索出问题本质和事情全貌，难以究其根本。

- 调研的关键，就是要善于用好“手术刀”解剖分割，根据不同事件、不同对象、不同层次的分类，将问题条分缕析，分毫毕现。

- 一切事物都处在永恒的运动变化之中，调查研究也只能把握到某一时段下的社会生产生活的主要情况，并不意味着一劳永逸。

- 基层群众中有不少“土专家”和能工巧匠，他们最贴近实际、贴近生活，他们的点子多、办法新，最能够解决当地的实际问题。

- “一语不能践，万卷徒空虚”。如果调研报告只满足于网上“抄一抄”、说法“套一套”，不如实反映情况、提出对策，如同“守着金矿讨饭吃”。

- 千调研，万调研，解决问题才是真调研，只有紧扣成果转化运用这一核心，在抓落实上下功夫，做好“后半篇文章”，调查研究的价值和意义才能真正得到体现。

❖ 只有用脚探路，用手记录，用脑过滤，脚上沾满泥土，身上带着灰土，手上捧过沙土，才会读懂民意，知晓民情，汇聚民智。

❖ 调查研究是密切联系群众的过程，用脚步丈量出来的调研结果才有泥土气息，有群众声音的调研结论才有说服力。

❖ 如果调研时提出的问题笼统空泛、专业术语多，受访者可能会一头雾水，容易出现答非所问的情况。

❖ 有些领导干部总以为自己是老基层，什么都知道，基层那些事并不新鲜，殊不知“拔足再濯，已非前水”。

❖ 站位要“高”，身入心至摸实情。层次要“深”，入木三分探究竟。形式要“活”，对症下药解难题。思维要“辩”，拨云见日得真知。

❖ 调研的目的在于应用，调研结果最终形成的可能是调研报告，也可能是政策文件，更可能是参阅文件。

❖ 要想获得“发言权”，就要扑到田埂上和原野里去，真正与人民群众“面对面”“零距离”，切忌全程跟着“脚本”走，只看“精加工”的材料，只走“盆景式”的点位，只访“会来事”的群众。

❖ “方向不对，努力白费”。前期课题方向的选择至关重要，课题没有确定好，往往后续的调查研究事倍功半。

❖ 搞好调查研究，不能做“眼见皆为实”“听风就是雨”的“囫囵吞枣”式的调研，要“抽丝剥茧”，深入基层，深入事物内部，看清事物的本质。

❖ 要知道葡萄的味道，只有亲口品尝才能知其酸甜；要知道事情的本真样貌，只有眼见才知道真假。眼见要见微见细，调查研究不能走马观花。

❖ 遇到矛盾和问题绕着走，不敢揭“短”亮“丑”，隔靴搔痒、隔山打牛，沉迷表面的“遮羞布”，只捏“软柿子”，不啃“硬骨头”，最后调研报告不了了之。

❖ 个别地方在调查研究中走过场、搞形式，奉行假调研、真享受，假“挑刺”、真“采蜜”，犹如“木人探海”“自由落体”一般浅尝辄止。

❖ 以工作忙、时间紧、能力不足等理由，在调查研究中作风不正，到基层走一圈了事，没有结合实际找问题，沦为“作秀式”“盆景式”“蜻蜓点水式”调研。

❖ 有的干部依赖于纸质材料上的“结果”，信奉“拿来主义”，调研报告如同“裹脚布”，实际情况在报告中分毫未见，只有堆砌的辞藻和字句。

- 在调研中，这里“拍拍”、那里“谈谈”，这里“走走”、那里“望望”，最终弄成一场作秀式调研、盆景式调研、蜻蜓点水式调研，既触不到根本，也拿不到所需。
- 调研，调在前，研在后，二者环环相扣、密不可分，只有调查得清楚，才能研究得透彻；只有经过“对症下药”的研究，才能够找出解决问题的实际办法。
- 在调研中，思考十分重要，只有“脑中真思考”，才能把收集的材料、掌握的情况梳理清楚，才能把问题的“脉”把好。
- 在调查研究时，我们会在台账中看到多组数据。对数据要结合实际情况认真比对，对细微之处要加强辩证，从数据中抽丝剥茧，提炼出翔实有用的结论。
- 实际工作中，不少领导干部总抱怨工作太繁忙，没有时间深入调研，这看似情有可原，实则经不起推敲。
- 调查研究是了解民情民意、集聚民智民力的重要途径，最终目的也是把“问题”变“课题”，把“难点”变“亮点”，不断满足人民群众对美好生活的向往。
- 调查研究是干部直接联系和服务群众的有效途径，是体验民情、摸准实情、推动落实、评估工作的重要抓手。
- 到实际中去“摸活鱼”，到群众中去“拜老师”，到清新的生活中去“深呼吸”，到广阔天地中去“找答案”。
- 调研要“找准脉”，才能“正确诊断”。调研要“诊明因”，坚持“对症下药”。调研要“开好方”，做到“药到病除”。
- 高质量的调查研究如同深海捕鱼，只有深入到困难较多、情况复杂、矛盾尖锐的地方去调查研究，才能获取最真实的第一手材料。
- 窝在办公室里一团麻，走出去全是好办法。坐着板凳对着电脑看得到台账资料却发现不了矛盾问题，能了解指标数据却不懂背后要义。
- 个别单位还存在“报喜不报忧”的现象，总结“好的”经验的多，直面“差的”问题的少，对问题蜻蜓点水、一笔带过，或者干脆忽略。
- 不深入调研或调研不足，主要是实干精神不足，吃苦耐劳精神不够，深入基层调研又累又苦，坐在办公室随便组合拼凑下来得更轻松容易。
- 一些年轻干部喜欢“走捷径”，热衷复制粘贴、网上抄袭，以文件应付文件，至于能不能落实是基层的事。

- 直击现场，杜绝“坐而论道式调研”。直面群众，杜绝“脱离群众式调研”。直视问题，杜绝“蜻蜓点水式调研”。

- 调查研究前期的重点在“调查”，重头戏在“研究”，要通过定量与定性的综合分析，把零散的认识系统化，把粗浅的结论深刻化，直至抓准问题的本质规律，真正研在关键处、谋在点子上。

- 在调研过程中收集的素材，往往存在真伪并存、粗精混杂等情况，很容易造成调研素材片面等错误。

- 深入群众，在求深上下功夫。轻车简从，在求实上下功夫。深入分析，在求细上下功夫。把握规律，在求准上下功夫。切实可行，在求效上下功夫。

- “横看成岭侧成峰，远近高低各不同”。调查足迹的远近，也影响调研范围的大小和质量的高低。

- 只看门面窗口不看后院角落，只听汇报材料不听牢骚抱怨，只访“群众演员”不访困难群众，只翻工作台账不看具体情况，只讲成绩不讲问题。

- 不少干部似乎弄丢了调查研究这个“技能包”，有的不带“问题”搞调研，有的热热闹闹调研一番发现“没问题”，还有的通过调研看到问题了但就是不推动解决。

- “吃一堑长一智”“多一事不如少一事”“不是一家人不进一家门”都是一些我们司空见惯的定论和观点，但是当我们转变思维去“反其道而思之”，就会发现变成了调查研究的好方法、好方针。

- 在调查研究中“搞应付”“走过场”，在调研中心浮气躁，找不到真问题，也不真正去找问题，调研时“沉不下去”，撰写文章时又“东拼西凑”，内容“假大空”，最终“草草交稿”“敷衍了事”。

- “衙斋卧听萧萧竹，疑是民间疾苦声”。个别干部下基层喜欢“高谈阔论”，坐当“指挥家”，成为“个人表演”，导致群众不愿说、不想说、不敢说，最终听不到百姓心里话，不能真正了解基层现状。

- “套路化”“形式化”调研现象仍有存在，个别调研者深入基层只是“照本宣科”或是“提纲式”的调研，像打造旅游路线一样打造经典调研路线，无论什么调研活动，去的路线一样，访的对象同一，听的说辞一样，形同走秀，这样的调研很难达到真正的目的。

- 调研是传家宝，是做好各项工作的基本功，体现的是实事求是的科学态度，真实性和全面性是其内在要求。有什么样的调研，就会有什么样的调研结果，形式主义的调研只会带来形式主义的调研成果。

- 少数干部或是为了搞面子工程，做个样子，或是为了夸大前期工作的成果，只听得见群众的表扬，对群众的批评或是意见建议视而不见、听而不闻，以自己的主观臆断代替了群众的客观意愿。

- 只有真正和老百姓坐到一条板凳上，才能得到群众的真心帮助。调查研究者要拿出“不耻下问”的精神，真诚面对群众，真诚求教群众，从群众身上汲取智慧力量，找到解决矛盾和问题的办法。

- 有的干部将调查研究当作一项工作任务，敷衍了事、急于求成，以“没时间”为挡箭牌，以“不必要”“没好处”“近的远的都差不多”为主观判断，不愿不想下基层、做调研，自然而然就地取材，只选择到近的、容易的地方去，以部分代替了整体，用“打卡”当作调研。

- “知屋漏者在宇下，知政失者在草野”。当前，个别干部自认为学历高、理论功底丰厚，做群众工作也是一把“好手”，缺少与基层群众的交流沟通，导致制定的政策不符合当地实际，缺乏可操作性。

- 在调研初期不妨多一些“预调研”，敢于“踩坑”，乐于“找茬”，用“放大镜”“显微镜”找错误，期待着在样本调查时多发现一些问题，以“不怕有问题，就怕没问题”的心态为调研做好准备，着力把握好调研的实质、明确好调研的目的、发挥调研的作用。

- 俗话说，“空口袋是立不住的”。调查要深入实地，研究也要在深入思考中“把脉问诊”，用实打实的分析提升调研报告的“含金量”，这样才能让更多解决问题的好方法不断“出炉”，让真思考产生真效用。

- 只有打破“围城”“玻璃门”，走到喧嚣的集市、一望无际的田野、繁华的街道，才能在基层踏踏实实地和群众待一阵、相处一段时间，让工作回归真实，满载百姓期盼、基层经验、群众智慧而归。

- 对干部群众反映的突出问题，釜底抽薪、源头防控；对长期在原地打转的“老大难”问题，多管齐下、标本兼治；对改革中出现的新情况新问题，及时回应、突破创新；对制度操作性不够的问题，完善程序、释放效力。

- “纸上得来终觉浅，绝知此事要躬行”。个别干部自认为繁杂事务缠身，挪不开椅子、迈不开步子、沉不下身子，基层情况顺理成章变成了“纸上文字”，被问及情况“支支吾吾”，涉及具体细节更是“不清不楚”，最终成为“纸上谈兵”。

- 选题要准，防止“走偏错位、离题万里”。行动要快，防止“鹅行鸭步、贻误时机”。调研要实，防止“蜻蜓点水、浅尝辄止”。分析要细，防止“一知半解、似是而非”。成文要精，防止“长篇累牍、冗词赘句”。

- 一些干部调研时不想问、不会问，有的满足于坐在车上转转、隔着玻璃看看，将调研变“视察”；有的只走“经典路线”，听取“精心汇报”，将调研变“调演”；还有的不讲方法、言语生硬，问不出个“所以然”，让调查研究跑了调、丢了魂、失了本。

- 力戒“问题秀”，善于握紧“竹竿”求实、解剖“麻雀”求深、剥好“洋葱”求细，通过研究分析典型现象和问题，由个别到一般，由个性到共性，去粗取精、去伪存真，进行一番交换、比较、反复，得出具有普遍规律性的认识，更好地透过“一管”而窥“全豹”。

- “不畏浮云遮望眼”，带着问题“望闻”，预防“未发之病”。“政得下之情则治”，联系群众“问诊”，掌握“疾患症结”。“言有物而行有恒”，脚踏实地“切脉”，解决“根源病灶”。

- 调研就是要去伪存真、由表及里，俯下身子接地气。要善于跳出“层层包围”，与群众“亲密接触”，撤掉“过滤网”，打捞“干硬货”，撕去“外包装”，移开“摄像头”，看到“里子”。只有如此，才能听到真话、把准问题、做实决策。

- 鸬鹚捕鱼时，爆发力强，速度极快，只要看准了目标，10米之内的鱼儿往往逃不过它们的攻击。我们开展调查研究，也要有明确的目的，增强问题意识，带着问题调研，注重调研实效，才能“察消长之往来，辨利害于疑似”。

- 要坚决杜绝“岁岁年年工作相同，年年岁岁总结相似”这种千篇一律的模板总结，要多些“干货”，用言简意赅的语言提炼过往经验，用可视化的数据呈现工作业绩，确保文字可推敲、数据可分析、成绩可查询，答好年终总结这份“工作成绩单”。

- 调查研究的根本目的是解决问题，或带着问题去找办法，或在调研中发现问题，都得在积累了大量第一手材料后，进行一番交换、比较、反复的工作，找到事物的本质规律，找到解决问题的正确办法。

- 没有充分认识到调查研究的重要性，摆不正自己的位置，对上级安排的调研任务存在抵触心理，想方设法“走捷径”，在调研中虽然“身入”基层，但“心”却沉不下去，虽然进村入户了，却仅是“走马观花”，“务虚”不“务实”。

- “调查研究是一门致力于求真的学问、一种见诸实践的科学，也是一项讲求方法的艺术”。如果不搞调查研究，不作数据分析，仅凭主观臆断决策，那么就容易出现决策失误，更难以干好工作。

- 对党建引领推动发展取得的成果成效，拿出固定篇幅进行讲述，不仅说做法，更说成绩。“成绩清单”中，多用事实、数据、名次说话，在前后对比中说进步、述突破，在横向比较中说特色、述亮点，在写好“成绩清单”中讲好初心故事。

- 创新调查研究的数据分析方式。在处理调查研究收集的数据和资料时，要积极运用大数据和人工智能等新型数据分析工具，提高调查研究的实效性和科学性，更好地做到定性定量相结合、微观宏观相协调。

- 结合实际拟定教育计划及课程表，增强培训的规范性、针对性。要抓实日、周、月三维调度，建立每日一调度、每周一通报、每月一汇总的调度机制，依托线上平台每日开展数据分析，每周进行进度通报，每月下发工作提醒，线下开展全覆盖专项检查，推动各项任务落到实处。

- 有的美其名曰“调研”，实为“露脸”，官僚主义在心，形式主义自然就溢于言表，呼隆隆地一阵风来，咋呼呼地一溜烟去；有的在调研中明明知道背地里有“窟窿”，可还是照着“脚本”看“盆景”，走马观花，一唱一和，皆大欢喜；有的调研心态就像“大王派我来巡山”，到基层转一转的目的是“签到”“刷存在感”，留影不留痕。

- 在指导基层工作时，应当好“指导员”“服务员”，而不能当“官老爷”，不切实际地瞎指挥，变粗放式指导为精细化服务，做好关闸分流、穿针引线的工作，让下级“踮踮脚就够得着”。摒弃那些不切实际的高指标，与层层加码、急功近利等不良作风决裂，多问问基层的现实困难，多想想基层的实际情况，多帮助基层排忧解难。

- 调查研究在于通过走访问询和数据分析，提早掌握、深入掌握现实情况和存在的问题。广大党员干部务必念好“实”字诀，既要以实事求是的态度挖掘出人民群众的切身需求和急难愁盼的内容，更要在摸实情、查实况、明实事中形成有效举措，以“钉钉子”的精神努力变“问题清单”为“成效清单”。

- 当前，干部获取信息的渠道多了，但与群众面对面坦诚交流不能少，在实践中点对点、实打实查摆问题不能少。增进同人民群众的感情，力戒形式主义、官僚主义，把办公桌搬到基层社区，将议事会开到老乡家门口，方能及时掌握社情民意，架起干部群众连心桥，从而把调研结果转化为务实举措，把党的正确主张变为群众的自觉行动。

- 形成“问题清单”时，不遮遮掩掩、不避重就轻，敢于揭短亮丑、动真碰硬，摆出真问题，剖析真原因，不泛泛而谈、不空穴来风、不模糊处理，力争做到每个问题都有数据支持、事例支撑。分析原因时，善于透过现象看本质，透过表象挖深层，深挖根源、找准症结，使得“问题清单”更加贴近民心、反映民声，让党建述职述到“点子”上。

- 调查研究是谋事之基、成事之道。无论是开展调查研究还是撰写调研报告，都需要瞄准问题，打通发展的堵点难点。提出“力求实效”的破题实招要“问意见”，在对策建议提出后，不急于“盖棺论定”，可以采取召开座谈会、上门访谈、问卷调查并做好数据有效分析等形式广泛论证，征求专家学者、相关单位部门、上级××和政府、群众等的意见建议，提升对策建议的科学性、有效性。

❖ 一方面，问题是时代的声音，生活好不好，政策落实到不到位，群众最有发言权。另一方面，人民在创造性实践中获得的“真知识”、总结的“金点子”、闯出的“新路子”，往往能为解决共性问题提供启示。坚持问政于民、问需于民、问计于民，倾听民声、尊重民意、顺应民心，有助于发现问题、解决问题，进而使调查研究工作与中心工作和决策需要紧密结合起来，提高决策科学化水平。

❖ 要牢固树立求真务实的工作作风，坚持“一就是一，二就是二”；要把自己摆进去、把工作摆进去、把责任摆进去；要用准确的数据、真实的事例来论证，杜绝“假大空”“搞浮夸”“做美颜”，真正把华而不实的“水分”挤干，把真材实料的“硬货”留下，让“成绩单”回归“素颜”真本色，力争做到抓住要点、突出重点、展现亮点，确保数据经得起分析、报告经得起推敲、实绩经得起检验。

❖ 要盯紧问题的“关键点”，在调研时要把情况摸清、把问题找准，避免“浅尝辄止”“泛泛而谈”。在调研过程中，党员干部要拿出“钉钉子”精神，梳理调研问题，盘点调研事项，分析调研数据，不放过任何一个细节，不漏掉任何一个因素，仔细甄别问题的关键。如在面对村集体经济较为薄弱的村时要把准脉、究其因，了解清楚到底是村“两委”班子缺乏战斗力，还是村内资源禀赋不足等问题，由此及彼、由表及里，努力把问题剖析得更全面一些，把差距和不足找得更精准一些，为切实解决实际问题打下牢固基础。

❖ 调研报告不仅是调查研究的成果展示，更是解决问题的“方向标”。在调查研究过程中，我们会收集到大量的信息和数据，但是这些信息和数据往往是散乱的、无序的。通过写作，我们可以对这些信息和数据进行整理和归纳，将它们系统化、条理化，从而更好地理解实际情况。在调研过程中，需要认真记录每一个细节、每一个数据，无论是群众的言语、行为还是情感，都需要真实地呈现出来。撰写调研报告时，要对数据和文字资料进行客观分析，对问题进行深入剖析，挖掘问题的本质和规律，提出切实可行的建议和措施。写出一份好的调研报告需要党员干部于笔尖纸头不断进行训练，提高文字表达能力和逻辑思维能力，交出一份能针砭时弊、解决问题的调研答卷。

❖ 要想获得“真数据”，调查研究必须“动”起来，广大党员干部要走出“高楼大厦”、背起“民生行囊”、丢下“身份包袱”，“背阴胡同”走一走、“田间地头”转一转、“庄稼庭院”聊一聊，从人民群众欲言又止的“微表情”和话到嘴边的“弦外音”中获取一手资料，了解人民群众面临的“真实问题”、改革发展亟待解决的“难解之题”、个体实践需要补足的“短板问题”，形成“问题清单”；调查研究还要“静”下来，不能“走马观花”“好大喜功”“蜻蜓点水”，要沉心静气对一手数据进行“字斟句酌”“切磋琢磨”“去伪存真”，在平凡的岗位上珍视来之不易的“静谧”，将真实数据进行“一字字的分析”“一条条的过滤”，形成精准的“调研分析报告”，为科学决策提供重要参考，为推动问题解决奠定坚实的基础。

九、关于狠抓落实

想为、敢为、勤为、善为。

表态多，调门高，行动少，落实差，不担当、不作为、不在乎，不敬畏，不落实、乱落实、假落实、少落实、慢落实，守摊子，走秀场，打白条，虚假空，灯下黑，变通式、选择式、投机式、应付式、花样式、甩锅式、冒进式、粗放式、机械式、莽夫式，讲实话、办实事、崇实干、求实效、察实情、谋实招、靠实干、讲实在、兴实业、出实招、创实绩、鼓实劲，干一行、爱一行、专一行、精一行，花心思、寻思路、想办法、求实招，不麻痹、不疏忽、不懈怠、不取巧、不塞责、不敷衍、不推诿、不回避，再鼓劲、再升温、再加力。

责任压实、要求提实、考核抓实，各司其职、各负其责，守土有责、守土负责、守土尽责，放在心上、抓在手上、扛在肩上，倒逼时限、倒排工期、倒查责任，攻城拔寨，层层分解，落实责任，重点突破，落在实处，尽锐出战，真践实履，嘴上说的、心里想的、实际做的，少说多干、真抓实干、埋头苦干、务实重干，落在细上，盯住主业，务实笃行，闻令而行，听令即行，落在小上、落在实上，找准路子、开对方子、打响牌子、撸起袖子、扑下身子，埋头真抓，撸袖实干，强化落地，吹糠见米，立说立行，实干兴省、实绩惠民，求真务实，常抓不懈，持之以恒，抢先抓早，抓在日常，严在经常，横向到边、纵向到底，推动落实、重点落实、精准落实、深化落实，敢闯敢试、敢抓敢管、敢作敢为，绵绵用力，久久为功，一以贯之、一鼓作气、一抓到底，求真务实、真抓实干、常抓不懈，拼字当头、抢字当先、实字为要，科学谋事、务实干事、顺利成事，工作务实、过程扎实、结果真实，多做实事、多务实功、多求实效，不打折扣、不做选择、不搞变通，不掩盖子、不和稀泥，心无旁骛，锲而不舍，脚踏实地，水滴石穿，不折不扣，落实落细，坚定坚决，事不过夜，案无积卷，昼夜兼程，领导苦抓、上下苦干，态度不变、决心不减、勇气不泄、尺度不松，学习先行，明确责任，狠抓落实，高效高质，无缝衔接，协调运转，机械落实，应付了事，矛盾上交、责任下压，问题后拖，程序烦琐、程序僵化，环节烦琐，办事拖拉，矫揉造作，言过其实，亦步亦趋，嘴上说说、纸上写写、墙上挂挂，不敢担当，尸位素餐，贪图享乐，急功近利，投机取巧，见风使舵，因循守旧，耽于幻想，弄虚作假，置若罔闻，知识老化、能力退化、思想僵化，自暴自弃、自怨自艾、自说自话，麻痹大意，掉以轻心，责任虚化，任务悬空，照抄照转，经验主义，瞻前顾后，畏首畏尾，缩手缩脚，满足现状，患得患失，光说不练，坐而论道，碌碌无为，胡乱作为，阳奉阴违，阿谀奉承，弄虚作假，不干实事，不抓落实，空泛表态，应景造势，敷衍塞责，作风漂浮，有令不行、有禁不止，政令不畅、政出多门，只有唱功、没有做功，嘴行千里、身在屋里，避实就虚，议而不决，不抓不管。

与时间赛跑，向困难挑战，应付式落实。

好句

- 确保……落到实处（落实到位）。
- 推动……与……同部署、同落实、同检查、同考核。
- 开创“狠抓落实”好局面重点要……不能……而是要……
- 要贯彻落实……会议精神，立即警醒起来、行动起来，全面开展……
- 抓落实千万不能……必须……以“钉钉子”精神真抓实干。
- 各级各单位要……以××为导向分解任务工作，将责任落实……形成一级抓一级、一级带一级的工作格局。
- 要做“起而行之”的行动者，瞄准实实在在的成效，拿出……的劲头，苦干实干加油干，以实际行动把……转化为……
- 如何才能干出一番成就，交出令人民满意的答卷？要……要……要……聚焦……去抓好贯彻落实。
- ……个个都是“硬骨头”、场场都是“攻坚战”。面对“既要、又要、还要”的多重目标，“一难、两难、多难”的多重困难，需要一大批“干将”“闯将”冲锋陷阵、攻城拔寨。
- 放开手脚干事，甩开膀子创业。
- 不为不为找理由，只为办好想办法。
- 精准施策补短板，聚焦重点求实效。
- 抓落实要坚决，抓落实要果断，抓落实要迅速。
- 浮夸是清谈者的遮羞布，实干是行动者的座右铭。
- 说一句是一句，句句算数；干一件成一件，件件落实。

❖ 落实是一种忠诚，落实是一种担当，落实是一种责任。

❖ 静下心来沉下去，身先士卒冲上去，发挥作用干进去。

❖ 拿出一抓到底的落实魄力，涵养善谋能成的落实能力。

❖ 既要兼顾全面又要突出重点，既要讲成绩也要说问题。

❖ 让实干家施展身手，让探路人专心谋事，让开拓者奋勇前行。

❖ 要先人一步抓落实，要快人一拍抓落实，要胜人一筹抓落实。

❖ 坚决干加油干，一刻不停歇地干；坚决改彻底改，一刻不耽误地改。

❖ 多一些亲力亲为，多一些下地扶犁，汗珠子摔八瓣，撸起袖子干起来。

❖ 选准抓落实的切入点，扭住抓落实的着力点，把握抓落实的落脚点。

❖ 要系好“扣子”积极干，养好“脑子”带头干，甩开“膀子”大胆干。

❖ 不落实，再好的决策也是水中月；不落实，再美的蓝图也是镜中花。

❖ 落实，要有看问题的眼力；落实，要有谋工作的脑力；落实，要有察实情的听力。

❖ “等不得”的紧迫感，“慢不得”的危机感，“松不得”的责任感，“停不得”的使命感。

❖ 始终保持埋头苦干、真抓实干的工作作风，始终保持夙夜在公、念兹在兹的专注精神。

❖ 抓难点，补短板，尚未推出的改革要加快突破推进，已经推出的改革要加快落实落地。

❖ 以一以贯之开拓进取的姿态激发新作为，以时不我待只争朝夕的精神肩负新使命。

❖ 抓落实决不能只是嘴上说说，抓落实决不能只是纸上写写，抓落实决不能只是墙上挂挂。

❖ 一分一秒都不能有疏忽，一丝一毫都不能出差错，一人一岗都不能掉链子。

❖ 锲而不舍、驰而不息的劲头，踏石留印、抓铁有痕的态度，干在实处、走在前列的执着。

❖ 要培育积极主动抓落实的心态，要形成聚合众力抓落实的局面，要坚持以“钉钉子”精神抓落实的韧劲，要彰显聚焦实际问题抓落实的行动。

❖ 传达学习要体现一个“快”字，具体工作要体现一个“实”字，督办问责要体现一个“严”字。

- 要压紧压实责任，以目标为导向分解任务工作，将责任落实到岗位、具体到项目、细化到个人，环环相扣、压茬推进，形成一级抓一级、一级带一级的工作格局。

- 要有等不起的紧迫感、坐不住的责任感、慢不得的危机感，不做“推拉门”“弹簧门”“旋转门”，雷厉风行，迅速行动起来，奋勇争先。

- 以“时时在状态”的精气神应对“不确定”，以“事事马上办”的执行力克服“不容易”，以“人人钉钉子”的责任感挑战“不可能”，始终保持走在前列、勇立潮头的奋斗姿态。

- 要做起而行之的行动者，瞄准实实在在的成效，拿出踏石留印、抓铁有痕的劲头，苦干实干加油干，以实际行动把“路线图”转化为“施工图”“效果图”。

- 年轻干部要树立“作风先行”的意识，在抓落实中自觉强化斗争精神、担当精神、奋斗精神，在矛盾面前不躲闪、不退让，在问题面前不退缩、不推诿，在困难面前不抱怨、不等靠。

- 在推动工作落实的过程中，不能听之任之、虎头蛇尾，不能搞“一阵风”的运动，而是要持续用力、久久为功。

- 树立全局思维，服务大局抓落实。厘清落实内容，统筹兼顾抓落实。整合组织力量，凝聚团队抓落实。夯实党的根基，依靠群众抓落实。激活动力之源，完善机制抓落实。

- 以更大的改革勇气、创新思维抓落实，以更强的担当精神、创优环境抓落实，以更高的思想境界、结果评价抓落实。

- 抓落实更有强度，抓落实更有高度，抓落实更有速度，抓落实更有温度，抓落实更有深度，抓落实更有厚度，抓落实更有硬度。

- 干部一词，干字当头。要把抓落实当作一种政治自觉、一种责任担当、一种工作习惯，多行点滴之事，多积尺寸之功，驰而不息，善作善成，让“马上就办、真抓实干”蔚然成风。

- 狠抓落实不能是“一阵子”的事，也不是“合己意则取，不合己意则弃”，有选择地落实；落实应当是不折不扣、老老实实。

- 决策定一条是一条，条条算数；承诺说一个做一个，个个兑现；工作干一件成一件，件件落实。

- 越是困难重重，越要敢于担当抓落实；越是急难险重，越要冲在一线抓落实；越是利益交错，越要较真碰硬抓落实。

- 狠抓落实就是要不等不靠，不“左顾右盼”、一心等着“上级指导”“同级成功经验”，要勇于运用新思想新理论，结合实践，主动开展探索，主动贯彻落实。
- 领导干部应当发挥好“关键少数”的关键作用，亮开嗓子，迈出步子，带头上讲台、走基层，既做实干家，也做宣传家，推动×××精神往深里走、往实里走、往心里走。
- 要以更大的韧劲和热情攻坚克难持续奋斗，要坚持不懈把全部精力放在踏踏实实干事创业上，勇当先锋，敢打头阵，不折不扣地抓落实。
- 有的“等风来”，不吹就不动，导致××工作滞后；有的“磨洋工”，落实工作缺乏积极性和针对性；有的“打水漂”，关键时刻还只顾面上，不抓实抓细。
- 以靠前指挥、带头冲锋、狠抓落实的务实作风和实际行动，做给下面看，带着下面干，才能推动各项决策部署从上至下真抓狠抓、一抓到底、一抓到位。
- 人民的幸福不是我们喊出来的，更不是“晒图”晒出来的，是每位机关工作者不忘初心、脚踏实地干出来的。
- 蓝图绘就，正当乘风破浪；方向明确，更须策马扬鞭。“层层”真抓狠抓，才能推动工作敢落实、善落实、真落实。
- 政治头脑清醒，抓落实思路就清晰；政治定力坚定，抓落实力度就过硬；政治责任严实，抓落实进度就紧密。
- 干就干成、干就干好，年轻干部要树立“争先创优”的意识，明白群众所盼即未来所向，始终干在实处、走在前列、勇立潮头。
- 坚定“逢山开路、遇水搭桥”的意志，拿出“上天揽月、下洋捉鳖”的气概，练就“任凭风吹浪打，我自岿然不动”的政治定力。
- 真正把大事难事做稳妥，把小事易事做精致，把“分内事”做出高水平，把“分外事”做出高境界。
- 从激活动力入手，攻坚不愿落实的问题；从鼓励担当入手，攻坚不敢落实的问题；从增强本领入手，攻坚不会落实的问题。
- 拿出不私、不虚、不妄的真招行动，摈弃粉饰、表象、作态的笔墨巧术，崇实去文、务实笃行。
- 广大干部要对自己的单位和职责有强烈的责任感，把善不善抓落实、会不会抓落实、能不能抓落实，作为自身精神面貌的真实写照，作为自身能力水平的具体反映。

❖ 正所谓“思想认识不到位，一切工作都白费”，人心抓住了，思想做通了，工作就能落实得好。

❖ 要坚持“问题导向”，主动靠前化解矛盾纠纷，涵养“一枝一叶总关情”的为民情怀，真正把事办到点子上、把话说到心坎里、把情融到点滴里，努力办实每件事，赢得万人心。

❖ 形成狠抓落实的好局面，不折不扣贯彻落实×××决策部署，积极主动抓落实，聚合众力抓落实，以“钉钉子”精神抓落实，聚焦实际问题抓落实，在抓落实上取得新实效。

❖ 深化改革抓落实、紧盯目标抓落实、聚焦目标抓落实、强化责任抓落实、优化服务抓落实、创新方法抓落实、突出重点抓落实、加强监督抓落实、注重细节抓落实、提升能力抓落实。

❖ 推动发展高质量，全力以赴促发展，提升工作效能高，促进社会和谐稳，实现治理现代化，保障民生改善实，确保政策执行严，提高工作质量优，打造过硬队伍强。

❖ 把应该担当的责任扛起，以真抓的实劲、敢抓的狠劲、善抓的巧劲、常抓的韧劲去推进工作。吃准摸透上级精神，不折不扣贯彻上级决策部署，精准掌握本地实际情况，深刻把握优势劣势，找准工作切入点突破口，想尽千方百计、吃尽千辛万苦、凝聚千万力量去干事创业。

❖ 要明确时间表任务图，坚持早发力、快发力，说了就要算，定了就要干，真正实现“马上就办，办就办好”。要以开局就是决战、起步就是冲刺的姿态抢时间、抢机遇，努力创造经得起实践、人民和历史检验的新业绩。

❖ 不做实践，再好的规范条例“挂在墙上”“写到书里”“压在案头上”，也不会起到什么作用。“千里之行始于足下”，大胆实践，一条规范一条条例，甚至一句话，也会发挥好作用、大作用。

❖ 要以雷厉风行的工作作风，迅速将工作任务进行细化，明确各方责任，列出详细的工作清单。通过高效且有序的方式，将各项任务切实转化为具体的工作实践，以实际工作成果回应上级的各项要求和部署。

❖ 从粗放到精细、从松散到严谨、从理论到实践并不总是一路坦途，这就需要基层组织者用担当作为，用一以贯之的坚持，用持之以恒的努力，奋力书写新时代×××建设的新作为、新气象。

❖ 要狠抓工作落实，建立健全工作责任制，层层压实责任；进一步健全重点工作考核督查机制，落实考核排名、评比通报、后进条线约谈培训等制度，坚持考用一致、奖勤罚懒，真正让实干者实惠、有为者有位、胜任者胜出。

❖ 行百里者半九十，抓落实贵在持之以恒，难也在持之以恒。年轻干部必须坚持“目标导向”，紧盯目标抓落实、创新制度抓落实，经常抓、反复抓、持久抓，坚决防止走过场、一阵风，让抓落实成为工作的助推器。

❖ 要把实的要求贯穿主题教育全过程，坚决防止和克服形式主义、官僚主义，实实在在抓好理论学习和调查研究，实实在在检视整改的突出问题，实实在在办好惠民利民实事，用实干推动发展、取信于民。

❖ 做出科学合理的决策，需要大量客观、真实、有效的信息。面对纷繁复杂的工作，面对千头万绪的工作，各级领导干部更要摸清摸透实际情况，积极作为和主动作为，不能上面催一下、下面动一下，不能被动前行，而是要在摸清实际情况后，结合当地经济社会发展实际，拿出切实可行的措施和办法。

❖ “什么东西只有抓得很紧，毫不放松，才能抓住”。抓得紧的标准之一就是时间。如果干工作老是瞻前顾后、犹豫不决，那么抓落实的效果必定会大打折扣。干事创业必须树立只争朝夕、时不我待的时间观念，以“前有标兵，后有追兵”的紧迫感、“逆水行舟不进则退，进慢了都是退”的危机感抓好落实，雷厉风行、全力以赴。

❖ 对领导交办的事情，要少说“我不行”，多说“我能行”；对具体工作的落实，要抓实抓细，少弄虚作假；对工作中遇到的困难，要多想办法，少打退堂鼓，把“文经我手无差错、事交我办请放心”贯穿到抓落实工作的全过程，以最好的状态、最大的力度，扎实推进各项工作落实到位。

❖ 要坚定不移提振干劲、创新干法、务实干事，重实干、谋实绩、做实功、求实效，坚决向等靠被动、畏难不动、迟缓行动等不良习惯说“不”。要抓住老百姓最关心最直接最现实的利益问题，多些雪中送炭，拿出实招硬招，攻克难点、纾解痛点、打通堵点，补齐民生短板，不断增进民生福祉。

❖ 任务清单化，让抓落实聚焦重点、聚力关键，确保精确精准、提速提效。工作图表化，让抓落实图表可视、形象直观，确保步步推进、序时有度。操作手册化，让抓落实上下一致、有章可循，确保标准统一、规范操作。标准模板化，让抓落实标准清晰、要求明确，确保高标对位、善作善成。专班机制化，让抓落实专人专管、常态长效，确保事有人做、责有人担。

❖ 不在其位，不谋其政，而在其位，就要谋其政，更要成其事。领导干部尤其是××“一把手”，位置关键、责任重大，不仅是一个单位的“风向标”，也是一个地方发展的“火车头”。干与不干，真干还是假干，大干还是小干，基层干部群众看得最清楚，反映在工作成效上也最直接。主要领导干部在抓落实中既要挂帅、又要出征，既当指挥员、又当战斗员，亲自部署重要任务，亲自把关关键环节，亲自督导工作要求。

❖ 实施方案要抓到位，抓住突出问题和关键环节，找出体制机制症结，拿出解决办法，重大改革方案的制定要确保质量；实施行动要抓到位，掌握节奏和步骤，搞好统筹协调，使相关改革协同配套、整体推进；督促检查要抓到位，强化督促考核机制，实行项目责任制，分兵把守，守土有责，主动出击，贴身紧逼；改革成果要抓到位，建立健全改革举措实施效果评价体系；宣传引导要抓到位，积极宣传改革新进展新成效。

❖ 目标任务要抓实，自觉运用改革思维和改革办法推进各项工作，区分轻重缓急；精准落地要抓实，对症下药，制定实施方案直奔问题去，充分调研论证，突出针对性和可操作性；探索创新要抓实，继续鼓励基层创新，及时总结推广地方的创新做法；跟踪问效要抓实，抓好改革督察，开展评估工作，做到基本情况清楚、问题分析清楚、工作方向清楚；机制保障要抓实，完善督办协调、督察落实、考评激励、责任追究等工作机制。

❖ 一人难挑千斤担，众人能移万座山。一个地方、一个单位若只有主要领导“一人忙”，也难挑多项决策部署抓落实的“千斤顶”。班子成员干部是抓落实的“中层支撑”，需要发挥对上汇报、对下鼓劲、对外协调的枢纽作用，把主要领导的安排部署放在心上、扛在肩上，把分管领域的具体工作抓出成效、做出亮点，把下级干部的困难问题及时沟通、帮助解决，推动形成人人有压力、个个有动力、责任共承担的共抓落实工作格局。

❖ 坚定立足“实”字，全力以赴担任“施工队长”，深入基层，一以贯之推进工作落实，切实做到实事求是、注重实效。积极倡导调查研究之风，严格执行“四下基层”制度，及时掌握新情况、新问题，攻克贯彻落实过程中的难题、瓶颈和痛点。紧抓“细”字，秉持精细化策略、精准施力，深入推进各项工作，精益求精，以“工匠精神”磨砺“绣花功力”，畅通工作落实的“最后一公里”。

❖ 必须树立正确的政绩观，解决好政绩为谁而树、树什么样的政绩、靠什么树政绩的问题，多做打基础、利长远的事，不搞脱离实际的盲目攀比，不搞劳民伤财的形象工程、政绩工程，真正做到对历史和人民负责。要发扬求真务实、真抓实干的作风，以“钉钉子”精神担当尽责，树立“功成不必在我”的境界，一件事情接着一件事情办，一年接着一年干，脚踏实地把既定的行动纲领、战略目标、工作蓝图变为现实。

❖ 抓落实要有目标、抓落实要有计划、抓落实要有措施、抓落实要有责任、抓落实要有担当、抓落实要有作为、抓落实要有检查、抓落实要有督促、抓落实要有考核、抓落实要有反馈、抓落实要有调整、抓落实要有改进、抓落实要有时限、抓落实要有进度、抓落实要有成效、抓落实要有信心、抓落实要有决心、抓落实要有恒心、抓落实要有勇气、抓落实要有魄力、抓落实要有胆识、抓落实要有智慧、抓落实要有策略、抓落实要有方法、抓落实要有条理、抓落实要有秩序、抓落实要有规律、抓落实要有重点。

❖ 抓主体责任，牵头部门对经办的改革举措要全程过问、全程负责、一抓到底；抓督办协调，对敷衍塞责、拖延扯皮、屡推不动的，对重视不够、研究甚少、贯彻乏力的，要进行问责；抓督察落实，强化督察职能，健全督察机制，抓紧构建上下贯通、横向联动的督察工作格局；抓完善机制，抓紧完善督办协调、督察落实、考评激励、责任追究等工作机制；抓改革成效，把是否促进经济社会发展、是否给人民群众带来实实在在的获得感，作为改革成效的评价标准；抓成果巩固，及时总结推广改革经验，把各项成果总结好、巩固好、发展好，努力使实践成果上升为制度成果。

❖ 抓落实要强化责任意识、抓落实要提高工作效率、抓落实要确保工作质量、抓落实要注重实际效果、抓落实要坚持问题导向、抓落实要找准关键环节、抓落实要解决突出问题、抓落实要加强组织领导、抓落实要明确工作责任、抓落实要强化考核评价、抓落实要形成工作合力、抓落实要营造良好氛围、抓落实要建立长效机制、抓落实要发扬优良作风、抓落实要保持奋进姿态、抓落实要勇于担当作为、抓落实要坚定理想信念、抓落实要增强宗旨意识、抓落实要提升能力素质、抓落实要做到心中有数、抓落实要做到手中有招、抓落实要做到脚下有路、抓落实要敢于直面困难、抓落实要善于解决问题、抓落实要勇于攻坚克难。

❖ 抓落实要不畏艰难、抓落实要不惧挑战、抓落实要不辞辛劳、抓落实要敢于负责、抓落实要敢于较真、抓落实要敢于碰硬，抓落实要实事求是、抓落实要脚踏实地、抓落实要真抓实干、抓落实要雷厉风行、抓落实要立说立行、抓落实要言行一致、抓落实要一抓到底、抓落实要一以贯之、抓落实要一丝不苟、抓落实要坚定信念、抓落实要坚守原则、抓落实要坚持不懈、抓落实要注重细节、抓落实要注重过程、抓落实要注重结果、抓落实要精益求精、抓落实要追求卓越、抓落实要尽善尽美、抓落实要团结协作、抓落实要齐心协力、抓落实要群策群力、抓落实要开拓创新、抓落实要与时俱进、抓落实要锐意进取、抓落实要敢于尝试、抓落实要敢于突破、抓落实要敢于挑战、抓落实要有执行力、抓落实要有行动力、抓落实要有落实力、抓落实要从严从实、抓落实要从紧从快、抓落实要从细从深、抓落实要持续推进、抓落实要不断深化、抓落实要全面提升，有舍我其谁的使命感、不进则退的危机感、时不我待的紧迫感、勇于担当的责任感。

十、关于敢于担当

努力，奋斗，担当，攻坚，勇气，责任，智慧，善断，进取，不惧，重担，主角，大梁，潮头，队首，标杆，排头，示范，硬仗，拍板。

不犹豫、不动摇、不退缩，攻难关，涉险滩，破藩篱，动奶酪，挑大梁，唱主角，打硬仗，扛重担，当先锋，敢拍板，坐不起、等不起，先行者，做示范，冲在前，敢发声，能推动，敢揽过，涉险滩，扛重活，大胆试、大胆闯，放手干，敢担当，勇拼搏。

把准方向，主动作为、奋发有为、担当善为，脚踏实地，拼搏进取，苦干实干，敢于担当、甘于担当、乐于担当、勤于担当、严于担当、善于担当、精于担当，拿出办法，画出路径，及时拍板，作出决定，干部敢为、地方敢闯、企业敢干、群众敢创，认真推进，及时跟踪，加强督查，取得实效，敢破敢立、敢闯敢试，担责不误、临难不却、履险不惧、受屈不计、担责不推、担事不躲、担学不辍、担难不怯、担忧不惧，负重前行，放在心上、抓在手上、扛在肩上，倒逼时限、倒排工期、倒查责任，攻城拔寨，责任压实、要求提实、考核抓实，层层分解，落实责任，责任重大，各司其职、各负其责，守土有责、守土负责、守土尽责，重点突破，落在实处，釜底抽薪，源头防控，多管齐下，标本兼治，完善程序，释放效力，及时回应，突破创新，统筹发展，补齐短板、加固底板、延长长板，补短扬长，啃硬骨头，接烫山芋，蹚地雷阵，攻坚拔寨，穿出荆棘，突出藩篱，破解难题，内忧外患，风雨如磐，跋山涉水，爬冰卧雪，草根果腹，闯关夺隘，决战决胜，抓住要害，找准原因，果断决策，找准路子、开对方子、打响牌子，靶向施策，区分情况，分类指导，对准问题，抓住要害，找准穴位，对准焦距，对症下药，靶向治疗，精准滴灌、精准发现、精准发力、精准突破、精准配对，无缝对接，有的放矢，摸到窍门，找到钥匙，瞄准靶向，开足火力。

全时段推进、全方位协调、全过程监控，朝着问题走、迎着困难上，同时间赛跑、与难题斗争、向目标冲刺，立担当之志、强担当之能、明担当之要、竭担当之力、树担当之风。

好句

- 当前，×××已进入决战决胜阶段，比认识更重要的是决心，比方法更关键的是担当。
- 在大是大非面前不做……于紧要关头处不当……旗帜鲜明讲政治、讲贯彻、讲执行。
- 要视岗位为责任，时刻……面对任务要……面对问题要……在各个方面发挥好××××的先锋模范作用，在平凡的岗位上，发挥不平凡的作用。
- 基层的工作任务重，面临的风险挑战多，做好基层工作必须具有斗争精神，我们要……主动投身到各种斗争中去，做敢于斗争、善于斗争的战士。
- 要把……作为一贯追求，下足“绣花功夫”，一锤接着一锤敲、一事接着一事了，不断提升能力本领、精研技艺，以高水平保证工作“零差错”，在平凡岗位上创造不平凡价值。
- 要涵养……的奉献精神，铆足……的钻研劲头，无论是对待……还是……甚至是……都能俯下身子、静下心来、置于事中，以高标准、严要求落实落细每个程序、每个环节、每个步骤。
- 面对大是大非要敢于×××，面对问题矛盾要敢于×××，面对风险危机要敢于×××，面对逆境挫折要敢于×××，面对歪风邪气要敢于×××，不断×××。

❖ 凝聚改革共识，形成改革合力。

❖ 思想上“挂号”，工作中“上账”。

❖ 敢于领先之魄力，敢闯敢试之作为。

❖ 肩扛千斤谓之责，背负万石谓之任。

❖ 善不以名而为，功不以利而动。

❖ 一年三百六十日，多是横戈马上行。

❖ 面对矛盾有办法，面对问题有路径。

❖ 看干部就是看肩膀，看能不能负重，能不能负荷。

❖ 敢担当者有勇，能担当者有谋，善担当者有为。

❖ 涵养担当精神，树立担当作风，拿出担当行动。

❖ 志之所趋，无远弗届，穷山距海，不能限也。

❖ 想担当是前提、是意愿，敢担当是勇气、是关键。

❖ 日日行，不怕千万里；常常做，不怕千万事。

❖ 险夷不变应尝胆，道义争担敢息肩。

❖ 让担当者不窝气有底气，让实干者得实惠更出彩。

❖ 看的就是担当，考的就是作为，拼的就是实干。

❖ 不忘担当之责，不减担当之志，不松担当之弦。

❖ 校正担当方向，踏准担当步点，积蓄担当力量。

❖ 把使命放在心上，把责任扛在肩上，把工作抓在手里。

❖ 守土有责不动摇，守土担责不含糊，守土尽责不懈怠。

❖ 强化担当的自觉，压实担当的责任，营造担当的氛围。

❖ 乐于担当的作风、善于担当的智慧、敢于担当的魄力。

❖ 担当要坚持原则，担当要迎难而上，担当要虚怀若谷。

- 以落实诠释奋斗，以作为体现担当，以实干成就梦想。
- 树牢正确政绩观，勇于挑最重的担子、啃最难啃的骨头。
- 锐意创新的勇气、敢为人先的锐气、蓬勃向上的朝气。
- 担当，不是喊担当，不是伪担当；作为，不是虚作为，不是乱作为。
- 敢做担当“猛将”，敢做担当“闯将”，敢做担当“干将”。
- 彰显舍我其谁的气势，不负嘱托、不辱使命，敢啃硬骨头、敢攀最高峰。
- 工作再困难，也不能“撂挑子”；情况再复杂，也不能“甩脸子”。
- 保持“愿为”的定力，增强“敢为”的信心，提高“善为”的本领。
- 勇挑“最重的担子”，敢接“最烫的山芋”，能啃“最硬的骨头”。
- 口号喊得震天响，军令状写得再漂亮，不付诸实践，都无济于事。
- 干部要有担当之心，就是要有想担当、愿担当的主观意愿。
- 考验的是主动作为、奋发有为，呼唤的是干部敢担当、善作为。
- 为天地立心，为生民立命，为往圣继绝学，为万世开太平。
- 强化更新知识的紧迫感，积极作为的主动性，通力协作的大格局，一抓到底的执行力。
- 面对压力不焦虑，面对困难不退缩，面对挫折不气馁，面对平凡不浮躁。
- 真抓实干的正气、改革创新的锐气、跨越赶超的志气、敢于拼搏的勇气。
- 夙兴夜寐抓紧干，甩开膀子放手干，寻找窍门科学干，鼓足劲头拼命干。
- 在顺境里不安逸，在逆境里不气馁，在风浪中不动摇，在诱惑中不迷失。
- 奋发向上的精神、坚韧不拔的精神、不屈不挠的精神、无私奉献的精神。
- 要牢记责任重于泰山，夙夜在公、勤勉工作，敢啃最硬的骨头，敢挑最重的担子。
- 势在必行的决心、势如破竹的作风、势不可挡的锐气、誓不罢休的韧劲。
- 咬定目标不放松，抢抓机遇不含糊，改革创新不停步，务实苦干不懈怠。
- 要敢于直面矛盾，不搞击鼓传花，一个领域一个领域地攻坚克难，提高画句号的能力。

❖ 在关键时刻“挺身而出”，在紧要关头“冲锋陷阵”，在危难之际“舍我其谁”。

❖ 在莫衷一是时定分止争，在风险挑战面前挺身而出，在杂言噪音的干扰中勇往直前。

❖ 不以事小而不为，不以事杂而乱为，不以事急而盲为，不以事难而怕为。

❖ “敢干”的责任担当、“实干”的作风状态、“快干”的工作效率、“会干”的能力本领。

❖ 问题面前不回避，压力面前不躲闪，困难面前不推脱，挑战面前不畏惧，逆境面前不退缩。

❖ 矛盾面前不犹豫，坚如磐石的信心，只争朝夕的劲头，坚韧不拔的毅力。

❖ 展现新作为，以冲天干劲激发埋头苦干的奋进精神；不负新期待，以执着钻劲焕发精益求精的工匠精神。

❖ 勇于善于担当，自觉做知重负重的担当者、起而行之的行动者、攻坚克难的奋斗者，不等不靠迎着困难上，不推不拖顶着压力冲。

❖ 大事难事，看担当；逆境顺境，看胸襟；是喜是怒，看涵养；有舍有得，看智慧；是成是败，看坚持。

❖ 各地区各部门要敢于担当，积极有为推进改革攻坚。推进改革既要管宏观，也要统筹好中观、微观。要突出具有结构支撑作用的重大改革，把握好重大改革的次序，优先推进基础性改革。

❖ 既有“明知山有虎，偏向虎山行”的闯劲，又有持续攻坚、百折不挠的韧劲；既有敢于担当、勇于负责的勇气，又有善于创新、科学进取的精神。

❖ 学会承担责任，是一个人的成长过程中必须学会的，自己的责任不要指望别人来替你负担；如果你连自己的责任都承担不起，那你将失去在这个世界上生存的意义。

❖ 人生于天地之间，各有责任。知责任者，大丈夫之始也；行责任者，大丈夫之终也；自放弃其责任，则是自放弃其所以为人之具也。

❖ 舍小家顾大家，当小兵谋帅策，尽己责成大局，甘当幕后、任劳任怨、埋头苦干，发挥了以文辅政、桥梁纽带、督办落实的运转中枢和参谋助手作用。

❖ 做起而行之的行动者，不做坐而论道的清谈客，当攻坚克难的奋斗者，不当怕见风雨的泥菩萨。

- ❖ 敢担当者必有勇，勇要勇于前进、勇于尽责；能担当者必有谋，谋要谋划发展、谋划工作；善担当者必有为，为要为在务实、为在苦干。

- ❖ 多一分进取少一分安逸，多一分闯劲少一分守成，做好精气神的“加减法”，我们才会如革命先驱恽代英所言，“每日须辟一新境界”，使人生更加丰富和开阔。

- ❖ 一个称职的干部，必须在机遇面前主动出击，不犹豫、不观望；在困难面前迎难而上，不推诿、不逃避；在风险面前积极应对，不畏缩、不躲闪。

- ❖ 激发能作为、敢担当的精气神，保留着那么一股子气呀、劲呀，就没有战胜不了的困难，就没有实现不了的目标。

- ❖ 保持“干大事、创大业”的担当魄力，保持“想一流、争第一”的拼抢意识，保持“持续干、抓到底”的恒心定力。

- ❖ 思想是行动的先导，想担当是有担当的前提。干部干部，干是当头的，既要想干愿干积极干，又要能干会干善于干，其中积极性又是首要的。

- ❖ 干部干事创业，既要有担当之心，又要有担当之能。敢于担当，体现的是作风和勇气；善于担当，体现的是本领和能力。

- ❖ 在矛盾冲突关口敢于挺身而出，在危机挑战面前敢于迎难而上，方能蓄积敢为人先、勇立潮头的闯劲，领头向前、冲锋陷阵的拼劲，砥砺奋进、百折不挠的韧劲。

- ❖ 敢于担当，就是要在矛盾、困难和挑战面前不犹豫、不动摇、不退缩，真正做到面对矛盾敢于迎难而上，面对危机敢于挺身而出，面对失误敢于承担责任，面对歪风邪气敢于坚决斗争。

- ❖ 坚持敢为争先，突出问题导向、目标导向，发扬“钉钉子”精神，坚持“一锤一锤接着敲”“钉牢一颗再钉下一颗”。

- ❖ 企业面临冰天雪地，干部更当顶天立地；环境需要蓝天绿地，干部必定改天换地；群众期盼翻天覆地，干部就需战天斗地。

- ❖ 在工作岗位上恪尽职守，是最基本的担当；在改革发展中迎难而上，是有勇气的担当；在面对失败时不屈不挠，是有魄力的担当。

- ❖ 以“咬定青山不放松”的拼争精神、“不达目标不罢休”的执着韧劲，先人一步、快人一拍的战略眼光，迎难而上、善作善成的实干劲头，大转观念、大提效能、大促发展。

- ❖ 旗帜鲜明为敢于担当、踏实做事的干部撑腰鼓劲，给谋事成事的干将、敢打敢拼的闯将创造更多机会。

❖ 多一些专心致志，少一些心浮气躁；多一些跬步千里，少一些朝三暮四；多一些全始全终，少一些虎头蛇尾。

❖ 弦要紧而不能松，必须担当作为抓落实，振奋精气神，把握时度效，同心协力，真抓实干，抢抓一切时间赶进度，竭尽一切力量保目标，克服一切困难求出彩，积极为××大局作贡献。

❖ 以挽起袖子加油干的精神，以闻鸡起舞正当时的状态，以责无旁贷舍我其谁的担当，大力推进改革。

❖ 乐于担当体现的是一种先忧后乐的思想情怀，善于担当体现的是一种有勇有谋的能力素质，敢于担当体现的是一种迎难而上的责任意识。

❖ 年轻干部要蹚地雷阵、涉深水区、啃硬骨头，在经风雨、见世面中练就铁肩膀、硬脊梁，在真刀真枪中磨炼品质、塑造价值。

❖ 守好“主阵地”，避免责任落空；织密“铁笼子”，促进责任落实；用好“撒手锏”，倒逼责任落地。

❖ 担当和作为是一体的，不作为就是不担当，有作为就要有担当。做事总是有风险的。正因为有风险，才需要担当。

❖ 当前行的接力棒交接到当代青年手中的时候，他们毅然挺起坚实的臂膀，在人民需要的时刻挺身而出、迎难而上，用奉献与责任绘就新时代青年的青春担当。

❖ 把准方向、敢于担当、主动作为，脚踏实地、拼搏进取、苦干实干，同时间赛跑、与难题斗争、向目标冲刺，才能攻克一个又一个难关，夺取一个又一个成果。

❖ 《论语》有言：“不患无位，患所以立。”秉持“计利当计天下利”的大公品格，练就“泰山压顶不弯腰”的担当铁肩，必能负重任、敢作为、成大业。

❖ 匡正干的导向，增强干的动力，形成干的合力，多出“破题”思路，多找“破冰”办法，多提“破局”建议。

❖ “褚小者不可以怀大，绠短者不可以汲深”。年轻干部要有胜任领导工作的能力，要有能担当、会担当、善担当的本领。软肩膀挑不起硬担子，只有本领过硬，多几把刷子，才能有想担当的底气和自信。如果只有想法没有办法，那也只是空想。

❖ 年轻干部生逢其时、重任在肩，在大有可为的新时代，唯有坚定矢志不渝的担当之心、练就扎实过硬的担当之能，真刀真枪锤炼能力，以过硬本领展现担当作为，方能担当起党和人民赋予的历史重任，让群众有更多、更直接、更实在的获得感、幸福感、安全感。

❖ 全力拼上限，变“要我干”为“我要干”，变“过得去”为“过得硬”，变“下限”为“上限”，变“低标”为“高标”，变“随大流”为“争一流”，在挖掘潜力、比学赶超中把工作干到最好、干到极致。

❖ 想担当本是党性所驱、职责所系、成长所需，然而现实中时而有诸如“干得好不如躺得好”“路见不平，绕道而行”“无过就是功”等消极思想腐蚀着年轻干部的头脑，成为成长路上的“拦路石”。

❖ 越是艰难处，越是修心时；越是尽责后，越有开心颜。正所谓“种树者必培其根，种德者必养其心”，把责任与担当铭刻在心，时时勿忘、久久践行，方能收获“而今而后、庶几无愧”的快乐。

❖ 自觉把党的初心使命铭刻于心，保持“一日无为、三日难安”“去民之患，如除腹心之疾”的进取心态，提升“为官一任，造福一方，遂了平生意”的人生境界，为想担当注入不竭的精神动力。

❖ 要发扬担当和斗争精神，把热火朝天的劲头干出来，把昼夜兼程的姿态亮出来，愿挑最重的担子，能啃最硬的骨头，善接烫手的山芋，面对困难不“撂挑子”，遇到矛盾不“捂盖子”，敢于较真碰硬，敢于担当尽责，推动事业不断迈上新台阶。

❖ 从张载的“为天地立心，为生民立命，为往圣继绝学，为万事开太平”，顾炎武的“天下兴亡、匹夫有责”，到抗战时的“一寸山河一寸血，十万青年十万军”，无不彰显了中华儿女高度的责任感和敢于担当的精神品质。

❖ 有多大担当就能成就多大事业，尽多大责任才会有多大成就。担当是党员干部的政治品格，是干事创业的使命所在、职责所在。要有担当的意识、能力和本领，勇于担当、敢于担当、善于担当。要有攻坚克难、勇挑重担的勇气，明知山有虎、偏向虎山行；要敢于啃硬骨头，涉险滩、战激流，百折不挠、越挫越勇；要善于学习思考、总结提高、与时俱进，不断提升担当的能力和本领，以念兹在兹、不懈奋斗的担当作为创造不凡业绩。

❖ 新时代是奋斗者的时代、追梦人的时代，是属于青年人的奋进时代。干事业好比钉钉子，需要一锤子一锤子下苦功。我们青年虽不见得是水库源头那根最粗的管子，但要努力做把水送进千家万户的那根最细的管子。“士不可以不弘毅，任重而道远”。我们要以“敢为天下先”的闯劲和“而今迈步从头越”的豪情，主动作为、大胆开拓，努力延展人生的宽度和厚度，在社会发展进步的大坐标中思考自身发展前进的小坐标，在国家民族进步的大战略中涵养自身成长进步的大格局，在担当中历练，在磨砺中成长。

十一、关于改革创新

思维，制度，方法，技术，热情，决心，勇气，跟跑、并跑、领跑，面向，依靠，服务，融合，支撑，引领，继承，批判，创新。

敢开放、真开放、先开放、全开放，翻身仗、治理仗、应急仗、漂亮仗、主动仗、落地仗、突围仗，司令部、参谋部、作战部、服务部、协调部、联络部、宣传部，排头兵，先行地，实验区、深水区，攻坚期，宽领域，深层次，全方位，破难题，补短板，防风险，险水滩、涉险滩、急险滩、深水滩，不走样、不走偏，无人区，高起点，新长征，突围战、持久战、主动战、游击战、总攻战、拉锯战、突击战、攻心战、强攻战、阻击战、闪电战、人海战、突破战、阵地战、遭遇战、升级战、追击战、剿灭战、清零战、冲锋战、白刃战、接续战、大决战、地毯战，特战队、后援队、预备队、突击队、游击队、先遣队、战斗队、抢险队、救援队、督战队、救火队，主力军、常备军、正规军、后备军、先行军、集团军、生力军、杂牌军、急行军，尖刀连、突击连，侦察班、侦察兵，瓶颈期、空窗期、静默期、阵痛期、破冰期、空档期、换挡期、嬗变期、蓄势期、优势期、释放期、喷发期、高峰期、危险期、决胜期、施工期、蜕变期、蜜月期、超载期、蝶变期、加速期、叠加期、收官期、黄金期、窗口期、保质期、凸现期，地雷阵，下深水、涉深水，制高点、制胜点，突破口，主攻点，升级键、重启键、加速键，攻山头，守碉堡，拉满弓，克险关，闯雷区，蹚地雷，破壁垒、破坚冰，攻城堡，拔城池，拆藩篱，蹬战靴。

全面发力，多点突破，勇立潮头，走在千里，守正创新，破题起势，挖根除弊，正本清源，拨乱反正，激浊扬清，无暇歇脚，不进则退，加足马力，坚定向前，冲破坚冰，推三阻四，东躲西藏，见风使舵，有事甩锅，上下求索，锐意改革，现实痛点，发展难点、民生热点、舆论焦点，思想不乱、队伍不散、工作不断，革故鼎新，不走弯路，掌握主动，先行探索，变中求新，创新竞进，筚路蓝缕，手胼足胝，老树新枝，凤凰涅槃，勇于变革、勇于创新，勇立潮头，守正开新，永不僵化、永不停滞，澎湃动力、彰显实力、标注动力、激发活力，独领世界，翱翔苍穹，因事而化、因时而进、因势而新。

现实的痛点、发展的难点、民生的热点、舆论的焦点，改革的思维，创新的办法。

好句

- 把……作为……的关键一招。
- 面对新时代……新征程中不断出现的新情况、新问题，仅凭以往的老经验、老办法去解决新问题、应对新挑战显然是不行的，必须……

❖ 这就需要在推进新时代……建设各项工作落实过程中，勇于进行“自我批判”，不断打破以往的条条框框、推陈出新，在……中向前进。

❖ 在……新征程上，倘若“照着葫芦画瓢”或是“囫囵吞枣”，把自己定位成一个“二传手”，习惯于“以会议落实会议，以文件落实文件”，那么，推进……建设各项工作就难免会流于形式、流于平庸……

❖ 要勇于进行“自我批判”，不断反思……敢于……善于……乐于……一点一滴思改革、求创新，在改革创新的道路上不畏艰难、勇挑重担，锐意进取、夺取胜利，持之以恒推进新时代……建设改革创新各项工作，多打基础、多练绝活、多出精品。

❖ 周虽旧邦，其命维新。

❖ 物竞天择，适者生存。

❖ 世异则事异，事异则备变。

❖ 穷则变，变则通，通则久。

❖ 苟日新，日日新，又日新。

❖ 发展出题目，改革做文章。

❖ 既为一域争光，又为全局添彩。

❖ 遵循发展规律，找准改革方向。

❖ 从改革中找出路，在创新上想办法。

❖ 两弊相衡取其轻，两利相权取其重。

❖ 江山代有才人出，各领风骚数百年。

❖ 改革发展的闯将，解决问题的高手。

❖ 敢字当头的魄力，革故鼎新的勇毅。

❖ 随人作计终后人，自成一家始逼真。

❖ 打通“肠梗阻”，铲除“绊脚石”。

❖ 问题是创新的起点，也是创新的动力源。

❖ 向深化改革要动力，以创新开放增后劲。

❖ 守正创新抓住机遇，锐意进取开辟新局。

❖ 走别人没走过的路，做别人没做过的事。

❖ 百舸争流，奋楫者先；千帆竞发，勇进者胜。

❖ 创业精神需鼓而不泄，创新火炬要旺而不熄。

❖ 以大改革引领大发展，以新作为实现新跨越。

❖ 科技是国家强盛之基，创新是民族进步之魂。

❖ 研发原创成果，提前布局专利，培养技术人才。

❖ 改革是经济腾飞的翅膀，改革是经济转型的推手。

❖ 勇于弯道取直走新路，善于创新发展谋跨越。

❖ 以创新之策破解万难之事，以创新之举激发动力之源。

❖ 在攻坚克难中追求卓越，在创新创造中引领潮流。

❖ 以深化改革找到好方法，以开拓创新找到好路径。

❖ 锲而不舍的“追梦人”，改革发展的“弄潮儿”。

❖ 以改革的方法破除障碍，以创新的智慧加速转型。

❖ 用创造性思维分析问题，用创造性方法破解难题。

❖ 非自我革命不足以成其事，无抖擞精神不足以发其新。

❖ 在“实”字上做足文章，在“干”字上下足功夫。

❖ 凝聚“一条心”共识，拿出“一股劲”作为。

❖ 在真抓实干中促改革，在能干会干中谋开放。

❖ 深化改革的“试验田”，制度创新的“拓荒者”。

❖ 使小智慧汇集成大能量，小改进凝聚成大创新。

❖ 勇于实践工作落实的思路，善于走出改革创新的新路。

❖ 积聚深化改革的中国动力，筑牢砥砺前行的中国信心。

- 标志性、牵引性改革创新举措，突破性、决定性改革创新成果。
- 探索领跑之路，改革创新之路，超越自我之路。
- 勇担时代重任，勇于改革创新，勇攀科技高峰。
- 下好改革创新先手棋，打好转型升级主动仗。
- 克服困难中发展壮大，改革创新中走向未来。
- 雷厉风行的作风，担当务实的精神，改革创新的勇气。
- 增强改革创新本领，强化统筹协调能力，锤炼担当实干作风。
- 理论学习的钻劲，干事创业的韧劲，改革创新的闯劲。
- 在改革创新中勇于担当，在担当作为中锐意创新。
- 许党报国的信念，担当负责的勇气，改革创新的行动。
- 破旧立新的魄力，改革创新的勇气，推陈出新的高招。
- 解放思想再深入，敢闯敢试再出发，改革创新增动力。
- 强化政治担当抓落实，强化责任使命抓落实，强化改革创新抓落实。
- 改革创新谋在前，关键时刻冲在前，勇挑重担干在前。
- 以绿色崛起为路径，以产业强农为支撑，以改革创新为动力。
- 敢于坚决斗争的“猛将”，勇于改革创新的“闯将”，善于攻坚克难的“干将”。
- 奋发有为的状态，超越常规的力度，改革创新的办法，真抓实干的作风。
- 克服困难中发展壮大，应对挑战中超越自我，改革创新中创造未来。
- 为改革创新者“开绿灯”“加把劲”，为担责负责者“卸包袱”“兜住底”。
- 在勇于探索实践中蹚出“新航道”，在不懈改革创新中催生“活思想”。
- 勇于解放思想、与时俱进，敢于上下求索、开拓进取。
- 勇当改革开放“弄潮儿”，种好改革开放“试验田”。
- 全面深化改革找到“支点”，创新制度供给寻到“靶点”。

❖ 跑出改革开放的“加速度”，按下高质量发展的“快进键”。

❖ 唯有改革创新，方能跟上时代；积极奋发有为，才会实现梦想。

❖ 要凝聚广泛共识、汇聚各方力量，啃下硬骨头、穿越急湍险流。

❖ 在激烈的国际竞争中，惟创新者进，惟创新者强，惟创新者胜。

❖ 哪里出现新问题，改革就跟进到哪里；哪个疙瘩最难解，就重点抓哪项改革。

❖ 敢于啃下推进改革的“硬骨头”，敢于挑破阻碍发展的“马蜂窝”。

❖ 改革是一场深刻的革命，必须坚定信心、凝聚共识、统筹谋划、协同推进。

❖ 改革是解放和发展社会生产力、增强社会活力、推动社会进步的必由之路。

❖ 改革不是改向，而是改错；改革不是换人，而是换脑；改革不是松绑，而是加力。

❖ 改革要敢于啃硬骨头，敢于涉险滩，敢于过深水区，敢于破藩篱、除障碍、清淤塞。

❖ 创新是引领发展的第一动力。抓创新就是抓发展，谋创新就是谋未来。

❖ 改革就有了上下联动的澎湃合力，发展就有了蹄疾步稳的强劲动能。

❖ 改革就要敢拔“钢钉”、炸“顽石”，创新就要善破“迷阵”、辟“蹊径”。

❖ 崇尚创新的“制度水源”，鼓励创新的“制度空气”，支撑创新的环境载体。

❖ 改革创新最大的活力蕴藏在基层和群众中间，对待新事物新做法，要加强鼓励和引导。

❖ 自主创新是开放环境下的创新，绝不能关起门来搞，而是要聚四海之气、借八方之力。

❖ 要把改革年度账本点清楚，把抓改革战术打法弄清楚，把改革遇到的矛盾和问题搞清楚。

❖ 做好应该干的事、力所能及的事是基础，敢做没做过的事、一流的事是创新。

❖ 大胆而不莽撞，勇敢而不蛮干。创新在本质上是探索未知的过程，因此它是勇敢者的事业。

❖ 强化“不怕出头”改革精神，拿出“不断更新”改革举措，取得“不可逆转”改革成果。

❖ 创新从来都是九死一生，但我们必须有“亦余心之所善兮，虽九死其犹未悔”的豪情。

❖ 破解难点，改革提升发展效能；直击痛点，改革激活体制动能；紧盯热点，改革呼应民生关切。

❖ 改革只有进行时，没有完成时，我们要以壮士断腕的勇气、凤凰涅槃的决心，将改革进行到底。

❖ 沿海开放，担当排头兵、先行地、实验区；内陆开放，打造新优势、新高地、新格局；行业开放，实现宽领域、深层次、全方位。

❖ 以改革作为谋全局和大势的定盘星，以改革作为经济提质增效的主引擎，以改革作为锚定机遇、化解风险的先手棋。

❖ 改革需要有跑马拉松的准备，调整呼吸，保持节奏，释放动力，修正策略，才能确保改革始终沿着正确的方向蹄疾步稳地前进。

❖ 以创新办法寻求化解矛盾的“钥匙”，以创新思路萃取化繁为简的“良方”，以创新举措打开实现突破的“锦囊”。

❖ 创新来源于实践，创新意识、创新思维最终都要转化为创新实践。然而创新实践的过程不可能一蹴而就，往往要经过曲折的实践过程，遭遇各种困难、多次挫折甚至是失败。

❖ 以凤凰涅槃的决心下好创新驱动先手棋，以猛虎捕食的干劲打好深化改革攻坚战，以燕子垒窝的韧劲筑牢发展环境基础桩。

❖ 改革是一场深刻的革命，改的是体制机制，动的是既得利益，需要披荆斩棘的勇气、勇往直前的毅力、雷厉风行的作风。

❖ 增强改革发展新优势，增强人才集聚新优势，增强环境定居新优势，增强转型升级新优势，增强社会文明新优势，增强民生福祉新优势。

❖ 古来破旧立新的过程阻碍重重，但责任如山，改革既是压力也是动力，既是挑战更是机遇，凡改革成功者，无不是意志坚定、敢于挑战、严于自律、作风清正的人。

❖ 坚持战略引领，着力原始创新；坚持以人为本，强化人才支撑；坚持集群发展，打造创新高地；坚持改革攻坚，提升创新效能；坚持开放创新，参与全球治理。

❖ 改革改在问题根子上，难题少了，带来获得感；改革改在百姓心坎上，保障好了，夯实获得感；改革改在民生刀刃上，机会多了，增强获得感。

❖ 当改革棋至中盘，由顶层设计走向实操层面，我们尤需注意从抓改革方案制定入手，全面彻底、步步深入，一直抓到部署实施、政策配套、协同攻坚、督察落实，保证改革举措善始善终。

❖ 改革，改的是影响群众幸福感的落后制度，革的是阻碍百姓走向幸福生活的桎梏藩篱，只有坚持问政于民，问计于民，紧密联系群众，凝聚人民智慧，才能让改革成果集民智、顺民意，扎实提高人民的“获得感”，这应是青年党员干部奋力开创新时代美好未来的必由之路。

❖ 改革创新首先要有创造意识，有敏锐发现问题的能力，有敢于提出问题的勇气，有敢于大胆设想的魄力，而这些能力从竞争中获得、从科学的理论中获得、从基于实际的实践中获得，绝不是凭空想象、凭空捏造。

❖ 改革要算大账，算总账，就必须破字当头，有破有立，破的是一亩三分地的藩篱，动的是一亩三分地的奶酪，立的是全国一盘棋的大局观；破的是只顾当下的藩篱，动的是眼前利益，立的是谋长远、可持续的发展观。

❖ 年轻干部要有胆量，不惧当“第一个吃螃蟹的人”，立足改革实效，发挥自身优势，将上级要求的新理论与自身的实践紧密结合，在工作中敢作敢为、敢啃硬骨头，拓宽工作思路，不断推动工作创新发展。

❖ “打铁必须自身硬”，只有练就过硬本领，才能游刃有余地处理面临的诸多难题。改革之路无坦途，尤其在进入攻坚克难期，更需要青年干部善作善成，以“不待扬鞭自奋蹄”的拼劲闯劲，去做“领头雁”，敢蹚“深水区”。

❖ 身到心到，把人民群众急难愁盼的问题清单，转化为改革的责任清单、任务清单，切实提升改革的精准性、针对性、实效性，一件一件抓落实，一年接着一年干，才能不断把人民对美好生活的向往变为现实。

❖ 时代潮流奔涌向前，惟改革者进，惟创新者强，惟改革创新者胜。面对新时代的迫切需要，各地要努力培养锻造一支改革创新“尖兵”，激励干部在“闯、创、干”中不断提升改革创新能力。

❖ 改革创新是一个长期的过程，有科学的激励机制，才能最大限度地激发改革创新活力。要建立完善容错纠错机制，对改革创新探索中干部出现的失误，该“容”的要大胆地“容”，并鼓励其继续心无旁骛地“闯”下去；对改革创新中出现苗头性方向性错误的，要及时进行“纠偏”，引导其转变思维，找准方向再出发。

❖ “问渠那得清如许，为有源头活水来”。青年干部要努力学习，拓展自身综合能力和素养，发扬创新精神、工匠精神，敢于奋进，勇于创新，敢向困难“亮剑”。在大有可为的新时代，每一位青年人都是“新长征”的参与者，要在解决问题的过程中善于思索，勤于奋进；撸起袖子，挥洒汗水；发挥才智，勇于担当。

❖ “惟改革者进，惟创新者强，惟改革创新者胜”。思想是行动的先导，能否解放思想从根本上决定了解决问题、推动发展的成色。如果凡事“因循守旧”、困于“闭门造车”、始终“故步自封”，何谈打破传统产业发展的堵点、痛点和难点，构建起智能化、绿色化、新质化的现代产业体系呢？

❖ 要全力释放“满眼生机转化钧”的创新流量，既要紧扣当地的产业基础、经营现状、规划蓝图和资源禀赋，用心找准“切入点”、挖掘“潜力股”、厘清“新思路”，也要敢于突破、大胆探索，主动借鉴各地区的优秀案例、学习国内外先进模式，真正在发展新质生产力的过程中永远保持“向新而行、主动求变”的热劲。

❖ 事业的发展、国家的强大、民族的复兴，都离不开创新的力量。广大年轻干部正处于人生的“黄金时期”，精力旺盛、思维活跃、见识广博，应当积极发挥自身优势，勇挑重担，真正做到以“潜功”出“显绩”，在改革创新的大潮中破浪前行，创造卓越的业绩，为国家和民族的繁荣昌盛贡献自己的力量。

❖ 任何一项创新都不是无源之水、无本之木。创新，并不是所谓的闭门造车，不是靠自己的主观臆造去随意地瞎编乱造，而是要在正确的理论指导下才会创造出价值，因此要学会站在巨人的肩上搞创新，要注意总结前人的经验和教训，要用人类的文明成果武装头脑，创新工作才可以少走弯路。

❖ 要培养逢山开路、遇水搭桥的意志，在急难险重任务面前，乘风破浪、披荆斩棘，敢于探索新路子，有了创新思路、创新举措就要去尝试，面对失败敢于从头再来；营造勇于创新、鼓励成功、宽容失败的良好氛围，充分调动想创新、敢创新和会创新的积极性；让科学精神、科学思维、科学理论助力创新改革，弘扬科学家精神，坚定创新自信，让改革创新同马克思主义的革命性一样，始终保有批判精神，不停自我反思、自我审视。

❖ 改革只有进行时，没有完成时。奋进新征程，广大党员干部要趁着春风正好，把改革创新精神贯穿工作始终，聚焦主责主业工作的难点、痛点、堵点，敢于突破传统，勇于大胆尝试，主动摒弃墨守成规的守旧思维，破除拘谨守分的思想桎梏，以提高群众获得感、幸福感、安全感为导向，不断创造和发明新理论、新观点、新技术、新方法，把改革创新持久而坚定的信念，转化为一项项脚踏实地、抓铁有痕的具体行动。

十二、关于攻坚克难

难事、烦事、急事、苦事。

方向明，决心大，路子对，措施硬，战斗员，督导员。

倒逼时限，倒排工期，倒查责任，敢拔钉子、敢炸碉堡、敢攻山头，知难而进、迎难而上、破难而行，破解危局、解救死局、有力控局，打通“堵点”、破解“痛点”、攻克“难点”，啃硬骨头，接烫山芋，蹚地雷阵，攻坚拔寨，穿出荆棘，突破藩篱，破解难题，内忧外患，风雨如磐，跋山涉水，爬冰卧雪，撸起袖子，扑下身子，围绕节点、突出重点、打造亮点，夯基垒台，选材备料，立柱架梁，抓纲举目，纲举目张，突出重点，统筹兼顾，整体推进、有序推进、持续推进，兜牢底线，蹄疾步稳，策马扬鞭，积极审慎，集中精力，聚精会神，积厚成势，凝聚荟萃，辐射带动，创新引领，开顶风船，中流击水，乘风破浪，猛虎扑食，高歌猛进，穷追猛打，坚如磐石，只争朝夕，坚韧不拔，严峻考验，重要经验，宝贵财富，发现问题、直面问题、解决问题、克服困难、战胜困难、驾驭困难，克难求进，敢于斗争，化危为机，身先士卒，向我看齐，走在前列，更加坚定、更加昂扬、更加有力。

经得起磨砺、顶得住压力、打得了硬仗，放开胆子想、迈开步子争、甩开膀子干，找准主攻点、瞄准发力点、突破制约点，啃下“硬骨头”、越过“火焰山”、攻下“腊子口”，迎着挑战上、顶着压力闯、奔着目标干、用尽力气拼。

好句

- 要锚定奋斗目标，制定……一仗接着一仗打，积小胜为大胜；要保持一颗耐心……不能……也不能×××；要拥有一颗恒心……宏伟蓝图终将化作美好现实。

- 在矛盾面前……，挑战面前……，困难面前……，在关键时刻和危急关头……，成为……干部，才能在攻坚克难的复兴路上立新功。

- 做远征路上的勇士，要树立……意识，在学习与思考中……在未雨绸缪中赢得主动；要发扬……精神，对工作……把普通平凡的工作做到极致；要积淀……智慧，面对急难险重、疾风暴雨……在跨“壕沟”、炸“暗堡”中淬炼斗争本领，奔着胜利的目标勇毅前行。

- “作示范”的担当，“勇争先”的气魄。

- 任务千头万绪，问题错综复杂，挑战无处不在。

- 敢于接触焦点，勇于透视热点，善于解决难点。

- 把困难当考验，把挫折当“存折”，把失败当经验。

- 惟拼搏者不凡，惟实干者出彩，惟奋斗者英勇。

- 杀出一条血路，闯出一条生路，走出一条新路。

- 把握破题之要，掌握解题之法，紧握答题之道。

- 发展中的困难，前进中的问题，成长中的烦恼。

- 谋出路“破题”，找办法“破冰”，拿举措“破局”。
- 使出“闯”的干劲，拿出“抢”的状态，展现“新”的面貌。
- 拿下拦路虎，蹚过深水区，啃下硬骨头。
- 凿井者，起于三寸之坎，以就万仞之深。
- 变压力为动力，变被动为主动，变平凡为非凡。
- 在危急中凝聚，在磨难中成长，在风雨中前行。
- 问题前不回避，矛盾前不退缩，困难前不叫苦。
- 铆足攻坚之“劲”，尽展攻坚之“姿”，凝聚攻坚之“力”。
- 谋划“点”的突破，带动“线”上提升，实现“面”上联动。
- 以“求解”补短板、以“优解”破难题、以“全解”促提升。
- 把握工作重点，找到工作难点，梳理工作堵点，抓住工作痛点。
- 战胜新的困难，化解新的矛盾，迎接新的挑战，创造新的辉煌。
- 勇敢破局之心、系统破题之策、精准破壁之举、乘风破浪之势。
- 增强担难的勇气，增强担险的魄力，增强担责的自觉。
- 困难面前不退缩，问题挡道不回头，遭遇挫折不灰心。
- 不甘落后的拼劲、锲而不舍的韧劲、埋头苦干的实劲。
- 敢开历史之先河，敢当事业之先驱，敢做时代之先锋。
- 遇到困难就退缩，遇到瓶颈就止步，遇到矛盾就绕道。
- “开顶风船”的勇气、“中流击水”的豪气、“乘风破浪”的锐气。
- 新机制需要磨合，新矛盾需要解决，新任务需要完成。
- 不畏困难的勇气、迎难而上的豪气、化难为易的锐气。
- 攻坚克难的决心，爬坡过坎的韧劲，滚石上山的毅力。
- 没有过不去的坎，没有攻不下的城，没有办不成的事。

- 攻坚克难化解社会问题，激流勇进突破发展瓶颈。
- 无坚不摧的决心，愈挫愈奋的勇气，誓不罢休的作风。
- 瞄准高线，奋勇争先；守住底线，补齐短板；敢上前线，强化作为。
- 在探索中找出路，在应变中求突破，在创新中促发展。
- 在挫折中毅然奋起，在风雨中坚定前行，在苦难中铸就辉煌。
- 平常时候看得出来，关键时刻站得出来，危难关头豁得出来。
- 难题在实干中破解，机遇在实干中把握，梦想在实干中实现。
- 在时与势的结合中、在破与立的聚合中、在血与火的淬炼中。
- 有风险时敢不敢闯、有利弊时善不善谋、有疑难时会不会解。
- 具备“永远在路上”的执着，拿出“没有完成式”的韧劲。
- 困难面前不“缩手”，全力以赴不“甩手”，事不干成不“撒手”。
- 一抓到底破“难点”，精准施策清“暗点”，站稳立场疏“堵点”。
- 影响全局的“关键”、事关成败的“节点”、制约质量的“短板”。
- 思维观念上“破冰”，体制机制上“破题”，堵点难点上“破局”。
- 在“抓总”上下功夫，在“抓重”上做文章，在“抓要”上担责任。
- 每一个岗位都干出精彩，每一项任务都冲在前头，每一次危险都顶得上去。
- 坚定不破不立的攻坚决心，提振敢闯敢试的攻坚锐气，强化善作善成的攻坚定力。
- 在惊涛骇浪中启航，在枪林弹雨中成长，在遏制打压中壮大。
- 于挑战中寻求对策，于困难中找到办法，于无望中创造可能。
- 转型发展的实践者，起而行之的行动者，攻坚克难的奋斗者。
- 矛盾面前不躲闪，挑战面前不畏惧，困难面前不退缩。
- 越是伟大的事业，越是充满挑战，越需要知重负重、攻坚克难。
- 千难万难，畏难才真难；这难那难，克难就不难。

- 增强“敢解”的勇气，提升“善解”的能力，争取“必解”的成效。
- 千难万难，只要重视就不难；大路小路，只有行动才有出路。
- 以攻坚克难的精神破解难题，以争创一流的劲头走在前列。
- 把“敢”字挺在前面，把“干”字落到实处，把“拼”字叫得更响。
- 真正的勇士，不仅要有冲锋陷阵的胆气，更要有攻坚克难的智慧本领。
- 激扬敢闯敢试的锐气，砥砺动真碰硬的勇气，涵养谋定后动的静气。
- 树立舍我其谁的勇气，拿出迎难而上的锐气，蓄就闯关夺隘的底气。
- “偏向虎山行”的勇气，“敢啃硬骨头”的韧劲，“争当出头鸟”的胆识。
- 迎着“老大难”就上，碰到“硬骨头”敢啃，接到“烫山芋”不甩。
- 时不我待的干劲、逢山开路的闯劲、锲而不舍的韧劲、化解困难的巧劲。
- 平时工作看得出来，关键时刻站得出来，危急关头豁得出来。
- 遇到急难繁重的事能担起来，遇到千头万绪的事能理清楚，遇到新鲜新奇的事能对得上。
- 奋发向上、自强不息的精神，不畏艰难、百折不挠的意志，脚踏实地、真抓实干的品格。
- 面对困难不敷衍，面对矛盾不回避，面对风险不推卸，重任面前不低头，生死较量不战栗，千难万险不放弃。
- 破解一批难题，锻炼一批干部，形成一套机制，战胜一切强敌，克服一切困难，夺取一切胜利。
- 以逢山开路、遇水架桥的精神，以“明知山有虎、偏向虎山行”的劲头，努力找到化解矛盾的办法，切实推动工作抓好抓实抓到位。
- 以“明知山有虎、偏向虎山行”的勇气大刀阔斧、攻坚克难；以“困难于其易、为大于其细”的智慧运筹帷幄、总揽全局；以“咬定青山不放松”的决心严明责任、狠抓落实。
- 打好稳底盘、扬优势的持久战，打响补短板、强弱项的攻坚战，打赢激活力、增动能的主动战。
- 逢山开路，靠的不仅是力量，也还有创造；遇水搭桥，靠的不仅是勇敢，也需要创造；砥砺前行，靠的不仅是勇气，也必有创造。

- 苦总是与“韧”相连。不怕苦、能吃苦，才能锻造出坚忍的意志。干事创业，没有安逸享乐的温室，只有艰苦奋斗的战场。

- 在艰难困苦之时锤炼敢受命的锐气，在左右为难之时锻炼敢拍板的勇气，在风口浪尖之时淬炼敢碰硬的豪气。

- 面对艰难险阻，敢于迎难而上，才能开辟通途；面对风高浪急，勇于开顶风船，才能绝处逢生。

- 路虽远，行则将至；事虽难，做则必成。每一个非凡成就，都是靠点滴平凡累积而成；每一项艰巨任务，都要靠咬牙坚持最终完成。

- “既然选择了远方，便只顾风雨兼程”。只有经得起摔打、挫折、考验，才能成为奋斗路上的强者。

- 既要不断增加知识的厚度、思考的深度、追求的高度，用“本领高强”战胜“本领恐慌”，也要立变革潮头，涵养勇气和担当，汇聚起所向披靡、无往不胜的力量。

- 硬核鏖战、敢打必胜的精气神，挑战自我、超越自我的大气魄，驾驭市场、搏击风浪的真功夫。

- 口号喊罢“唱空城”，拈轻怕重“做样子”，撸起袖子“一边看”，遇到难题“绕道走”，作风散漫“拖着干”，自甘平庸“差不多”。

- “战士”永远是冲锋陷阵，最后关头，更需要大家拧成一股绳，以争分夺秒的劲头、愚公移山的恒心，啃掉这座威武雄壮的“大山”，甘做××路上的“逆行者”。

- “不达目的、誓不罢休”的执着，“志不求易、事不避难”的担当，“成之惟艰、实干为要”的作为。

- 善于见贤思齐、敢于对标学习，以案例为教材，既要从攻坚克难的典型案例中汲取好经验、好做法，更应举一反三，把好的经验、做法贯彻落实到具体工作中。

- 必须时刻保持清醒的头脑，在攻城拔寨的冲刺阶段铆足干劲、一鼓作气，以“越雪山、涉险滩”的精气神，啃下这块“硬骨头”。

- 当前，一些干部面对新问题新矛盾，在困难和压力面前依然存在“球往下踢，锅往上甩”的形式主义、官僚主义作风。

- 创则必成的决心，全力以赴的干劲，雷厉风行的作风，血染江河的壮烈，猛虎下山的冲锋，视死如归的精神。

❖ 舍我其谁的信心、滚石上山的恒心、攻城拔寨的决心，迎难而上的勇气，攻坚克难的智慧，坚韧不拔的意志，攻克提质的难题，破解提速的困境，应对提效的挑战。

❖ 勇挑重担接地气，真刀真枪练胆魄，摸爬滚打长才干；攻坚克难的勇气，乘风破浪的锐气，勇攀高峰的志气，迎难而上的士气；勇猛顽强的斗志，闯关夺隘的姿态；咬定目标不放松，紧扣问题强攻坚，聚焦任务抓落实。

❖ “没有比人更高的山，没有比脚更长的路”，在这×××决战决胜的关键时期，行动迟缓、磨磨蹭蹭不行，搞摇旗呐喊、花拳绣腿不行，瞻前顾后、畏首畏尾更是不行，就必须真正把精准理念、精准帮扶落到实处。

❖ 要有解决困难的能力，日常工作中多充电多储备，加快补齐能力短板，多向老干部学习，拜人民为师，不断增强解决困难的能力和水平。要有战胜困难的韧劲，甘当“螺丝钉”，勇开“顶风船”，敢啃“硬骨头”，扑下身子、迈开步子，披星戴月，永不懈怠，努力奋斗，书写无悔的青春华章。

❖ 面对当今世界……变局，身处“船到中流浪更急，人到半山路更陡”的关键时刻，广大青年要铆足“越是艰险越向前”的勇气魄力，摸石头过河、蹚浑水走路，遇到困难不逃避绕道、不推诿扯皮，遇到问题不搪塞敷衍、不偷懒耍滑，要以“功成必定有我”的责任担当，挑起实现民族复兴中国梦的历史重担。

❖ 攻坚克难，要基于对形势的科学研判。攻坚克难不意味着一味苦干蛮干，只有对形势进行全方位的分析，做出最科学的判断，才能明确发力方向、广泛凝聚奋斗力量。也只有既看到困难矛盾和风险挑战，同时看到优势条件和机遇可能，才能推动实现从不利到有利、从危机到契机的转化。凝聚“心往一处想、劲往一处使”的强大合力，任何困难都无法阻挡我们前进的步伐。

❖ 攻坚克难，贵在有坚持不懈的韧性和耐力。攻坚克难考验着啃硬骨头、涉险滩的勇气，需要打攻坚战、持久战的精神。惟久久为功者进，惟持续发力者强，惟奋勇搏击者胜。越是狭路相逢，越需要激发“越是艰险越向前”的英雄气概，保持“千磨万击还坚劲”的昂扬斗志。在前进道路上，我们面临的风险考验只会越来越复杂，甚至会遇到难以想象的惊涛骇浪。不畏险阻往前冲，不获全胜不收兵，才能把握主动，赢得未来。

❖ 攻坚克难，靠的是敢战能胜的强大本领。“看似寻常最奇崛，成如容易却艰辛”。胜利不会凭空出现，增强自身能力是关键。要加强学习，增强工作的科学性、预见性和主动性，避免陷入少知而迷、不知而盲、无知而乱的困境。要发扬斗争精神，坚持底线思维、增强忧患意识，切实做好防范化解重大风险的各项工作。能力是立身之本，只有切实提高政治能力、调查研究能力、科学决策能力、改革攻坚能力、应急处突能力、群众工作能力、抓落实能力，才能确保在发展机遇面前能主动出击、在困难矛盾面前能迎难而上、在危险挑战面前能挺身而出。

❖ 前进的道路，会面对巍峨耸立的高峰、蜿蜒曲折的河流、荆棘遍布的草地、冰雪交加的山地，这些挑战，从某种程度上来说，就是党员干部作风的“测试卷”。面对种种考验，党员干部要以“进”克“难”、由“进”制“胜”，保持前进更前进、向前再向前的奋斗姿态，在斗争中开拓进取，以上下求索的豪情拓出新路子。在开展工作的各个方面上“多对标”，做得不到位的地方“多追赶”，对自己不懂的地方“多求教”，在“多多益善”中增长知识、丰富经验、锻造本领，成为敢于斗争更善于斗争的拼搏者。新的赶考之路上，党员干部切不可滋生“等靠要”的思想，机会等不来，投机取巧靠不住，成功要不来，只有愈战越勇、进而不退，方能赢得最终的胜利。

十三、关于廉洁自律

学，检，改，廉，清，慎，正。

学纪、知纪、明纪、守纪，自重、自省、自警、自励，慎权、慎欲、慎独、慎微，教育，制度，监督，惩治，预防，查处。

无盲区、无死角、无遗漏，全方位，立体化，讲例外，开口子，搞变通，不偏向、不越轨、不出格、不缺位、不褪色、不变色、不染色，有特色，政治账、经济账、名誉账、自由账、家庭账、亲情账、健康账，潜规则，权谋术，官本位，小圈子，关系网。

大力实施，相得益彰，多点开花，初具规模，进展顺利，深刻转型，健全完善，空前释放，步伐加快，均衡普惠，殷实安康，卓有成效，硕果累累，富有成效，普遍提高，扶正祛邪，激浊扬清，君子爱财，取之有道，坚守如初，慎终若始，猛药去疴，重典治乱，疏堵结合，标本兼治，自身不正，清心寡欲、清廉自律、清静干事，何以正人，纲纪一振，壁立千仞，无欲则刚，时时慎始、事事慎微，政治清明，政府清廉，干部清正，有案必查、有腐必惩、有贪必肃，依法用权、秉公用权、廉洁用权，贪污贿赂，滥用职权，玩忽职守，厚道做人、公道做事，廉洁做官，执法不公、知法犯法、徇私枉法，心有所畏、言有所慎、行有所止，抓早抓小，层层设防，善交益友、乐交诤友、不交损友，目无法纪、胆大妄为、胡作非为，严字当头，全面从严，以廉立身，宽严相济，廉“海”无边，诚心为正，洁“身”有度，奉公乃利，少争“官子”，多思“收官”，走亲民路，行亲善事，一身正气，一生平安，从我做起、对我监督、向我看齐，和谐长航，廉政为先，效益长航，诚信为本，反腐倡廉，激浊扬清，弘扬正气，鞭挞腐败，言行端正，洁身自好。

把关严把情、监管严管亲，收税不收礼、通关不通利，心公官必正、行端官自清，处世诚为本，当官廉为先，花败脚下踩，草青盆中栽。

好句

❖ ×××是腐败之源，×××乃廉政之基。

❖ 多算×××，少算×××；多算×××，少算×××。

❖ ×××修“廉心”，×××养“廉身”，×××践“廉行”，×××倡“廉风”。

❖ 不因“小腐败”而×××，不因“小问题”而×××，不因“小意思”而×××。

❖ “微腐败”也可能成为“大祸害”，它损害的是……啃食的是……挥霍的是……

❖ 算好“利益账”，坚持……算好“法纪账”，坚持……算好“良心账”，坚持……

❖ 要把遵规守纪刻印在心，自觉把纪律和规矩挺在前面，在思想上×××，在工作中×××，在行动中×××，将……内化于心、外化于行，自觉×××，努力把他律要求转化为内在追求，自重自省、自警自励，以清正廉洁的作风做新时代“清流”。

❖ 聚焦……建设中的重点难点问题，瞄准腐败易发多发的重点领域和关键环节，认真分析查找尚未解决的问题、有待攻克的顽瘴痼疾，抓住主要矛盾和矛盾的主要方面，准确把脉、精准施策，力争抓一项、成一项、见效一项、巩固一项，积小胜为大胜。

❖ 众盼廉风长久，民期腐败绝根。

❖ 文臣不爱钱，武臣不惜死，天下太平矣。

❖ 处困顿而不沉沦，临诱惑而不摇摆。

❖ 治官事则不营私家，在公门则不言货利。

❖ 贪一分，百姓恶十分；廉百分，百姓喜万分。

❖ 多一份纯粹与干净，多一份清澈与透明，多一份敦厚与朴实。

❖ 应将“廉洁自律”的种子播撒在心田，让其在心灵的土壤中生根发芽。

❖ 人有正气无愧事，胸无私心有高风，站得稳，行得正，影不歪，自然就会“一身正气”。

❖ 于细微处见精神，于细微处见品德。小事小节是一面镜子，能够反映人品，反映作风。

❖ 名利是场，名利是网，几多较量，几多迷茫。名利是帆，名利是樯，几多奋斗，几多沮丧。

❖ 不以“下不为例”开脱责任，不以“小节无碍”放纵欲望，不以“别人不知”麻痹自我。

❖ 纪法利剑高悬，权力套利最终只会把自己套牢；为民情怀紧握，热爱人民必将被人民所敬爱。

❖ 既要淡泊个人的功名利禄，更要担起人民的福祉重任；既需放下一己的进退去留，更需负起肩上的公权职责。

❖ 一丝一粒，我之名节；一厘一毫，民之脂膏。宽一分，民受赐不止一分；取一文，我为人不值一文。

❖ 学，行之，上也。学懂是前提，感悟是力量，践行才是根本。实践证明，只有严明党的纪律，×××才有凝聚力、战斗力，才能保持党的纯洁性。

❖ 党员干部廉洁自律并不稀奇，也没什么好赞扬的，那是应该的、必须的、基本的要求，反而不廉洁、不干净、不纯粹才奇怪、才叫人不可思议。

❖ 坚持在全面、深入、完整、精准上用心用力，在扎实的理论学习中厚植遵规守纪的底气，增强防腐拒变的“免疫力”，织紧遵规守纪的“篱笆墙”。

❖ 学习是过程，关键是吸取教训，严格自律，将“慎独慎微”作为干部廉洁自律的“圭臬”，真正做到“耐得住清苦、扛得住诱惑、管得住小节”。

❖ 要切实按照党章党规党纪约束自身的一言一行，在私底下、无人时、细微处始终心怀敬畏、保持警惕，严格遵循党的纪律，做到一生对党忠诚、一生遵规守纪。

❖ 思想上一尘不染，行动上才能一身正气。一个人能否廉洁自律，最大的诱惑是自己，最关键的环节在于能否管住自己、约束自己，筑牢坚不可摧的“思想防线”。

❖ 要始终以榜样为标杆，保持锐意进取的精神，做到思想从严、工作从严、自我约束从严，切不可让懒惰思想、特权思想、官僚思想“钻空子”。

❖ 真正做到学有所思、学有所悟、学有所得，时刻保持清醒和警惕，从思想上固本培元，把讲党性、重品行、守规矩贯穿工作和生活的始终。

❖ 要始终旗帜鲜明讲政治，坚决同违纪违规行为作斗争，不开不应开的口子，不去不应去的地方，不办不应办的事情，不拿不应拿东西，管住自己的一言一行、一举一动。

❖ 要始终坚持严格的标准、严谨的作风，培养严格的自我约束，真正将党规党纪融入自己的血脉和灵魂中，成为党纪的“清醒者”。

❖ 古人云：“失之毫厘谬以千里。”因此，干部唯有慎独慎微，紧绷党纪国法这根弦，才能走得长远。“慎独慎微”是古人修身治国的智慧结晶，在今天看来仍有重大的借鉴意义。

❖ “心不动于微利之诱，目不眩于五色之惑”。清白做人、守住底线，“公生明、廉生威”，只有自身清廉，工作办事才能更有底气，我们的底气就在于自己的“一身正气”。

❖ 任何人都没有法律之外的绝对权力，任何人行使权力都必须为人民服务、对人民负责，并自觉接受人民监督，所以为民之风当常吹不歇。

❖ 要以“刀刃向内”的魄力，坚决下好自我革命的“我自”功夫，变“他律”为“自律”，从自身做起，从小事抓起。

❖ 应常思严己之益，常怀律己之心，常思贪欲之害，常戒非分之想，以坚强的党性原则作为安身立命之本，让廉洁自律成为自觉行动，将纪法规定内化于心、外化于行，始终做到思想锤炼从严、工作标准从严、作风养成从严、自我约束从严，使铁的纪律成为日常习惯和自觉遵循。

❖ 常修为政之德，常思贪欲之害，常戒非分之想，克服“衙门作风”，力倡雷厉风行。名节源于党性，腐败止于正气。廉树威贪失信，廉兴国贪失家，严守自律防线，构造清白人生，信奉廉洁承诺，形成铁壁防护，堂堂正正做人，坦坦荡荡做事。

❖ 严格自律出廉政，服务创新谋发展。勤廉者平安一世，贪婪者自毁一生。识时务清廉政务，通人情不徇私情。心底无私天地宽，一生一世不翻船。摒除私欲终身乐，廉洁清正一身清，当官常念廉政经，人生航船平安行。

❖ 常自省才能常清醒，因此要经常与×××要求“对标”，拿党章党规“扫描”，用人民期待“透视”，找一找在理想信念中、在为民服务中、在担当作为中存在哪些差距，及时扫除心灵的尘土，矫正人生的坐标，将不正确的思想扼杀在摇篮。

❖ 慎微，顾名思义，“微”就是小事、小节。对党员领导干部来说，“大节”与“小节”，从来都是相互统一、互为依存的。小节并不小，在党性修养上，大节、小节，大事、小事，本质上都是一样的。

❖ 要始终把纪律和规矩摆在首位，主动在思想上画出红线，在行为上明确界限，敬法畏纪、遵规守矩，自觉抵制各种诱惑，端正行事操守和品行，做到心存敬畏、手握戒尺，始终不放纵、不越轨、不逾矩。

❖ 自我约束更应由己及人，发挥辐射带动作用。要加强对身边工作人员和家人亲戚的管理，加强对“朋友圈”“生活圈”“社交圈”的管理，时常告诫自己和身边的人哪些事可为，哪些事不可为，画出红线、底线，带头营造风清气正的政治生态和向上向善的社会环境。

❖ 要将把守纪律、讲规矩浸润在骨子里、融化在血液中，做到吾日三省吾身，始终保持高度警觉性和自律性，牢固树立纪律观念和规矩意识，把牢心中“戒尺”，不当“矩外人”，不逾“红线”，不踩“底线”，不碰“高压线”。

- 融入日常，在学习的过程中把自己摆进去、把职责摆进去、把工作摆进去，举一反三、对照反省，勤掸“思想尘”，多思“贪欲害”，常破“心中贼”，把纪律规矩融入日常、化作经常，在学习生活中把纪律规矩立起来。

- 领导班子和领导干部作为“关键少数”，必须自上而下发挥“头雁效应”，由点及面带动“最大多数”，率先垂范，以身作则，把好“权责关”“金钱关”“人情关”，清清白白做人，干干净净做事，坦坦荡荡为官。

- 要筑牢理想信念根基，常修常炼、常悟常进，真正做到虔诚而执着、至信而深厚。要主动为自己戴上遵规守纪“紧箍咒”，筑牢底线红线“防火墙”，时刻自重自省、自警自励，勤掸“思想尘”，多思“贪欲害”，常破“心中贼”，以内无妄思保证外无妄动。

- 公款姓公一分一厘不能乱花，把好“人情关”，做到执政为民一丝一毫不能私用，真正做人民群众交口称赞的党政领导班子和党员干部，带动改革发展风生水起，助推伟大斗争势如破竹。

- 要做好理论联系实际“文章”，树立正确的权力观、政绩观、事业观，始终筑牢严格自律的防线，加强廉洁自律教育，提高党性觉悟，主动扭紧廉洁“总开关”，筑牢拒腐防变的思想堤坝，在一点一滴中严于律己、在知行合一中行有所止。

- 要熟知法规制度的内容、基本要求，并对照党的政治纪律、组织纪律、廉洁纪律、群众纪律、工作纪律和生活纪律进行潜心领会，强化自我约束，不打“擦边球”，不玩“小聪明”，不搞“小动作”。

- 慎独，在独处中谨慎不苟。语出《礼记·大学》：“此谓诚于中，形于外，故君子必慎其独也。”独就是一人独处，所谓“慎独”，古人追求“衾影无愧，屋漏不惭”，而对于干部而言，就是要做到公开场合和独处时一个样，八小时之内和八小时之外一个样，台上台下一个样。

- 要时刻保持自警自省、慎独慎微、慎始慎终的思想意识，经常开展批评和自我批评，对照检视、反省自我。若不反省自我，对照人民期盼、对照组织要求检视自己，便会在鲜花和掌声中迷失自己，丢掉初心、忘记使命，在偏离的轨道上越行越远。

- 必须全力做好自我革命的表率和遵规守纪的标杆，要善于利用批评和自我批评利器，坚持问题导向，深入查找自身问题和差距，正视不足与短板，勇于“刀刃向内”，做到有错必改、有错必纠，不断增强自我净化、自我完善、自我革新、自我提高的能力。

❖ 要发扬“刀刃向内”的自我革命精神，以“检身若不及”的思想警醒，拿出“刮骨疗毒”的勇气和“猛药去疴”的决心，将问题消灭在萌芽状态，防止小问题变大、大问题恶化，以此练就“百毒不侵之身”和“金刚不坏之体”。

❖ 要牢固树立以人民为中心的发展思想，常怀忧民、爱民、惠民之心，从实际出发谋划事业和工作，不驰于空想、不骛于虚声，做到正确用权、谨慎用权、为民用权，当好群众真切利益的“代言人”，当好群众生命财产的“守护者”。

❖ 广大党员领导干部是纪律建设的组织者、推动者、实践者，要时时严格自律，处处以身作则，把严的要求、严的措施体现在主责主业中，严格按党的原则、纪律、规矩办事，真正将纸面上的纪转化为行动中的纪。

❖ 注重坚持问题导向、实践导向，突出纪律的系统配套、务实管用，既不能“牛栏关猫”，也不能“中看不中用”，还要避免制度“空白”和“打架”，让党的各项纪律成为从严管党治党的规则依据。

❖ 给纪律上发条，给制度通上电，就必须明确责任主体。“人不率则不从，身不先则不信。”只有各级党委扛起主体责任、各级纪委担起监督责任，把执纪从严体现在每一次监督问责的实践中，才能使各项纪律规矩真正成为“带电的高压线”，让监督没有禁区、没有例外，永葆党的生机活力。

❖ 坚持个人自学和集中学习相结合，采取逐句领悟、逐段体会、逐篇吃透方式，切实做到学有所思、学有所悟。要带着感情学、带着责任学、联系实际学，把遵规守纪融入一举一动、细枝末节中，做到深学细悟在经常，践行初心在平常，廉洁自律在日常，时刻永葆×××人政治本色。

❖ 干净是为政之德，要干净就要常思贪欲之害，常弃非分之想，时刻自重自省、自警自律，保持对“腐蚀”“围猎”的警觉，不断提升自我修养，提高自我约束能力、自我警醒能力，才能坚定不移把反腐败斗争纵深推进。

❖ 清正廉洁乃为官之本、从政之道。检验一个党员干部是否真正做到一身正气、两袖清风，要看他在实际工作中是否不忘初心、牢记使命，以胸怀“国之大者”的情怀和担当，做到为党分忧、为民服务、为国奉献。

❖ 俗话说“活到老、学到老”，在廉政建设方面我们每一位基层干部同样需要与时俱进，“不断学习”，学习×××精神，积极参加各种内容的党性党风教育，逐步改造自己的人生观、价值观和世界观。

❖ “雄关漫道真如铁，而今迈步从头越。”广大党员干部要忠诚尽责、言行一致，不搞双重标准，不做两面人，扣好廉洁从政的“第一粒扣子”，主动遵守、执行、维护党章党规党纪，严格按照党内规矩办事，落实党的方针政策，适应在被监督和约束的环境中工作、生活。

❖ 要时常保持一尘不染的满腔正气，叩问初心是什么，全面对照党的六大纪律，主动把自己摆进去、把职责摆进去、把工作摆进去，再次深度检视差距和不足，切莫“讳疾忌医”“自欺欺人”，而是要列出问题清单，以“刀刃向内”的勇气“革自己的命”，彻底铲除“病根”，防止“小问题”变成“大毛病”。

❖ 在利益和诱惑面前，要算好“政治账”“亲情账”“名誉账”这三本“廉洁账”，做到自知自省自律，时时处处慎独慎初慎微，同时以党章党规为“标尺”，以党纪国法为“准绳”，严格检视自己、约束自己、修正自己，校准为民服务的“坐标系”，如此才能初心如磐、使命在肩，成长为能担重任、可堪重任的栋梁之材。

❖ 开展×××学习教育是加强×的纪律建设的重要举措。各级各部门遵规守纪的自觉和纪律意识得到不断增强，但必须清醒看到，我们的纪律检查工作还存在不少短板弱项，如个别纪律意识淡薄、规矩意识淡化等。这些问题严重影响党的形象和威信，严重损害×××干群关系，必须坚决予以纠正和解决。

❖ 要珍惜权力、管好权力、慎用权力，坚持权为民所赋、权为民所用，严守廉洁自律“底线”，笃定“人民对美好生活的向往，就是我们的奋斗目标”的信念追求，扛起“把所有精力都用在让老百姓过好日子上”的责任担当，把群众利益举过头顶，做到立身不忘做人之本、为政不移公仆之心、用权不谋一己之私。

❖ 将“干净”融入干事创业之中，深刻领悟“干净”与“干事”的辩证关系，把干净干事转化为为官从政的内在修养，把干事与干净、勤政与廉政统一起来，怀着强烈的责任感，用心用情用力服务人民，谨慎地对待手中权力，从“心”树牢正确的政绩观，持续转变工作作风，真正干干净净把事干好、实实在在把事干成、清清白白把事干出彩，展现忠诚干净担当的过硬形象。

❖ 在为官从政中，要坚持党性和人民性的统一，牢记立党为公、执政为民的理念，做到秉公用权、廉洁为官、勤政为民。要严把“权力关”，始终牢记权力来自人民，扮好“人民公仆”角色，用手中权力更好地为人民服务；要算好“人生账”，牢记党纪国法，依法用权、秉公用权、廉洁用权；要心怀为民“鱼水情”，用好群众路线“传家宝”，把工作的评判权交给群众，主动接受人民群众的监督。

❖ 要怀着强烈的爱民、忧民、为民、惠民之心，想问题、作决策、办事情都要想一想是不是站在人民的立场上，多惦记广大父老乡亲，少琢磨身旁家族亲朋，多为人民的“大家”谋福利，不为亲友的“小家”求私利，要时刻保持“得民心者得天下”“水能载舟，亦能覆舟”的敬畏感，时刻铭记“人民对美好生活的向往，就是我们的奋斗目标”的责任感，摆正自己与群众的关系，真正做到全心全意为人民服务，多去街头巷尾、田间地头与人民拉家常，不在酒桌之上推杯换盏与他人拉关系。

❖ 作风建设永远在路上，关键在一级带一级，要害在层层抓落实，各级党政领导班子和领导干部要以身作则，把好“权责关”，做到权责统一一点一滴不敢松懈；把好“金钱关”，做到要坚持“吾日三省吾身”，从党的政治纪律、组织纪律、廉洁纪律、群众纪律、工作纪律、生活纪律等多个维度，把党性修养、工作作风、廉洁自律等方面的“隐疾”找准找实，积极整改。

❖ 贪如火，不遏则燎原；欲如水，不遏则滔天。党政领导班子和领导干部身处关键岗位，掌管财务调配，必须坚定不移抵制贪欲，始终忠诚于党、忠诚于人民，面对诱惑做到心不妄动、行不逾矩，坚持权为民所用、情为民所系、利为民所谋，捂紧属于人民的“钱袋子”决不伸手，不斤斤计较于物质利益，不苦心孤诣于一己之私，自觉履行好领导干部的权利和义务。

❖ “路漫漫其修远兮，吾将上下而求索。”道阻且长行则将至。广大党员干部要始终高举“自我革命”的大旗，时时叩问初心、自重自省，懂得敬畏、保持警惕、坚守底线，把党规党纪视为规范行为的准则，经常清理“思想灰尘”、深思“贪婪的危害”、消除“心中的敌人”，像使用“听诊器”一样经常检查自己的思想动态，分析其是否正常。

十四、关于制度法治

狠，早，细，实，好，很，较，再，更。

推进，推动，健全，统领，协调，统筹，转变，提高，实现，适应，改革，创新，扩大，加强，促进，巩固，保障，完善，加快，振兴，崛起，分工，扶持，改善，调整，优化，解决，宣传，教育，发挥，支持，带动，帮助，深化，规范，强化，指导，服务，健全，确保，维护，优先，贯彻，实施，保证，鼓励，引导，坚持，强化，监督，管理，开展，规划，整合，理顺，推行，纠正，严格，满足，推广，遏制，整治，保护，健全，丰富，夯实，树立，尊重，制约，发扬，拓宽，拓展，改进，形成，逐步，实现，坚持，调节，取缔，调控，把握，弘扬，借鉴，倡导，培育，打牢，武装，凝聚，激发，说服，感召，包容，树立，培育，提倡，营造，促进，唱响，主张，通达，引导、疏导，着眼，吸引，塑造，搞好，履行，倾斜，惠及，简化，衔接，调处，关切，汇集，分析，排查，协商，化解，动员，联动，激发，增进，汲取，检验，保护，鼓励，宽容，增强，融洽，凝聚，汇集，筑牢，考验，进取，设置，吸纳，造就，给力，聚焦，支撑，展现、体现，关系，力度、速度，反映，诉求，形势，任务，水平，方针，结构，增量，比重，规模，标准，办法，主体，作用，特色，差距，渠道，方式，主导，纽带，载体，制度，需求，能力，负担，体系，重点，资源，职能，倾向，秩序，途径，活力，项目，工程，政策，环境，素质，权利，利益，权威，氛围，职能，作用，事权，需要，基础，举措，要素，精神，根本，地位，成果，核心，力量，纽带，思想，理想，活力，信念、信心，风尚，意识，正气，热点，情绪，内涵，管理，格局，准则，稳定，安全，局面，关键，保证，本领，突出，位置，特点，规律，阵地，措施，保障，紧迫，合力。

搭架子，定规矩，筑屏障，辟蹊径，画边界，补空白，立新规，树导向，强监管、强基础，补弱项，增优势，添活力，做于细，成于严，民主化、科学化，重要性、紧迫性、自觉性、主动性、坚定性、民族性、时代性、实践性、针对性、全局性、前瞻性、战略性、积极性、创造性、长期性、复杂性、艰巨性、可讲性、鼓动性、计划性、敏锐性、有效性，出发点、切入点、突破点、落脚点、着眼点、结合点、关键点、着重点、着力点、根本点、支撑点，不松劲、不懈怠、不退缩、不畏难、不罢手、不动摇、不放弃、不改变、不妥协，活动力、控制力、影响力、创造力、凝聚力、战斗力、感染力。

全面推进，统筹兼顾，综合治理，政治认同、理论认同、感情认同，顶层设计，立法引领，制度设计、制度建设、制度安排、制度完善、制度保障、制度衔接，前后衔接，左右联动，上下配套，系统集成，严格执法、综合执法，执法必严，违法必究，违法成本，执法力度、执法环境，法律威严，全民守法，遵法信法，法律武器，普法活动，法治观念，权利意识，法治精神，信任立法，配合执法，倚赖司法，努力护法，自觉守法，科学立法，民主立法，立法质量，法治规律，立法规划，立法实践，制度基础，立法方式，法治思维，法治方式，职权法定，法治中国、法治国家，依法执政、依法行政，法治社会、法治文明、法治权威，长治久安，司法公正，公平正义，司法公开，权力清单，监督体系，公开透明，权责统一，公正廉洁，公开渠道，公开方式，公众参与。

找准出发点、把握切入点、明确落脚点、找准落脚点、抓住切入点、把握着重点、找准切入点、把握着力点、抓好落脚点。

好句

- 要牢固树立法治意识，依法依规行使权力，确保权力……

- ×××要有法治思维，不是简单地在……更重要的是……不断提高运用法治思维和法治方式开展工作、解决问题的能力。

- 要始终将……放在首位，做到言行一致、表里如一，让“心有所畏、言有所戒、行有所止”成为行为规范。

- 要运用法治思维。夯实依法办事基本功，自觉运用……把法规制度建设……把依法办事与……
- 法者，治之端也。
- 明法于心，守法于行。
- 治国凭圭臬，安邦靠准绳。
- 做人有戒尺，办事靠制度。
- 以法为据、以理服人、以情感人。
- 制度立起来，纪律严起来，作风好起来。
- 扎紧制度的“笼子”，筑牢纪律规矩的“篱笆”。
- 在制度轨道上用权，在纪律约束下工作。
- 用制度管权，按制度办事，靠制度管人。
- 实践发展永无止境，制度创新未有穷期。
- 制度是“硬约束”，制度是“防火墙”。
- 少数人做得好靠自觉，多数人做得好靠制度。
- 使守法者畅行无阻、违法者寸步难行。
- 国皆有法，而无使法必行之法。
- 制度的生命力在于执行，执行的关键在于执行力。
- 发挥好制度优势，运用好制度威力。
- 让制度“长牙”，让纪律“带电”。
- 变法则民智，变法则民强，变法则民生。
- 在制度轨道上用权，在纪律约束下工作。
- 小智治事，中智治人，大智立法。
- 规外求圆，无圆矣。法外求平，无平矣。

❖ 小智治事，中智治人，大智治制。

❖ 法治兴则国家兴，法治衰则国家乱。

❖ 水者火之备，法者止奸之禁也。

❖ 求必欲得，禁必欲止，令必欲行。

❖ 法令者，民之命也，为治之本也。

❖ 法律是治国之重器，良法是善治之前提。

❖ 法令既行，纪律自正，则无不治之国，无不化之民。

❖ 釜底抽薪、正本清源，织密扎紧制度铁笼。

❖ 鞭策之所用，道远任重也。刑罚者，民之鞭策也。

❖ 家有常业，虽饥不饿；国有常法，虽危不亡。

❖ 当好遵守制度的带头人，当好执行制度的铁面人。

❖ 治国必先治党，治党务必从严，从严必依法度。

❖ 自觉尊崇制度、严格执行制度、坚决维护制度。

❖ 圣王者不贵义而贵法，法必明，令必行，则已矣。

❖ 绝不允许以言代法、以权压法、逐利违法、徇私枉法。

❖ 天下之事，不难于立法，而难于法之必行；不难于听言，而难于言之必效。

❖ 有法必然治国，无法必然乱国；法有权威则治，法无权威则乱。

❖ 治国者，必以奉法为重。执行法度的人坚决，国家就会富强。

❖ 国无常强，无常弱。奉法者强则国强，奉法者弱则国弱。

❖ 制度之治是最理想的治理模式，规则文明是最先进的文明形态。

❖ 认识制度的价值，领会制度的精神，熟知制度的内容。

❖ 用制度“严规矩”，用制度“正风气”，用制度“净生态”。

❖ 做遵守制度的表率，做维护制度的表率，做执行制度的表率。

- 用制度尺子定规矩，用制度笼子防贪腐，用制度框子促发展。
- 制度面前人人平等、制度面前没有特权、制度约束没有例外。
- 有道以统之，法虽少，足以化矣；无道以行之，法虽众，足以乱矣。
- 做制度的忠实崇尚者，做制度的自觉遵守者，做制度的坚定捍卫者。
- 把建章立制和解决问题统一起来，把制定制度和执行制度统一起来。
- 激发巨大热情，凝聚无穷力量，催生丰硕成果，展现全新魅力。
- 全面依法治国，科学立法是前提、严格执法是关键、公正司法是重点、全民守法是基础。
- 制度作为社会良性运行、文化规范有序的保证，对人的行为有着强烈的形塑匡正效应。
- 纠正恶意执法、暴力执法、情绪执法、谋私执法、选择性执法，维护社会秩序和法治权威。
- 在长期实践基础上的制度创新，为治理找到了抓手，为发展扫除了障碍，为未来打好了基础。
- 让改革于法有据，让发展有章可循，说到底为了以改革突破瓶颈，让发展走上新路。
- 治国者，圆不失规，方不失矩，本不失末，为政不失其道，万事可成，其功可保。
- 立善法于天下，则天下治；立善法于一国，则一国治。要突出开门立法，着力提高立法的精准性和有效性，使每一项立法都符合宪法精神、体现人民意愿、得到群众拥护。
- 理国要道，在于公平正义。要以公开促公正，着力构建开放、动态、透明、便民的阳光司法机制，不断增强人民群众对法治的信任感和归属感。
- 刑法只是兜住了底线，要想更好解决未成年人犯罪问题，避免未成年人误入歧途，需要家庭、学校、相关部门各司其职，需要全社会共同努力。
- 一套成熟有效的制度，不仅能够在抵御风险时“图之于未萌，虑之于未有”，还能在化解风险中对症下药，综合施策。
- 在变动的市场秩序和社会环境中，做到守法的恒定性和责任分配的可落实性，需要更加精细的制度设计和更负责任的执法伦理。
- 以制度推动落实、以成效检验落实，保持工作的连续性、稳定性，让“马上办”和“钉钉子”精神固化下来、传承下去，成为广大干部的职业操守、自觉追求、实际行动。

❖ 出台一系列从严管钱管人管物的制度，正是一个节点一个节点坚守，一个阶段一个阶段推进，让作风建设积小胜为大胜，使全面从严治党有了重要抓手。

❖ 好的公共政策不可能成于一夜之间，背后有长期铺垫，多方努力。立法虽然画出一道硬杠杠，但立法的过程本身就是酝酿探讨的过程，也是形成共识的过程。

❖ 随着制度越来越细化、越来越明晰，一条条红线绑住“任性的权力”，一道道硬杠杠涤荡着作风大弊。

❖ “制度”这一手棋牵动着治国理政全局，制度创新不仅成为一个系统工程，更成为一个基础工程。

❖ 绿色生活方式的塑造，需要在法律制度层面上推一把，把环保意识转化为社会共识和集体行动。

❖ 一整套更完备、更稳定、更管用的制度体系正在形成与完善，保障着人民幸福安康，维护着社会和谐稳定，促进了国家长治久安。

❖ 要发挥制度的激励和治理功能。对于那些勤政务实、会干事、干成事的干部，要重用提拔，以引导党政干部形成积极向上、勇于创新、敢于担当的干事氛围。

❖ 要发挥制度的监督功能。监督功能就在于，奖勤罚懒，扶正祛邪，对实干的党员干部要提供平台，论功行赏，对于慵懒懈怠的干部则要敢于“亮剑”，严加管束。

❖ 要完善国家工作人员学习宪法法律的制度，推动领导干部加强宪法学习，增强宪法意识，带头尊崇宪法、学习宪法、遵守宪法、维护宪法、运用宪法，做尊法学法、守法用法的模范。

❖ 树立惩恶扬善、执法如山的浩然正气，对群众深恶痛绝的事零容忍，对群众急需急盼的事零懈怠。

❖ 要时刻对标对表、严格自律、严守党纪，在遵规守纪上做标杆、做表率，带头践行党规党纪，对一切违反纪律的行为坚决抵制。

❖ 公正司法是从“有法可依”转向“有法必依”的关键，是切实保障社会公平正义和人民权利的坚强后盾。

❖ 科学立法是处理改革和法治关系的重要环节。要实现立法和改革决策相衔接，做到重大改革于法有据、立法主动适应改革发展需要。

❖ 推进审判公开、检务公开、警务公开、狱务公开，主动接受群众监督，及时回应群众期待，让暗箱操作没有空间，让司法腐败无处藏身，始终做到“以至公无私之心，行正大光明之事”。

- ❖ 法令行则国治，法令弛则国乱。要强化普法宣传教育，把社会主义核心价值观融入法治文化建设各方面，用法治文化滋养全民法治素质。

- ❖ 天下之事，不难于立法，而难于法之必行。要坚持执法为民，不断增强执法公信力，真正做到法律面前一律平等，确保执法工作始终在法治轨道和制度框架内高效运行。

- ❖ 自由不是为所欲为，是有限制的、相对的。自由都是法律之内的自由法治与自由相互联系，不可分割。法治既规范自由又保障自由。

- ❖ 要在“学”中不断加强党性修养，进一步增强政治敏锐性和政治辨别力，强化拒腐防变能力，树牢规矩意识，形成法治思维，时刻保持思想警惕，永葆×××人政治本色。

- ❖ 坚持把普法教育融入矛盾化解的全过程，引导广大群众依法理性表达利益诉求，努力营造“办事依法、遇事找法、解决问题用法、化解矛盾靠法”的良好氛围。

- ❖ 法治是发展市场经济、实现强国富民的基本保障，是解决社会矛盾、维护社会稳定、实现社会正义的有效方式。

- ❖ 法律不是冷冰冰的条文，而是对时代问题的制度性回应。意定监护的设定，是我国面对老龄社会，不断完善相应法律秩序的一种探索，被称为“踩在时代痛点上的制度设计”。

- ❖ 法律和道德都是具有一定约束性的规范体系。法治重在他律，具有强制性、威慑性，可稳定人们的预期，规范社会成员的行为；德治重在自律，具有调节性、劝导性，滋润社会成员的心灵。国家治理需要法律和道德协同发力，法治和德治两手都要抓。

- ❖ 健全完善制度、强化顶层设计，鼓励基层创造，做到前后衔接、左右联动、上下配套、系统集成；狠抓制度执行，坚持制度面前人人平等、执行制度没有例外，不留“暗门”，不开“天窗”，使制度成为硬约束。

- ❖ 政策制定与推行需要刚柔并济。柔，就是政策形成过程要有吸收接纳，也要循序渐进，给公众留出适应空间。刚，就是推进过程中要一鼓作气，果断坚决，不能在反复、犹疑中消磨公众参与的热情。

- ❖ 社区工作千头万绪，“法治”是做好群众工作的根本抓手，社区工作者首先要有法治思维，不是简单地在工作生活中遵纪守法，更重要的是要求在行使权力的过程中依法办事，善于运用法治思维和法治方式行使权力，不断提高运用法治思维和法治方式开展工作、解决问题的能力。

- ❖ 要运用法治思维。夯实依法办事基本功，自觉运用法律知识开展工作，把法规制度建设渗透于思考问题、运筹工作、部署任务，把依法办事与贯彻落实上级的决策指示紧密结合起来，主动维护法律权威。

❖ 我们要时刻牢记教训和“镜鉴”就在眼前、诱惑和“围猎”就在身边、风险和“陷阱”无处不在，树立和践行正确的政绩观，将“纪律螺丝”拧得紧而又紧，养成讲规矩、守纪律的好习惯。

❖ 将依法办事作为硬标准、硬要求、硬约束，自觉抵制法治建设喊在嘴上、贴在墙上搞形式主义，坚决杜绝知法犯法、以言代法、以权压法、徇私枉法现象，争做社会主义法治的忠实崇尚者、自觉遵守者、坚定捍卫者。

❖ 大家要时刻把法律的戒尺、纪律的戒尺、制度的戒尺、规矩的戒尺、道德的戒尺牢记于心，把宪法精神、公权属性、公私界限牢记于心，做到心有所戒、行有所止，守住底线、不踩红线、不碰高压线。

❖ 要注重发挥法治的引领、推动、规范和保障作用，把学法用法守法情况纳入干部考核评价，并畅通群众监督渠道，推进政治监督具体化、精准化、常态化，用监督传递压力，以压力推动落实，一体推进不敢腐、不能腐、不想腐，真正把严的基调、严的措施、严的氛围长期坚持下去。

❖ 各级党委和政府要坚定不移走好中国特色社会主义法治道路，推动形成全社会办事依法、遇事找法、解决问题用法、化解矛盾靠法的法治环境，为全面建设社会主义现代化国家、实现中华民族伟大复兴的中国梦提供有力法治保障。

十五、关于团结合作

好词

团结、团队、团体、团聚、团拢，协同、协作、协力，同行，联手，配合、联合，合群、合手、合作、合力，纠合，结盟、缔盟，牵头，共同、会同、帮同，串通，联盟、联营，整合，并肩，共事，结帮，互助，集团、集体，搭档，结伙，勠力，齐心，切合、契合、会合，谐和，组织，伙计，同事，理顺，会师，相与，共谋。

结对子、搭班子，人心齐，泰山移，心连心，抱团儿，大团结，互助组，一体化，一条心、一股绳、一股劲，凝聚力、向心力、影响力。

强强联合，合拍合力，同频共振，心齐气顺，无往不胜，有盐同咸、无盐同淡，深度融合，柴多火旺，舟楫相配，栉风沐雨，携手并进，独行者速，众行者远，同心同步、合心合拍，共担风险、共历艰辛、共创未来，求同存异、求同缩异，齐心协力，群策群力，同舟共济，和睦相处、和衷共济、和谐发展，合心谋事、合拍做事、合力成事，共思发展、同谋发展、齐抓发展，上下同欲，目标同向，万众一心，同心勠力，同轴运转，同向推进，同向同行，亲如骨肉、亲如手足，情同手足，情深潭水，雪中送炭，解衣推食，奔走之友，不分彼此，甘苦与共，肝胆相照，高义薄云，管鲍之交，患难之交，金龟换酒、金兰之友，兰友瓜戚，负荆请罪，胜友如云，式好之情，视同手足，视为知己，手足之情、同窗之情，布衣之交，称兄道弟，赤心相待，打成一片，打得火热，道义之交，分甘共苦，民胞物与，莫逆之交，契若金兰，人扶人兴，仁民爱物，仁义道德，如兄如弟，团结一心，奋勇向前，追求卓越，争创第一，积羽沉舟，群轻折轴。

与君远相知，不道云海深，割不断的亲，离不开的邻，邻里一家人，互助大家亲，拼命冲到底，再努一把力，努力再努力，人人创佳绩，单丝不成线、独木不成林。

好句

- ×××要用好团结协作的“指挥棒”，站位全局思考工作、谋划工作，×××要以中心工作为“出发点”，多方发力、久久为功，拒绝“躺平心态”，不推诿扯皮、不逃避责任，在同事需要时“积极补台”，形成推动工作的强大合力，唱好“大合唱”。
- 合则强，孤则弱。
- 人心齐，泰山移。
- 麻绳最容易从细处断。
- 单则易折，众则难摧。
- 三个臭皮匠，顶个诸葛亮。
- 志同则道合，心齐则力聚。
- 独脚难行，孤掌难鸣。
- 水涨船高，柴多火旺。
- 一箭易断，十箭难折。
- 孤举者难起，众挈者易趋。
- 决不能“同事不同志”。
- 荷花虽好，也要绿叶扶持。
- 力量生于团结，幸福源自奋斗。
- 一花独放不是春，万紫千红春满园。

❖ 一个篱笆打三个桩，一个好汉要有三个帮。

❖ 上下同欲者胜，同舟共济者兴。

❖ 众人划桨开大船，众人拾柴火焰高。

❖ 多个铃铛多声响，多支蜡烛多分光。

❖ 莫学篾箩千只眼，要学蜡烛一条心。

❖ 硬树要靠大家砍，难事要靠大家做。

❖ 一块砖头砌不成墙，一根木头盖不成房。

❖ 大木百寻，根积深也；沧海万仞，众流成也。

❖ 团结奋斗是我们战胜困难、破浪前行、走向成功的重要经验。

❖ 重团结是胸怀，善团结是水平，能团结是本事。

❖ 心往一处想，劲往一处使，拧成一股绳。

❖ 大厦之成，非一木之材；大海之阔，非一流之归。

❖ 积力之所举，则无不胜也；众智之所为，则无不成也。

❖ 波涛蓄势，起于涓滴之力；事业成败，在于人心聚拢。

❖ 大鹏之动，非一羽之轻也；骐骥之速，非一足之力也。

❖ 以事业维系团结，以制度保障团结，以纪律促进团结。

❖ 懂团结是大智慧，会团结是大本事，真团结是大境界。

❖ 坚守底线讲团结，秉持公心护团结，事业为上促团结。

❖ 一个人的努力是加法效应，一个团队的努力是乘法效应。

❖ 团结是战胜一切困难的强大力量，是凝聚人心、成就伟业的重要保证。

❖ 礼尚往来的好邻居，同舟共济的好兄弟，互帮互助的好伙伴。

❖ 树木在森林中相依偎而生长，星辰在银河中因辉映而璀璨。

❖ 既要种好责任田、干好分内事，又要分工不分家、分责不分力。

❖ 优点互相学习，经验互相借鉴，问题互相提醒，意见互相沟通。

❖ 相互补台而不拆台，相互补位而不越位，相互取长而不取短。

❖ 没有人能吹出一首交响乐，演奏它需要一个完整的管弦乐队。

❖ 一人难挑千斤担，众人能移万座山；团结就是力量，团结才能胜利。

❖ 不为你高我低“争面子”，不为鸡毛蒜皮“伤脑子”，不为一己之私“使绊子”。

❖ 用高尚的人格增进团结，用坚强的党性保证团结，用共同的事业维护团结。

❖ 在共同理想中加强团结，在干事创业中增进团结，在政治生活中维护团结。

❖ 容事容人、不计恩怨的气量，相互谅解、坦诚相见的气度，闻过则喜、从谏如流的胸襟。

❖ 要以“团结奋进讲贡献”的工作作风，扎实业务能力，在危急时刻“扛住事”，关键时刻不“掉链子”。

❖ 俗话说：“一个篱笆三个桩，一个好汉三个帮。”广大年轻干部工作中要学会团结协作，合理分工，相互“补台”、一起“搭台”、共打“擂台”，才能让工作达到事半而功倍的效果。

❖ 老话说“团结就是力量”，这个“力量”用来干什么？用来发展。而不是在一个部门里、在一个团队里赛出谁比谁强。而是这个部门，今天比昨天强，明天比今天强！

❖ 无论是嫦娥上九天揽月，还是蛟龙下五洋捉鳖，这一切都要归功于团结，只有团结协作才能行稳致远。

❖ 一滴水只有融入大海，才能永不干涸；一块砖只有垒筑成厦，才能物有所值；一棵树只有聚合成林，才不会顾影自怜。

❖ “万夫一力，天下无敌”说的就是团结。团结出凝聚力、出生产力、出战斗力，团结可以战胜艰难险阻，创造人间奇迹。

❖ 如果说，有一种力量可以让人坚韧不拔，那便是团结的力量；如果说有一种力量可以让人自信满满，那便是团结的力量；如果说有一种力量可以让人心头一暖，那便是团结的力量。

❖ 在团队合作中，要加强协作，相互支持，相互学习，共同应对挑战，注重沟通，坦诚交流，倾听彼此的意见和建议，不断完善和提升自己。

❖ 我们更要永葆团结精神，心往一处想、劲往一处使，在日常工作中多考虑群众的期盼，多依靠群众的力量，真正用好团结协作“指挥棒”。

- 一人强，不是强，再强也是一只羊。团队强，才是强，团结起来就是狼。只有团结才有强大的能量，凝聚在一起才是团队！

- “团结就是力量，团结才有希望。”一个班子、一支队伍是否团结干事、和谐共事，形成干的合力，直接关系到工作大局，关系到事业成败。基层干部作为“一线指挥部”，要牢固树立“一盘棋”思想，始终把讲团结摆在更加突出的位置，不断提升凝聚力、战斗力、执行力。

- 要以集体的智慧和力量，推动工作不断取得新进展，在各自的岗位上发挥专长，为团队的成功贡献着自己的力量，真正以春天的姿态，拥抱合作，共筑梦想，在团结协作中收获成长与成功。

- 把“不是问题的事物”当成“问题”，不是无知就是浪费；把“应该是问题的事物”不当成“问题”，不是愚蠢就是自欺。一个人最大的问题就是看不到自己的问题；一个团队最大的问题是不愿意面对问题。

- 要在理论学习中增强自信，迈出更加稳健有力的脚步，在新时代新征程上勠力同心、团结协作，一起跨越“难关”，一起齐步“奋进”，勇于向困难“叫板”，敢于同挑战“对垒”，以冲锋、再冲锋的精气神吹响“号角”，让理论的生命力、创造力在实践中体现，保持“上下求索”的姿态，朝着“信仰坐标”努力奋斗。

- 要善于开拓思维、团结协作，以实字当头、干字为先，牢牢把握“狠抓落实”工作主基调，创新善为，主动适应新形势、引领新变化，行有计划，动有目标，勇于担当，坚守本心，将“火热的实践”化为“奋斗的双桨”，把想干事、肯干事内化为一种行动自觉，迎着问题上、向着难处去，为在新征程上全面推进中国式现代化贡献智慧和力量。

- 要擦去思想的灰尘、锈迹，面对“绣花”任务，不拈轻怕重，不回避绕行，毅然扛起责任；要善于磨“尖”自己，既吃透大政方针，将“绣图”了然于胸，又要掌握走针技法，确保解题有序精当；要找准下“针”位置，把握解题突破点，落针成画、事半功倍，懂得只有“针”下得准，“花”才绣得美；要团结协作、智慧众筹，就像绣线质地粗细不一、用针型号不同，干部破解问题也不能靠单打一，应当善用“组合针”，协同攻坚克难。

- 年轻干部不仅要面带微笑，更需要心中保持微笑，在微笑中释放坦诚相待的态度，进行心与心的交流，以“微笑”的力量增强团结协作意识、营造团结协作氛围、践行团结协作精神，最终使见解、观点和目标一致，让心往一处想，劲往一处使，在奔赴光荣与梦想的征程中，携手在青春的赛道上微笑奔跑，用微笑的感染力凝聚起团结奋斗的前进动力，用微笑的智慧和汗水打拼出一个更加美好的明天。

- 要善于集体作战，各司其职，不遗余力地展现自己的所学所想、所知所会，充分发挥主责主业的行业优势，涉及主抓工作的就要发挥主导作用，当仁不让地站好“C位”，涉及其他领域工作的就要积极主动参与，协助行业部门当好“配角”，树立甘当配角的大局意识，甘当社会发展的“助力器”。要有当好“领头雁”的主责意识，也要有做好“参谋手”的补位思想，才能让大家知重负重、密切配合、集聚合力，唱好干事创业“大合唱”。

❖ 在团结协作干事创业上展示新风貌，把个人理想与新时代中国梦融合，把个人建树与国家利益相结合，不做“墙头草”，拒做“两面人”，脚踏实地、知行合一，从自己做起，从眼前的事情做起，一步一个脚印奋斗，一茬接着一茬干，一张蓝图绘到底，以“等不起”的紧迫感、“慢不得”的危机感、“坐不住”的责任感，尽己之能、担己之责，迎难而上、克难奋进，始终在思想上政治上行动上同×××保持高度一致，以自己的一言一行、一举一动引领社会风气向德向善、向真向美，永远做政治上站得稳、靠得住的好干部。

❖ “你们”坚守汇聚、形成合力，坚持“上下同欲者胜、风雨同舟者兴”理念，与广大出资出力、无条件参与抗洪抢险工作的人民群众，汇聚起“上下一条心、×群干群一条心、前方后方一条心，心往一处想、劲往一处使、汗往一处流、铆足一股劲、拧成一股绳”的磅礴伟力，顶着瓢泼大雨、冒着生命危险，配送物资、安全排查、电力抢修、昼夜紧盯。在艰苦卓绝的斗争、生死与共的考验、风雨同舟的经历中，呈现一段段感人故事、一幅幅动人画面。

十六、关于表态评价

好词

品评、品议，臧否，评功、评语、评介，估价，赞誉，评说、评估、评判、评议、评分、评述，称道，誉为，叹赏、击赏、激赏，嘉奖，揄扬，叫绝，口碑，置评、展评、定评，见好，誉称，考语，抑扬，称赏、称赞。

倍增信心、倍增干劲、倍添动力、倍加清醒，备受鼓舞，令人鼓舞、催人奋进，态度坚决，信心坚定，情绪饱满，决心很大，系统领会，深刻理解，准确把握，衷心拥护，全心支持，积极参与，承梦前行，赤诚不改，高举旗帜，维护核心，摆脱困境，撕掉标签，贴上名片，鼎力支持，责任重大，使命光荣，站在高处、望着远处，运筹帷幄，总揽全局，亲力亲为，恪尽职守，勤勉工作，不辱使命、不负重托，人民公仆，时代先锋，民族脊梁，指路领航，拨云去雾，指路立碑，承前启后，继往开来，谱写篇章，奠定基础，气贯长虹，丰富深邃，深邃精辟，视野开阔、视野宏阔、视野宽广，擘画新局、擘画愿景，意蕴深厚，立意高远，思想深刻，要求具体，内涵丰富，博大精深，好读易懂，言约旨深，主题鲜明，包含关切，寄托希望，情真意切，语重心长，令人鼓舞，催人奋进，振聋发聩，感染心灵，豪情满怀，引领方向，标明路径，开启征程，可喜可贺、可圈可点、可赞可颂，气度恢宏、气势磅礴、气氛热烈、气场强劲、气质鲜明，气象万千，滋润心灵，引领风尚，春风化雨，润物无声，妥帖工巧，铿锵有声，引经据典，譬喻丰富，心系发展，情系人民，一针见血，一面旗帜、一把火炬、一声号角，文风朴实，举旗定向，再启新局，昭示希望，带着温暖，饱含深情，字字千钧，出新出彩，入脑入心，会风清新，建言务实，擘画科学，砥砺奋进，生态向好，民生改善，活力释放，守正出新，后劲增强，春风化雨。

好句

- ……站在……的高度，为……
- ……站上一个新的起点，迈向一个新的高度。
- 为……厘清了思路，指明了方向，擘画了蓝图。
- 为……明晰了思路，明确了方向，明示了路径。
- ……的召开必将给中国带来新的变化，也会为青年们带来新的希望。
- ……工作的重视程度，前所未有！力度之大，前所未有！
- 通篇闪耀着……的光辉，通篇贯穿着……的精神，通篇饱含着……，通篇展现了……
- ……上通过的……报告，是我们的行动纲领，×××的方方面面都提供了根本遵循，作出了安排部署，需要我们深研、细思、笃行。
- ……明确宣示了举什么旗、走什么路、以什么样的精神状态、朝着什么样的目标继续前进的重大问题。
- ……肯定了中国近×年的重大成就，重点部署了未来×年的战略任务和重大举措。这为……指明了方向，也为我们当代青年学子提出要求。
- ……思想深邃、内涵丰富，激励人心、催人奋进，为系统推进×和国家各项事业擘画了宏伟蓝图，也为今后工作提供了根本遵循，指明了前进方向。
- ……提出的……为当代党员干部深刻理解“为什么要担当”“担当什么”“如何担当”等问题指明了方向，提供了根本遵循。
- ……正是在新时代进行具有许多新的历史特点的伟大斗争中形成的，是时代的选择、历史的选择、人民的选择。
- 通过这次……进一步凝聚了中华民族的奋进力量，中国人民的前进动力更加强大，奋斗精神更加昂扬，必胜信念更加坚定。
- ……深刻彰显了……精神的重大理论意义，深邃指明了取得……伟大变革……的根本是……掌舵领航、定纲指向，深远展望了……的宏伟蓝图，是当代×××人肩负使命。

- ……充分展现了×××的政治智慧、战略定力、使命担当、为民情怀、领导艺术；……充分彰显了真理力量和实践伟力。

- 标注了时代方位、提出了总体要求、作出了战略谋划、指明了方向路径、描绘了美好蓝图。

- ……创立了……思想，明确……的基本方略，提出一系列治国理政新理念新思想新战略，实现了马克思主义中国化时代化新的飞跃，坚持不懈用这一创新理论武装头脑、指导实践、推动工作，为新时代党和国家事业发展提供了根本遵循。

- ×××现在的发展成就和方向，在×××上都是绝无仅有、开创先河的，是符合×××的发展方式，×××向人民，向世界表明了我们所希望的发展方向和目标，是如何展现和实现的，也会更有力地让×××知道×××并不是他们片面认为的发展方式。

- ……阐述了×××的新境界、×××的本质要求等重大问题，对×××进行了战略谋划，对统筹推进×××作出了全面部署，为新时代新征程实现×××目标指明了前进方向、确立了行动指南，是×××的行动纲领。

第三编

按工作类型速查

一、党建工作

好词

标牌、雕塑、场馆，理念，思路，方法，明责、履责、尽责，党建，共建、共治、共享，扩先，提中，治软，法治、德治、自治、群治，治理，提质，稳量，补链，扩输，提问，咨询，点评，抓常、抓长、抓细。

聚人心，促发展，向心力、执行力、引领力、统筹力、组织力、服务力，绣平台、绣服务、绣治理，强组织、强队伍、强引领，下“良药”，送“锦囊”，定“航标”，政治性、原则性、严肃性，听党话、感党恩、跟党走，收收表、打打钩、评评分，述全面、述清楚、述透彻，讲清楚、讲透彻、讲实在，知识廊，连心桥，桥头堡，责任田、示范田，主心骨，顶梁柱，低级红，高级黑，高大上，高颜值，主基调，抓具体、抓经常、抓难题，争位子、站台子、抱牌子，一盘棋、一张网、一条心、一股劲，单独建、联合建、挂靠建，党建红、志愿红、传统红、革命红，志愿行，传帮带，治理优，强党建，促治理，优服务，两手抓、两促进、两不误，造盆景，推展品，搞爆款，绘“图谱”，立“台账”，建“病历”，叫得响、立得住、推得广。

一岗双责，因地制宜，量体裁衣，融入产业、融入文化，一个项目、一名书记、一支队伍、一抓到底，互促共进，同频共振，相互融合，相互成就，并行摆位，自治强基、法治保障、德治教化、群治赋能，制度架构，重点突破，执行落实，全域提升，领域提效，品牌提质，找准“病灶”、深挖“病因”、找到“病根”，真心真意，深入深刻，走深走实，述出动力、述出压力、述出活力、述出成绩、述出问题、述出责任、述出成效，逐一回应、逐一破解，履职“错位”，领导“让位”，参与“缺位”，比的舞台、赛的擂台、干的平台，多方回引，教育培训，从严管理，大胆使用，一网到底、一线落实，党建引领，政府引导，村民主体，社会参与，各具特色，培基铸魂，深入村居、深入网格、深入楼栋，党员靠前，专家下沉，部门联动、组织联建、党员联管、资源联动、事务联商，完善做法，充实经验，运用成果，政治聚“新”、治理融“新”、服务暖“新”。

述职述党建、评议评党建、考核考党建，人在网中走、事在格中办、难在格中解，情在格中结，不泛泛而谈、不空穴来风、不模糊处理，网格化管理、数字化赋能、精细化服务，“两委”（党委、党组、支部）带头学、党员示范学、群众紧跟学，不足“年年述”、问题“年年改”、短板“年年在”，难点有回应、重点有所为、堵点有所破，年初有部署、半年有检查、年终有考核，述职“填空题”，点评“问答题”，整改“课后题”，守好“主阵地”、种好“责任田”，小事不出村、大事不出镇、矛盾不上交、平安不出事、服务不缺位。

党建工作要点、组织工作重点、基层治理焦点，述出亮点成绩，比出短板不足，评出下步打算，坚持党建引领，凝聚多元力量，加强支部建设，建强领导班子，开展党员培训，突出一个“实”字，体现一个“真”字，到小区亮身份、向网格员报到。

好句

- 编筐编篓，重在收口。
- 述职不述问题，本身就是失职。
- 村村有产业，个个有特色。
- “群雁”飞得好，全靠“头雁”带。
- 组织兴，则乡村兴；组织强，则乡村强。
- 传递“党的声音”，做到“春风化雨”。
- 书记“领题”，街道“解题”，创优“结题”。
- 搞活一片产业，带动一方发展，富裕一方百姓。
- 重点工作“心中有数”，重要数据“去伪存真”。
- 单位之间“千篇一律”，单位内部“年年相似”。
- 基层治理“阵地”设在“家门口”，治理“末梢”变服务“前哨”。
- 党建述职评议只有评得够“辣”、评得够“劲”，才能“出汗排毒”。
- 聚焦“实”字，述出动力。找准“七寸”，述出压力。依靠群众，述出活力。
- 党组织要多听“群众声音”，让群众当“裁判”、当“考官”、当“评委”。
- 想干事的有机会，能干事的有舞台，干成事的有地位。
- 捋清责任体系，明确目标任务，强化闭环管控，层层压实责任。
- 党委“领动”、党小组“推动”、党员“带动”、党群“互动”。
- 农户手机“下单”，企业线上“接单”，村级组织“送单”。
- 充分的实地观摩、充分的“头脑风暴”、充分的现场“开炮”。
- 组织力量“沉下去”，服务力量“沉下去”，数字赋能“沉下去”。
- 要关掉“滤镜”晒“原图”，要挤掉“水分”晒“干货”。

- 基层党组织是我们党的组织体系的“基石”，连接着为民服务的“最后一公里”。
- 党的政策“宣讲员”、文明城市“引导员”、社会治理“观察员”。
- 抓产业链党建，不能只看到“产业”二字，而忽略“党建”二字。
- 产业链延伸到哪里，党组织就覆盖到哪里，党建引领作用就发挥到哪里。
- 切“早上栽树、下午就要乘凉”的形式主义之“新”，虚头巴脑折腾人的套路之“新”。
- 述职评议不是“一锤子买卖”，既要“述”，又要“评”，更要“改”。
- 确立思想理论的“定盘星”，坚定理想信念的“主心骨”，筑就“四个自信”的“压舱石”。
- 社会治理“网格化”，城镇管理“街长制”，乡村治理“积分制”，人口管理“候鸟式”，纠纷调处“一站式”。
- 要着力提高领导人的思想认识，变“要我建”为“我要建”，把“党建地图”变成“产业蓝图”。
- 抓覆盖强组织，筑牢治理根基。抓网格强力量，提升治理效能。抓民生强服务，破解治理难题。抓长效强举措，健全治理机制。
- 聚党建引领之合力，破“链不实”之题。添链上企业之活力，破“链不密”之题。提产业发展之动力，破“链不强”之题。
- 强化覆盖“选准点”，聚焦抓党建促×××这一主线，着力构建“横向到边，纵向到底，各具特色，覆盖×××”的党建示范片带网络，确保党建示范点丰富多元。
- 开展党建述职评议，要抓“点”带“面”，谨防“高”开“低”走，坚持真心真意、深入深刻、走深走实，述出成绩、述出问题、述出责任、述出成效，取得扎扎实实的效果。
- 各级党组织要坚持“去伪存真”的态度，不搞“缺斤少两”，不玩“移花接木”，如实、坦诚、客观地撰写基层党建述职报告。
- 在永葆初心中写好“成绩清单”，在贴近民心中写好“问题清单”，在赢得人心中写好“任务清单”。
- 织密组织体系，夯实“红色堡垒”。壮大集体经济，跑好“红色赛道”。锻造头雁队伍，激发“红色引擎”。
- 从人民群众的立场出发解决问题，让“党建体检”充满“泥土味”和“民情味”，以“体检式”调研查找不足、凝练优势、明晰方向。

❖ 述成绩要抓住“重点”，不“乱坠天花”。述问题要直戳“痛点”，不“遮遮掩掩”。述打算要创新“亮点”，不“泛泛而谈”。

❖ 真真实实说情况，让亮点更有“区分度”。扎扎实实找问题，让查摆更有“分辨率”。踏踏实实抓整改，让成效更有“含金量”。

❖ 党建述职要追求“原汁原味”，真实反映基层党建的实际工作情况，不能为评议好听而“化浓妆”，为成绩好看而“充棉花”，让述职“失了真”“变了味”。

❖ 要用好评议点评这一“利器”，以“当局者迷旁观者清”的认识认真思考、虚心接受，为基层党建问题“把脉开方”。

❖ 打好“聚光灯”，党建述职既要“亮点”更要“亮底”。敢捅“窗户纸”，党建评议既要“揭短”更要“揭底”。常敲“回音鼓”，问题整改既要“见底”更要“彻底”。

❖ 突出“特色点”，把成绩讲清楚。找准“切入点”，把问题找出来。攻克“重难点”，把任务规划好。

❖ 只有有效破解党建与业务工作“两张皮”问题，才能做好新时代新形势下的党建工作，让党建“落地生花”。

❖ 始终握牢方向盘，把好思想关；努力抬升标尺线，把好学习关；不断注入原动力，把好任务关；用心念好紧箍咒，把好作风关；切实筑牢防火墙，把好廉洁关。

❖ 牵住责任落实这个“牛鼻子”，吹响典型推动这把“先锋号”，点亮督促检查这盏“探照灯”，舞动考核评议这根“指挥棒”。

❖ 夯实同心筑梦的思想根基，锤炼从严从实的优良作风，锻造更加坚强的领导核心，汇聚万众一心的复兴伟力。

❖ “大抓基层”是事关根本的“一号工程”，不是大搞“纸上创新”的“文牍主义”，必须动真碰硬、因题施策，做到新机制解决新问题，新模式适应新需求，确保惠民利民“不走空”。

❖ 党建工作抓好了，就能为业务工作提供坚强政治保证；避免党建工作“虚化”“弱化”，就要以业务工作来检验。

❖ 党建引领“谋”全局，在“科学统筹”中绘就“作战图”。党员示范“保”生产，在“强化服务”中奏响“进行曲”。强化保障“纾”民忧，在“政策助力”中下好“及时雨”。

❖ 说成绩“高嗓门”、列短板“低沉音”。找问题“高举起”、查原因“低放下”。推整改“高表态”、抓落实“低实效”。

❖ 定期调度“强保障”，深入问题一线现场观摩调研指导，及时听取各党组织书记在项目推进中产生的问题困难和下一步打算，并从资金人员等各方面给予支持，切实将党建示范点“软任务”变成“硬指标”。

❖ 把各类优势资源整合起来，用鲜活的素材、“草根”的语言、合适的载体进行重新“演绎”，推进优势互补、抱团发展，把“好风景”转变成“好产业”“好经济”，进一步推动党建优势转化为共富发展优势，实现共同富裕“鼓”口袋又“富”脑袋。

❖ 要坚持开门抓整改，主动接受群众监督，向群众“公映”、让群众“评分”，把群众满意作为整改成效的“黄金标准”，真正以整改落实的高“分辨率”，换来群众满意的“叫座率”和“喝彩声”。

❖ 总结经验“强带动”，按照“突出重点、突破难点、覆盖盲点、创新亮点”的要求，坚持边创建边总结，及时推广在党建示范点培育中好的经验做法，着力打造一批可推广、能推广的基层党建工作品牌。

❖ 要以“马不解鞍”“店不打烊”的实干精神，真正把基层情况摸清、把群众问题找准、把工作对策提实，真正推动解决一批发展所需、群众所盼、民心所向的急难愁盼问题，让“枫桥经验”的精髓在治理中熠熠生辉。

❖ 党建述职既是一张“成绩单”，述的是过往之“行”，总结成绩、突出亮点；也是一张“问题表”，述的是当下之“短”，发现问题、分析短板；更是一张“军令状”，述的是未来之“心”，鲜明表态、庄严承诺。

❖ 要去掉党建述职的“美颜滤镜”，避免“夸夸其谈”“过度修饰”，让真实的数据唱“主角”、具体的事例说“真话”，以高清“分辨率”校准“述”的坐标、展示“抓”的成效，确保成绩“素颜出镜”。

❖ 把组织建在“链”上，不能重在建立，而忽略了“既要有形又要有效”，需结合产业链发展实际，常态开展企业党建情况摸排和党组织培育孵化，因链制宜、因势利导，灵活设置链上企业党组织模式，符合条件的“应建必建单独建”，力量薄弱的“分片划区联合建”，暂无党员的“跟踪培育挂靠建”。

❖ 以党建“引领力”筑牢阵地堡垒“主心骨”，“点亮”为民初心。以党建“引领力”建强党员队伍“主力舰”，“点亮”治理质效。以党建“引领力”弘扬治理准则“主旋律”，“点亮”×××自治。

- 要配备充足的党务力量，把对“链”上有用的“隐形党员”纳入党支部，充分发挥党组织作用，经常性、规范化开展党员培养、教育、发展等工作，引导党员积极做×××发展的“推动者”，服务×××的“店小二”。

- 要坚持“尊重事实”的作风，在党建述职“讲成绩”这道“填空题”中原原本本、完完整整地填入“准确答案”，让每一个点位、每一个数据都有“实例支撑”，还原工作成效的“素颜面貌”。

- 要坚决摒弃“怕出丑、怕惹事、怕丢分”的心态，敢于“瞄准靶子”说问题、“一针见血”揭短板，以清醒的认识、鲜明的态度自曝“软肋”，把抓党建的薄弱环节、促发展的具体问题全数“入镜”。

- 述职总结要接地气、有底气，立足“实际”才能“晾晒成绩”。查摆问题要找得准、挖得深，交出“实底”才能“按图索骥”。整改落实要复好盘、对好标，谋划“实招”才能“补偏救弊”。

- 突出立心铸魂，提高“向心力”，在对标看齐中把握新形势、新使命。突出党建引领，提高“执行力”，在服务大局中彰显新担当、新作为。突出强基固本，提高“凝聚力”，在管党治党中力求新突破、新提升。

- 持续推动“调查研究下基层”蔚然成风，深化“党建体检”工作，用好“党建体检”成果，以“党建体检”问诊基层一线，形成发现问题、解决问题、推动发展的链条式完整闭环，打通基层一线“任督二脉”。

- 守住绝对忠诚之心，做政治坚定的“明白人”；守住勤政为民之心，做服务群众的“贴心人”；守住务实进取之心，做干事创业的“带头人”；守住清正廉洁之心，做严以律己的“规矩人”；守住兴党护党之心，做管党治党的“责任人”；守住宁静平常之心，做淡泊名利的“快乐人”。

- 晒成绩“突出亮点”，挤干水分述“干事经验”循“奋斗之源”。讲问题“聚焦关键”，刀刃向内述“顽疾痛点”循“进步之源”。重落实“功在长远”，靶向整改述“行动指南”循“发展之源”。

- 答好现场述职“填空题”，拧干水分晒成绩、深刻剖析揭短板，确保全面具体“述出责任”。答好评议点评“问答题”，打开天窗说亮话、见筋见骨有辣味，确保客观公正“述出压力”。答好问题整改“课后题”，对症下药开药方、真刀真枪见行动，确保较真碰硬“述出成效”。

- 品牌是一个人、一群人和他们共同做出来的事，要基于工作成效这个根本才能成立，而非写在材料里的、名字高大上的“加黑字体”，也不是新瓶装旧酒的“外在包装”，更不是空心化、概念化的“大口号”。

- 党建创新不是脱离实际的“空中楼阁”、拍着脑门的“胡乱编”、关起门来的“搞花活”，而是要围绕“怎么解决问题、解决什么样的问题”，坚持实事求是，以“最有效的举措”，做出“最优的成效”，让业绩“说话”。

- 突出抓好思想教育这个根本，扎实推进党的思想建设；突出抓好基层组织这个基础，扎实推进党的组织建设；突出抓好“四风”整治这个重点，扎实推进党的作风建设；突出抓好正风肃纪这一关键，扎实推进党风廉政建设。

- 支部引领筑牢“党建引领”的“红色堡垒”，激活基层治理“源”动力。党员带头增强“党建引领”的“红色力量”，激活基层治理“智”动力。群众参与强化“党建引领”的“红色管理”，激活基层治理“富”动力。

- 党建述职要给成绩“挤挤水”，进行“梳理整合”，不记“流水账目”、切莫“东拼西凑”，删繁就简扣重点，做到详略得当，让“亮点成效”从“常规工作”中“脱颖而出”，真正使听众听到可借鉴、可吸收的“先进经验”。

- 要坚持“坚车能载重，渡河不如舟”的用人导向，学会量体裁衣，把党建工作细分成各类小项，在深入了解每个人才的性格特征、知识储备、技能本领时，通过“多岗适配”“适时轮岗”找到真正适合党建工作的人才，让“会跑的跑，会游的游”，真正做到“党才融洽”，让人才在党建引领下为乡村振兴增质增效。

- 筑牢“党建+组织”“红色”堡垒，勾勒强基固本“组织图”。走出“党建+产业”“金色”路子，勾勒强村富民“发展图”。激发“党建+人才”“橙色”活力，勾勒群英荟萃“智力图”。厚植“党建+文化”“蓝色”底蕴，勾勒古香古色“人文图”。打造“党建+生态”“绿色”样板，勾勒生态宜居“山水图”。

二、经济工作

好词

创新，协调，绿色，开放，共享，品种、品质、品牌，产业，人口，功能、动能，生态，开放，财政，货币，就业，产业，区域，科技，环保，技术，能耗，排放，经商，预调、微调，兜住、兜准、兜牢，降准、降息，加工，运输，储藏，贸易。

创新型、引领型、支柱型，互联网，大数据，守底线，兴产业，抓示范，促发展，好项目，大企业，立思想、立战略、立目标、立制度、立规矩、立标准，优质化、特色化、品牌化、全球化、体系化、私有化，流动性，把稳舵，加满油，鼓足劲，稳预期、稳增长、稳就业，防风险，转方式，调结构，提质量，增效益，消费品，房地产，地方债，长租房，新领域、新赛道、新产业、新模式、新优势、新动能。

大海之大、大海之广、大海之深、大海之力，更高质量、更有效率、更加公平、更可持续、更为安全，组织创新、技术创新、市场创新，园区布局，设施配套，功能集成，设计研发，加工装配，生产控制，质量检测，数字乡村、数字社区、数字旅游、数字城管、数字交通、数字应急，涉滩之险，爬坡之艰，闯关之难，专项资金、专项债券，货币政策，通货膨胀，协同联动，组合效应，机遇意识、风险意识、危机意识、大局意识、整体意识，数智技术，绿色技术，生物制造，商业航天，地方债务，金融机构，链主企业，康复器械，老年服饰、老年食品、老年医疗，医疗保健，营养保健，心理咨询，指尖技艺、指尖经济、快餐经济、集体经济、计划经济、市场经济、银发经济、低空经济、实体经济、数字经济、节会经济、美丽经济，经济政策、经济复苏、经济紧张、经济拮据，数字消费、绿色消费、健康消费、新型消费，就业优先、就业稳定，供过于求，投资依赖，消费驱动，发展活力，步入尾声，基调未变，回升向好、长期向好，稳健宽松，经济增长、经济回升、经济回暖，化解风险，扩大开放，消费补贴，政策统筹，协调发展，国家战略，刺激生产，有效投资、民间投资，适度加力，提质增效，先立后破、未立先破、只破不立、先破后立，掣肘减弱，稳中求进，稳中向好，以进促稳，宏观政策，良性互动，扩大内需，转型升级，非法金融，乡村产业、传统产业，文娱旅游，消费场景，消费链条，产业兴农、质量兴农、绿色兴农，产能过剩，债务积累，供需匹配，良性循环，优化布局，显著缺口。

开哨一季度，搏杀二季度，决战三季度，冲刺四季度，打通“堵痛点”，找准“增长点”，挖掘“潜力点”，转型的“瓶颈”，发展的“短板”，社会的“触点”，群众的“渴望”，新质生产力，商品供给侧，内外部形势，流动性情况，历史性成就，历史性变革，高质量发展，历史性变革、系统性重塑、整体性重构，勇开顶风船，无惧回头浪，拓展新区域，培育新平台，发展新业态，壮大新产业，开发新模式，中央加杠杆，地方降风险，前瞻性谋划，战略性布局，整体性推进。

好句

- 小康不小康，关键看老乡。
- 锚定“稳”的大局，把握“进”的方位，砥砺“实”的作风。
- 有效需求不足，部分产能过剩，社会预期偏弱，风险隐患较多。
- 稳是主动之举，优是应势之为，攻是制胜之策。
- 发展是第一要务，人才是第一资源，创新是第一动力。

- 出思路是前提，想办法是基础，抓推进是关键，勤督查是手段。
- 保护合法收入，调节过高收入，取缔非法收入。
- 把握发展规律，创新发展理念，破解发展难题。
- 务发展之实策，务整改之实招，务惠民之实事。
- 做好顶层设计，加强政策支持，坚持“因地制宜”。
- 发展是第一要务，项目是第一支撑，人才是第一资源。
- 抓创新就是抓发展，谋创新就是谋未来。
- 用改革的办法解决前进中的困难。
- 涓涓细流汇成沧海，片片砖砾构筑长城。
- 斗罢艰险又出发，风雨无阻向前行。
- 彩虹和风雨共生，机遇和挑战并存。
- 一手抓大企业顶天立地，一手抓小企业铺天盖地。
- 制造业是国民经济的主体，是立国之本、兴国之器、强国之基。
- 传统产业“脱胎换骨”，新兴产业“强筋壮骨”。
- “看不见的手”和“看得见的手”都要用好。
- 注重宏观调控的预见性、及时性和有效性。
- 经济的大海奔腾不息，开放的春风温暖世界。
- 我们要的是实实在在没有水分的经济发展速度。
- 重责在心，呼唤踔厉奋发；重任在肩，尤需勇往直前。
- 市场主体是经济的力量载体，保市场主体就是保社会生产力。
- 思想引领，新理念开辟发展新境界。
- 中国经济是一片大海，“大”在体量、实力和潜力上。
- 大国攻坚，举国同心则无坚不摧；大事难事，握指成拳则无事不成。

❖ 统筹兼顾、协调推进，经济发展稳定转好。

❖ 经济发展再上新台阶，转型升级取得新进展，动能转换展现新气象。

❖ 久久为功抓贯彻的战略定力，创新变革走在前的非凡勇气，高质量发展的蓬勃活力。

❖ 全方位推动高质量发展，全过程聚焦高质量发展，全要素服务高质量发展。

❖ 发展为了人民，发展依靠人民，发展成果由人民共享。

❖ 中国经济是一艘巨轮，体量越大，风浪越大，掌舵领航越重要。

❖ 以经济建设为中心，是兴国之要，立邦之本。

❖ 壮阔征程看开局，中流击水看起势。

❖ 看需求，市场红火升级旺；看动力，创新挖潜后劲大；看底牌，工具丰富经验足。

❖ 前进道路不会一帆风顺，但惟其艰难，才更显勇毅；惟其笃行，才弥足珍贵。

❖ 积攒了强劲的发展势能，中国经济的江河就能冲开绝壁、夺隘而出、千里奔涌。

❖ 坚决“破”，焕发新气象；加速“立”，培育新动能；切实“降”，催生新活力。

❖ 以宽广的视野把握大势，以前瞻的思维谋篇布局，以务实的举措履职尽责。

❖ 奋力跑出“加速度”，全力追求“高质量”，持续提高“协调性”。

❖ 筑牢发展“强支撑”，跑出发展“加速度”，奏响发展“最强音”。

❖ “凤凰涅槃”的勇气，“腾笼换鸟”的举措，“浴火重生”的气魄。

❖ 加强经济宣传和舆论引导，唱响中国经济光明论。

❖ 要当好干事创业“领头羊”、改革创新“开山斧”、为民解难“孺子牛”。

❖ 发展的主旋律不变，项目的主抓手不松，转型的主方向不偏。

❖ 做大做强传统产业，做专做优新兴产业，做精做靓特色产业。

❖ 把发展产业当使命，抓项目建设像拼命，视营商环境如生命。

❖ 重点指标高点布局，重大项目高位破局，重要工作高质开局。

❖ 高质量的绿色发展，高颜值的城乡环境，高品质的幸福生活。

❖ 外部环境愈加严峻，发展形势更加复杂，发展任务越发繁重。

❖ 既重数量更重质量，既重有形更重有效，既重过程更重结果。

❖ 实现更高质量、更有效率、更加公平、更可持续、更为安全的发展。

❖ 统筹个人利益和集体利益、局部利益和整体利益、当前利益和长远利益。

❖ 中国经济也如同一片大海，有大海之大、大海之广、大海之深、大海之力。

❖ 发展经济不能竭泽而渔，要眼光放长，多给子孙留些宝贵的自然资源。

❖ 经济大盘“稳”，结构调整“进”，新旧动能转换“亮”，消费升级空间“扩”。

❖ 研判中国经济，不仅要看速度快不快，也要看底盘稳不稳、劲头足不足。

❖ 资源要素向实体经济集聚，政策措施向实体经济倾斜，工作力量向实体经济加强。

❖ 一切围绕发展来思考谋划，一切围绕发展来部署安排，一切围绕发展来督查问效。

❖ 过去我们是顺势而上，机遇比较好把握；现在要顶风而上，把握机遇的难度骤增。

❖ 坚决答好大事要事“分析题”，坚决答好能源革命“关键题”，坚决答好转型发展“核心题”。

❖ 经济增长必须是实实在在和没有水分的增长，是有效益、有质量、可持续的增长。

❖ 创新引领是动力引擎，担当实干是保障支撑，绿色崛起是发展路径，兴业富民是奋斗目标。

❖ 推动发展的“短板”问题，制约发展的“瓶颈”问题，服务发展的“软肋”问题。

❖ 再滂沱的风雨，在浩瀚的天空下终将放晴；再泥泞的征途，在奋力的前行中必能抵达。

❖ 抓经济、促发展的必然选择，扩规模、稳增长的有力抓手，强产业、促转型的有效途径。

❖ 低排放、低能耗、高效率、高知识密度的经济增长方式已经成为当代发展的基本趋势。

❖ 该延伸的手臂要延伸，该补齐的短板要补齐，该加强的弱项要加强，该加大的力度要加大。

❖ 抢抓市场机遇，办好一流企业，实现质量更好、效益更高、竞争力更强、影响力更大的发展。

❖ 纲举目张抓工作，项目为王抓投资，千方百计促消费，打造集群强产业，乘势发力促开放。

❖ 一切难题才能迎刃而解，一切办法才能落地见效，一切发展才能顺利推进，一切机遇才能紧握手中。

❖ 金融体制改革，财税体制改革，数据跨境流动，财政支出结构，财政政策空间，支付资金监管，严肃财经纪律，提高资金效益。

❖ 聚精会神搞经济，全力以赴拼经济，千方百计求突破，一心一意谋发展、埋头苦干抓发展、全力以赴促发展。

❖ 必须以科学理念引领发展方向，必须以改革办法破解发展难题，必须以务实态度追求发展实效，必须以底线思维夯实发展基础，必须以过硬作风强化发展保障。

❖ 贯彻新理念，注重从“数量追赶”转向“质量追赶”；培育新动能，注重从“要素驱动”转向“创新驱动”；壮大新产业，注重从“中低端”转向“中高端”。

❖ 以开放的思路、市场的办法集聚和配置各类要素，聚四海之气、借八方之力，发展的动能就会更加充沛澎湃。

❖ 抢占数字经济“关键赛道”，用好数字改革“关键一招”，夯实数字基础设施“关键支撑”，强化数字生态“关键保障”。

❖ 要更大力度推动外贸稳规模、优结构，更大力度促进外资稳存量、扩增量，培育国际经贸合作新增长点。

❖ 在政策实施上强化协同联动、放大组合效应，在政策储备上打好提前量、留出冗余度，在政策效果评价上注重有效性、增强获得感。

❖ 越是面对风高浪急的挑战，越要牢牢坚持稳中求进工作总基调，正确处理“稳”与“进”、“立”与“破”两对辩证关系，切实增强经济活力、防范化解风险、改善社会预期，巩固和增强经济回升向好态势。

❖ 围绕处理好政府和市场关系这一经济体制改革的核心问题，持续推进简政放权、放管结合、优化服务改革。

❖ 发展“底色”高于预期，稳中有进；发展“成色”质效双升，结构更优；发展“亮色”强化优势，夯实基础。

❖ 进是方向和动力。“以进促稳”就是要把“进”作为方向和动力，在转方式、调结构、提质量、增效益上积极进取，巩固稳中向好的基础。

- 握准“指挥棒”，形成转型发展的高度自觉；舞活“指挥棒”，引领转型发展的生动实践；用好“指挥棒”，保障转型发展的强力推进。
- 抓住核心技术自主创新这个“牛鼻子”，找准智能制造转型升级这个“突破口”，打造高端技术创新创业团队这个“主力军”。
- 推动中国制造向中国创造转变、中国速度向中国质量转变，中国产品向中国品牌转变。实现这“三个转变”，正是中国制造的未来所在。
- 又出发，中国经济航船把稳舵、加满油、鼓足劲。向前行，时与势在我们一边，新的战略机遇与发展主动权在我们手中，人间正道在我们脚下。
- 加强科学统筹，解决“难”的问题；盘活身边资源，祛除“怕”的问题；创新方式方法，回应“盼”的问题。
- 市场主体是社会生产力的基本载体，是社会财富的创造者，是经济发展内生动力的源泉，是稳就业的“顶梁柱”、经济增长的“发动机”。
- 要坚定改革信心，汇聚改革合力，再接再厉，锐意进取，推动新发展阶段改革取得更大突破、展现更大作为。
- 培育新型农业经营主体增动力，提升农业产业发展水平增实力，坚持绿色农业发展方向增内力。
- 在结构优化中创造新供给，在消费升级中培育新增长点，在质量提升中实现更高效益，在创新驱动中增强可持续竞争力，在改革开放中激发动力活力。
- 鼓足干劲、勇毅前行，保持建设美好×××的战略定力。聚焦重点、突破提升，增强建设美好×××的硬核实力。党建引领、固本强基，凝聚建设美好×××的强大合力。干字当头、奋勇争先，提升建设美好×××的执行效力。
- 抓住一切有利时机，利用一切有利条件，看准了就抓紧干，能多干就多干一些，努力以自身工作的确定性应对形势变化的不确定性。
- 培育壮大新兴产业，做好加法；降低实体经济成本，做好减法；强化科技创新驱动，做好乘法；推进体制机制创新，做好除法。
- 创新成为第一动力，协调成为内生特点，绿色成为普遍形态，开放成为必由之路，共享成为根本目的。

- 面对艰险挑战、繁重任务，有“力拔山兮气盖世”的壮志，有“气吞万里如虎”的果敢，方能唤起磅礴之力，打开科技新局面。
- 注意把握和处理好速度与质量、宏观数据与微观感受、发展经济与改善民生、发展与安全的关系，不断巩固和增强经济回升向好态势。
- 写好“创新篇”，下好“改革棋”，走好“开放路”，打好“绿色牌”，争当“实干家”，交出“富民卷”。
- 要常观大势、常思大局，坚持底线思维、增强忧患意识，做好“开顶风船”的思想准备和工作准备，下好先手棋，打好主动仗。
- 中国经济是一片大海，而不是一个小池塘。大海有风平浪静之时，也有风狂雨骤之时。没有风狂雨骤，那就不是大海了。狂风骤雨可以掀翻小池塘，但不能掀翻大海。经历了无数次狂风骤雨，大海依旧在那儿！经历了5000多年的艰难困苦，中国依旧在那儿！面向未来，中国将永远在这儿！
- 与时俱进、因势利导出思路，问题导向、分类指导想办法，明晰路径、持续用力抓推进，以上率下、担当务实勤督查。
- 深化“放管服”改革，要坚持市场化、法治化、国际化整体推进，打造一流营商环境，促进大企业“顶天立地”、小企业“铺天盖地”，不断解放和发展生产力。
- 打好经济发展转型背水一战，要深刻领会中央精神增强政治自觉；打好经济发展转型背水一战，要认真总结工作成效坚定必胜信心；打好经济发展转型背水一战，要准确把握形势任务强化紧迫意识。
- 把握好“加法”和“减法”、当前和长远、力度和节奏、主要矛盾和次要矛盾、政府和市场的关系。
- 创新发展动力澎湃，协调发展不断优化，绿色发展扎实推进，开放发展引领潮流，共享发展惠及民生。
- 曾经视作天方夜谭的想象，正在令人惊喜地持续发生；一度认为遥不可及的梦想，已经势不可挡地变成现实。
- 以“滚石上山、负重前行”的决心抓发展，以“时不我待、只争朝夕”的作风推工作，以“善始善终、善作善成”的精神强落实。
- 要推动互联网、大数据、人工智能和实体经济深度融合，加快制造业农业服务业数字化、网络化、智能化。

❖ 越是形势严峻、任务艰巨，越需要善于运用制度力量应对风险挑战冲击、激发经济活力潜能，这是改革的大逻辑，也是发展的辩证法。

❖ 采取“强强联合”“强弱帮带”“村企共建”等联姻联盟活动，推动人、财、物等生产要素向乡村一线聚集，形成各领域资源共享、抱团发展的工作格局，全力推动村集体经济实现“整县提升、整乡推进、百村示范”三级联创。

❖ 跨过一道又一道沟坎，战胜一个又一个挑战，实现从“赶上时代”到“引领时代”的伟大跨越。

❖ 挖掘潜在资源、善于“无中生有”，依托平台资源、善于“借势发力”，提升现有优势、善于“点石成金”。

❖ 盲目铺摊子、上项目，“决策乱画饼，落实翻烧饼”“热衷另起炉灶、另搞一套”，工作没有了连续性，就容易造成“烂尾工程”。

❖ 在机遇面前主动出击，在困难面前迎难而上，中国一定能啃下“硬骨头”、踢开“绊脚石”、铲除“拦路虎”，把发展进步的命运牢牢掌握在自己手中。

❖ 在风雨中砥砺成长，于挑战中强筋壮骨，今天的中国经济不仅“体量”更大，而且“体质”更好、“免疫力”更强。

❖ 要有敢闯敢试、敢为人先的拼劲，主动跳出历史的周期律，把握住××发展规律，因地制宜，开辟出最适宜的道路。

❖ 胸怀大局大势，就不惧乱云飞渡；把握有利条件，就不惧风雨兼程。向着更加光明的未来、更加开阔的水域进发，中国经济航船破浪前行、扬帆远航。

❖ “上下”联动，以绩效考核促组织提升。“点面”结合，以绩效考核强队伍建设。“内外”兼修，以绩效考核助产业发展。

❖ 实现高质量发展，既是新发展理念的题中之义，也是打造新发展格局的必然要求。经济发展不仅看数量，更要看质量，要使相同的增长速度拥有更多高质量的内涵。

❖ 乘势而上，时不我待。做好经济工作，关键在落实。让我们在把握“稳中求进、以进促稳、先立后破”的“十二字”原则基础上，看准了就抓紧干，能多干就多干一些，以确定性工作应对不确定性变化，全力以赴完成好经济工作重点任务，以新气象、新作为“立”出高质量发展的新成效、新活力。

❖ 回顾历史，凡是在遇到困难的时候，我们都注重运用改革来突破瓶颈、打破束缚，通过发挥好改革的突破和先导作用来战胜挑战、化解风险。面对经济新常态，坚持以供给侧结构性改革为主线，加快建设现代化经济体系；面对社会主要矛盾的变化，大力推进民生领域改革；面对逆全球化思潮和贸易保护主义挑战，持续推进更高水平对外开放……发展出题目，改革做文章，历史和经验启示我们，越是形势复杂，越要通过深化改革增强经济发展内生动力，增强应对挑战、抵御风险的能力。

三、农业工作

农，林，牧，副，渔。

轮作，套种、间种，补链、强链、壮链，春忙，果蔬，蚕桑，土壤，肥料，水分，温度，季节，气象，气候，荒山，沙漠，滩涂，森林，草原，高产，优质，高效，生态，饭碗，谷物，口粮，供给，产能，产量、存量、增量，个体，企业，种植，管理，采收，转让，承包，租赁，流转，撒网、收网，分拣，装筐，加工，物流，巩固，增强，增收，丰收，提升，畅通，投入，蛮干，信息，资源，技术，爱农、重农、兴农，土味。

强起来、美起来、富起来，先试验，后推广，新农人，抢农时，提标准，强服务，规模化、产业化、机械化、现代化、品牌化，低成本，自给率、成秧率，吃饭田、高产田，周期短，见钱快，吃得饱、吃得好，端得牢，成色足；要产量、要效力，土专家，田秀才，农把式，想当然，拍脑袋，翻烧饼，庄稼地，篱笆院，家务活，育种场，养殖户，农作物，黑土地，米袋子，菜篮子，奋进曲，春池水，中国粮，农产品，小特产，终端货，大品牌，供应商，产业链、帮扶链，不掉队，赶上来，缓苗快，产量高，非农化，非粮化。

一乡一业、一村一品，破土飘香，盆满钵满，乡村磁力，聚宝金地，藏粮于地，党政抓粮，大国粮仓，种粮热情，种粮面积，阡陌交通，鸡犬相闻，黄发垂髫，怡然自乐，手持镰刀，弯腰劳作，选种育种，秧苗移栽，田间管理，收割销售，禾下乘凉，开枝散叶，管线序化，农房改造，村道提升，规模养殖、生态养殖，科学示范，休闲娱乐，苗齐苗壮，换上“农装”，挽起袖子，卷起裤腿，蹲下身子，躬耕田野，穿梭山林，产业谋划，招商引资，基层治理，组织强农、科技兴农、智力助农，农村电商，特色农业，观光体验，特色旅游，大国小农，人多地少，春山美景，深山瑰宝，乡土品牌，知名特产，沃野千里，欣欣向荣，阡陌纵横，鳞次栉比，安居乐业，止饿饱腹，养眼洗肺，粮安天下，中国种子，龙头企业，节水农业、旱作农业、绿色农业、智慧农业、生态农业、高效农业，农业用水，农田水利，农村饮水，乡村物流，宽带网络，“三农”问题，工农关系、城乡关系，城乡土地，关注农业，关心农村，关爱农民，联农带农，壮大产业，社企联动，忽视农业，忘记农民，淡漠农村，减排固碳，转产转业，节水控水，因水施种，人力投入，物力配置，财力保障，耕地保护，粮食生产、粮食安全，农民收入、农民增收，农村民生，乡村振兴，产业为要，农业强国，宜居宜业，绿色发展，乡村面貌，和美乡村，龙头带动，大户示范，群众参与，政策扶持，市场运营，结构优化，产能提高，韧性增强，增收致富，自由流动，平等交换，望得见山，看得见水，摸得着鱼，城乡互补，全面融合，共享共赢，相互交叉，共同发展，长远利益，长期价值、短期价值，乡村产业，产业规划，县域发展，以城带乡、以城兴乡、以工哺农、以工带农，藏粮于地、藏粮于技，资本投入，盲目投入，错位竞争，茂林修竹，美田弥望，水清稻香，白墙黛瓦，千村示范、万村整治，农业科技，特色文旅，农旅融合，文旅实践，休闲观光，农事体验，升级进阶，基本自给，绝对安全，产业融合，产业兴旺，生态宜居，乡风文明，治理有效，生活富裕。

鼓足“钱袋子”、丰富“果盘子”、殷实“菜篮子”，毕业生到乡、农民工返乡、企业家入乡，耕地面积足，耕地质量优，供给保障强、科技装备强、经营体系强、产业韧性强、竞争能力强，农村美“颜值”，农业实“里子”，农民有“票子”，做给农民看，领着农民干，带着农民赚，镇有示范片、村有示范点、社有示范户，农业强不强、农村美不美、农民富不富，全景式打造、全产业发展、全方位服务，催生新业态、发展新模式、拓展新领域、创造新需求，过度市场化，延伸产业链，核心竞争力，走出去战略，产业效益化。

好句

- “三农”稳，天下安。
- 乡村治，则天下安。
- 接续奋斗，推动乡村振兴。
- 农业“强起来”，农村“美起来”，农民“富起来”。
- 兴一方产业，富一方百姓。
- 青山如黛远村东，嫩绿长溪柳絮风。
- 农民生活富裕富足，既要富口袋，也要富脑袋。
- 农业农村工作，说一千、道一万，增加农民收入是关键。
- 口粮绝对安全，谷物基本自给。
- 促进农民增收，助力乡村振兴。
- 九尽杨花开，农活一齐来。
- 春种秋收，天道酬勤。农业根基稳，发展底气足。
- 春和景明，陌上花开，炊烟袅袅，青山相伴。

- 根本固者，华实必茂；源流深者，光澜必章。
- 打造一个品牌，带活一个产业，富裕一方农民。
- 农业兴则国家兴，农业稳则国家稳。
- 五谷者，万民之命，国之重宝。
- 乡村是具有自然、社会、经济特征的地域综合体，乡村兴则国家兴，乡村衰则国家衰。
- 农业基础稳固，农村和谐稳定，农民安居乐业，整个大局就有保障。
- 凡事预则立，不预则废。发展规划是产业发展的指南针，是乡村振兴的作战图。
- 农业是“三农”之要、社稷之本，要切实抓好粮食生产，守好优质耕地，走好中国“农业路”。
- 水之为利甚广，而害亦甚广。盖治之则为利，不治则为害也。
- 我国仍然面临粮食需求刚性增长的挑战，农业“芯片”还存在着“卡脖子”风险。
- 农业知识普及在一线、农业新技术推广在一线、生产难题解决在一线。
- 增产增效并重，良种良法配套，农机农艺结合，生产生态协调。
- 农业技术集成化、劳动过程机械化、生产经营信息化、安全环保法治化。
- 打造强镇富民发展“聚能环”，打造基层社会治理“同心圆”，打造乡村全面振兴“新模板”。
- 当好带头致富“领头羊”，当好乡村振兴“火车头”，当好人民群众“服务员”。
- 实施乡村振兴战略，要认识乡村振兴规律，顺应乡村振兴规律。
- 过去一年，乡村振兴促进法出台，全面推进乡村振兴从此有法可依。
- 科学盘活土地资源，全力抓好粮食生产，确保中国人的饭碗牢牢端在自己手中。
- “洪范八政，食为政首”。农业发展极为重要，事关全面建成小康社会。
- “士不可以不弘毅，任重而道远”。农业现代化深入发展，基层干部责任在肩。
- 要继续保持粮食生产现有势头，确保产量稳定，储备充裕，有力保障粮食和重要农产品供给。

- 从吃不饱饭到营养均衡，从种类单一到荤素搭配，“中国粮”越来越丰富，越来越美味。
- 没有农业农村现代化，就没有整个国家的现代化，就没有农民群众日新月异的幸福生活。
- 只有依靠自身力量端牢自己的饭碗，才能为应对各种风险挑战赢得主动。
- 让农业成为有奔头的产业，让农民成为有吸引力的职业，让农村成为安居乐业的美丽家园。
- 要深刻认识“农村耕地荒废，优质耕地紧缺”的现状，做到“保数量”和“保质量”两手抓。
- “务农重本，国之大纲”。发展现代农业，让农业成为有奔头的产业，是大大的“农业梦”。
- 农业全面升级，农村全面进步，农民全面发展，农业高质高效，乡村宜居宜业，农民富裕富足，开拓国际市场，社会资本投入。
- 只有产业旺起来，资金、技术、人力资本才能“流进来”，活力、人气才能“留下来”，农民才能富起来。
- 让产业乘着“大数据”的“东风”，搭上“信息化”的“快车”走入“千家万户”，赋予“新活力”，在农业农村现代化的道路上跑出“加速度”。
- 科学技术是第一生产力。事实证明，五谷丰登，不仅仅是来源于风调雨顺的大自然馈赠，更离不开支撑现代农业发展的科技力量。
- 必须“严”字当头、“实”字当先，采取“长牙齿”的硬措施保护耕地，以“钉钉子”的精神坚决遏制耕地“非农化”，防止耕地“非粮化”，严防“割青毁粮”。
- 农村必须由群众来振兴，必须依靠群众去振兴，群众不是“冷眼旁观者”，更不是“坐享其成者”。
- 要在建设农业强国的大棋盘中，看准自身优势和资源禀赋，以产业振兴为推动乡村振兴的切入点，擦亮“土特产”金字招牌。
- 农业发展要赢得主动、赢得优势、赢得未来，必须走主要依靠科技进步支撑的内涵式发展之路，让高水平农业科技引擎“马力”强劲。
- 要善于发现那些带着“嫁妆”找“婆家”的人才，通过引入一个人才，带来一个项目，兴起一项产业。

❖ 要不断为乡村振兴事业倾情奉献，用心用情耕耘“责任田”，在基层这本“无字之书”中找到“为何来”“做何事”“向何行”的答案。

❖ 土地坡改梯、小并大；技术送上门、亲手教；农资提前备、免费供；农机政府采、群众用；种植支部引、大户带；价格保底购、统一收。

❖ 风雨多经志弥坚，关山初渡路犹长。实现农业现代化非一日之功，更不会毕其功于一役，需要持之以恒，常抓不懈。

❖ 乡村要振兴，就必须打造本村的“主导”“支柱”产业，从而源源不断“造血”，推动本村长久持续发展。产业兴旺了，农村才更有“奔头”“引力”。

❖ 一花独放不是春，万紫千红春满园。引进人才属实不易，因而有的地方对引进人才如获至宝，通常引进的人才刚“到位”，就对之委以重任，搞“一枝独秀”。

❖ 在农业现代化的发展进程中，充分转化生态资源的优势，在提升绿水青山的“颜值”同时，做大“金山银山”的价值。

❖ “为政之要，莫先于用人”，加快培养一支懂农业、爱农村、爱农民的“三农”工作队伍是乡村振兴的迫切需要。

❖ 要守住“红线耕地”，延展“产业主线”，点燃“科创引线”，以“三线合一”擘画粮丰、业兴、力旺的现代农业强国“富春图”。

❖ “问渠那得清如许，为有源头活水来”。高质量发展，人才是“源头活水”，乡村振兴“升级进阶”，人才更是重中之重。

❖ 让人才能够直接感受到日子“有奔头”“有向往”，从而间接实现“人才”引进“人才”、“专家”引进“专家”，不断壮大农业人才队伍。

❖ 要完善全链条农产品质量安全监管体系，努力减少粮食生产、仓储、运输、加工、消费等环节的损失和浪费，以稳住农产品供给的“基本盘”，持续提高保障力水平。

❖ 保持紧迫感和“强农有我”的责任感，谋好“三农”新篇，把“饭碗”牢牢端在自己手中，建设好自己的“大国粮仓”。

❖ 要围绕“人无我有、人有我优”的农业、矿产、能源、旅游等产业优势和独特资源，打造发展建设品牌项目，以“风景这边独好”形成产业聚才吸引力。

❖ 要落实好国土空间规划，深入实施藏粮于地、藏粮于技战略，在稳政策、稳面积、稳产量上下功夫。

- 筑牢国家粮食生产安全线，在稳住“粮仓子”的同时，做大“菜篮子”，提升粮食和重要农副产品的生产能力，才能“手中有粮，心中不慌”。

- 发挥主观能动性，充分利用自然规律造福人类，农业恰恰是其中重要环节的呈现，而农田水利正是利用自然规律、增进福祉的重要抓手。

- 我们要紧扣乡村振兴战略，用好现代农业“加法”，加强规划引领，加大投入保障，加快改革步伐，持续推进农业现代化，夯实乡村振兴的产业基础。

- 奋进新征程，须当乘势而上，加压奋进，执“一号文件”之笔绘“粮安天下”图卷，使“中国饭碗”装得更满、端得更牢、成色更足。

- 山水田园、河湖草木，每个地方拥有的资源不一样，那么发展的角度和重点也不一样，不能拿着漏斗去舀水。

- 要深入田间地头进行现场指导，踏进“泥巴地”在“田间课堂”里传授“农业经”，刨取热腾腾的“泥土智慧”，用智慧和汗水教授出更多的“新农人”，为乡村振兴注入活力。

- 实施乡村振兴战略，需要培养造就一支懂农业、爱农村、爱农民的“三农”工作队伍，而“懂农业”是关键，要做到“懂政策”“懂农事”“懂感情”，才能做好农村和群众工作。

- 要把勤俭节约的优良传统挺在前面，争做厉行节约反对浪费的先锋，珍惜一箪食、一瓢饮，坚决制止“舌尖上的浪费”。

- 要勤思善学，补齐技术、设施、营销等短板，把乡村特有的生态优势和文化优势转化为产品和产业优势，做精一个产品，打响一个品牌，增强市场竞争力和可持续发展能力。

- 有计划地生产粮食，审时度势结合国内需求，既不能过多，压了市场的仓库，也不能太少，饿了百姓的肚皮。

- 乡村振兴，产业兴旺是重点；乡村振兴，生态宜居是关键；乡村振兴，乡风文明是保障；乡村振兴，治理有效是基础；乡村振兴，生活富裕是根本。

- 坚持规划先行，画好乡村振兴“全局图”；坚持融合发展，牵好乡村振兴“牛鼻子”；坚持引巢筑凤，落好乡村振兴“关键棋”；坚持文化传承，留好乡村振兴“主心骨”。

- 培育新理念，打造回归经济升级版；探索新路径，打造乡村振兴新样板；展现新气象，打造党建引领大擂台。

- 产业振兴是乡村振兴的重中之重，人才振兴是乡村振兴的关键因素，文化振兴是乡村振兴的精神基础，生态振兴是乡村振兴的重要支撑，组织振兴是乡村振兴的保障条件。

- 当务之急是制定乡村振兴责任制实施办法，明确中央和国家机关各部门推进乡村振兴责任，细化五级书记抓乡村振兴要求，推动建立责任清晰、各负其责、合力推进的乡村振兴责任体系。
- 只有做到乡村振兴为了人民、乡村振兴依靠人民、乡村振兴成果由人民共享，才能汇聚起乡村振兴的强大合力，确保乡村治理有效。
- 接续乡村振兴这篇大文章，×××鲜明指出：“坚持五级书记抓乡村振兴，让乡村振兴成为全党全社会的共同行动。”
- 全面推进乡村振兴是新时代建设农业强国的重要任务，而乡村产业振兴是乡村振兴的重中之重。
- 振兴路上，一个也不能落。要将优化农业社会化服务体系作为关键点，围绕“广”字做好文章，让强农助农政策更好地惠及众多农民。
- 围绕保障粮食安全，既要提高认识、划出底线，也要真抓实干、落地见效，以千钧之力守牢“大国粮仓”。
- 平衡好“养地”和“用地”之间的关系，循序渐进，提质增效，努力使每一寸耕地都成为丰收的沃土。
- “栽下梧桐树，引来凤凰栖”，人才者求之则愈出，置之则愈匮。当前农业现代化的关键是农业科技现代化，而人才短缺是制约其发展的一个重要因素。
- 火车跑得快，全靠车头带。人才是乡村振兴的源头活水，农业现代化离不开基层干部的接续奋斗和农技人才的强劲支撑。
- 农田水利要么因缺乏资金“管不了”、要么因缺专业人才“不会管”、要么缺群众基础“不想管”，成了农村美、农民富、农业强的“最大短板”。
- 写好乡村振兴人才文章绝非“一引了之”，还要不断增强人才培育的“造血功能”，培养和造就一大批符合新农村需求、具有“领头雁”作用的乡村人才。
- 灵活采用“线上+线下”“案例+实操”“室内+田地”等方式开展培训，全面提升强村富民本领和专业知识素养。
- 耕地是粮食生产的“命根子”，要落实最严格的耕地保护制度，采取有力措施遏制“非农化”、防止耕地“非粮化”。

❖ 不断强化“制度供给”，大力“筑巢引凤”，搭建“圆梦舞台”，推动农村电商呈现规模化、集聚化、品牌化发展趋势。

❖ 推行“党建+互联网+农业”模式，适时搭建平台，以农业电商、直播、红领工作站等方式销售农产品，助力农业稳步振兴。

❖ 乡村环境建设不但事关“米袋子”“菜篮子”“水缸子”的供应保障，更事关惠民安民。要推动乡村人居环境提优，既要配套“硬设备”，也要辅助“软措施”。

❖ 以“特色”谋求“出色”，以“优生态”带动“优产业”，拓宽宣传渠道、培育特色品牌，提高当地产品附加值和产业竞争力，打造宜家宜业的现代化农村。

❖ 要抓好农业产业链的建设，补齐农业短板，加快农业发展，促使农业实现规模化、科技化、标准化、品牌化、集群化、多元化、国际化。

❖ 要将手机变为“新农具”，将流量变为“新农资”，大力发展农村电商、直播带货等新业态，不断拓宽农产品销路，真正将美丽乡村的“好丰景”变为“好钱景”，不断鼓足群众的“钱袋子”。

❖ 要摒弃传统的思维定式，着力创新方式方法，在产业融合中坚持党建引领增动力，在产业转型中强化科技赋能提效力，在基层治理中突出机制创新添活力，以创新之举推动乡村振兴不断取得新进展。

❖ 深入实施“数商兴农”和“互联网＋”农产品出村进城工程，画好农产品电商直采、定制生产模式“施工图”，突破农村产业发展“阈值”，跑出产业振兴的“加速度”，为建设农业强国绘好“底色”。

❖ 农村要发展，关键用对人，要抓好人才队伍建设，在涉农人才和涉农干部的选育和使用方面要“精准”识别、“精心”培育、“精妙”使用，确保各类人才的集聚赋能农业农村现代化建设效果最大化。

❖ 要推进农村集体土地征收、宅基地、农村集体产权等制度改革，完善一批农业社会化服务，培育一批农业新型经营主体人，让农村实现“征地有保障”“闲房能盘活”“土地好承包”“集体收益保分配”，以更多人性化政策措施，让农民在“希望的田野”中享受收入“盆满钵满”的快乐。

❖ 物以类聚，人以群分，一个群体必然有一个群体的“朋友圈”，人才群体亦不例外。志同道合的人才往往会聚集在一起，形成特定的“朋友圈”，而这“朋友圈”就是一座“富矿”，值得下大力气去开采。

❖ 要强化与农村农户的协同，打通科技创新“最后一公里”，通过技术培训、农技推广等方式，把论文写在田埂里，把实验室建到地头上，推动新品种、新技术、新装备落地生根，让农民学得会、用得上、真管用，让农业科技力量撑起国家“粮袋子”、鼓起农民“钱袋子”、稳住“三农”基本盘。

- 要以“滚石上山”的韧劲、“爬坡过坎”的勇气牢牢守住十八亿亩“耕地红线”，强化“藏粮于地、藏粮于技”的物质基础，健全农民种粮挣钱得利、地方抓粮担责尽义的机制保障，将实验室搬到田间地头，加大力度突破“种业”等方面的“卡脖子”技术，因地制宜将农业技术推广应用，让农民学到、学会，从而打通科技赋农的“最后一公里”。
- 打造“名师带高徒”模式，让“老师傅”对“小徒弟”在乡村振兴的各项领域中一对一辅导、手把手教学、面对面传授，培养用活更多的“田专家”“土秀才”“乡创客”，实现人才队伍数量质量双增长。
- 要精通农、林、牧、渔和熟悉二、三产业融合发展之道。可以说，没有懂农事这“金刚钻”就揽不了基层管理的“瓷器活”，农民最恨的是装腔作势的形式主义、最怕的是外行领导内行的官僚作风。
- 要分析制约农业发展的因素，总结出符合地方特色的农业发展优势，深入挖掘文化、生态、自然资源，因地制宜地提出建议，擘画农业发展新蓝图，以“嘴功”和“脚功”的成果为农业现代化发展“建言献策”。
- 要谨慎合理地进行人才的安排使用，结合人才自身素质、专业情况、岗位职责等因素全方位、多方面地考虑，实现人才的专业性质和岗位职责相配套，达到人才的精准投放使用，真正实现“人尽其才”，让人才价值“有的放矢”。
- 要以科技为引领，推动一、二、三产业融合发展，加快延长农产品产业链，着眼于消费需求，将“土特产”放上餐桌，让“好风光”映入眼帘，以消费反哺科技发展，从而全方位发挥“三农”优势。
- 对于农业农村农民工作实在是“一窍不通”，就一些基本的劳动技能而言，还存在“栽秧打谷不会做，蔬菜玉米不会栽，割草喂牛都不懂”的“几不会”干部，更不要说是农业方面的有关技术了。
- 要锚定建设农业强国、推进共同富裕的目标，学习运用“千万工程”蕴含的发展理念、工作方法和推进机制，统筹抓好发展壮大村级集体经济、农村人居环境整治等工作，推动实现农业全面升级、农村全面进步、农民全面发展。
- 学习和运用“千万工程”经验是一个长期的过程，要久久为功、善作善成。只有这样，我们才能真正从“千村示范、万村整治”发展为“千村精品、万村美丽”，成就为“千村未来、万村共富”。

❖ 将生态体验、旅游观光和红色文化教育等产业有机融合，让人们“望得见山，看得见水，摸得着鱼，记得住乡愁”，让“绿色颜值”和乡村振兴“金色产值”共赢共生，激活壮大“绿色经济”，释放“生态红利”，实现环境增绿与强村富民相得益彰。

❖ 还应加强乡村本土人才培养，全方位培养高素质农民，建立完善相应的评价激励机制和保障措施，充分调动起“田秀才”“土专家”的积极性主动性，助力粮食生产的数字化、科学化、智能化水平不断提升，在广袤田野播撒希望的种子。

❖ 要深刻认识到“农田就是农田，而且必须是良田”的重要意义，贯彻落实“藏粮于地、藏粮于技”的战略方针，明确目标、细化举措，大力推进10亿亩高标准农田建设，努力做到“建成一亩、管好一亩、见效一亩”。

❖ 要推进农作物生产全程全面机械化，加快发展数字农业、智慧农业、高效设施农业，推动农业节本增效。要通过科技手段，延长产业链，提升价值链，打造供应链，推动农村产业融合发展。

❖ 稳步推进乡村产业、人才、文化、生态、组织五个振兴，采取“长牙齿”的硬举措，坚决遏制“非农化”、防止“非粮化”。

❖ 精准把握乡村生态产业发展与生态文明建设的关键点及落脚点，搅动生态振兴这“一池春水”，实现生态为产业铸“魂”、产业为生态扬“帆”，让“绿色”成为乡村振兴的“最美底色”。

❖ 向科技要产量、要效益、要竞争力，不断增强现代种业、农业机械等技术装配水平，促进农业“机械化”“规模化”“低成本”生产，在守住“耕地红线”的基础上着力建设“高标准农田”，让“科技兴农”的美好愿景成为“谷粮满仓”的民生实景。

四、民生社会工作

降，贷，返，补，提，情，直，真。

窗口，意义，目的，用心、用情、用力，助老，爱幼，考官、考题，“担子”，“骨头”，“山芋”，点单、接单，难点、堵点、痛点，办实、办细、办好，架子、面子，民声、民生，养老、敬老、爱老，小我、大我。

治痛点、疏堵点、破难点、攻盲点，稳存量、扩增量、提质量，兜底线，保基本，促公平，察实情，问冷暖，察民情、惠民生、暖民心、聚民力、解民忧、纾民困，真需求、真期盼，烦心事、操心事、揪心事、堵心事、难心事、心头事、放心事、舒心事、幸福事，小行动，大民生，识民情，接地气，零距离，无缝隙，同呼吸，共命运，心连心，促就业，保民生，获得感、幸福感、安全感，我是谁、为了谁、依靠谁，比天高、比地厚、比山重，得人心、暖人心、稳人心，有劲头、有盼头、有奔头，消极办、拖延办、敷衍办、主动办、认真办，小细节、小心思，服务网、保障网，表情包，晴雨表，指南针，军令状，连心桥，定心丸，联络员、传递员、勤务员，官老爷，志愿者，牢骚话，肺腑言，民生题，最广泛、最真实、最管用、最前沿，真需求、真期盼，更平安、更幸福，土办法，人情味，整体性、适度性，舒适化、养老化、健康化、精准化。

鸡毛蒜皮，家长里短，农言土语，板凳坐热，想在一起、站在一起、干在一起，问题之轻、民生之重，枫桥经验，情感交流，共商对策，用心谋定、用情沟通、用力解难，慰问一人、温暖一户、带动一片，民有所呼、民有所求，我有所应、我有所为，为民纾困、为民解忧、为民造福，民意调查，问卷反馈，一丝一缕，衣食住行，急难愁盼，生老病死，底线民生、热点民生、基本民生，用心耕耘、用情浇灌，关注民生、重视民生、保障民生、改善民生，工匠之心、满意称心，政府“搭台”，企业“唱戏”，百姓“得惠”，被动服务，主动上门，双拥共建，军民融合，养老服务，社会治理、社会保障，枝叶小事，关键小事、头等大事、暖心实事，幼有所育、学有所教、劳有所得、病有所医、老有所养、住有所居、弱有所扶，议事平台，创新实践，一点一滴，因城施策、一城一策、精准施策，不缺一户、不漏一人，行家里手，民生情怀，问计于民、问需于民，好事办好、实事办实、难事办妥，民生清单，财须民生，强赖民力，戚恃民势，福由民殖，政通人和，安居乐业，刮一阵风、下一阵雨，群众所盼、企业所难、基层所愿，优质均衡，看到变化、得到实惠，民生考卷、民生答卷、高分答卷。

居民智囊团，小院议事厅，点对点服务、一对一帮扶，认认真真干，真刀真枪拼，工作不烂尾、执行不打折，有时代韵味、有民生甜味、有自省辣味、有泥土鲜味，为安全护航、为民生护航，一锤子买卖、一次性工程，拥护不拥护、赞成不赞成、高兴不高兴、答应不答应，摸一摸被褥、揭一揭锅盖、看一看米缸，找准好路子、过上好日子，放下“官架子”，多说“暖心话”，想民之所想、急民之所急、解民之所忧，纠正认知偏差，解开思想疙瘩，理顺负面情绪，协调邻里关系，倾听群众声音，了解问题症结，站稳人民立场，厚植为民情怀，践行群众路线。

好句

- 民生小事，念兹在兹。
- 民为邦本，本固邦宁。
- 天地之间，莫贵于民。

❖ 民有所呼，政必有应。

❖ 一路走来，殷殷牵挂。

❖ 流水不腐，户枢不蠹，民生在勤。

❖ 君依于国，国依于民。

❖ 悠悠万事，民生为重。

❖ 群众中有问题，群众中有智慧。

❖ 小事连着民心，大事连着民生。

❖ 圣人无常心，以百姓心为心。

❖ 民生问题无小事，处处留心皆民生。

❖ 民之所望，政之所向；民心所向，胜之所往。

❖ 民生之大，在国在邦；民生之微，衣食住行。

❖ “大水漫灌式”走访、“无头苍蝇式”慰问。

❖ 事事连着千家万户，件件关乎百姓冷暖。

❖ 民生“关键小事”，件件都是“头等大事”。

❖ 从群众呼声中寻方向，从群众表情里找答案。

❖ 发现问题症结，集中群众智慧，开出管用良方。

❖ 把人民当主人，把自己当公仆，把服务当责任。

❖ 水有源，故其流不穷；木有根，故其生不穷。

❖ 保障和改善民生没有终点，只有不断的接力点。

❖ 执政之要在于安民，安民之道在于察其疾苦。

❖ 民有所忧，我必念之；民有所盼，我必行之。

❖ 上之为政，得下之情则治，不得下之情则乱。

❖ 利民之事，丝发必兴；厉民之事，毫末必去。

- 民生连着民心，民心凝聚民力。
- 只有把群众放在心上，群众才会把你记在心里。
- 但愿苍生俱饱暖，不辞辛苦出山林。
- 情为民所系、权为民所用、利为民所谋。
- 心中常思百姓疾苦，脑中常谋富民之策。
- 政之所兴，在顺民心；政之所废，在逆民心。
- 群众利益无小事，民生问题大于天。
- 民心所归，大事可成；民心所离，立见灭亡。
- 很多看似具体的小事，实则是治国理政的大事。
- 政策越用心，群众越暖心；服务越贴心，群众越安心。
- 群众利益无小事，一枝一叶总关情。
- 民以食为天，“菜篮子”“米袋子”“果盘子”，事关千家万户。
- 正直无私公平公正方显法律威严，情系百姓民情民心民生是法援本色。
- 廉洁奉公公平公正方显公仆本色，执政为民民情民生应是为政所系。
- 衙斋卧听萧萧竹，疑是民间疾苦声；些小吾曹州县吏，一枝一叶总关情。
- 全心全意为人民服务是我们党的根本宗旨；群众路线，是我们党的生命线和根本工作路线。
- 小康社会的“温度”，取决于民生底线的“刻度”，还取决于民生覆盖的广度。
- 避事不干事、怕事不担当，花言巧语、花拳绣腿，群众自然不买账，也不会有好言好语。
- 民生保障是一项系统工程，没有终点站，只有新起点。
- 大国之大，也有大国之重。千头万绪的事，说到底是千家万户的事。
- 为政之道，以顺民心为本，以厚民生为本，以安而不扰民为本。
- 天下之治乱，不在一姓之兴亡，而在万民之忧乐。
- 恪守为民之责，常怀为民之心，善谋为民之策，多办利民之事。

❖ 民生的痛点是社会进步的堵点，效率的堵点是高质量发展的难点。

❖ 就业是最大的民生工程、民心工程、根基工程，是社会稳定的重要保障。

❖ 以人为本，以财为末；人安则财赡，本固则邦宁。

❖ 民生工程既要面子，更要里子，最后要拿实际效果来说话。

❖ 民之归心也，犹水之就下，兽之走旷也。

❖ 凡是受人尊敬、令人称赞的事业，必然具备鲜明的民生底色。

❖ 治理之道，莫要于安民。安民之道，在于察其疾苦。

❖ 天下顺治在民富，天下和静在民乐，天下兴行在民趋于正。

❖ “一老一小”牵动千万家庭，是家事，更是民生大事。

❖ 只会“纸上谈兵”“三脚猫功夫”，靠花言巧语去搭建“空中楼阁”是得不到群众的认可的。

❖ 强本而节用，则天不能贫；本荒而用侈，则天不能使之富。

❖ 多办民生之事、多谋民生之利、多兴民生之举。

❖ 只有亲身经历，才能感同身受；只有了解民生，才能服务民生。

❖ 为官避事平生耻，心无百姓莫为官。

❖ 以“汗水”换得“民心”，以“苦干”改变“旧貌”。

❖ 更有效的举措、更务实的作风、更昂扬的斗志、更坚决的态度。

❖ 回应民生期盼、担当民生重任、满足民生需求、补齐民生短板。

❖ 顺应民意，才能赢得民心；违背民意，很大程度会失去民心。

❖ 用脚步丈量土地、用真情温暖民心、用实干赢得掌声。

❖ 让数据多跑路、让群众少跑腿，民生连着民心、民心凝聚民力。

❖ 在每一堂“民生测验”里，我们是“答卷人”，人民是“阅卷人”。

❖ 破解民生难题，办好民生实事，增加民生投入，优化公共服务，加强兜底保障。

❖ 抓关键，促进重点群体就业。强支撑，加强助企稳岗举措。优服务，完善就业保障机制。

❖ 想人民之所想、行人民之所嘱、问群众之所需，急群众之所急、办群众之所想。

❖ 多一份对人民衣食住行的“嘘寒问暖”，少一份对群众琐事小事的“漠不关心”。

❖ 民之所思，我之所想；民之所想，我之所忧；民之所忧，我之所行。

❖ 心中有民，不是套话空话，是一点一滴的为民服务功绩，是群众感知的一点一滴温暖。

❖ 保障和改善民生要尽力而为、量力而行，不空口许诺、不超越阶段。

❖ 问计于民、问需于民，想人民之所想，行人民之所嘱。

❖ 百姓呼声的“听诊器”、基层民情的“千里眼”、基层民声的“顺风耳”。

❖ 永葆念兹在兹之初心、常怀开方解题之匠心、奋起实干笃行之决心。

❖ 一心为民的真心、心系群众的热心、脚踏实地的恒心、不忘初心的清心。

❖ 作为新时代的青年干部，要用脚步丈量责任，用真心聆听人民心声，用实干诠释责任担当。

❖ 为政不在多言，须息息从省身克己而出；当官务持大体，思事事皆民生国计所关。

❖ 要做到直奔基层、直面群众、直击矛盾，打通联系服务群众的“最后一公里”，架起党和群众“连心桥”，站到服务群众的“最前沿”。

❖ 读懂人民群众最关心最在意的是什么、需求是什么，关注“衣食住行”，抓好“基本民生”；关爱“生老病死”，保障“底线民生”；关切“安居乐业”，强化“热点民生”。

❖ 要在新的“赶考”之路上继续书写好“民生答卷”，聚焦千家万户的幸福安康，推出一系列民生政策“大礼包”。

❖ 民意，是改革的前行准绳，更是改革的价值尺度。推进改革时，把民意请进门；评价改革时，让民意居上座，如此，才能“让人民群众有更多获得感”具有更坚实的落点。

❖ 基层治理是国家治理的最末端，也是服务群众的最前沿，是国家治理的“毛细血管”，也是群众感知基层治理效能和公共服务温度的“神经末梢”。

❖ “本领若是，事事发出皆是；本领若不是，事事皆不是也”。如果没有能力、缺少本领，仅凭为民服务的一腔热情也是做不成事的。

❖ 以坚如磐石、实干担当、念兹在兹的为民心态、姿态、状态奔赴新征程，做到时时把民生实事放在心中、事事把民生责任扛在肩上、处处把民生服务融入血脉，续写新时代的民生答卷。

❖ 要主动深入基层、深入群众，多问问群众需求，多听听群众心声，多看看群众脸色，善于捕捉“小细节”，读懂群众“小心思”，从群众的喜怒哀乐中找问题，从群众的点头摇头中寻方向。

❖ 充分发挥网格员“人熟、地熟、情况熟”的优势，小事一格承办，大事全面联动，贯通治理“末梢神经”，切实解决服务群众“最后一公里”的问题，以社区“小网格”托起民生“大服务”。

❖ 在发展中保障和改善民生，通过保障和改善民生带动发展，让民生改善与经济发展同频共振。

❖ 要始终把群众呼声作为“第一信号”，把群众需求作为“第一选择”，把群众利益作为“第一考虑”，把群众满意作为“第一标准”，最大限度地实现好维护好发展好群众的根本利益。

❖ 民生改善，千头万绪，但说到底还是花钱的事。如果民生项目成为空头支票，不仅不能给老百姓带来获得感，还会在一定程度上影响政府信用和权威性。

❖ 让老百姓在安居乐业的路上，脚下走得“平坦”，步子迈得“坦然”，少走弯路，多行大道，都是提升群众体验的重要“把手”。

❖ 眼力要“准”，找准症结；脑力要“活”，活跃思维；听力要“清”，倾听民声；脚力要“稳”，丈量民情。

❖ 不忘初心、不弃微小，把群众的“表情包”当成我们工作的“晴雨表”，抓好影响群众生活的“关键小事”，以“为民情怀”加热“民生温度”。

❖ 要始终牢记自己“人民公仆”的身份，急群众之所急，想群众之所想，把每一件“枝叶小事”当成“头等大事”来办，让“民生答卷”更具民生温度。

❖ 聚焦群众急难愁盼问题，切实保障和改善民生。顺应高品质生活期待，切实提高公共服务水平。

❖ “能用众力，则无敌于天下矣；能用众智，则无畏于圣人矣”。民声既是需求，也是建议，作为政策的直接客体，他们的反馈是宝贵的、真实的，是必须分析考虑的。

❖ 政策理论下基层，不能只走开阔平坦的沥青路而规避坑洼不平烂泥路，否则就会“原地打转”，让宣讲与实际脱节，不接地气。

❖ 大事注重小节，才能大事化小。破除传统思维的积弊、利益固化的藩篱，不脱离群众的“普需”“刚需”“特需”，谨慎对待每一次“问题之轻”，才能托举起重若千钧的“民生之重”。

❖ 坚持眼睛向下、双脚沾泥，真正读好“无字书”、进好“百家门”、行好“万里路”，在群众“冷、暖、急、盼”上见真情、动真招，书写好为民“新篇章”。

❖ 涵养“心中为念农桑苦，耳里如闻饥冻声”的为民情怀，保持“寝不安席，食不甘味”的责任感、紧迫感，多为群众做好事、办实事、解难事，真正成为人民群众的“贴心人”。

❖ 把好事办好，就要办到老百姓心坎上。把实事办实，就要发扬“钉钉子”精神，锲而不舍、久久为功。把难事办妥，就要提高治理能力，善于集聚合力、攻坚克难。

❖ 变“坐堂接诊”为“上门问诊”，倾听群众心声、了解群众急难愁盼，挂出“作战图”、明确“时间表”，集中各方力量“定向破题”，在“水滴石穿、持续发力”中实现“逐个击破”，并做好“跟踪问效”，防止问题反弹，真正让群众放心满意。

❖ 善于“问需于民”，不仅要了解“有什么样的问题”，更要了解“为什么有这样的问题”，还要深入剖析“问题背后的民生需要”，把问题聊透，从听“民声”中会“民意”，做到分析民生难点“研”之有方。

❖ 要激荡“越是艰险越向前”的进取精神和“敢教日月换新天”的斗争勇气，敢于挑最重的“担子”、啃最硬的“骨头”、接最烫手的“山芋”，“逢山开路”“遇水架桥”，把群众的一件件操心事、烦心事、揪心事办成放心事、舒心事、幸福事。

❖ “踏平坎坷成大道，斗罢艰险又出发”。只有上接“天线”、下接“地气”，走遍千山万水、说尽千言万语、想尽千方百计、吃尽千辛万苦，努力铺实人民群众脚下的“民生大道”，才能让人民群众的幸福指数更为提升。

❖ 要在古今的交织中，汲取“先天下之忧而忧，后天下之乐而乐”的家国情怀，树牢“天下兴亡，匹夫有责”的斗争意识，更要铭记“鞠躬尽瘁，死而后已”的初心使命，坚定信心、立足当下，奋力在民生事业中贡献自己的光和热。

❖ 只有厚植爱民情怀，怀有爱民之心，才能在萧萧竹声中感知民间疾苦；只有履职尽责，将人民诉求扛在肩上，才能练就本领，驰骋基层战场；只有迎难而上，勇挑大梁，才能在担当中练就服务于人民的“宽肩膀”，将“以人民为中心”化为自觉行动。

❖ 要时刻牢记初心使命，做到心中有党、心中有民，始终以人民满意为“风向标”，着力解决人民群众急难愁盼问题，做到不放“空炮”、不打“白条”、不搞形式主义，不做表面文章，当好人民群众的“勤务员”和“贴心人”。

❖ 只有在实干中亲历急难险重任务的洗礼，在实干中绞尽脑汁取得新的突破，同群众干在一起、想在一起，才能在农耕生产一线上得去，在经济高质量发展上站得稳，让每一项工作指标都落地成为“真把式”，如此才能收获群众竖起的“大拇指”。

❖ 要以百姓心为心，不应停留在喊口号上，而是要将其内化于心外化于行，用心用情用力解决好群众急难愁盼问题，以求真务实的作风让群众有更多、更直接、更实在的获得感、幸福感、安全感。

❖ 要坚持“一切为民”，不管干任何工作、做任何事情，都要时刻牢记“手中的权力是人民赋予的”，要把人民赋予的权力用于为民谋利，造福于民。

❖ 群众路线，就是要给领导干部长条凳，给普通群众麦克风，给权力使用放大镜，给民生多用显微镜。

❖ 如果改革、发展不能给老百姓带来实实在在的利益，如果民生优先得不到保障和改善，基本民生的底线得不到兜牢，也就不能创造更加公平的社会环境，发展也就不可能持续。

❖ “栽下梧桐树，自有凤凰来”。营商环境是发展经济的“先手棋”、招商引资的“强磁场”、释放活力的“稳定器”，是民营企业赖以生存的土壤。好的营商环境就像阳光、水和空气，须臾不能缺少。

❖ 发展为了人民，发展才有意义。发展依靠人民，发展才有动力。发展成果由人民共享，才能凝聚民心、汇聚民力、积聚奋进力量。

❖ 离得开凳子、撂得下架子、扑得下身子、掏得出心窝子。靠一言一行诠释公仆内涵，凭一举一动演绎公仆角色，借一来一往凝聚鱼水深情。

❖ 要涵养“俯首甘为孺子牛”的情怀，怀着强烈的爱民、忧民、为民、惠民之心，用心用情用力解决好群众急难愁盼问题，以为民谋利、为民尽责的实际成效取信于民。

❖ 做定海神针，当中流砥柱，困难面前，群众就有“主心骨”；危急关头，群众就有“定盘星”；干事创业，群众就有“聚合力”；放飞梦想，群众就有“领头雁”。

❖ 基层减负是一项系统工程，牵一发而动全身，不能头痛医头、脚痛医脚，不能凭借简单的数字减少来衡量基层负担的减轻。

❖ 期待更多的机关设施能“真开门”“开大门”“常开门”，让×××做法“盆景”变“森林”，让更多群众感觉到“最大的收获”，也让更多地方感受到为民服务之后“更大的收获”。

❖ 深入推进“互联网+政务服务”，使更多事项在网上办理；必须到现场办的也要力争做到

“只进一扇门”“最多跑一次”。

❖ 越是困难，越要坚定信心，越要真抓实干。只有想群众之所想、急群众之所急、一心一意为群众办事，才能在爬坡过坎中发现“办法总比困难多”。

❖ 从最困难的群众入手，从最突出的问题抓起，从最现实的利益出发，用心用情用力解决基层的困难事、群众的烦心事，增强人民群众的获得感幸福感安全感。

❖ 书写着温暖人心的民生保障答卷，演绎着激动人心的团结奋斗故事，见证着“让人民生活幸福是‘国之大者’”的发展底色。

❖ 持续保障和改善民生“没有最好，只有更好”，这是一项长期的、系统的、艰巨的工程，没有终点站，只有连续不断的新起点。

❖ 应当从小处着眼，从普通老百姓的揪心事、烦心事做起，用“绣花”般的精细治理，来传递治理的“民生温度”。

❖ 一件件稳中求进的工作部署，一个个清晰明确的任务目标，都是在满足人民群众对美好生活的向往。

❖ 要深怀爱民之心，始终把群众冷暖安危放在心上、抓在手上，把责任扛在肩上，常思民生之艰，常谋富民之策，常为利民之举，做群众的“贴心人”。

❖ 经常问需于民、问计于民，把群众的“急难愁盼”、安危冷暖时刻放在心上、抓在手上，为群众带来实实在在的获得感。

❖ “更好的教育”改变无数人的命运，“更稳定的工作”托举起更多精彩的人生，“更满意的收入”充实了普通家庭的物质基础，“更可靠的社会保障”为亿万人民生活兜底，“更高水平的医疗卫生服务”护佑人们的身体健康，“更舒适的居住条件”让更多人安居乐居，“更优美的环境”不断提升生态福祉……

❖ 坚持问题导向，敢接“最烫手的山芋”，敢啃“最硬的骨头”，才能找到为民纾困、解民疾苦的切入点。

❖ 着力解决好群众的操心事、烦心事、揪心事是干部与生俱来的“天职”，不能停在文件上、口头上，更不能“火车满嘴跑、建议满天飞”。只有实打实，才能心贴心，只有不断把人民对美好生活的向往变为生动现实，才能在高质量发展中推进中国式现代化的××实践，全面建设人民满意的社会主义现代化典范城市。

❖ 工厂车间，机器轰鸣；大街小巷，人来人往；公路铁路，车辆穿梭；超市商场，物丰价稳；广袤田野，生机勃勃……壬寅岁末，神州大地正升腾着澎湃活力，展现出万千气象。

❖ 对群众的一些小事，看深一些、看透一些、做实一些，就能拉近与人民群众的感情，就能真心实意为他们办实事、解难事。

❖ 群众利益无小事，要从解决人民群众最关心、最直接、最现实的利益问题入手，为群众多办好事、实事。

❖ 想群众所想、忧群众所忧、急群众所急，解决好群众急难愁盼问题，才能增强为民服务的精准性、实效性。

❖ 群众路线是取得正确领导意见的唯一方法，也是真正做到全心全意为人民服务的唯一方法。人民群众中蕴藏着治国理政的智慧和力量；人民需要什么、向往什么、期盼什么，不是拍脑袋就能想出来的；每一项政策方针的制定，也不是纸上谈兵就能得出来的。在人民面前，我们永远是小学生，必须自觉拜人民为师，向能者求教，向智者问策；领导干部要深入基层一线，从基层实践找到解决问题的金钥匙，把抓基层打基础作为长远之计和固本之策。

❖ 补民生短板，首先要兜牢底线。补民生短板，也要紧盯急难愁盼。补民生短板，还要着眼长远发展。

❖ 守人民的心，要学会换位思考，多从群众的角度考虑问题;要把群众放在心坎上,群众想什么、盼什么，就抓什么、干什么。

❖ 只有让人民群众的“米袋子”“油瓶子”“菜篮子”富足了，才能增强生活的“丰富性”。只有“仓廪实”，才是群众真真切切的“好日子”，才能实现“天下安”。

❖ 必须始终坚持人民利益高于一切，把人民拥护不拥护、赞成不赞成、高兴不高兴、答应不答应作为我们一切工作的出发点和落脚点。

❖ 把人民放在心中最高的位置，当好人民群众的知心人、贴心人、领路人，用心用情用力解决好群众急难愁盼问题。

❖ “群众利益无小事，民生问题大于天”，一件件群众的“小事”构成了国家社会的“大事”，鸡毛蒜皮的小事正是万家忧乐的体现。只有把群众的小事当成基层干部的大事、把群众的难事当成基层干部的心事，才能真正赢得民心。

❖ 要牢牢抓住“人民”一词，做到不喊“空口号”、不摆“花架子”，不只坐在办公室“敲键盘、凭空想”，要“挪开椅子、迈开步子”，走向田间地头，抓住人民群众的“难”处和“急”处，想千方百计为人民群众做好事、办实事，力争干一件是一件、干一件成一件。

❖ 踏上新征程，要进一步把惠民生、暖民心、顺民意的工作做到群众心坎上，不断增强人民群众的获得感、幸福感、安全感。

- 要做到不务“虚功”、不图“虚名”，不只坐在办公室“挥挥笔墨、开开大会”，要弯下腰、俯下身子到基层，看看哪个担子重就挑哪个，哪个山芋烫就捧哪个，以“粒粒种、满仓获”为目标把各项工作落到实处、抓出实效，摒弃私心杂念，当好为民服务的“多面手”。

- 点对点“用心”办好群众“烦心事”，面对面“用情”办好群众“操心事”，实打实“用力”办好群众“揪心事”。

- 要矢志不渝、笃行不怠，听民声、察民情、汇民智、解民忧，扎扎实实做好保障和改善民生的各项工作，让人民的获得感、幸福感、安全感更加充实、更有保障、更可持续。

- 历史反复证明，人民群众是社会实践的主体、政治舞台的主角、推动历史前进的主力、书写历史的主人。只有紧紧依靠人民、不断造福人民、牢牢根植于民，才能夯实执政底气。

- 用心就要心中有民、心中有责，用情就要深入基层、深入人民，用力就要务求实效、务求满意。

- 要时刻牢记嘱托，做一颗种子，向下扎根群众，向上奋勇前进，主动增强与群众的互动，放下“官架子”“懒样子”，在与人民群众打交道中练就“铁肩膀”，练得“真功夫”。

- 语言接点地气，才能听民众之声；脚上沾些泥土，才能集民生之智；政策带上露珠，才能解民生之忧。

- 对人民要敬畏。领导干部只有摆正自己与群众的关系，才能敬人民如父母，爱人民如亲人；才能真正急群众之所急，想群众之所想，盼群众之所盼。

五、卫生健康工作

好词

简，便，验，廉，医，防，管。

逆行，人防、物防、技防，预防，治疗，管理，康复，均衡，优质，高效，融合，医疗、医保、医药、医教、医改、医养、医育，巡诊，派驻，高峰、高原、高地，忠诚，数字，平安，勤廉，活力，顶天，立地，强腰，人员，管理，财务，药物，信息，名院、名科、名医，领军，青年，杰青、优青，基层，中医，公卫。

扬优势，创特色，强弱项，补短板，医联体、医共体，控总量，腾空间，调结构，保衔接，强监管，建高峰，强县域，稳基层，建高地，抓改革，强支撑，惠民生，促健康，优服务，强龙头，打基础，抓重点，谋长远，紧密型，同质化、智能化、远程化、小型化、快速化、精准化，控费用，优分工，促分级，县级强，乡级活，村级稳，上下联，信息通，大卫生、大健康，好看病、看好病、少生病，看病难、看病贵，保安全，破难点，促发展，可及性、公平性、便捷性，两提升、两消除，一促进，公益性、连续性、联动性，工程化、产业化。

人民至上、生命至上，闻令而动，逆行而上，坚固防线，最美“逆行”，全民动员，联防联控，精锐尽出，共克时艰，护航生命，心存大爱，医养结合、医育结合，家庭托育，托位供给，做强县级、做活乡级、做稳村级，对标最高、聚焦最好，系统重塑，预防为主，有效应对，科学防控，防控协同，协调高效，基层首诊、双向转诊，急慢分治，上下联动、部门联动，医防协同、医防融合，平急转换，监测预警，应急处置，功能互补，富有韧性，综合医改，健康促进，医德医风，县管乡用，乡聘村用，药物配备，健康教育，预防保健，疾病诊治，康复护理，长期照护，康复医疗，安宁疗护，健康家庭、健康学校、健康社区、健康乡镇、健康县区、健康城市、健康素养、健康中国，生物安全、食品安全、信息安全，生物医药、生物农业、生物能源、生物环保，紧缺人才，重点专科，医疗技术，人才强卫，急诊急救，康复医疗，医企对接，产品展示，慢病管理，集中培训、网络培训、外出培训，技能比武，柔性监管，平急结合，快速反应，疑难杂症，前沿科技，科技创新，心理关爱，营养改善，大病救治，慢病签约，分级诊疗，学科建设，耗材采购，发热门诊，哨点医院，无人看病、不会看病，卫生治理，生命之舟，风雨同舟，鞠躬尽瘁，救死扶伤，早期发现，科学评估，及时预警。

抓试点示范、抓难点突破、抓统筹协调、抓督导评价，工作缺特色、医疗缺人才、业务缺增量、能力缺提升，流程更科学、模式更连续、服务更高效、环境更舒适、态度更体贴，病房适老化、病房便利化，职业病治理，健康老龄化。

好句

- 没有全民健康，就没有全面小康。
- 万物并育而不相害，道并行而不相悖。
- 促进医保、医疗、医药协同发展和治理。
- 社会保障体系、养老服务体系、健康支撑体系。
- 持续深化硬件提档和智慧医疗“一体两翼”，同步发力、同步推进。
- 人民健康既是民生问题，也是社会政治问题。
- 深入推进医疗人才“组团式”对口支援，深化“以院包科”内涵建设。
- 改善就医感受，提升患者体验，深化医教协同，生育支持政策。

- 医院回归公益本性、医生回归看病角色、医药回归治病功能。
- 家家有老人，人人都会老，积极应对人口老龄化，事关国家发展全局，事关亿万百姓福祉。
- 加快补齐儿科、老年医学、精神卫生、医疗护理等服务短板。
- 健康是人类的永恒追求，是立身之本，更是立国之基。
- 抓错峰，压高峰，提前准备，强化统筹，平稳度过感染、门急诊、住院、重症高峰。
- 列为头等大事，高看一筹。摆在首要位置，经常调度。作为重点工作，全员参与。
- 倡导“每个人都是自己健康第一责任人”的理念，筑牢个人卫生健康第一道防线。
- 全面提升医疗服务能力，全面完善医疗便民设施，全面改进医疗行风作风。
- “坚定信念”强党建统领，“激浊扬清”建清廉医院，“统筹兼顾”保安全生产。
- 医疗服务水平再提升、健康保障内涵再丰富、群众健康水平再提高。
- 卫生健康法治建设，拓展智慧医疗健康、优化智慧政务服务、完善智慧卫监体系。
- 普惠托育服务、妇幼健康服务、老年健康服务、医疗护理服务、医疗卫生服务。
- 公共卫生防护，健康中国行动，重点人群健康，健康幸福“密码”，因户因人因病，以生命赴使命，用挚爱护苍生。
- 规范医疗质量管理，提升医疗服务水平，常见疾病基层首诊，急危重症识别转诊，下转患者接续服务，积极生育支持政策，普惠托育服务体系。
- 从优化就医流程、提升医疗环境、改进服务态度等方面，将“人民至上、生命至上”理念融入医疗卫生服务的每个环节、每个岗位。
- 要持续深化医疗卫生改革，在提质增效上做文章，着力做实紧密型医共体，健全分级诊疗制度，加快公立医院高质量发展，提升医疗救治能力。
- 要迎难而上、拼搏争先，以“今天再晚也是早，明天再早也是晚”的奋斗姿态推动卫生健康事业高质量发展。
- 注重内在质量提升，“扬长补短”，从重点学科建设、人才招引、就医环境改善等入手，不断提升医疗技术和服务水平。
- 注重加强外联外拓，“借梯登高”，针对自身空白领域和薄弱环节，通过外引资源强化自身建设，实现医疗服务水平和竞争力新的跃升。

❖ 聚焦功能深入智慧医疗点亮“名片簿”，逐步实现数字环境共建，区域资源共享，网络安全共管。

❖ 要坚定信心、保持定力，敢为善为真抓实干。在卫健系统努力营造“合”的氛围、“稳”的环境、“廉”的基础，再接再厉推动卫健工作不断取得新成效。

❖ 毫不动摇地贯彻新发展理念，优质医疗资源有序扩容和均衡布局的格局初步形成，城乡协调、中西医并重和医防融合的全民全程健康服务促进体系加快构建。

❖ 要抓关键、盯短板、促成绩，在基本公共卫生服务、重点人群政策落实上见实效；要强党建、优医疗、促健康，在解决群众急难愁盼问题、提升就医体验上创特色。

❖ 不断强化党建引领，打造忠诚、干净、有担当的“卫健队伍”，以忠诚的底色、担当的亮色、清廉的本色，助推全×××卫生健康工作全面提升。

❖ 以提升基本医疗和公卫服务为核心，以管理提效、技术人才补短、深化医改为抓手，持续推进健康×××建设，推动卫生健康事业高质量发展。

❖ 我们深入贯彻以人民为中心的发展思想，在幼有所育、学有所教、劳有所得、病有所医、老有所养、住有所居、弱有所扶上持续用力，人民生活全方位改善。

❖ 坚持有解思维，坚决起而行之，不断推动×××医疗资源再拓展、医疗服务水平再提升、健康保障内涵再丰富、群众健康水平再提高。

❖ 推进乡村一体化管理，深入开展“优质服务基层行”和社区医院创建活动，推进县域医疗次中心建设。

❖ 当前，卫生健康事业正处在发展转型期、机制转换期、困难攻坚期，全系统各单位、各×××要精准研判形势，扎实做好×××重点工作。

❖ 强化组织领导，牢固树立“大卫生、大健康”理念，对重大问题、重要环节、重点任务，紧盯抓牢、督促落实。

❖ 卫生健康领域的改革发展，涉及重要的利益调整，常常牵一发而动全身，因此更需要坚持系统观念，全局性谋划、整体性推进各项工作，主动服务党和国家发展大局。

❖ 要秉承“无改革不优秀，无创新不先进”的理念，树立“不在上游就是下游，不争第一就是落后”的意识，争做试点示范、争当典型标杆、争创特色亮点。

❖ 健康是经济社会发展的基础条件，是民族昌盛和国家富强的重要标志，也是广大人民群众的共同追求。

- 落实医院用人自主权，拓宽引才渠道，加快引进医卫高层次人才和急需紧缺人才，柔性引进一批专科领域院士团队、领军人才、学科带头人入×××服务。

- 要大力倡导实干之风、实践之风、实效之风，倾力打造医疗体系全、医技水平高、医德医风好、群众受益多的×××品牌，全力以赴推进卫生健康事业系统升级、全面进步。

- 以医学科技创新为引领，以改革创新为动力，以国家重大战略为牵引，以行业治理现代化为保障，深入践行人民城市理念，推进卫生健康事业高质量发展，筑牢中国式现代化健康根基。

- 坚持稳中求进工作总基调，增进民生福祉，打造“顶天、立地、强腰”的高水平医疗服务体系，努力满足人民群众高品质健康服务需求。

- 积极开展“×××”专项行动，加强人文关怀、改善服务态度，优化功能流程，让就医更便利、更顺畅、更舒心。

- 以满足群众多元化健康服务需求为出发点，持续构建优质高效的医疗卫生服务体系，努力为群众提供更优质、更高效、更便捷的卫生健康服务。

- 要深化行风建设，进一步优化就医流程，改善就医体验，用良好的行风提高群众就医享受和满意率，提升服务温度

- 开展健康知识普及、重大慢性病防治，食品安全和营养健康促进、职业健康保护行动，推进心理健康和精神卫生工作，大力开展爱国卫生运动。

- 上下一心、真抓实干、砥砺前行，奋力推动×××卫生健康事业高质量发展，为保障×××人民群众身体健康、开创×××现代化建设新局面贡献卫生健康力量。

- 高水平医院建设再创佳绩，完成全域提质扩容与均衡布局，重点工程项目进度提速，紧密型医联体建设向纵深推进，医疗质量不断改善，救治网络织密筑牢，×××合作加快。

- 建设以中医药服务为主体、中医药产业和文化为两翼的高质量发展体系，创新三医联动及多元投入支持中医药发展的管理模式，着力打造中医药“防治康”一体化健康服务“××模式”。

- 传染病应急能力得到加强，新发突发传染病防治平稳有序，重大疾病开展早防早筛，学校卫生工作进一步加强，新时代爱国卫生运动步伐加快。

- 树立“一盘棋”意识，围绕中心、服务大局，凝心聚力、抢抓机遇，推动×××卫生健康事业迈上新台阶。

- 审批服务事项再次提速，开展助企惠民职业健康服务，对口支援工作凝心聚力，“互联网+医疗健康”智慧便民，安全防线筑牢加固。
- 推动公立医院提质扩容，加快区域中心医院建设，高质量推动×××属专科医院建设，推进优质医疗资源扩容和辐射带动。
- 上下齐心、锚定目标、团结奋进，围绕保障人民群众健康，展现新担当、实现新作为、干出新业绩，×××卫生健康工作在重点领域和关键环节均取得了实质性进展和明显成效。
- 以精湛的医术与死神说“不”，以过硬的本领与病毒过招，以顽强的意志与环境抗争，以不悔的担当与祖国同行。
- 营造“无创新、不××”的社会氛围，用创新的思维和办法，推动各项工作争一流、创一流，朝着高质量发展奋力加速度奔跑。
- 积极创建研究型医院，按照“强核心专科、抓重点专病、补薄弱学科”的思路，做优做强特色专科，鼓励各家医院打造品牌特色。
- 要牢固树立×××“一盘棋”思想，寻求差异化发展道路，借助×××等契机，打响品牌，打造口碑。
- 聚焦创建促进健康品牌打造“成效展”，夯实“最后一公里”，建设“最专业科室”，力争“最优秀服务”。
- 打造区域医疗中心高地，深化医药卫生体制改革，提升医疗卫生服务质量，加强基层服务能力建设，增进人民健康福祉水平，推动计生协改革转型发展。
- 要汇聚正气，以“医者初心、服务民生”的集体观，一心为民，服务群众。要精准施策，分清轻重缓急，坚守底线，服务大局，分工协作，确保××卫生健康事业蓬勃发展。
- 聚力“一老一小”问题，做实家庭医生签约服务、医养融合发展、普惠托育机构建设，完善全生命周期服务，为群众提供更加公平可及、系统连续、优质高效的健康服务。
- 强化协作联动，树立“一盘棋”思想，在深化医改、健康××建设、中医药发展等方面密切配合、形成合力。
- “互联网+医疗健康”，用生命守护生命、用大爱保障健康，慢性病健康管理，传染病防控救治，职业病危害监测，重大慢性病防治，优质服务基层行。
- 就医体验持续提升，公共卫生提质增效，重点人群保障有力，“数字底座”加快建设，互通共享持续深化，健康宣传有声有色，深化疾控体系改革，加大优质资源供给，优化重点人群服务。

❖ 要保持清醒头脑，既要看到成绩、坚定信心，又要从民生服务层面认识到做好卫生健康工作的重要性和紧迫性，切实增强工作的责任感、使命感，坚定信心、扎实苦干，努力把××卫生健康工作推向一个新阶段、再上一个新台阶。

❖ 紧盯医疗服务和质量安全、疫苗接种安全、传染病防控安全、实验室生物安全、消防安全、食品安全等关键点，加强行业监管，提升突发事件应急处置能力，推动高质量发展和高水平安全良性互动。

❖ 重大改革政策相继出台，基层服务体系不断完善，医共体建设纵深推进，便民惠民服务扎实开展，乡村人才队伍不断夯实，医疗服务体系持续完善，改革发展步伐持续加快，健康服务保障持续优化，风险防范能力持续增强。

❖ 突出党建引领，凝聚事业发展力量更强大；突出巩固提升，健康×××建设推进更全面；突出统筹兼顾，深化医疗改革态势更稳健；突出提质扩容，医疗服务体系更完善；突出为民服务，重点人群保障更普惠；突出保障安全，发展环境更和谐。

❖ 要锚定高质量发展目标不放松，牢固树立“干最好、争第一、当标杆”“唯旗必夺”的发展思想，保持不服输、不认输、不言败的精神，敢与强者比、敢跟优者赛，努力在全×××各×××竞相发展中争上游、当排头，推动我×××卫生健康工作进位争先。

❖ 当前，卫生健康事业的外延不断拓展，从传统的疾病防治覆盖到影响健康的各方面、各领域。只有走高质量发展之路，才能实现真正意义上的“大卫生、大健康”，为人民提供全方位全周期健康服务。

❖ 展望×××，我们面临新形势、新任务、新挑战，×××卫生健康系统将以可感可及的优质医疗卫生服务回应群众的新期待，努力让×××人民享有公平可及、系统连续、优质高效的医疗卫生服务。

❖ 坚持以“护佑群众健康，解除群众病痛”为目标，不遗余力强主业，提升健康服务供给水平。积极推进疾控体系改革，加大爱国卫生运动统筹推进力度，深入开展健康城市、健康细胞建设。

❖ 要明确重点、瞄定目标，靶向发力攻坚突破。通过谋划一批要事、推动一批项目、办好一批群众可感可及的好事实事，不断提升医疗服务质量、健康服务水平，要切实抓好项目推进、医疗能力和公卫服务。

❖ 要进一步完善基本公共卫生服务管理工作，配合×××管理改革，形成科学的机制体制，为辖区群众持续提供优质、高效的基本公共卫生服务，以实际行动让基层服务有“温度”，让患者就医更舒心。

❖ 坚持底线思维，在防范化解卫生健康领域重大风险上取得新成效，防范化解公立医院经济风险，防范化解安全稳定风险，防范化解生物安全风险，防范化解数据安全风险，防范化解社会舆情风险。

❖ 高质量发展格局基本形成，优质医疗资源布局更加均衡，公共卫生服务能力全面提升，全生命周期健康服务体系进一步完善，卫生健康服务支撑力量更加坚实，卫生健康行业初心使命愈发坚定。

❖ 要深化医疗改革，聚焦群众关切，完善惠民措施，引导群众基层就医；要深化公立医院改革，不断提高服务能力和运行效率；要深化医药制度改革，全流程发力，确保老百姓医疗药品用得上、用得起、用得好。

❖ 优化就医流程，提升医疗环境，改进服务态度，规范管理制度，健全服务体系，强化救治能力，提升工作水平，讲好行业故事，树好行业典型，强化人文关怀，改善就医感受，提升患者体验，开展健康宣教，普及健康理念，加强内涵建设，提升医疗质量，改善医疗服务，提高运营效率，优化营商环境，深化综合医改，提升服务能力，打造卫健品牌，缩短许可时间，精简审批材料，创新便民服务，强化引才磁场，厚植创新沃土，医疗资源下沉、工作重心下移。

❖ 当前卫生健康事业正处于新的历史方位，面临不少新课题、新挑战，与邻近省区横向比差距在拉大，和自己纵向比进步缓慢，与满足群众日益增长的多层次、多样化健康需求和实现“闯新路、进中游”目标还有不小差距。

❖ 牢牢把握“走在前、做示范”重大要求，始终锚定“办人民放心的医疗”这一目标，聚焦“深化医改”和“内涵提升”两大根本任务，克难求进、实干争先，主要预期目标全面完成，内生动力活力进一步激发，群众健康获得感进一步增强。

❖ 始终把改革作为卫生健康高质量发展的关键一招，始终把开放作为卫生健康高质量发展的活力之源，始终把创新作为卫生健康高质量发展的第一动力，始终把均衡作为卫生健康高质量发展的重要标杆，始终把人才作为卫生健康高质量发展的第一资源，始终把求实作为卫生健康高质量发展的必由之路。

❖ 要咬定目标不放松，以“抓铁留痕、踏石留印”的劲头，敢闯敢干加实干，推动卫生健康各项工作实现新突破；要做到心中有大局，工作有思路，落实有成效；要保持爬坡过坎的压力感、奋勇向前的使命感、干事创业的责任感，务实求变、务实求新、务实求进，奋力谱写卫生健康事业发展的新篇章。

❖ 全×××卫生健康系统要切实增强思想自觉、行动自觉、责任自觉，以更高站位、更远眼光，更强措施、更严要求，更大担当、更优形象，不断增强全×××人民群众健康获得感、幸福感、安全感。

- 开展医疗服务提质攻坚行动、基层发展提能攻坚行动、公卫服务提效攻坚行动、基础管理提档攻坚行动和队伍建设提力攻坚行动，更加注重内涵建设，更加注重基层基础，更加注重能力提升，更好统筹发展与安全，为奋力开创×××现代化建设新局面提供强有力的健康支撑。

- 要坚定不移贯彻新发展理念，做到“民有所盼、医有所为”，工作中坚持高标准、快节奏、创一流，在谋划推进高质量发展上拼，在攻坚克难推进项目建设上抢，推动各项工作提速提质提效。

- 坚持以强党建、重基层、促改革、攀高峰、惠民生、防风险为工作主线，更加注重医疗卫生机构的内涵式发展，更加注重预防为主和中西医并重，更加注重资源下沉和系统协作，更加注重统筹兼顾发展与安全，不断强化系统思维、发展思维、底线思维，努力在推动卫生健康事业高质量发展上取得新突破。

- 聚力深化改革，全面助推服务体系提质增效；聚力能力建设，全面提升健康服务水平；聚力健康保障，全面夯实经济社会发展基础；聚力从严治党，纵深推进卫健系统党风廉政建设，全力以赴推进全×××卫健事业系统升级、全面进步。

- 聚焦更高层次，深化健康×××建设水平。聚焦更高水平，全面提升医疗服务能力。聚焦更加安全，健全完善公共卫生体系。聚焦更为均衡，持续深化医疗卫生体制改革。聚焦更具内涵，高要求推进中医药建设。聚焦更有品质，全面优化全生命周期服务。聚焦更可持续，全面夯实卫健事业发展支撑。

- 突出医疗卫生机构的内涵式发展，突出医疗卫生服务的系统连续，注重政策措施的一致性，注重重大战略的连续性，注重具体策略的灵活性，注重体系建设的方向性，统筹发展安全，建设更高水平的健康×××。

- 要毫不动摇地坚持以人民健康为中心的根本立场，牢固树立大卫生、大健康理念，不断深化对卫生健康发展客观规律的认识，保持战略定力、顺应行业规律，踏踏实实地把自己的事情办好。

- 要坚持稳中求进工作总基调，完整、准确、全面贯彻新发展理念，聚焦重点难点，制定时间表、确定路线图、当好施工员，锲而不舍地推动全×××卫生健康事业高质量发展开新局、谋新篇、创新绩。

- 聚焦“大卫生、大健康”，推进“健康×××”深化融入行动；聚焦“看病难、看病贵”，推进深化医改聚力攻坚行动；聚焦“强基层、建学科”，推进医疗服务体系扩优提质行动；聚焦“重预防、强监管”，推进公共卫生应急能力补短强弱行动；聚焦“全人群、全周期”，推进生育、老龄、康养、脱贫人口健康服务关怀引领行动；聚焦“强保障、提效能”，推进卫生健康队伍赋能正风行动，不断开创×××卫生健康事业发展新局面。

❖ 持续深化医药卫生体制改革，提质扩容医疗卫生资源，落细落实分级诊疗制度，全面开展全生命周期健康管理，完善公共卫生服务体系，不断提升服务能力，全方位全周期保障人民健康。

❖ 紧贴群众关切愿景，强化问题导向，强化考核导向，强化需求导向，调高工作起点，拉高工作标杆，把效益、业务、作风“三个提升年”行动转为攻坚行动、创优行动，增强“不进则退”的危机感，以“思想破冰、能力破题、作风破局”的“敢闯、敢为”拼出新的更好成绩。

❖ 在巩固拓展主题教育成效上下功夫见成效，在医疗卫生服务体系建设上下功夫见成效，在构建大健康产业上下功夫见成效，在“智慧健康”上下功夫见成效，在公共卫生体系建设上下功夫见成效，在守牢安全稳定上下功夫见成效。

❖ 以深化医改为抓手推进公立医院高质量发展、以强基固本为目标健全完善分级诊疗服务体系、以统筹协调为主线加强卫生健康支撑保障、以守正创新为要义发展特色中医药服务、以群众需求为使命推进全生命周期健康管理高质量发展、以维护稳定为核心统筹发展和安全。

❖ 要毫不动摇坚持在发展中增进群众健康福祉，聚焦高质量发展，围绕持续增进人民群众健康福祉这个目标，在提升医疗服务能力、改善群众就医感受上多想办法、多下功夫，抓好民生改善工程。

❖ 要不折不扣贯彻落实卫生健康工作方针，把实现好、维护好、发展好人民群众健康利益作为医疗卫生事业发展的出发点和落脚点，以健康××建设为统领、以高质量发展为抓手、以满足群众日益增长的健康需求为目标，推动全××卫生健康事业又好又快发展。

❖ 要以“重症病患不出×××、常见病种不出×××、一般疾病不出×××、头疼脑热不出×××”为目标，构建×××区域医疗中心一个中心引领，夯实县、乡医疗两个基础承载，强化党建、人才、质量三个保障支撑的医卫体系。

❖ 紧紧围绕“项目为先、实干奋进，争分夺秒拼经济”的工作主线，凝心聚力、担当作为，以“人民满意”为标准，以高质量发展为目标，创新驱动发展，深化医疗改革，书写“人民至上、生命至上”的时代答卷。

❖ 聚焦体系建设和群众健康需求，真抓实干、攻坚克难，围绕卫健事业高质量发展，在体制改革、资源整合、疾病预防、医疗救治、队伍建设、党建引领和行风政风等领域多方位全方面发力，解决制约卫生健康事业发展的难点堵点问题，推动优质医疗资源扩容下沉，筑牢疾病预防控制屏障，优质卫生健康服务供给实现新进步，卫生健康服务体系建设取得新成效。

六、教育工作

本，魂，魄，基，药，剑，灯。

兼课，走教，轮岗，支教，听课、评课、议课，眺望，慈祥，敏锐，坚定，注视、凝视，基石，力量，魂魄，根基，灵魂，翅膀，引擎，航向，良药，灯塔，坐标，锦囊，利剑，阳光，种子，堡垒，名片，航标，教好、学好、管好，美育、德育。

进媒体、进军营、进社区、进场馆、进舞台，正其心、乐其学、健其体、和其群、雅其居，讲奋斗、作奉献，培育爱、激发爱、传播爱，明大德、成大才、担大任，冲一流、补短板、强特色，全方面、全方位、全过程，立大志、怀大爱、树大德，落了地、生了根、发了芽、开了花、结了果，理念新，课程优，管理精，质量高，特色明，声誉好，长于智、疏于德、弱于体、少于美、缺于劳，有典型、有引领、有力度、有温度、有速度、有精度，启发式、案例式、沉浸式、情景式，大学问、大情怀、大格局、大境界，立师德、正师风、提师能、铸师魂，小班化、个性化、国际化、卓越化，品德美、智能美、身心美、才艺美，唯分数、唯升学、唯文凭、唯论文、唯帽子，博学之、审问之、慎思之、明辨之、笃行之，有情怀、有担当、有质量、有特色、有作为，讲仁爱，重民本，守诚信，崇正义，尚和合，求大同，有机构、有制度、有场所、有标识、有设施、有师资，建设者，接班人。

十年树木、百年树人，冷门不冷，绝学未绝，育才造士，为国之本，为党育人、为国育才，立德树人，师德为先，师德涵养，课程学习，实践锻炼，素质拓展，教育兴国、人才强国，教育优先、人才为要，党之大计、国之大计，教育先行，规范要素，谋划指引，成果晾晒，保教结合，寓教于乐，勤勤恳恳，培根铸魂，启智润心，春风化雨，国以才立、文以才兴，枝叶葳蕤，百草丰茂，以身作则，行为示范，因材施教、按需施教，找准靶心，长善救失，涓涓细流，教育协同，资源优化、生源优化，学历教育，办学特色，上下联动，分类培训，梯度培养，形式新颖，内容丰富，职教一人、就业一人、脱贫一家，以小见大，借事说理，以理说事，治学严谨，循循善诱，呕心沥血，平易近人，因事而化、因时而进、因势而新，空中课堂、双师课堂、融合课堂，教学内容、教学方式、教学资源、师资队伍、教学评价，以生为本，潜心课堂，遵循课标，打造特色，寓精于料，料要成材，材要成器，器要好用，艰苦自立，实学研攻，往绩可述、来绩无穷，学业成长、学术成长、人格成长，育人为本，健康第一，先圣先师，良师益友，一字之师，能者为师，师道尊严，教导有方，温文尔雅，为人师表，大处着眼、实处着力、细处着手，加强学习，桃李满门，拓宽视野，更新知识，以思辅德、以思健身、以思促美、以思鼎新，以史立德、以史明智、以史强体，承史育美，以劳养德、以劳启智、以劳练体、以劳育美，以德育人、以理育人、以故育人，以德立人、以智启人、以体健人、以美化人、以劳塑人，研精目标、研习学情、研读教材、研思环节、研琢练习，诲人不倦，语重心长，桃李争妍，言传身教，谆谆教导，默默无闻，孜孜不倦，德才兼备，德高望重，润物无声，无微不至，师德师风、校风学风，教学时间、教学任务、教学效果，办学治校，教书育人，情景教学、案例教学、游戏教学，情景导学、探究问学、独立思学、合作互学、展示品学、实践做学，精细管理，内涵发展，特色办学，以情引人、以情动人、以情化人，传播知识、传播思想，教师乐教、学生乐学、社会乐助，多元发展，能力为要，全员参与、全程监控、全面评价，因地制宜、因时制宜、人文历史，社会结构，以德驭才、以才育德，知行合一，培养人才，服务社会，课堂渗透、活动渗透、家庭渗透、社会渗透，塑造灵魂、塑造生命、塑造新人、塑造人格、塑造信念，围绕学生、关照学生、服务学生、感染学生、引领学生、塑造学生、相信学生、读懂学生、激励学生、解放学生、发展学生，价值引领，知识传授，能力达成，科研兴师、科研兴教、科研兴校，机会公平、过程公平、结果公平，以赛促教、以赛促学、以赛促建、以赛促评、以赛促研，发展教师、发展学生、发展家长、发展学校，崇尚先进、学习先进、争当先进，吃透教材，研究教法，关注学法，教育引导，舆论宣传，文化熏陶，质量立校、学术强校、特色兴校、开放办校，以教化人、以教塑文、以教强治、以教保生，精讲导学，自主学习，小组研习，成果分享，育人方式，办学模式，管理体制，保障机制，优势学科、传统学科、新兴学科、前沿学科、交叉学科、冷门学科，优势领域，外部引校、外部引智，内部提质，品牌专业，成绩共有、成效共创、成果互认，围绕人才、关爱人才、服务人才、成就人才，价值塑造，能力培养，知识传授，课程体系、教材体系、师资体系，安心从教、热心从教、舒心从教、静心从教，多元监督，分类评估，考核激励，持续改进，体验感悟，展示思维，发展个性，提高素养，回归常识、回归本分、回归初心、回归梦想，知识引领，智力支持，科技支撑，协助治理，教学科研，课程开发，教师发展，协同育人，资源共享，反馈评价，通识教育、专业教育，交叉培养，师生相友、科教相融，教学相长、同窗相合，理念引才、事业育才、科学管才、文化润才，自主引才、自主设岗、自主聘任、自主评价、自主定薪，案例分享，学校建设，均衡发展，优质创建，教师补充，职教扩容，学校安全，小组讨论，案例分析，全程贯通、空间联通、队伍互通、内容打通、评价融通，游戏体验，素质培养，巩固成果，健全机制，提升水平，多校协同，区域组团，教育联盟，委托管理，合作办学，政府支持，高校主导，社会辅助，企业参与，校友联动，问题导向，探究学习，互动探讨，专题授课，智能课堂，德育铸魂、智育提质、美育熏陶，体教融合，劳动促进，优先投入、优先支持、优先保障，德育为先、智育为重、体育为基、美育为要、劳育为本，规则教育、法治教育、励志教育、感恩教育、英雄教育、事迹教育、国情教育、市情教育，政治坚定，学业扎实，素质全面，师德高尚，业务精湛，素质一流，配置均衡，勇于创新，充满活力，鞠躬尽瘁，博学多才，知识渊博，博闻强志，才高八斗，才华横溢。

有理想信念、有道德情操、有扎实学识、有仁爱之心，一盘棋统筹、一张网布局、一股劲推进、一条心落实，制度执行力、活动感召力、事业引领力。

好句

- 百年大计，教育为本。
- 育人为本，德育为先。
- 千秋基业，人才为本。
- 明道信道，方能传道。
- 金科玉律真师范，化雨春风入我庐。
- 新竹高于旧竹枝，全凭老干为扶持。
- 摇落深知宋玉悲，风流儒雅亦吾师。
- 只有好的教育，才有好的老师，也只有好的老师，才有好的教育。
- 教师之为教，不在全盘授予，而在相机诱导。
- 中国未来发展、中华民族伟大复兴，关键靠人才，基础在教育。
- 千教万教兮，教人求真；千学万学兮，学做真人。
- 教育是一项系统工程，不可能立竿见影，来不得半点花架子。
- 教育是民族振兴、社会进步的重要基石，是功在当代、利在千秋的德政工程。
- 模范不模范，线上教学看；平时看得出，关键站得出。
- 教师要努力做教育改革的奋进者、教育扶贫的先行者、学生成长的引导者。
- 学校是开放的社会，教育也是开放的生活，要善于借八面之风、聚四方之势。
- 一年来的教育工作，可以说是“奋进之笔、笔直奋进”！
- 国将兴，必贵师而重傅；贵师而重傅，则法度存。
- 三寸粉笔，三尺讲台系国运；一颗丹心，一生秉烛铸民魂。
- 质量是教育的生命线，我们要始终坚持以质量为中心，下大力气，提高教育质量。
- 一流学科抢赛道、一流质量育新人、一流人才强动力、一流平台提能级、一流服务塑品牌、一流机制促聚变、一流保障聚合力。

❖ 要把立德树人作为根本任务，加强思想政治工作和师德师风、校风学风建设，着力培养德智体美劳全面发展的社会主义建设者和接班人。

❖ 没有质量的教育是失败的教育，不抓教学质量的学校是没有希望的学校，不重视教学质量的校长是不懂教育的校长，教学质量低的教师是不合格的教师。

❖ 提升“思维力”，在培育工程师核心素养上务实功。强化“专业性”，在建设高质量课程体系上见真章。营造“生态圈”，在构建协同育人新机制上求实效。

❖ 教育工作虽然是与灵魂有关的工作，是对人的灵魂的教育，然而，它并不是通过雕刻来唤醒灵魂，而是以唤醒的方式完成对灵魂的雕刻。

❖ 坚持课内与课外、校内与校外、课本与剧本、讲台与舞台、线上与线下“五个结合”，突出联学、联讲、联行、联创、联演、联赛、联展“七维联动”。

❖ 抓好党建工作，以“党建强”引领“教育强”。抓牢质量提升，以“质量强”过硬“品牌强”。抓紧综合改革，以“创新强”聚力“发展强”。

❖ 教师是人类灵魂的工程师，是人类文明的传承者，承载着传播知识、传播思想、传播真理，塑造灵魂、塑造生命、塑造新人的时代重任。

❖ 以“抓管理、提质量、促均衡”为突破口，在助推教育均衡、缩小发展差距方面“补短板”，在提高教育质量、优化教育结构方面“做加法”。

❖ 深入基层深入学校，踏遍千山万水、走进千家万户，拿到第一手资料，听到最真实声音。

❖ 凡是有利于提高教育质量和效益的措施都要积极采用，凡是不利于学生全面又个性发展的办法都要坚决摒弃。

❖ 教育教学工作中，所有的大小事全部细化、形成网格，职责分明、物事承包，千斤重担众人挑，人人头上有目标。

❖ 人民群众对教育是否满意，首先是对教师是否满意，因此教风往往直接反映了教育的风气。

❖ 勤学，是教师职业的基本要求；笃行，是教师职业内在的道德准则；求是，是教育的职责所在；创新，是当代中国最鲜明的特征。

❖ 在过去的一年里跑步前进、自强不息、不辱使命，朝着×××建设和×××这两大目标，在各项工作中取得了许多曾经“不敢想”“不可能”的成绩和业绩。

❖ 德智体美劳，德是第一位的，具有根本性、引领性作用。目前德育仍存在“软、浮、虚、乱、散”的问题。

- 围绕提升质量要求，合理配置教育各方面资源，对不利于质量进步的勇于“断舍离”，把有限的教育资源切实用在刀刃上。
- 下决心彻底改变传统“闭门读书”的习惯，真正落实教育与生产劳动和社会实践相结合。
- “上好学、读好书”是每个孩子最渴望的事情，“望子成龙、望女成凤”是每个家庭最殷切的期盼，办好人民满意的教育是×××最神圣的使命和职责。
- 师德就是教育形象，师德就是教育质量。教师的尊严，来自社会的尊重，更来自自我的要求。
- 家庭是人生的第一所学校，家长是孩子的第一任老师，家庭教育是立德树人的第一个环节。
- 成绩不讲少不了，问题不说不得了。只有正视问题才能解决问题，正视差距才能缩小差距，正视危机才能克服危机。
- 坚决摒弃“见物不见人”“见分不见人”，只见树木、不见森林的教育模式，杜绝变着法子掐尖抢生源，或明或暗违规补课，片面强调升学率等行为和做法。
- 一个人遇到好老师是人生的幸运，一个学校拥有好老师是学校的光荣，一个民族源源不断涌现出一批又一批好老师则是民族的希望。
- 教师是担当教育改革发展的第一线“战士”。人才培养质量如何，社会对教育的直接感受如何，很大程度上取决于教师。
- 乡村教育是中国教育的“神经末梢”，我国是个农业大国，农村教育是中国教育的重要阵地，城镇化越是加快，农村教育越要加强。
- 要在宣传教育新定位上多主动作为、在超前规划上多出主意、在资源保障上多下功夫，推动优先发展教育体制机制有效落实，切实把“优先发展教育”落到实处。
- 办好教育事业，家长、学校、政府、社会都有责任，谁都不是旁观者，谁都不能置身事外。
- 立德树人是教育的根本任务，腰杆要硬、底气要足，坚决把思想政治教育贯穿办学治校和教育教学全过程。
- 教育上历来都是“眼界决定境界，思路决定出路”，一路走过我们更加坚信：只要精神不滑坡，办法总比困难多。

- 一个学校能不能为社会主义建设培养合格的人才，培养德智体全面发展、有社会主义觉悟的有文化的劳动者，关键在教师。

- 成功实施“奋进之笔”，搅动一池春水，教育系统上上下下万马奔腾、不待扬鞭自奋蹄。

- 教育工作者的眼光，从来不在当下，而在长远；教育工作者的追求，也不应是自己的职位和得失，而是下一代的成长成才和国家民族的前途命运。

- 我们的基础教育阶段出现一些异化的现象，把高质量简单等同于高分数，把“育人”演变为“育分”。

- 做学生锤炼品格的引路人，做学生学习知识的引路人，做学生创新思维的引路人，做学生奉献祖国的引路人。

- 整体推进全员学、结对共建联动学、丰富载体深入学，一次认识的提升、一次心灵的洗礼、一次党性的磨砺、一次境界的升华。

- 管理品质提升，弘毅德育建设，课程实施管理，创新人才培养，教师队伍建设，国际文化交流，校园文化丰富，重点项目培育，项目展示交流，专家辅导报告，实践走访参观。

- 紧紧围绕“办好人民满意教育”的奋斗目标，始终秉持“教育就是服务”的工作理念，在“均衡而有特色、公平而有质量”上精准施策、靶向发力，××教育人以奋进之笔绘就民生温暖底色，向党委、政府和全×人民交上了一份合格的答卷。

- 既要当好教师的“服务员”，尽心尽力解决教师所需所盼，保障教师切身权益，更要当好教师的“娘家人”，为教师全身心投入教育工作撑腰鼓劲，把宁静还给学校，把时间还给教师。

- 重于智、弱于体、少于美、缺于劳，是当前部分学校教育的真实写照。要牢固树立德、智、体、美、劳“五育”并举的科学教育理念，在提升教学质量、增强学生体质、发展学生特长、培育学生劳动素养上均衡用力、狠下功夫。

- 教育发展振兴离不开信心的支撑，信心比黄金更重要。多一分信心，就多一分爬坡过坎的勇气，多一分攻坚克难的力量，多一个解决问题的办法，多一条化危为机的出路。

- 加快构建高质量体系，坚持“优质”发展主线，推进学前教育优质普惠发展，义务教育优质均衡发展，高中教育优质特色发展，职业教育优质融合发展，民办教育和特殊教育优质协同发展，终身教育优质高效发展。

- 心有大我、至诚报国的理想信念，言为士则、行为世范的道德情操，启智润心、因材施教的育人智慧，勤学笃行、求是创新的躬耕态度，乐教爱生、甘于奉献的仁爱之心，胸怀天下、以文化人的弘道追求。

❖ 教育培训工作要从“大水漫灌”向“精准滴灌”转变，从“墨守成规”向“形式创新”转变，从“走马观花”向“严字当头”转变，找准干部教育的“支点”，切实提升教育实效，让教育工作在找准“支点”中“支棱”起来。

❖ 聚焦“培根铸魂、启智润心”，德育育人大提升；聚焦“质量为本、发展至上”，改革创新大提升；聚焦“十年树木、百年树人”，均衡发展大提升；聚焦“教育之本、教师为先”，队伍建设大提升；聚焦“党政同责、一岗双责”，安全稳定大提升。

❖ 教育工作是我们作为一个社会人很重要的一张名片，我们所在的学校就是我们实现自我价值的平台，只要我们信任这个平台、善待这个平台，少一些抱怨，少一些推诿，多一分理解，多一分付出，多想想如何发挥自己的最大价值，就一定能为×××教育做出新的更大的贡献。

❖ 要把握大局大势，以“走在前、开新局”的境界标准，拉高标杆、提质升级，打造新时代×××教育现代化样板，有力回答“教育强国、×××何为”“强省建设、×××何为”的时代命题，在全国树立×××品牌，在×××强省建设中释放×××的力量。

❖ 教育系统要牢记“国之大者”，坚守为党育人、为国育才的初心，勇担“国之大计、党之大计”的使命，跳出教育看教育，把教育与国家、与时代、与世界、与经济社会发展进行“强连接、真融入、真推动”。

❖ 要学习借鉴一流名校的目标化、精细化、网格化管理经验，全面落实精细化管理措施，积极改进教学方法，坚持向课堂要质量、向细节要质量、向管理要质量，让制度真正落实到每一个学生、每一处细节，让制度真正成为一种规范、一种习惯。

❖ 新时代坚持和发展中国特色社会主义，全面贯彻党的教育方针，落实立德树人根本任务，这是对教育的政治需求。举办世界最大规模的教育，这是对教育量的需求。推进现代化、构建双循环格局、推动高质量发展，这是对教育质的需求。实现中华民族伟大复兴，推动中华文化传承与创新，这是对教育的文化需求。从发展中大国走近世界舞台中央、打造核心竞争力，这是对教育的结构需求。

❖ 改变以前的“满堂灌”、改变以前的“题海战术”、改变以前“片面追求分数”等现象，真正做到以学生为主体，注重“五育并举”，全面培养学生，既教书，又育人，真正为国家、社会培养栋梁之材。

❖ 要以凝聚人心、完善人格、开发人力、培育人才、造福人民为工作目标，朝着“改过来”的目标下功夫，重点针对长期以来疏于德、弱于体和美、缺于劳的问题，换脑筋、换思路、换办法，改环境、改途径、改习惯，让立德树人回归社会、回归家庭、回归生活，以新的方式推进立德树人工作，培养德智体美劳全面发展的社会主义建设者和接班人。

- 面对系统内外各种不当甚至是错误有害的想法和做法，如果我们放任自流，自我缴械，放弃抗争，丢弃阵地，于情于理都是说不过去的，严重点讲，是有愧孩子、有愧历史、有愧未来的。

- 始终保持“功成不必在我、功成必定有我”的心态、保持“开局就是决战、起步就要冲刺”的状态、保持“敢闯敢拼敢试、真抓善抓常抓”的姿态，勠力同心、担当奋进、攻坚克难，奋力开创新时代×××教育事业新辉煌。

- 要转变角色定位，改进作风，经常深入学校、深入教师、深入学生，指导解决学校内涵发展、教师专业成长、学生学业提升等方面的困难和问题，努力从“领导者”“管理者”向“指导者”“服务者”转变，加快提升教育管理的“质”和“效”。

- 针对×××关心、社会关注、群众关切的问题，本着有条件上、没条件创造条件也要上的决心和干劲，集中火力、攻坚克难，跳起来摘桃子，以奋进的状态书写了“奋进之笔”，收获了“得意之作”，形成了奋进、向上、生动、活泼的良好局面。

- 必须深刻把握教育的根本属性，解决好“怎么看”的问题；必须坚持立德树人的根本任务，解决好“怎么办”的问题；必须强化基层、基础、基本管理，解决“怎么干”的问题；必须转变工作作风，解决“怎么能”的问题。

- 好政策、好措施必须掷地有声、落地有声。只有抓落实、真落实，才能把政策“温度”、工作“力度”传到基层、传到各个方面，让群众收获实实在在的获得感和幸福感。

- 党的建设“铸魂”，办学条件“优化”，教师队伍“提能”，教育教学“提质”，学校管理“提标”，教育改革“攻坚”，素质教育“提升”，服务发展“助力”，依法治教“护航”。

- 教育要在比较中找准差距和不足。要与人民群众的需求比，看对群众需求的满足程度，看群众的获得感，看群众的满意度。要与教育先进地方和进步发展快速地方比，从比较中思考人家已做的我们做了没有，别人能做的我们做了没有，先进地方做了的我们能不能做。通过比较，让我们更好地找到差距，让我们头脑更加清醒，让我们方向更加明确。

- 在×××重要会议文件精神传达学习贯彻上，在德育和思想政治工作要求落实上，在“减负提质”推进上，在有偿补课治理上，在×××课改实施和新高考确保平稳落地上，都出现了一些纪律规矩意识不强、“最后一公里”不通，甚至搞“上有政策、下有对策”对着干的现象和倾向。

- 要以立促破、破立结合，从教育规律和人才成长规律出发，在“唯”与“不唯”之间找到平衡，拿出整体设计，把教育评价改革的大逻辑理出来，搞清楚从哪里突破、规则是什么、路径是什么。

❖ 教育治理治的是权力，理的是关系。针对学校反映突出的检查多、评比多等问题，要按照中办统筹规范督查检查考核工作的要求，能精简的精简，能合并的合并，能一次综合检查就少一些专项检查，列出清单，逐一清理，建立章法，切实解决。

❖ 坚定心有大我、至诚报国的理想信念，全面落实立德树人的根本任务；陶冶言为士则、行为世范的道德情操，努力做“经师”和“人师”相统一的“大先生”；涵养启智润心、因材施教的育人智慧，让每个学生都有人生出彩的机会；秉持勤学笃行、求是创新的躬耕态度，成为终身学习的践行者；勤修乐教爱生、甘于奉献的仁爱之心，用大爱书写教育人生；树立胸怀天下、以文化人的弘道追求，弘扬全人类共同价值。

❖ 要创新教育观念，倡导有教无类、因材施教、终身学习、人人成才，促进学生文化知识学习与思想品德修养相统一、理论学习与社会实践相统一、全面发展与个性发展相统一。要创新教育体制机制，再少一些计划思维、少一些直接管理，更多一些实实在在的服务，调动学校、教师、学生的积极性，激发全社会教育活力。要创新教育内容方式，深入掌握不同阶段学生必须具备的基本知识和能力、必须形成的核心素养，深化教育改革，提高教学水平，掀起一场“课堂革命”，为大众创业、万众创新提供有力支撑。

七、青年工作

充实，温暖，持久，无悔，奋斗，担当，志气、骨气、底气。

敢担当，能吃苦，肯奋斗，有责任、有担当、有激情、有锐气、有快乐、有梦想、有理想、有翅膀、有未来，引领力、组织力、服务力，很清新、很阳光、很美好、很快乐、很飞扬、很纯洁、很美妙，要学习、要思考、要自律、要进取、要包容、要孤独、要努力、要忍耐、要忠诚、要付出、要奉献、要沉淀、要真实、要修身、要作为，后备军，在路上、在奔跑，为祖国、为民族、为人民、为人类，立大志、明大德、成大才、担大任，学知识，长本领，干实事，知心人、热心人、引路人，奋进者、开拓者、奉献者。

党的期望，人民期待，民族重托，激扬青春，开拓人生，奉献社会，激发信仰，获得启发，汲取力量，播种梦想、点燃梦想，惜时如金，突出主干，择其精要，又博又专、愈博愈专，孜孜不倦，敢于有梦、勇于追梦、勤于圆梦，生逢盛世，肩负重任，青春洋溢，朝气蓬勃，锐意创新，勤勉实干，慎独慎微，怀德自重，增长才干、增长知识，加强磨炼，增长本领，敢为人先、敢于突破，蓬勃向上，灵活创新，心胸开阔，积极进取，明朗自信，思想端正，理想坚定，思想活跃、思维敏捷，观念新颖、兴趣广泛，沉下身子，关心国家、关心人民、关心世界，面向实际，深入实践，扎根基层，勤于学习、敏于求知，一心为公、一身正气、一丝不苟、一尘不染，充满活力、充满后劲、充满希望，稳重自持，从容不迫，坚定自信，探索之心、开拓之心、好奇之心，有字之书、无字之书，深入青年、融入青年、关心青年、关爱青年、引导青年、教育青年，成长成才，创新创造，建功立业，勇挑重担、勇克难关、勇斗风险，踏实做人，埋头苦干，多学知识、多学道理、多学本领，淡泊名利，潜心干事，谦虚谨慎，虚怀若谷，甘于奉献、敢于负责、善于作为，心存敬畏，奋发进取，大公无私，积极努力，克己奉公，担当作为，踔厉奋发，笃行不怠，抓住机遇，乘风破浪，追风赶月，坚定信心，明确方向，敢为善为，勇挑大梁，善始善终、善作善成，以学修身，转换思维，推动改革，探索破冰，不负所托、不负期望，勇担使命，追求卓越，奋进争先，奋斗奉献，无畏向前，开拓创新，勇立潮头，顺势而为、应势而动、乘势而上，接续奋斗，崇德向善，德才兼备，私德润身、公德善心、大德铸魂，迎难而上，追求卓越，廉洁奉公，自我修炼、自我约束、自我塑造，永葆初心，担当尽责，主动作为，抓铁有痕，踏石留印，夯实理论，追求理想，真抓实干，挺膺担当，恪尽职守，严谨务实，勇于攀登，心存理想，热爱祖国，无私奉献，坚韧不拔，英勇顽强，掷地有声，水滴石穿，久久为功，锲而不舍，业精于勤，脚踏实地，寒暑不辍，苦干实干，忘乎所以，好高骛远，贪大求全，心浮气躁，急功近利，私心杂念，怨天尤人，自暴自弃，斤斤计较，躺平啃老。

祖国的未来、民族的希望，忠诚和担当、智慧和才能、奉献和牺牲，立鸿鹄之志、扬奋进之帆，耐得住性子，挑得起担子，俯得下身子，摆得正位子。

好句

- 关注青年愿望，帮助青年发展。
- 有责任，有担当，青春才会闪光。
- 青年兴则国家兴，青年强则国家强。
- 志存高远方能登高望远，胸怀天下才可大展宏图。
- 充分信任青年，热情关心青年，严格要求青年。
- 代表广大青年，赢得广大青年，依靠广大青年。
- 让广大青年敢于有梦、勇于追梦、勤于圆梦。
- 青年政策“接口”、青年成长成才“风口”、青年建功“入口”
- 青年朋友的知心人、青年工作的热心人、青年群众的引路人。

❖ 锐意创新的勇气，敢为人先的锐气，蓬勃向上的朝气。

❖ 年轻人一定要奋力奔向理想的高地，奔向火热的实际生活，奔向文明的彼岸。

❖ 奋斗是青春最亮丽的底色，行动是青年最有效的磨砺。

❖ 青年是常为新的，最具创新热情，最具创新动力。

❖ 倾听青年声音、了解青年诉求、把握青年脉搏、体察青年温度、凝练青年呼声。

❖ 长风破浪正其时，青年人是冉冉升起的朝阳，在潮头搏浪，书写着“后浪的故事”。

❖ 青年工作，抓住的是当下，传承的是根脉，面向的是未来，攸关党和国家前途命运。

❖ 只有当青春同党和人民事业高度契合时，青春的光谱才会更广阔，青春的能量才能充分迸发。

❖ “人才有高下，知物由学。”青年时期学识基础厚实不厚实，影响甚至决定自己的一生。

❖ 担当起自己的责任，才能不负“天将降大任于斯人”的时代使命，不负我们这个伟大时代。

❖ 青春是一场美丽的梦，愿你们在这场梦中，勇敢地追求，不畏艰难，让梦想成为现实。

❖ 青年一代生逢盛世，重任在肩，说一千道一万，不如撸起袖子加油干。

❖ 青年是社会历史发展的新生力量，蕴含着改造客观世界、推动社会进步的强大历史动能。

❖ 青年要当好“千里马”，青年要做好“领头羊”，青年要争当“孺子牛”。

❖ 自古英雄出少年。在漫漫历史长河中，人类社会青年英雄辈出，中华民族青年英雄辈出。

❖ 人的一生只有一次青春，现在，青春是用来奋斗的；将来，青春是用来回忆的。

❖ 岁月因青春慨然以赴而更加静好，世间因少年挺身向前而更加瑰丽。

❖ 青年是整个社会力量中最积极、最有生气的力量，国家的希望在青年，民族的未来在青年。

❖ 青年人思想活跃、思维敏捷，观点新颖，但同时也阅历尚浅，容易偏激。

❖ 不同的时代背景，不同的青年群体，不变的是初心选择，不变的是使命光荣。

❖ 在这个充满活力的年纪，愿你们拥抱变化，接受挑战，每一次经历都成为前行的力量。

- 愿我们披荆斩棘，磨砺成自己的榜样，我们的梦想有多雄奇，中国就有多美丽。
- 不经历风雨怎能见彩虹。青年干部一定要自觉加强锻炼和磨炼，“苦其心志，劳其筋骨”。
- 年轻，没有什么不可以，任何时候任何境地都得保持积极向上的心态、怀揣永不褪色的梦想。
- 立大志、明大德、成大才、担大任，青年一代必将收获更有高度、更有境界、更有品位的人生，让青春绽放更为绚丽的光芒，用青春和汗水创造出让世界刮目相看的新奇迹。
- 广大青年要有干事创业的魄力，把心思用在“想干事”上，把能力放在“会干事”上，把才华施展到“干成事”上。
- 唱响青春之歌再出发，广大青年朋友们要勇立潮头、全力加速，在每一声号角吹响时、每一次扬帆起航时，书写出无愧于青春的壮丽华章。
- 涵养廉洁自律的道德修为，心有所畏、言有所戒、行有所止，不断锤炼意志力、坚忍力、自制力，做一个一心为公、一身正气、一尘不染的人。
- 青春如初春，如朝日，如百卉之萌动，如利刃之新发于硎，人生最宝贵之时期也。青年之于社会，犹如新鲜活泼细胞之在身。
- 广大青年要甩掉焦虑、走出“内卷”，脚踏实地、埋头苦干，珍惜眼前的大好时光，真正把时间花在学知识、长本领、干实事上。
- 温室中的花，经不起风吹雨打。唯有经风雨、见世面、受考验，才能“在担当中历练，在尽责中成长”。
- 青年代表希望，青年创造明天。新时代青年处于人生的“拔节孕穗期”，知识体系搭建尚未完成，价值观塑造尚未成型，情感心理尚未成熟，最需要精心引导和栽培。
- “凿井者，起于三寸之坎，以就万仞之深。”青年处于价值观形成和确立的时期，必须把坚定理想信念作为安身立命的主心骨、修身立业的“压舱石”，扣好人生第一粒扣子。
- 如果我们不关心青年人的成长，就会有别人别有用心地去关心他们的成长；如果我们不把他们拉到我们的身边，那就一定会有人想把他们拉到别人身边去。
- 涵养“滴水穿石”坚韧品格，一步一个脚印，积量变为质变，在风吹雨打的洗礼中练就“铁肩膀”“真本领”，在真刀真枪的实干中成就一番事业。
- 青春之于人的生命，既是最美好的一段时光，也是很短的一段光阴，是极其重要的一段生命旅程，因此要特别珍惜。

- 中国青年永久奋斗的好传统一点儿都不能丢。奋斗不是响亮的口号，而是要在做好每一件小事、完成每一项任务、履行每一项职责中见精神。

- 愿你们像早晨的太阳，充满朝气和活力，无论遇到什么困难，都能勇往直前。愿你们在青春的旅途中，不断探索，不断学习，让生活充满无限可能。

- 愿你们的青春如同一场精彩的演出，每一个角色都充满挑战和机遇，让你们在舞台上绽放光彩。

- 愿你们在青春的岁月中，始终保持对生活的热爱和对未来的憧憬，让每一天都充满阳光和希望。

- 新时代的中国青年，生逢其时、重任在肩，施展才干的舞台无比广阔，实现梦想的前景无比光明。

- 世界是你们的，也是我们的，但归根结底是你们的。你们青年人朝气蓬勃，正在兴旺时期，好像早晨八九点钟的太阳，希望寄托在你们身上。

- 愿你们的青春如同一幅画，色彩斑斓，充满想象和创造。愿你们的青春如同一首诗，充满情感和节奏，让人陶醉其中。

- 所谓百炼成钢，在暴风雨中成长，青年需要经受各种锻炼。青年保持初生牛犊不怕虎、越是艰险越向前的刚健勇毅，国家就有力量，民族就有希望。

- 做“起而行之者”，而非“坐而论道者”；做“退而结网者”，而非“临渊羡鱼者”；做“实事求是者”，而非“纸上谈兵者”。

- 青年者，国家之魂。青年理想远大、信念坚定，是一个国家、一个民族无坚不摧的强大动力。青年的理想信念教育，关乎青年的世界观、人生观、价值观这个总开关问题。

- ×××擘画了青年未来工作的规划图、路线图、施工图，其博大精深、意蕴深长的思想中蕴藏着一系列、一揽子、一整套青年政策“接口”、青年成长成才“风口”、青年建功立业“入口”。

- 点亮了×××“是青年一代应该牢固树立的远大理想”的梦想之光，注入了“要充分展现自己的抱负和激情”的奋斗之力，打开了“勇于开拓实践，勇于探索真理”的创造之门。

- 一代人有一代人的长征路，一代人有一代人的历史责任。事业是靠一茬一茬人、一拨一拨人接续奋斗、开拓前进的。

❖ “一代人有一代人的奋斗，一个时代有一个时代的担当。”奋斗的青春最美丽，把努力之小我汇入时代之洪流。

❖ 青春由磨砺而出彩，人生因奋斗而升华。只要奋斗不止，幸福就会来敲门，奋斗的人生最幸福。

❖ 要练就过硬本领，以“越是艰险越向前”的无畏气概披荆斩棘，以“不破楼兰终不还”的人生定力攻坚克难，在开天辟地中实现人生价值。

❖ “潮平两岸阔，风正一帆悬”的气度和自信；“船到中流浪更急，人到半山路更陡”的紧张和清醒；“千磨万击还坚劲，任尔东西南北风”的坚定和勇毅。

❖ 要以等不得的紧迫感、慢不得的危机感、松不得的责任感，学会主动挑大梁、带头讲奉献，让奋斗成为青年的“时代标签”。

❖ 广大青年更要发挥好懂网用网的优势，但也要切记计算机屏幕代替不了双眼所见，敲打键盘代替不了双腿所行。

❖ 青年犹如大地上茁壮成长的小树，总有一天会长成参天大树，撑起一片天。青年犹如初升的朝阳，不断积聚着能量，总有一刻会把光和热洒满大地。

❖ 自觉践行群众路线、树牢群众观点，同广大青年打成一片，做青年友，不做青年“官”，多为青年计，少为自己谋。

❖ 青年是祖国的未来、民族的希望，也是党的未来和希望。青年兴则国兴，青年强则国强，青年一代有理想、有本领、有担当，国家就有前途，民族就有希望。

❖ 广大青年要像初生的竹，向下扎根，积累养分，后期才能拔高成材；像蛰伏的蛹，默默成长，然后羽化成蝶。

❖ “人生万事须自为，跬步江山即寥廓。”追求进步，是青年最宝贵的特质，也是党和人民最殷切的希望。

❖ 国无德不兴，人无德不立。青年的价值取向，往小了说，决定了其个体成长路上的高度和成就，往大了说，更决定了未来整个社会的风气和风尚。

❖ 年轻人往往不缺活力缺定力，不缺干劲缺韧劲，不缺“佛系”缺“燃系”。人总是要有点精神的，年轻人更是要有一种初生牛犊不怕虎、越是艰险越向前的刚毅勇敢。

❖ 肩负荣光，当学真知，求真理；青春热血，当乘长风，破万浪；鲜衣怒马，当朝夕不倦，常进发。

- 人生之路，有坦途也有陡坡，有平川也有险滩，有直道也有弯路。青年面临的选择很多，关键是要以正确的世界观、人生观、价值观来指导自己的选择。
- 爱国爱民是作为一个中国人的立足之本、成长之基，特别是对于广大青年，首要的就是做到爱国爱民，抛却爱国爱民谈理想志向，好比是无源之水、无本之木。
- 青年的人生道路漫长，前进途中不会一帆风顺，奋斗也不可能一步成功，我们不能把探索尝试视为畏途，把负重前行当作吃亏，不能有“躲进小楼成一统”逃避责任的思想和行为。
- 青年干部干事创业，不可能一蹴而就、步步青云，“骐骥一跃，不能十步；驽马十驾，功在不舍”，厚积才能薄发，要戒除浮躁之气，适应孤独、享受孤独，心态平和，保持耐心。
- 一切科学知识都源于人们的好奇。青年干部应当有渴求真知的欲望，用“甘当小学生”的态度抓学习。
- 有些年轻人吃苦可以，却吃不了亏；受累可以，却受不了气。这样的人也许能够干一些事，但成不了大器。人的格局是要经历委屈、锻炼的，这也是我们人生当中很重要的一个经验。
- 时代课题召唤青年人，历史重任需要青年人，神州处处皆舞台。挥洒汗水、奉献智慧、建功立业，把实干的种子撒进泥土，将梦想的羽翼迎风展开，我们期待更多青年人逐梦前行！
- 中华民族始终有着“自古英雄出少年”的传统，始终有着“长江后浪推前浪”的情怀，始终有着“少年强则国强，少年进步则国进步”的信念，始终有着“希望寄托在你们身上”的期待。
- 事有所成，必是学有所成；学有所成，必是读有所成。青年干部一定要谦虚谨慎、虚心好学。如果不加强读书学习，知识就会老化，思想就会僵化，能力就会退化。
- 百舸争流，奋楫者先。×××青年要勇做只争朝夕的奋进者、上下求索的开拓者、舍我其谁的奉献者，才能够搏击蓝海、成就大业。
- 唯青春和梦想不可辜负。对你们来说，青春是一团五彩而杂乱的线，可以跌倒无数次，再找个理由爬起来；可以哭泣一万次，再找个理由笑起来。
- 勇于承担使命、乐于奋斗奉献、敢于无畏向前、善于开拓创新，站稳人民立场、铸牢理想信念、提升道德修养、发扬斗争精神。

❖ 探索尝试，并不可怕；负重前行，不是吃亏。“世之奇伟、瑰怪，非常之观，常在于险远”，唯有不断探索尝试，勇于走在前列，才能领略最美丽的风景、成就最壮丽的人生。

❖ 广大青年要发扬创新精神，增强创新本领，既要树立远大理想，更要把个人理想和社会发展、国家需要联系起来，保持一颗探索之心、开拓之心、好奇之心，敢于想象不可想象之事，敢于探索未曾涉足之地，以青年之创新引领时代之创新。

❖ “无冥冥之志者，无昭昭之明；无惛惛之事者，无赫赫之功。”身处与伟大复兴距离最近的新时代，怀着梦想乘风破浪是最好的姿态。只要我们向先进看齐，坚定学习先进争当先进的信念；只要我们团结奋斗，凝聚担当作为干事创业的力量，就一定能推动×××事业行稳致远。

❖ 青春是一段充满激情的岁月，愿你们保持这份激情，追逐梦想，无论遇到什么困难，都不放弃希望。青春是一段不断尝试和探索的旅程，愿你们在这条路上，始终保持勇气和信心，不断超越自我。

❖ 谦虚谨慎、虚怀若谷的胸襟，脚踏实地、埋头苦干的担当，淡泊名利、甘于奉献的操守，敢为善为、勇挑大梁的状态，不惧牺牲、奋勇直前的气概，逢山开路、遇水架桥的决心，滚石上山、爬坡过坎的意志。

❖ 青年时代是一个人一生中最美的时光，尤其是与新时代同向同行、共同前进的当代青年，在最美的时光里遇见更好的中国，既有远大理想，也有宽广舞台，不仅是青年之幸、国家之幸，更是民族之幸、时代之幸。

❖ 时代各有不同，青春一脉相承。一百多年来，一代代青年紧跟党走，传承接续时代责任的接力棒，以奋斗之姿走过波澜壮阔的伟大征程，从长征漫漫到抵御敌寇，从冰雪长津到戈壁大漠，从蛇口奇迹到全面小康，无数青年将青春奉献给民族复兴的伟大征程。

❖ 广大青年要走稳新时代党的群众路线，心系群众柴米油盐、情系群众安危冷暖，多听听群众的“心里话”，多算算百姓的“生活账”，以扎实的作风赢得群众信任。

❖ 青春正当时，不负好时代。青年一代有理想、有本领、有担当，国家就有前途，民族就有希望。欣逢盛世，我辈青年须勇担使命、砥砺前行，在新时代的广阔舞台上，成就精彩人生。

❖ 古人说：“学如弓弩，才如箭镞。”说的是学问的根基好比弓弩，才能好比箭头，只要依靠厚实的见识来引导，就可以让才能很好发挥作用。青年人正处于学习的黄金时期，应该把学习作为首要任务，作为一种责任、一种精神追求、一种生活方式，树立梦想从学习开始、事业靠本领成就的观念，让勤奋学习成为青春远航的动力，让增长本领成为青春搏击的能量。

❖ 加强道德修养，明辨是非曲直，增强自我定力，树立远大理想，热爱伟大祖国，担当时代责任，勇于砥砺奋斗，练就过硬本领，锤炼品德修为，燃起星星之火，照亮前行之路，发扬创新精神，增强创新本领。

❖ 山高人为峰。广大青年要珍惜人生和职业生涯的黄金时期，潜心静气，埋头苦干，真正把心思和智慧用到本职工作上来，在艰苦环境中砥砺品质、提升能力，在生动实践中挥洒汗水、创造辉煌。

❖ 青春之字典，无“困难”之字，青年之口头，无“障碍”之语。不仅要有远大理想，更要有勇于斗争、不懈奋斗的精神。这一代青年，正在用实际行动书写着勇气与担当，把青春之花绽放在祖国需要的地方。

❖ 保持初生牛犊不怕虎、越是艰险越向前的刚健勇毅，高扬“志不求易者成，事不避难者进”的坚定信念，把小我融入大我，勇立潮头、奋勇搏击，广大青年必将不辜负党的期望、人民期待、民族重托，不辜负我们这个伟大时代。

❖ 广大青年要主动磨炼担当作为的“志气”，从党史中感悟“敢为天下先”的革命精神，认真研读政策文件，搭乘“复兴号”时代快车，胸怀“北斗”的战略目光，在抢抓机遇中助力基层发展，坚持在苦难中铸就辉煌、探索中收获成功、奋斗中赢得未来。

❖ 保持“乱云飞渡仍从容”的定力，对党忠诚，对人民负责；涵养“不畏浮云遮望眼”的格局，胸怀全局，服务大局；富有“风物长宜放眼量”的远见，强基固本，行稳致远；提升“甘为人梯托青云”的境界，求贤若渴，唯才是举。

❖ 唯忠唯诚，在自我完善上突出一个“德”字；驰而不息，在能力提升上突出一个“勤”字；担当作为，在推进工作上突出一个“实”字；开拓进取，在自我超越上突出一个“新”字；防微杜渐，在自我管理上突出一个“严”字。

❖ 广大青年重任在肩、大有可为，必须练就善学善思、善谋善为、善作善成的“真本事”“硬功夫”，拒做坐而论道、怕见风雨的“清谈客”“稻草人”，才能接好历史“接力棒”，跑出发展“加速度”。

❖ 广大年轻干部要有“天下兴亡、匹夫有责”的崇高追求，把个人的志向与党的事业、国家兴旺、民族未来和人民幸福结合起来，把个体小我的追求融入祖国、人民大我的事业，树立正确的世界观、人生观、价值观，怀抱家国情怀，担起时代责任，让人生在实现×××的奋进追逐中展现出勇敢奔跑的英姿。

❖ 要以“初生牛犊不怕虎”的闯劲、以“咬定青山不放松”的韧劲、以“敢教日月换新天”的斗志，在大有可为的青春年代，保持热情，积极投身振兴发展的各项事业，以大有作为的劲头实干担当，拿稳时代“接力棒”，在大有可为的舞台，奋力谱写新时代的壮丽篇章。

- 理想引领人生航向，信念为青年奋斗提供源源不断的动力。当前社会主流文化占据主导地位，但仍存在一些错误思潮。青年处于思想活跃、接受新事物能力强的人生阶段，以正确的价值导向引导青年，才能激发其奋斗潜力。

- 面对外国的技术封锁，一大批年轻科学家扎根荒漠，以“惊天一爆”挺起中国脊梁；面对体育赛场上的劲敌，中国女排以不服输的拼劲、打不垮的韧劲拼下“五连冠”，鼓舞亿万人民投身现代化建设……

- 各级党委和政府要充分信任青年、热情关心青年、严格要求青年，为青年驰骋思想打开更浩瀚的天空，为青年实践创新搭建更广阔的舞台，为青年塑造人生提供更丰富的机会，为青年建功立业创造更有利的条件。

- 毛竹潜心扎根、厚积薄发的成长经历告诉我们广大年轻干部，只有甘受“寂寞”、甘于“清苦”，扎根基层、服务基层，通过在基层“蹲苗”积蓄力量、砥砺品质，不怕做“热锅上的蚂蚁”，敢于接“烫手的山芋”，做到人在事上练，刀在石上磨，在经风雨、见世面、壮筋骨中学真本领、练真功夫，才能在日后的成长中有所作为、担当重任。

- 理想是翱翔的翅膀，责任是奋进的动力。知识和能力固然十分重要，但比知识和能力更重要的是一个人的理想、信念和责任。理想信念有如身体的脊柱和大厦的支柱。没有脊柱，人就不能直立；没有支柱，大厦就会坍塌。实践证明，理想越是高远，信念越是坚定，越能干出不同凡响的业绩。

- 看到大家一张张青春洋溢、朝气蓬勃的脸庞，听到大家一声声明朗自信、掷地有声的话语，脑海里不由自主浮现出广大年轻干部寒暑不辍、苦干实干的身影，既让我倍感振奋，备受鼓舞，对×××发展充满信心；也不禁让我想起和大家一样刚参加工作时那份自信和抱负，想起×年前刚到×××工作时的那种向往和敬畏。

- 要把胸怀远大理想和脚踏实地奋斗统一起来，把实现长远目标与做好当前工作统一起来，坚持重实际、说实话、办实事、求实效，抓紧每一天，做好每件事，走好每一步，努力把爱国之情、报国之志融入本职工作，化为建设家乡、发展××的实际行动，努力在促进××经济社会转型发展、提速进位中奋勇争先，实现人生价值，书写青春华章。

- 广大年轻干部作为党的事业的接班人和服务群众的生力军，一定要摆正位置、端正心态，既有仰望星空的激情和能力，还有扎根基层、久久为功的干劲和韧劲，在任何时候、任何情况下都能耐得住寂寞、受得住委屈、经得起考验，始终保持初生牛犊不怕虎、越是艰险越向前的刚健勇毅。

❖ 要想跟上时代前进的步伐，就必须敢于放下头顶的光环，常怀“空杯心态”，甘当“小学生”，树立梦想从学习开始、事业靠本领成就的观念，真正把学习作为一种觉悟、一种修养、一种责任，作为长期的乃至终身安身立命的根本，不断“补氧”“充电”，通过学习为梦想插上翅膀，才能在未来的竞争中拥有更多制胜资本，立于不败之地。

❖ 温室里长不出经得起风吹雨打的劲松，平静的海面练不出搏风击浪的水手。在吃苦耐劳中砥砺意志品质，在攻坚克难中锻造过硬本领，在知重负重中强化使命担当，是成长成才的必由之路。奋进新征程、建功新时代，广大青年既要登高望远、志存高远，也要到基层一线、斗争一线经风雨、见世面、长才干，担苦难、担重险，矢志为党分忧、为国尽责、为民奉献，用青春的智慧和汗水打拼出一个更加美好的中国。

❖ 青年干部要立志做大事，克服浮躁情绪和“镀金”思想，走出“攀高结贵、寻找门路”的误区，走出“不求有功、但求无过”的误区，走出“思想消沉、见异思迁”的误区，走出“广交朋友、潇洒人生”的误区，牢固树立扎根基层的工作作风，从最基础干起，从点点滴滴做起。吃得了苦，受得了挫折，耐得住寂寞，经得起考验，埋头苦干，默默奉献，真正体现自我价值和人生意义。

❖ 要理解好“政从正来”，走好“继承”之路（“政者，正也。”先贤用一个“正”字概括了为官之道。对青年干部来说，加强党性修养是一个必须终身解决好的重大课题）。要理解好“位从为来”，走好“实干”之路（苦干实干才能战胜困难、赢得胜利，任何成绩都是靠干出来的，“不干，半点马克思主义都没有”。广大青年都想在工作中有一番作为，有梦想是好事，但要让梦想落地却是难事，唯有靠实干，梦想才能成真）。要理解好“智从知来”，走好“积累”之路（青年干部可塑性强，追求进步的欲望也比较强，但路走得越快，也越容易摔倒。人生的经验和智慧大多源于积累和总结，好比一座金字塔，积累和总结越多，才会有坚实的塔基和高耸的塔顶）。

❖ 年轻干部普遍接受过高等教育，有较为丰富的专业知识和理论素养，但阅历浅、磨炼少，工作经验和实践能力还有待提高；一些年轻干部生在城里、长在城里，对农村工作缺少切身体会，对农民群众缺乏朴素感情，不会说群众话、办群众事、解群众难；一些年轻干部生活成长环境优越，没有遇到过挫折，没有经历过大风大浪，遇到急事、难事，就手足无措、没有章法；还有个别年轻干部在理想与现实之间落差较大时，选择凡事“顺其自然”，事事“一切随缘”，在“佛系”心态的误导下心安理得地安于一隅、裹足不前，让自己在不知不觉中变成别人眼中“垮掉的一代”。

❖ 年轻干部最鲜明的特征就是充满激情、追求进步，但往往也容易心浮气躁、急功近利，面对基层烦琐的工作、艰苦的条件，有的便会产生一种从理想到现实的失落感；有的在被安排的工作与自己学历、专业有差距时，往往产生浮躁心理；有的工作不够细致、不够认真，急于干事、急于干成事，往往是大毛病没有、小毛病一堆，时而因小失大；有的认为自己很专业，但又担心被“专业”掉，怕一个岗位干一辈子，得不到综合锻炼和提升，产生守摊子、熬日子的心理。

❖ 要“武装”还是要“包装”（学习是为了“武装”还是为了“包装”，其实是态度问题，不是方法问题。大家作为青年干部，更重要的是通过扎实学习武装自己，而不是流于空谈、浮于表面，追求文凭、包装自己），讲“学习”还是讲“学历”（学历是一个人受教育程度的重要标志。但学历不等于能力，文凭不等于水平。相比学历而言，要更看重学习，要不比学历比学习，让学习成为一种需要、一种追求、一种自觉行为），比“提高”还是比“提拔”（“不想当将军的士兵不是好士兵。”作为青年干部，不讲提拔不现实，只讲提拔不正确。提拔必须以提高为基础，提高要体现在能力上），重“脑子”还是重“帽子”（只有重视“脑子发育”，坚持把读书学习“内化为一种信念，外化为一种追求”，才能真正领悟人生真谛、实现人生追求），到“基层”还是到“机关”（机关条件好、平台高，很多青年干部愿意到机关。但“宰相必起于州部，猛将必发于卒伍”，大凡成大事者多来自基层，青年干部到机关更应该到基层）。

八、宣传工作

时，度，效，根，源，虚，实，声，势。

脚力、眼力、脑力、笔力，底气、正气、才气、地气，天线、地线、内线，喉舌，求实、求深、求新、求时，务虚、务实，观察，采访，调研，交流，甄别，整合，路径，门道，完善，利剑，基石，理念，内容，载体，核心，要义，方法，机制，温度、深度、广度、力度，立场，观点，视角，看清、看准、看透，大餐，鲜味、余味，记录，阐释，推介，丑化，污蔑，造谣，抹黑。

举旗帜，聚民心，育新人，兴文化，展形象，沾泥土，带露珠，冒热气，知荣辱，明是非，扬正气，勇担新，把方向，抓导向，管阵地，强队伍，指导力、吸引力、传播力、影响力、竞争力、承载力、软实力、驱动力、感染力、思辨力、生命力，写好谱、吹好号、拉好弦、弹好曲、唱好戏，向下沉、向外伸，立意高，视野广，内容新，措施实，鼓舞人、激励人，博眼球，下实功、出实招、亮实策，有思想、有温度、有品质，愿意听、喜欢听、听得懂，真心话、暖心话，政治强，纪律严，业务精，作风正，思想性、艺术性，成就感，全媒体、全景式、全方位，多层次、多维度、多角度，方向盘，指挥棒，扩音器，助推剂，新形式、新表达、新体验、新姿态、新风采、新面貌，讲真话、讲实话，干实事、求实效，一盘棋、一主题、一张网、一口径、一条龙，台上讲、台下听，立体化、全方位、多角度、全景式，有料儿、有味儿，沾露水，思想关、实践关、群众关，引进来，走出去，接地气、冒热气、聚人气，短而精、长却优，小展板，大喇叭，站着讲，照着念，对着读，标准化、套路化，二传手，假大空，客套话。

历史原因，文化基础，时代条件，理论逻辑，文字能力，工作钻劲，创新劲头，动力引擎，茹古涵今，守正创新，观乎人文，洞察时变，明体达用，体用贯通，世界之变、时代之变、历史之变，理论宣讲、思想宣讲、文化宣讲，战略高度、理论深度、文化厚度，实际用处，内容丰富，逻辑清晰，通俗易懂，欣然接受，喜闻乐见，源远流长，博大精深，举旗定向，正本清源，底气之源、精神之源，聚焦目光，收获“好评”，向新而行、向心而行，凝心铸魂，领航掌舵，继往开来，照抄照搬，另起炉灶，取而代之，拿来主义，有的放矢，符合实际，秉持原理，尊重经典，广泛传播，深入人心，代代相承，擘画蓝图，引领导向，围绕中心，服务大局，团结人民，挺直“腰杆”，补齐“短板”，加固“底板”，育种蹲苗，薪火相传，新鲜出炉，通盘考虑，谋定后动，鼓舞士气，成风化人，澄清谬误，明辨是非，联接中外，沟通世界，面向未来，贴近一线，走入基层，以点带面、以小见大，由内而外，循序渐进，突出重点，深度挖掘，打造亮点，阳春白雪，下里巴人，百花齐放，因事而化、因时而进、因势而新，反躬自省，善思笃行，讲好道理、讲好故事、讲好实效、讲好艺术，沟通心灵，启智润心，引路之灯，时代之音、文化之音，以文载道、以文传声、以文化人，凝魂聚气，强基固本，韵味十足，回味无穷，针砭时弊，激浊扬清，走出院子、走向基层、走近群众，坚守本真、保持本质、找寻本我，以实练虚，虚实结合，激扬斗志，深入浅出，潜移默化，绵绵用力，久久为功，止于至善，曲高和寡，脱离群众，高谈阔论，触不可及，单口相声，无根之树、无源之水，因循守旧，鸡同鸭讲，千篇一律，无声无息，刻板无味，晦涩难懂，照搬照抄，生搬硬套，束之高阁，枯燥无味，脱离实际，时代杂质，文化垃圾，闭门造车，爱听爱看，产生共鸣。

为国家立心、为民族立魂，干部讲政策，专家讲理论，教条式学习、教义式理解、僵化式宣传，规范的陈列、走心的表达，不流于形式，不骛于虚声，宣传的广度、内容的深度，范围之宏阔、程度之深刻、影响之久远。

好句

- 学思用贯通、知信行统一。
- 宣传手段越来越多，宣传渠道越来越宽，宣传平台越来越广。
- 真理标准与价值标准，实践标准与人民标准，认识路线与群众路线。
- 思想认识的共鸣点、利益关系的共赢点、化解矛盾的切入点。
- 只有领导重视了，给予关注、支持了，工作水平才能得到有效提升。

- 在回应社会舆情方面，我们还存在理念不适应、机制不完善、回应不到位、效果不理想等问题。
- 宣讲形式小而精，宣讲内容小而优，宣讲时段小而活。
- 理论的价值在回应现实关切中彰显，理论的威力在廓清思想迷雾中倍增。
- 开阔新视野，善用新工具，巧用新方法，活用新理论，常用新媒体。
- 看问题的眼力、谋工作的脑力、察实情的听力、走基层的脚力。
- 播下的是种子，凝聚的是信心，鼓舞的是干劲。
- 拨开迷雾，找准目标，引领航向；挺直脊梁，擦亮眼睛，立定脚跟。
- 获取“带露珠”的一手资料，采集“冒热气”的生动案例，破解“惠民生”的发展难题。
- 花繁柳密处拨得开，才是手段；风狂雨急时立得定，方见脚跟。
- 在思想上解惑，在精神上解忧，在文化上解渴，在心理上解压。
- 不为歪风所惑，不为暗流所动，不为利益所俘。
- 思想理论的“播种机”，政治训练的“主课堂”，能力素质的“加油站”。
- 掌握现状的“显示屏”，反映意愿的“直通车”，发现问题的“预警器”。
- 在学思践悟中品味真理的甘甜，在真信笃行中收获实践的果实。
- 了解社情的一条捷径，整合人心的一个通道，正面引导舆论的一方平台。
- 打造融媒“小厨房”，锻造人才“名厨师”，做好宣传“大拼盘”。
- 守好“主阵地”，种好“责任田”，打好“持久战”。
- 理直气壮讲好大道理，入情入理说透小道理，旗帜鲜明批驳歪道理。
- 创建更高的精神文明，汇聚更强的精神力量，营造更大的精神气场。
- 看问题的眼力，谋事情的脑力，察民情的听力，走基层的脚力。
- 策略主张的传播者，时代风云的记录者，社会进步的推动者，公平正义的守望者。
- 挖掘历史文化资源，张扬城市文化个性，彰显城市文化魅力，提升城市文化品位。

❖ 既有仰望星空的诗意，也有脚踏实地的定力；既肩负着梦想的重量，也承载着时代的使命。

❖ 一幕幕感人场景晒出来，一段段生动故事讲起来，一个个先进典型立起来。

❖ 对妄议的要坚决斗争，对跑偏的要勇于纠正，对缺位的要敢于较真。

❖ 以小见大、见微知著，着眼长远、着眼大局，因势而谋、顺势而为。

❖ 笔下有财产万千，笔下有毁誉忠奸，笔下有是非曲直，笔下有人命关天。

❖ 宣传工作属于脑力劳动、精神劳作，必须倡导开动脑筋、勤学善思。

❖ 抓好舆论宣传，造大声势；抓好典型宣传，求大推动；抓好群众宣传，促大参与。

❖ “脚力”的勤快深入，“眼力”的广大精微，“脑力”的深思熟虑，“笔力”的表达呈现。

❖ 系统开展主题宣传聚民心，大力打造英雄群像强信心，持续开展蹲点调研暖人心。

❖ 以大白话讲清大道理，以正气歌凝聚正能量，以新办法占领新阵地，以好队伍打造好作品。

❖ 既要注重面的广泛覆盖，又要注重线的分类指导、点的示范带动，形成多层次、广覆盖、分众化、立体化的宣传声势。

❖ 宣传思想工作一定要把围绕中心、服务大局作为基本职责，胸怀大局、把握大势、着眼大事，找准工作切入点和着力点，做到因势而谋、应势而动、顺势而为。

❖ 与其他方面的工作不同，宣传思想文化工作具有潜移默化、深远持久的特征，需要谨防“无孔不入”的思想渗透、“歪曲原意”的思想篡改、“消极颓废”的思想唱衰。

❖ 宣传工作要有善于“磨嘴皮子功夫”的韧劲，但也不能丢掉“踏破铁鞋”“众里寻他”的干劲。让每一项产出都蕴含现实意义，让每一次发声都发挥实际效用。

❖ 宣传内容要从被动式、报道式、叙述式，向主动式、教育式、倡导式转变。宣传工作要实现从“作业”到“作品”，再到“艺术品”的跃升。

❖ 当一步一印把稳党的领导定盘星，营造出和谐宣传的“风向标”；守护舆论传播主阵地，汇聚主流思想“千重海”；赓续千年文脉续新篇，坚定文化自信“增实力”。

❖ 做好宣传思想文化工作需要广大干部铆足干劲、担当作为，认真接好掌舵领航“天线”、潜心钻研“内线”、扎根基层“地线”，为谱写宣传思想文化工作新篇章而接续奋斗。

❖ 要善于讲故事，在“要讲”和“想听”中找准切入点和着力点，把“陈情”和“说理”结合起来，通过精彩精练的故事，使宣传内容深入浅出、人民群众喜闻乐见。

❖ 宣传思想文化工作不能“借他人之手”，将宣传主动权和文化解释权“拱手相让”，而要形成宣传主体和宣传对象的直接联络。

❖ 宣传的核心意蕴在于宣布且传达，如果群众没有理解到信息，那么就只是单方面的“宣”而不“达”。

❖ 在涉及宣传思想文化工作时要站稳政治立场、坚定政治方向，不讲“模棱两可”的囫囵话，不做“不置可否”的无表态；既要旗帜鲜明、态度明确，又要科学规范、正确理性。

❖ 新闻宣传始终是对外宣传的主渠道，只有不断拓展这个主渠道，才能让×××在外界的声音更大、形象更好。

❖ 宣传思想工作归根结底是做人的工作，脱离了最根本的人民属性，宣传思想工作便是无源之水、无本之木，无论多华丽的语言还是多新颖的形式，都是缺乏生命力与创造力的空中楼阁。

❖ 善于登高望远增强眼力，善于谋深做实增强脑力，善于求精出新增强笔力，善于上通下达增强脚力。

❖ 参天之木，必有其根；怀山之水，必有其源。只有正确的理论才能引领方向、凝心聚力、正道前行。

❖ 新闻宣传工作没有规模就没有声势，没有声势就没有影响，没有影响就没有效果。有规模有声势，才能产生所向披靡、战无不胜、攻无不克的舆论效果。

❖ 宣传就是要传播道理。只有把道理讲通了，心情才能舒畅，对事物的看法才能明了，让×××能够理解才能接纳，充满着真爱，做到感情投入，让学生感到温暖、感到亲近。

❖ 民心是最大的政治，是“谁主沉浮”的决定力量，在复杂多元的社会舆论场中，正面宣传是定海神针。

❖ ×××希望通过一系列的宣传教育，让×××辨明真伪，做出正确的判断与选择。通过陶冶情操，把××真正培养成“精神领跑者、责任担当者、问题解决者、终身运动者、优雅生活者”。

❖ 主题宣传高潮迭起、亮点纷呈，主旋律广泛传播；舆论引导及时有效、稳中向好，正向理性渐成主流；基层宣传不断加强、试点进展顺利，惠民政策更近民心。

❖ ×××对宣传工作的定位是十分重要的，准确地定位才能发挥宣传工作的功能职责。舆论导向引领着每个人的文化、精神和价值观，在一切工作中起着龙头地位。

- 重视而不漠视，上网而不弃网，迅速而不怠速，坦言而不假言，交宜而不交恶，回应而不回击，作为而不作秀，规范而不失范。

- 在延续历史文脉中当好“薪火传人”，在推进多样共融中放大“最美效应”，在打造文艺精品中讲好“×××故事”。

- 要不断深化认识、创新方式、拓宽渠道，通过鲜活的笔触、镜头、声音，把一线带着泥土气、稻花香的鲜活案例、生动故事找上来、讲出去。

- 用满怀对党的忠诚举旗帜，用满满正能量聚人心，用满眼都是人才理念育新人，用满腔家国情怀兴文化，用满眼都是资源理念绘蓝图。

- 突出“核心内容”再加力，突出“铸魂育人”再用劲，突出“赓续血脉”再拓展，突出“急难愁盼”再对焦，突出“力开新局”再突破。

- 练好“脚力”，迈开双脚丈量大地；增强“眼力”，睁大锐眼洞察天下；强化“脑力”，深入思考铸就真功；提升“笔力”，练就妙笔书写时代。

- “绝知此事要躬行”，在增强脚力上下功夫；“不畏浮云遮望眼”，在增强眼力上花力气；“探理索隐悟真谛”，在增强脑力上费思量；“宝剑锋从磨砺出”，在增强笔力上下足功。

- 宣传内容贴近群众，增强吸引力；宣传成果实事求是，增强公信力；宣传典型可亲可信，增强感召力；宣传方式改进创新，增强创造力；宣传媒体全面覆盖，增强战斗力。

- 思想理论武装走深走实，正面宣传持续巩固壮大，意识形态管理有力有效，社会文明程度不断提升，文化建设取得丰硕成果。

- 来一场荡涤思想尘埃、激发意志的观念大洗礼，来一次扫除思想障碍、破旧布新的头脑大风暴。

- 新闻宣传做好了就是凝聚力，做实了就是生产力。要始终围绕中心任务、服务发展大局，为×××高质量转型发展鼓与呼。

- 导向是新闻宣传的灵魂。要旗帜鲜明地坚持党性原则，坚决做到守方向、守立场、守根脉、守底线，确保新闻宣传体现党的意志、反映党的主张、传播党的声音。

- 贴近群众，做到宣传内容精准，主要解决“宣传什么”问题；落实责任，做到宣传主体精准，主要解决“谁去宣传”问题；不断创新，做到宣传方式精准，主要解决“怎么宣传”问题。

- “既要埋头拉车，也要抬头看路。”思想上切实增强政治敏锐度、提高政治站位，从宣传×××的角度来思考、提炼人大宣传稿件，用我们精彩的讲述，让×××真正深入人心。
- “主心骨”越来越硬，“主导权”越抓越牢，“主旋律”越唱越响，“主阵地”越筑越实，“主力军”越建越强。
- 要凝聚工作合力，牢固树立“一盘棋”思想和大宣传理念，共同打好“组合拳”，确保宣传思想文化工作有人抓、可落地、能见效。
- “吹”响宣传动员这声号，“拉”紧社会稳定这根弦，“弹”奏和谐发展这首曲，“唱”好文化繁荣这台戏。
- 理论是载道之魂，管方向、管思想、管长远、管根本，是战略性、纲领性、引领性的东西；舆论是弘道之器，引导人、塑造人、鼓舞人，是基础性、氛围性、环境性的东西。
- “思维是地球上最美丽的花朵”。我们要敢于打破思维定式、路径依赖，积极探索创新宣传工作方式方法、载体手段，防止出现“新办法不会用、老办法不管用”的情况。
- 着力练就走向基层、走进群众的脚力，眼观六路、明辨是非的眼力，分析研判、总结概括的脑力，文风鲜活、引人入胜的笔力，不断提高做实做活做强宣传工作的过硬本领。
- 抓宣传发动，提升市民参与度；抓道德浸润，提升城市软实力；抓创建基石，提升群众获得感。
- 思想文化阵地，真理不去占领，就会杂草丛生；人的心灵空间，阳光不去播撒，就会霉菌疯长。
- 既要是“笔杆子”，又要成为“活动家”；既要做“诸葛亮”，又要当“实干家”；既要当“政工师”，又要当“经济师”。
- 宣传思想文化工作要“开枝散叶”，就必须真正融入群众生活，不能宣讲和群众语言“相背离”，不能内容与群众生活“两张皮”，形式呆板、内容空洞，群众越听越“没劲”。
- 新闻报道突出“实”字，精神文明突出“新”字，舆论导向突出“广”字，理论研究突出“深”字。
- 积累素材资料，磨炼文字功夫，砥砺表达能力，提升写作技巧，提高思维层次，分析把握规律，提炼总结经验，拿出务实之举，想尽落实之方。
- 注重×××宣传的鲜活性、新颖性。走近×××，走进×××会场，走进×××检查现场，从现实中挖掘生动事例、总结新鲜经验，使××宣传更富有生活气息。

- 我们要懂得勤能补拙，通过勤思善学，练好做好宣传工作的真本事。重点是要练好“嘴功”，讲好企业发展战略愿景，说好工作目标措施；练好“笔功”，提升写作能力，做好精神塑造，鼓励职工开展文化创作，创造良好的精神财富；练好“网功”，利用好网络，创新工作，创新思维。

- 全面与重点、被动与主动、对内与对外、域内与域外，掌握新知识、熟悉新领域、善用新工具，唱响主旋律，壮大正能量，提振精气神，新闻求独家，手法求独创，风格求独特，增强主动性、掌握主动权、打好主动仗。

- 宣传报道要少一些“假大空”，多一些事实分析；少一些“客套话”，多一些真情实感；少一些“高大上”，多一些身边案例，使群众产生共鸣、达成共识、形成共情，从而吸引人、打动人、感染人、教育人。

- 新闻发布是×务×务、政府信息的重要公开形式，是一项政策性、技巧性都很强的工作，是××××密切联系群众的重要渠道。当前我们的新闻发布工作，还存在着不敢说、不愿说、不会说等突出问题。

- 通过变说教为故事、变抽象为具体、变深奥为生动，让群众听得进、记得住、有共鸣，不断打通宣传思想文化工作的“最后一公里”，让党的创新理论“飞入寻常百姓家”，让党的“好声音”浸润每一位人民群众心田，持续不断增强人民群众的文化获得感、幸福感。

- 宣传思想文化工作，干部要乘着时代的“东风”，主动作为、积极行动、推陈出新，解锁宣传思想文化工作中的“多重身份”，全力推动宣传思想文化工作在守正创新、开拓进取中奏响最强音、谱出最新篇。

- 要以“和羹之美，在于合异”的包容理念兼收并蓄，以“因地制宜”的实际方法推陈出新，促进中华优秀传统文化创新性发展，在继承中讲好中国故事，在发展中传递中国声音，在创新中展现中国魅力。

- 讲好×××故事，讲好×××故事，是打造×××文化力的重要途径。什么叫文化？文化就是化成日常生活中点点滴滴贤良的故事。一个个活泼鲜明的人物故事，是一个个栩栩如生的楷模与榜样，是一个个感人肺腑的灵魂，去唤醒另一个灵魂。

- 宣传是教育工作的重要渠道，不但要面向×××，更要面向×××。特别是在功利主义盛行的当下，需要根据×××中思想上存在不同程度的迷茫与困惑，设计出各种主题开展针对共性与个性、不同形式的宣传教育活动。

- 俗话说，“上面千条线，下面一根针”。咸都是汗泪融合的味道，群众是基层干部最直接的服务对象，只注重干事，不注重展示，群众便不了解基层干部；只注重展示，不注重落实，形式主义便会滋生，只有落实工作加宣传报道，才能展形象强力量。

❖ 自动关注的才叫宣传，自动转发的才叫传播。宣传工作，说到底是做人的工作。宣传工作做得好不好，广大人民群众最有发言权。“关起门来搞建设”行不通，“闭上眼睛做宣传”不可取。

❖ 要练好笔力。新闻工作者要握紧握好“笔杆子”，夯实语言文字功底，提高遣词造句水平，增强谋篇布局能力。要勤于学习积累，不断增加知识储备量；深入调查研究，不断激发灵感、启发思路；要勤于练笔、反复打磨、精益求精，在实战中提升专业素养。

❖ 有了深入一线、深入基层的脚力，文章才能接地气；有了看透表象、洞察本质的眼力，作品才能更深刻；有了正确分析、科学判断的脑力，观点才能有见识；有了生动活泼、新鲜有力的笔力，文字才能冒热气。

❖ 当前宣传工作还存在重视不够、工作开展不平衡不充分、业务能力不够等问题；还存在传统媒体宣传多，新媒体宣传少，程序性宣传多，深度性宣传少，动态性宣传多，精品力作少的“三多三少”情况。

❖ 求实求效，实现思想引领和民众思维合拍共鸣；相生相长，实现文化事业和文化产业整体繁荣；突破突围，实现传统媒体和新兴媒体同频共振；借势借力，实现对内宣传和对外宣传出新出彩；实干实效，实现基层基础和队伍建设共同提升。

❖ 意识形态工作是我们党一项极端重要的工作。我们×××做好意识形态工作至关重要、责无旁贷，必须把落实意识形态工作责任制紧紧抓在手上，任何时候都不能成为影响大局、掣肘发展的短板和缺口。

❖ 敢于举旗亮剑、勇于激浊扬清、善于引领发声，“冒出来”的灵感、“沾露水”的素材，变说教为故事、变抽象为具体、变深奥为生动，在继承中发展、在发展中继承，常蹚乡间泥土。

❖ 常钻农户家门、常坐群众板凳，坚强思想保证，强大精神力量，有利文化条件，堵塞工作漏洞，消除管理盲区，既叫好又叫座，划清是非界限，澄清模糊认识，承载精神内核，传递正向能量。

❖ 线上线下一起抓、主次方面一起管，坚定的理想信念、扎实的理论功底、正确的政治方向，平白质朴的话语、深入浅出的讲述、事理交融的输出，让感动直抵内心、让思考深入人心、让信仰根植于心，旗帜鲜明讲政治，开动脑筋谋创新，选贤任能强队伍，提升了宣传质效、形成了舆论声势、引发了广泛关注。

❖ 舆论即是阵地，要正确认识、善于运用各种舆论传播媒介，坚持“用事实说话”的作风和“真理越辩越明”的信心，坚决驳斥错误落后的言论，让舆论传播媒介成为宣传党的路线方针政策、传播先进文化、正面引导社会热点的“主阵地”和“制高点”，牢牢把握舆论的领导权、管理权、话语权，在与时俱进中激发新媒体的宣传思想动力。

- 不能“两耳不闻窗外事，一心只读圣贤书”，要以“时时放心不下”的责任感，审时度势，不仅要“风声雨声读书声声声入耳”，也要“家事国事天下事事事关心”，把准时代脉搏，做到关键时刻不失语、重大问题不缺位，让宣传思想文化工作多点“人民视角”，多点“新鲜出炉”，多“冒热气”。

- 需要×××宣传机构创建畅通的宣传渠道，做到“上情下达”“下情上传”“互通互融”，让领导了解下情，发现问题、分析问题、解决问题，为决策部署工作提供智力支持；让基层的×××有知情权、表达权、参与决策权、民主管理权，真正体现主人翁地位和作用，上呼下应、下求上应、凝聚共识、步调一致。

- 在丰富宣传内容、创新宣传形式上下功夫，少一些“阳春白雪”，多一点“下里巴人”，让党的创新理论变成通俗易懂的语言“飞入寻常百姓家”，将政府的政策理论讲“透”，将干部的优良作风讲“真”，将百姓的优秀事例讲“活”，让群众不仅能“听得懂”，更能“用得上”，切实将宣传工作运用为密切联系群众、提高群众满意度的有效途径。

- ×××的宣传机构要当好学校的喉舌，当好参谋、建言献策、集思广益。紧紧围绕×××的中心工作做好策划，分门别类进行深度解读并加以评论，及时、准确地将×××的重大改革思路和举措、各项任务的实施成效传递出去。通过宣传也让社会了解×××的教学思想、学科建设、科研项目、队伍建设、人才培养等方面的举措和取得的成效，展示×××综合改革工作新思路、新举措、新经验、新成果、新面貌、新形象。

- 打通宣传思想文化的“最后一公里”，既要上接“天线”，又要下接“地气”，既要“阳春白雪”，又要“下里巴人”，要常蹚乡间泥土，常钻农户家门，常坐群众板凳，用群众喜闻乐见的形式和通俗易懂的语言把党的路线方针政策和×××决策部署传递到工厂车间、田间地头，让广大群众不断坚定对马克思主义的信仰，对党的领导的拥护，对民族复兴的期许，让宣传思想文化工作更有深度、更有广度、更有力度。

- 宣传思想文化工作要走好新时代党的群众路线，少点“官气”、多接“地气”，主动到田间地头走一走，到群众家中坐一坐，察民情、顺民心、办民事，把文化的“深含义”转化为群众喜欢听的“短故事”，将传统“我说你听”转化成人民群众共同参与的“有问有答”，让人民群众看得懂、记得住、信得过、用得上。

- 越是思想文化相互激荡、价值观念多元多样，越是需要我们扶正祛邪、激浊扬清、彰显主流。从“读书多无用、钱多才管用”的反智倾向，到“口碑越差，越想围观”的审丑趣味，再到“消费优先，物质至上”的庸俗消费，部分人、部分领域失去了对是非善恶、荣辱得失的基本判断，严重影响了国家的精神气质。

❖ 宣传工作要用群众“听得懂”的语言，少一些“阳春白雪”，多一点“下里巴人”，将国家大政方针变成通俗易懂的“土政策”；宣传工作要用百姓“易接受”的方法，避免纸上谈兵，根据群众实际情况，结合地方特色，送政策方针“入眼入耳入脑入心”；宣传工作要用群众“感兴趣”的形式，避免照本宣科，用生动有趣的形式宣传大道理、“大理论”，让政策方针迸发勃勃生命力。

❖ 宣传工作人员必须专业化、职业化。提高宣传工作站位，站在新时代的前沿，以全新的角度和视野认识世界、认识中国、认识×××、认识×××。加强自身学习，不断提升宣传队伍的综合能力，善于发现与挖掘身边的人和事，及时、准确地传播信息和能量，服务于×××、服务于×××生活、服务于×××成长。宣传工作是智力活、又是技术活，还是体力活，要求机构要精简精干，从业人员要身体力行，同时还要一专多能、能文能艺，具备多项技能。

❖ 要练好脚力。脚下有泥土，心中有真情，笔下有温度。新闻工作者只有深入基层、深入群众，才能创作出接地气、有温度、受欢迎的新闻报道。要把更多镜头、话筒对准职工，把更多篇幅、版面留给基层，让一线干部职工成为新闻“主角”。要把“×××”贯穿新闻工作始终，从职工群众中汲取智慧，在基层一线中捕捉灵感，多推出反映事实全貌、代表职工心声、经得起实践检验的好新闻、好作品，不断提升新闻宣传的说服力、亲和力和感染力。

❖ 要练好眼力。新闻工作者要提高站位、胸怀全局，看清大局大势、看清火热实践、看清舆论斗争，练就拨云见日、火眼金睛的真功夫，能够审时度势、见微知著，做到知你我、辨是非、分真假、断美丑。要善于从集团大局去思考，从记者视角去发现，找准切入点，刻画闪光点，把基层贯彻集团部署的好做法、好经验、好典型挖掘出来、总结出来、树立起来，为集团高质量转型发展弘扬主旋律、传播正能量。

❖ 要练好脑力。当今世界发展日新月异，知识更新一日千里。新闻工作者要把学习作为一种自觉习惯和永恒追求，让脑子真正学起来、动起来、活起来，不断掌握新知识、熟悉新领域、开拓新视野，努力成为全媒型、专家型新闻工作者。特别是要认真学习马克思主义理论，牢固树立马克思主义新闻观，善于运用马克思主义立场、观点、方法去看待、认识、研究问题，切实提高系统思维能力和综合分析能力。

❖ 要坚持以强信心为重点加强正面宣传，巩固壮大奋进新时代的主流思想舆论。牢牢把握舆论引导的主动权主导权，不断适应分众化、差异化传播趋势，充分发挥宣传思想文化工作引领风尚、教育人民、服务社会、推动发展的作用，强化正向监督，加快构建舆论引导新格局；积极适应形势发展变化，不断优化工作手段、工作载体、工作机制，深化媒体融合改革，善用新媒体手段，整合优势资源，形成宣传合力，多创作一些贴近生活实际、反映群众心声的优秀作品，充分发挥典型引路作用，在全社会形成惩恶扬善、激浊扬清的舆论氛围。

❖ 善于捕捉有价值的题材，找准角度，在主题提炼、谋篇布局、结构设计等方面下深功，写出有亮点、有特色、有价值的×××宣传作品。注重围绕×××年度工作计划强化组织策划，紧盯×××宣传工作要求和需求，把准主题，“踩”准时间，列出“季、月、周”工作清单，“按需供稿”、提高投稿“准度”。

❖ 新闻舆论工作要把握好“时度效”。做好×××宣传工作，也必须遵循这一规律。要把准时机，在坚持真实准确的前提下，及时组织报道，同时也要掌握好节奏、火候。要把握力度，做到精准精当、恰如其分，既努力出新出彩，又避免出格出位，该发声时响亮发声，坚决防止失向、失准、失真、失态。要讲求实效，把×××宣传过程变成凝聚各方共识的过程、促进×××改进工作的过程、反映维护人民权益的过程，真正达到“群众口碑好、社会共识强”的效果。

❖ 在做好×××等程序性会议报道的同时，要善于发掘选题、捕捉亮点，努力做到“规定动作”准确及时、万无一失，“自选动作”生动活泼、出新出彩；更要扣准重点、热点，深度挖掘会议“背后的故事”，特别是会后推动工作、推动发展、推动问题解决的成效，力求从“会场”向“现场”延伸，深入反映会议所体现的为民情怀、法治理念和担当精神。

❖ 创新理念，树立“工程思维”（把重点任务分解为具体项目，将软任务变成硬指标）。创新形式，坚持“内容为王”（采取多“兵种”集合、全媒体联动、故事化表达、立体式传播等方式，在宣传技巧上注重春风化雨、“滴灌”渗透，在表达方式上更加接地气、贴民情，用有思想、有品质、沾泥土、带露珠、冒热气的报道唱响主旋律、增添正能量）。创新手段，实施“三化”管理（实行重点工作项目化、项目推进清单化、清单落实责任化）。

九、干部人事工作

好词

快，准，严，细，实。

育苗、蹲苗，热心、耐心、诚心、决心、红心、真心、公心、柔心、铁心、上心、用心、痛心、童心、好心、专心、坏心、爱心、良心、关心、核心、内心、外心、中心、忠心、衷心、甘心、攻心。

筑好巢，引好智，严是爱，松是害，人才蔚，事业兴，树品牌，引人才，催活力，认真选，精心育，严格管，能者上、优者奖、庸者下、劣者汰，晒进度、比速度、加温度，重业绩、重实干、重公论、重基层，看得着、叫得响，能学习，可复制，人才链、创业链、资金链、政策链，项目式、兼职式、候鸟式、联盟式、咨询式，政治关、程序关、风气关，人定责、责定分、分定绩，组织性、原则性、保密性，聚焦人、团结人、激励人、鼓舞人，全类别、全方位、全周期、全链条、全要素，干一行、爱一行、精一行，抓基层，打基础，强基本，抓基础、抓规范、抓载体、抓融合、抓创新，法治化、规范化、制度化、程序化、集约化、正常化、有序化、智能化、优质化、常态化、科学化、年轻化、知识化、专业化、系统化，铸灵魂，强骨骼，活细胞，疏经络，摸实情，送政策，解难题，建机制，抓竞赛，强素质，重激励，育文化，促发展，政策好、措施实、机制活、服务优，日检查、日反馈、日汇总、日报告，经风雨，见世面，壮筋骨，长才干，高学历，年轻化，一肩挑，结构优，重基层、重政治、重品行、重基层、重担当、重公认、重实绩，拉得出、冲得上、顶得住、打得赢，抓党建，延链条，育品牌，树龙头，火车头，领头羊，尖刀班，顶梁柱，突击队，摸底数，抓覆盖，重规范，深融合，强示范，重品德，重才干，跨领域、跨行业、跨层级、跨地域、跨产业，接地气、去官气、传正气，转作风，面对面，手把手，传经验，鼓干劲，交任务，压担子，强班子，带队伍，晒实绩，聚人才，谋发展，网上学，集中训，结对带，定期考，日常用，评比赛，德为先、业为上、和为贵、绩为要、廉为基，同研究、同部署、同落实、同检查、同考评、同奖惩、同整改、同提升，蓄水池，加油站。

爱才之心、求才之迫、识才之眼、用才之法、护才之情、育才之能、容才之量、尽才之道、举才之魄、让才之德，关键在人，人才为本、人才为先，唯在用人，唯在得人，首在用人，功以才成，业由才广，育才取士，用人以公，方得贤才，十年树木，百年树人，用人干事，国以人兴、政以才治，甘为人梯，善为人梯，以德修身、以德服众、以德领才、以德润才，干部联培、活动联办、阵地联用、信息联通、人才联合、治理联抓、实事联做，梧桐花开，凤凰自来，人才蔚起，国运方兴，千秋伟业，才涌八方，智联八方，求贤若渴，唯才是用，济济多士，乃成大业，阳光普照，提倡学习、提倡调研、提倡一线、提倡高标、提倡较真、提倡细致、提倡快办、提倡实干、提倡团结、提倡自律、提倡创新、提倡争先，反对躺平、反对应付、反对凑合、反对遥控、反对瞎说、反对僵化、反对粗放、反对拖延、反对空谈、反对守旧、反对内卷、反对放纵，万物生辉，人尽其才，百事俱举，考察干部、评价干部、了解干部，首在精准、重在全面、贵在常态，干部干部、干字当头，常格不破，人才难得，拓宽视野，慧眼识才，得人之要，首在识人，尊贤重士，诚意爱才，唯才是举，分层分类，重点培养，梯次储备，大胆用才，涵养生态，良方聚才，根本固者，华实必茂，育才造士，为国之本，旗之所指，行之所向，梧桐茂兮，凤凰来栖，夯基垒台，积厚成势，头雁先飞，群雁齐追，依事识人、精准选人，能上能下，有进有出，一团和气，泛泛而问，平平而答，千人一面，不痛不痒，乡情引才、以才引才、以会引才、真心爱才、悉心育才、倾心引才、精心用才、定向引才，以事择人、依事择人，政府搭台，人才唱戏，企业受益，公正用人，公在公心，公在风气，有为有位，人岗相适，按需设岗、因事设岗，以岗定责，事业为上，善则赏之、过则匡之、患则救之、失则革之，以产聚才、以编引才、以才提效、以效减编、以才兴产，产才融合，年度考核、绩效考核、平时考核、专项考核。

心往一处想、谋往一处出、劲往一处使、人往一处用，立体式考察，深层次画像，选苗是前提、育苗是关键，广纳贤才易，拴心留人难，国无才不立，业无才不兴，栽下梧桐树，引来金凤凰，选兵是前提，练兵是关键，多士成大业，群贤济弘绩，水深则鱼悦，城强则贾兴，水积而鱼聚，木茂而鸟集，林茂鸟有归，水深鱼知聚，汇集千里马，引得凤凰来。

好句

- 客观评价人才、充分信任人才。
- 摸清人才家底，强化指导督导。
- 优化考核运行，用好考核结果。
- 人才好比种子，环境好比土壤。
- 简能而任之，择善而从之。
- 靠素质立身，靠本事拿奖，靠政绩进步。
- 治本在得人，得人在审举，审举在核真。
- 千里马常有，而伯乐不常有。
- 选人用人关乎事业根基，质量意识须臾不可松懈。
- 既窥一斑，更观全貌；既观其才，更重其德；既看声誉，更看实绩。
- 凡用人之道，采之欲博，辨之欲精，使之欲适，任之欲专。
- 不看年龄长短，不看党龄新老，不看贡献多少，不看“来头”大小。
- 所有的战略，最后执行都是靠人，执行效果都是取决于人。
- 归根到底，选干部、配班子，是为了事业、为了干事。
- 为政之要，惟在得人；用非其才，必难致治。
- 国有贤良之士众，则国家之治厚；贤良之士寡，则国家之治薄。
- 智者取其谋，愚者取其力，勇者取其威，怯者取其慎。
- 一代人有一代人的使命，但支撑我们脊梁的灵魂，却应一脉相承。
- 人才资源是第一资源，人才红利是第一红利，人才竞争是第一竞争。

- 用好一个人，可带好一方风气、促进一方发展、造福一方百姓。
- 最优的环境吸引人才，最好的服务集聚人才，最大的诚意留住人才。
- 忙于事务不思创新，安于现状不愿创新，怕担风险不敢创新。
- 凝练一流课题，搭建一流平台，创优一流环境，引育一流人才，出好一流成果。
- 公道对待干部、公平评价干部、公正使用干部。
- 善用人者，必使有材者竭其力，有识者竭其谋。
- 建强骨干力量，精准开展培训，精准考察干部。
- 发展是第一要务，人才是第一资源，创新是第一动力。
- 突出政治标准，坚持人才先行、坚持分级分类、坚持奖优罚劣。
- 扎根丰厚的“实业沃土”，开出丰艳的“产业花朵”，结出丰硕的“发展成果”。
- 人才诉求“一窗受理”，人才服务“一站供给”，人才发展“一帮到底”。
- 一个班子一个调，各任各弹各的调；一茬领导一把号，各人各吹一把号。
- 有责任才有压力、有压力才有动力，让事业激励人才，让人才成就事业。
- 形成一批课程、打造一批基地、培养一批干部、吸引一批人才、总结一批案例。
- 一边轻一边重、一个浅一个深、一手软一手硬、一面虚一面实、一头冷一头热。
- 给人才压担子、让人才经风雨、促人才长本领，广开进贤之路、广纳天下英才。
- 看日常言行考德、看干事本领考能、看履职敬业考勤、看工作质量考绩、看修身齐家考廉。
- 问题在一线发现、难题在一线破解、短板在一线补齐、本领在一线加强、工作在一线提升。
- 善于筑巢引凤，既筑好温暖的“巢穴”，又提供干事的平台，让人才能够大展其能。
- 寻觅人才求贤若渴，发现人才如获至宝，举荐人才不拘一格，使用人才各尽其能。
- 不以感情深浅排先后，不以个人好恶论长短，不以关系好坏作依据，不以过去成败定乾坤。

- 一边从细处着手，完善制度以纠正“不注意”；一边营造氛围，统筹施治以防止“不文明”。
- 求贤若渴的引才诚意，海纳百川的容才胸襟，不拘一格的育才气魄，暖心感人的留才环境。
- 汇聚人才“新高地”，产才融合“强磁场”，人才服务“亮品牌”，人才引育“动力源”。
- 广开渠道“引”人才，创新模式“育”人才，想方设法“留”人才，不拘一格“用”人才。
- 学习“扯开嗓门喊人才”的引才诚心，怀抱“不拘一格选人才”的诚意，破除单一的引才标准。
- 吸引高端人才的“强磁场”，科技创新资源的“聚集地”，科技成果转化的“倍增器”。
- 完善全链条育才、全视角引才、全方位用才的发展体系，最大限度解放和增强人才活力。
- “帽子”太重让人不得不争，“帽子”太多让人频繁去争，“帽子”太虚让人取巧而争。
- ××处在发展的关键期，求贤若渴，积聚人才，尊重人才，学校才有后劲，才有希望。
- 注重激活末梢，良禽择木而栖，贤才看中舞台，广开纳贤之路、广聚天下英才，扩大选人视野，突出梯次建设，科学路径选苗，量身定做政策。
- 人才政策落实、人才投入保障、人才项目实施、人才增量支出、人才创新激励、人才平台创建、人才队伍建设、人才项目推进、人才环境优化。
- 创新人才政策、摸清人才需求、厚植人才沃土、掌握人才缺口、加速人才集聚、优化人才生态，确定引才方向、优化引才路线。
- 以考核传导压力，以压力推动落实，产业是人才之基，人才因产业而聚，千秋大业在用人，事业兴衰在干部。
- 国家发展靠人才、民族振兴靠人才、真金白银引人才、真心实意留人才、真求实效用人才、多措并举育人才、海纳百川引人才。
- “择一事终一生”的执着专注，“干一行专一行”的精益求精，“偏毫厘不敢安”的一丝不苟，“千万锤成一器”的卓越追求。
- 干部考察要充分听取主要领导、分管领导意见建议，准确掌握考察对象的工作实绩、大局意识等，将工作实绩一般、不听从组织安排、缺乏组织纪律的干部卡在“第一关”。

❖ 干部队伍中“不到年龄不退休，不犯错误不让位”“上荣下辱”等惯性思维还根深蒂固，提职了、晋升了，就是一件光荣的事，下来了就觉得是件砢碜事。

❖ 当代青年干部，最大的“青春危机”是素质的危机，最大的“青春挑战”是能力的挑战，最大的“青春恐慌”是本领的恐慌，干部的素质和本领直接影响××工作高质量发展的进程。

❖ 要选优配强“一把手”，积极选用专业素养好的干部，努力锻造一支年龄结构优化、知识结构相宜、能力结构互助、气质结构互补的高素质专业化××干部队伍。

❖ 激活“一池春水”让干部敢为、下好“一盘大棋”让地方敢闯、健全“一套体系”让企业敢干、落实“一揽子政策”让群众敢首创。

❖ 从忙于应酬中摆脱出来，从文山会海中摆脱出来，从名缰利锁中摆脱出来，聚精会神抓工作，一心一意谋发展。

❖ 懂团结是大智慧，会团结是大本事，真团结是大境界。干部不仅要有“能干事”的精神和本领，还要有“能共事”的意识和水平。

❖ 一切视探索尝试为畏途、一切把负重前行当吃亏、一切“躲进小楼成一统”逃避责任的思想和行为，都是成不了事的。

❖ 青年干部要扣好第一粒“扣子”、筑牢第一道“防线”、定准第一声“调子”、迈好第一脚“步子”，自觉做到“不越雷池半步”。

❖ 科技领军人才这个“关键少数”，优秀青年人才这个“源头活水”，产业发展人才这个“基本底盘”。

❖ 知人善任，是做领导的职责和职能，也是我们的必备能力，更是对组织人事干部的最起码要求。用人先识人，知人不深、识人不准，就会出现用人失误。

❖ 对人才要用其长、避其短，让有文字功底的去搞文字工作、会协调事的去搞统筹协调、有点子有思想的去搞策划、懂群众工作的去做群众工作。

❖ 要抓好领导干部这个“重头”和年轻干部这个“大头”，加强培养锻炼，从严管理监督，完善激励考核。

❖ ×××的干部不能有特权思想，传达领导意图而不作指示，协调各方工作而不下命令，调查处理问题而不当钦差，反映基层要求而不是施恩惠。

❖ 念好“敬字诀”，为人才抛出诚意十足的“橄榄枝”；念好“留字诀”，给人才竭力搭建理想的“栖息地”；念好“升字诀”，让人才能在事业上书写“新篇章”。

❖ 实践表明，一个地方的发展，干部是第一要素，成也干部、败也干部；在干部队伍建设中，作风是关键，好也作风，差也作风。

❖ 把品质、知识、能力和业绩作为主要标准，不唯学历、不唯职称、不唯资历、不唯身份，在人才精力最旺盛、创造力最强的时候让他们在重要岗位上挑大梁、唱主角。

❖ 仰望星空才会看得远，脚踏实地才能走得稳。青年干部既要有远大抱负，又要有实干精神，扎扎实实干出群众认可的成绩。

❖ 组织上安排年轻干部去艰苦边远地区工作，是信任更是培养，年轻干部应该以此为荣、争先恐后，而不是拈轻怕重、挑肥拣瘦、患得患失、讨价还价。

❖ 由于×××行业、专业的跨度很大，知识、能力欠缺，一直处于学习的过程，总是谨言慎行，有很多没有想到，有想到的没有做到，有做了的没有做好。

❖ 组工干部的工作政治性、政策性、原则性很强，人事干部必须摆正自己的位置，按程序、按规定办事，做到到位不越位、出谋不决策、协调不包办。

❖ 一个单位的宝贵财富是拥有一批人才，一届班子的重要政绩是培养一批人才，一任领导的突出贡献是带出一批人才。

❖ 温室里长不出参天大树。各类干部培养选拔，需要组织上“搭梯子”和实践“压担子”的“双向奔赴”。

❖ 干部不仅要有敢担当的宽肩膀，还得有能担当的硬肩膀，既要有想干事、真干事的自觉，又要有会干事、干成事的本领。

❖ 突出“尊”，树立“人才为本、人才优先”理念；突出“全”，树立“人各有才、人尽其才”理念；突出“实”，树立“不求所有、但求所用”理念。

❖ 完善以业绩为核心、以贡献为标尺、以体现人才价值为根本、以维护人才权益为基础的分配激励机制，形成人人争当人才、人人争做贡献的浓厚社会氛围。

❖ 以“伯乐相马”的慧眼、以“千金买骨”的渴求、以“百年树人”的精神，筑牢爱才育才容才用才的“黄金台”，让“天下英才纷至沓来、源头活水驱动创新”的愿景变为现实。

❖ 以宁静之心观察事物，以平常之心看待名利，以奉献之心对待事业，精神振奋，励精图治，殚精竭虑。

- 正确处理主观与客观、愿望与可能、实际与需求的关系，给任务就要给条件，给工作就要给时间。

- “致天下之治者在人才”，面对人才，基层要工作“真主动”、聊好“真情况”、承诺“真落实”，真正形成“人才强磁场”，以引才的“真心真意”换取人才的“真心真意”。

- 要注重顶天立地发展、系统协调发展、开放赋能发展，要一体化统筹人才的“引、育、留、用”，扎实、科学、系统地做好队伍规划，努力为人才提供空间保障、环境保障和资源保障。

- 做了一些攻难关、啃硬骨的事，做了一些打基础、利长远的事，做了一些破旧制、立新风的事，做了一些增后劲、促发展的事，做了一些惠民生、谋福祉的事。

- 用什么人，用在什么岗位，要从工作需要出发，依事择人，拓宽选人用人视野，破除干部部门化、属地化的观念，在更大范围、更多可能的人选中，把更合适的干部选出来。

- 不求所有，但求所用，海纳百川“引人才”；不拘一格，竞相发展，多措并举“育人才”；创新机制，搭建平台，优化环境“聚人才”。

- ×××发展的潜力在人才，后劲也在人才，必须进一步提高站位，强化人才第一资源意识，准确把握人才强×××的战略内涵。

- 人才是第一生产力，是×××最为宝贵的财富和加快发展的关键因素，人才资源是第一资源，是×××最为重要的战略资源和参与××竞争的主力军。

- 为科技创新激活力，为产业发展添动力，为全域发展聚合力，为扩大开放强推力，为营商环境增引力。

- 做好干部人事工作必须胸怀全局、服务大局，要把围绕中心、服务大局作为首要职责，找准工作切入点和着力点，做到因势而谋、应势而动、顺势而为。

- 问题是时代的声音，人才要敢于“破题”；问题是工作的导向，人才要善于“解题”；问题是现实的召唤，人才要精于“答题”。

- 作为新时代的组工干部，可以优秀，但绝不能优越；可以自信，但绝不能自负；可以骄傲，但绝不能傲慢；可以见贤思齐，但绝不能见异思迁。

- 要严格执行新时代好干部标准，坚持德才兼备、以德为先、五湖四海、任人唯贤，突出依事择人、人岗相适，统筹考虑领导班子年龄、专业、经历和来源结构，打破地域、部门界限，持续推动各领域、各层级干部交流，着力优化班子结构功能，防止“结构硬、功能软”。

❖ 唯有升级现有的干部政绩考核制度，既看“显性政绩”又看“隐性政绩”，既关注政绩目标又关注“政绩成本”，方能以“双绩同考”的干部政绩考核制度重塑党员干部，特别是领导干部“以人民为中心、上下并重”的政绩观。

❖ 担当是一种志向、一种境界、一种品质、一种能力，每一名青年都应树立“事不避难、义不逃责”的精神，对分内之事，尽职尽责；对困难之事，攻坚克难；对棘手之事，善于解决；对突发之事，挺身而出；对失误之事，勇于面对，真正做到不避事、不怕事、敢管事、能干事、干成事、不出事。

❖ 要畅通民意表达渠道，进一步健全民主推荐、民主测评制度，规范民意表达程序，正确处理充分尊重民主推荐结果与不能简单以票取人的关系，引导真实民意，甄别虚假民意，体现主流民意，让群众选出自己信赖的好干部。

❖ 干部考察中要坚持把政治标准放在第一位，通过平时考察、延伸考察和“八小时”外考察，结合朋友圈、社会圈、工作圈的表现，综合民主测评结果，对干部的政治表现和个性特征进行鉴定，形成精准的干部“画像”。

❖ 要从德与才、人与事等多个维度动态掌握干部，把定量分析和定性分析相结合，把时间维度和空间维度相结合，既横向比也纵向比，既看当前能力素质也看长远潜能，切实把能力素质强、敢于担当作为的干部选出来，把优秀者优先、有为者有位、吃苦者吃香落到实处。

❖ 境界决定视野，大视野的背后是大境界，要常怀一颗“公心”。取才于时、用人如器，要克服和摒弃选人用人上的惯性思维，做到不拘一格降人才，敢为事业用人才。要打破“副职论”“部门论”“资历论”观念，为专业能力突出、政治素质过硬、实践经验丰富的优秀年轻干部引路子、搭梯子、建平台。

❖ 青年干部的成长进步离不开组织的培养、群众的信任、同志的配合、家人的支持，更离不开自身长期的努力。大家能获得今天的岗位，都具有不可复制性、不可重复性、不可替代性，一定要把工作岗位当作展示才华的舞台、成长进步的阶梯，倍加珍惜岗位、倍加热爱岗位，在艰苦历练中成长成才，在干事创业中成就成功。

❖ “为政之要，莫先于用人。”如何改进完善干部推荐考察的方式方法，提高选人用人质量，构建科学客观的评价体系，防止考察失真、识人失准、用人失误，各级组织人事部门还有很多工作要做，这既是创新发展的题中之义，也是全面从严治党的必然要求。

❖ 我怀有一种深深的自责感和愧疚感，如果我学习再刻苦些，决策再果断些，思路再拓宽些，工作再抓实些，改革发展党建的质量和效果或许更好一些；如果我调查研究更深入些，接触干部职工更广泛些，工作方法更讲究些，领导艺术更高超些，或许大家工作更愉快些，事业更发达些，生活更体面一些……

- 坚持干部工作“一盘棋”，注重从各个方面选拔专业化人才，优化领导班子和干部队伍知识结构、能力结构、专业结构，有组织、有计划地统筹抓好干部跨行业、跨领域、跨地域交流任职，实现干部培育多方位、全覆盖，塑造有专业背景的复合型领导干部。

- “思考是勤奋的一部分，人最大的懒惰是思想懒惰。”身处这个时代，有太多声音萦绕耳边。要在花繁柳茂中拨开、雨骤风狂里站定，不仅需要“独上高楼，望尽天涯路”的眼界，也需要“衣带渐宽终不悔，为伊消得人憔悴”的思考，唯如此，“蓦然回首，那人却在灯火阑珊处”的顿悟，才能于众里寻他中浮现眼前。

- 尊重劳动、尊重知识、尊重人才，尊重创造。尊重劳动是核心，尊重知识是基础，尊重人才是保证，尊重创造是关键。劳动与创造分不开，没有创造，劳动只能是简单的重复；创造也离不开劳动，没有劳动，创造成了空中画饼。尊重劳动和尊重创造，更离不开尊重知识和尊重人才。有知识才会提高劳动效率，有人才才会推动创造进程；尊重知识才会促进社会发展，尊重人才才会激励科技创新。

- 一些青年同志自恃学历高，对工作评头论足，颇有些舍我其谁的味道，不能正确看待本职工作，或觉得职位“低”了，大材小用；或觉得岗位“偏”了，用非所长；或觉得待遇“差”了，无权无利；或觉得进步“慢”了，前途渺茫。

- 要择能而使之，做好研判工作，对班子配备的结构要求和领导职位的知识能力要求进行分析研判，提出调配意见，再对拟任用对象的工作经历、性格特征、专业职称、主要特长等，与拟任职位逐一对比，确保“好钢”用在“刀刃”上。

- 如果说政治上过硬是最大的“德”，那么业务上过硬就是最大的“才”。当前，各项工作都面临着新情况新问题，工作领域不断扩大，服务对象日趋复杂，难点问题不断增多，如果业务不精，思想就缺少灵气，讲话就缺少底气，工作就缺少锐气。所以平时要努力学习，钻研业务，熟知人事工作的原则、方针、政策及程序，做到了解上情、吃透下情，掌握政策，成为人事领域的“业务通”“活字典”。

- 根深才能叶茂，本固方可枝荣。干部教育是党的建设的一项长期性工作，在培训方式上必须讲究“细”，要整合好各类培训资源，防止灌溉式、填鸭式的“教”，被动式、突击式的“学”，要根据培训对象的特点，分级分类明确培训方式，将教育培训从“大水漫灌”变为“精准滴灌”。

- 大家生逢伟大时代，是党和国家事业发展的生力军，希望大家练好内功、提升修养、增强本领，不要走偏、不要落伍、不要掉队，努力成为可堪大用、能担重任的栋梁之才。

- 与建设高素质干部队伍紧密结合，不断增强人事干部争创一流业绩的本领。与机关党建工作紧密结合，发挥党员推动人事人才工作发展的核心作用。与服务经济社会发展紧密结合，提高人事人才工作的服务质量和水平。与争创一流业绩紧密结合，着力营造和谐的人才环境。

❖ 干部的成长曲线是动态变化的，必须用发展的业绩评价干部、选拔干部、使用干部，既要重用想干事、能干事、干成事、不出事的干部，还要形成“无为难安”的压力传导，让自认为端上“铁饭碗”的“躺平者”无岗位可占、无资源可用，在“贬值危机”中“躺不住”，同时也要给予“已下者”能上的机会，让“打入冷宫”的干部，还能够“东山再起”，再施拳脚。

❖ “管夷吾举于士，孙叔敖举于海，百里奚举于市。”德隆才高者大有人在，可能奋战在火热实践一线，抑或默默耕耘在平凡岗位，发现他们，需要用人者走出机关、走下基层、走进群众，在面对面交谈中识别干部。

❖ 凡用人之道，采之欲博，辨之欲精，使之欲适，任之欲专。要坚持德才兼备、以德为先，五湖四海、任人唯贤，事业为上、公道正派的选人用人“方法论”，让“摆不上台面”的因素起不了作用。

❖ 以贯彻×××精神为主线，在抓落实上下功夫。以教育培训为突破口，在提高干部素质上下功夫。以加强基础组织建设为目标，在巩固×××教育活动成果上下功夫。以提高执政能力为重点，在推进干部监督工作上下功夫。以实施×××为契机，在推进干部人事制度改革上下功夫。以实施×××工程为基础，在抓好人才工作上下功夫。

❖ 我们处在前所未有的变革时代，干着前无古人的伟大事业，如果知识不够、眼界不宽、能力不强，就会耽误事。年轻干部精力充沛、思维活跃、接受能力强，正处在长本事、长才干的大好时期，一定要珍惜光阴、不负韶华，如饥似渴学习，一刻不停提高。

❖ 组工干部是新时代敢为善为的“时代尖兵”，始终坚守着“对党忠诚”的初心、“公道正派”的公心、“精益求精”的匠心、“廉洁自律”的戒心、“攻坚克难”的决心，在新征程上，披坚执锐、勇立新功。

❖ 统筹做好干部育选管用等各方面工作，让“忠诚忠实”成为×××干部的灵魂命脉，让“敢闯敢干”成为×××干部的硬核气质，让“善作善成”成为×××干部的价值追求，让“又专又勤”成为×××干部的看家本领，让“清醒清正”成为×××干部的内在素养，为×××空间治理现代化建设提供有力保障。

❖ 业务精湛精通是保证组织人事政策落实的关键。下大气力抓好业务知识学习，熟练掌握组织人事工作的基本知识，掌握各项工作原则、规程、方法，对工作情况了然于胸、如数家珍，成为熟悉政策的“业务通”、熟悉人头的“活字典”、熟悉工作的“多面手”。

❖ 统筹人才队伍“质的有效提升”和“量的合理增长”一体部署，坚持人才数量和质量一起抓，坚持“移栽大树”和“选培新苗”双轮驱动，坚持“引进来”和“走出来”有机结合，不断“优化职能、释放动能、激发潜能”，构建“以人为本，人尽其才”的体制机制，为×××高质量发展提供高水平人才供给。

❖ 把转变作风作为一辈子的要求锱铢必较。消除“官本位思想”，摆正自己的位置，把个人看得更轻一些，把组织看得更重一些，把待遇看得更轻一些，把工作看得更重一些，尽心尽力做好推进×××高效运转的“服务员”，不打“官腔”，少些“官味”，多接“地气”，多聚“人气”。

❖ 以事择人，用其所长不埋没。干部配置是一门学问，对人才，用当其事，则以一当十；对事业，用当其人，则事半功倍。要坚决贯彻落实“事业为上、人岗相适、人事相宜”原则，把实干担当作为风向标，做到“知人善任，公道正派”，让“老黄牛”式干部得“实惠”，绝不让“官油子”得“油水”。

❖ 要运用好信息化手段，严格按照完整、真实、及时、规范的要求，将干部本人德、能、勤、绩、廉等内容，如实反映到人事档案中，客观公正地精绘出干部鲜活“画像”，破除隐藏性与欺骗性，确保上级领导干部能够全方位、多角度、立体式了解干部，防止选拔任用时“急拿现用”“临时找人”。

❖ 致天下之治者在人才。古人求贤，有萧何月下追韩信，秦昭王五跪得范雎。而今，立足新时代的历史方位，我们更要在“人”这一关键要素上实现新突破，以“伯乐相马”的慧眼、以“千金买骨”的渴求、以“百年树人”的精神，筑牢爱才育才容才用才的“黄金台”，让“天下英才纷至沓来、源头活水驱动创新”的愿景变为现实。

❖ “立政之道，察吏为先。”考察谈话是组织部门察人识人的重要途径，更是选人用人的必要环节。然而在现实中，部分考察谈话却存在“一团和气”现象，考察人员找不到谈话重点“泛泛而问”，谈话人员又只愿做老好人“平平而答”，谈优点时“千人一面”，谈缺点时“不痛不痒”，导致考察“画像”有所失真。

❖ 干部队伍中也有少数人缺乏勇于担当的精神，有的怕得罪人，不愿担当；有的缩手缩脚，不敢担当；有的安于现状，不肯担当；有的推卸责任，不去担当，以致在工作中瞻前顾后、顾虑重重，“瞻”的不是宏图大业，而是个人私利，“顾”的不是肩上重任，而是个人名利，“虑”的不是事业发展，而是个人升迁。

❖ 破除壁垒，开门选人不自闭。广开进贤之路，广纳天下英才，是保证党和人民事业发展的根本之举。然而，受制于年龄、身份、资历、比例、学历等壁垒，且某些地方在选人用人惯用论资排辈、平衡照顾、求全责备的老一套，时常陷入“少数人选少数人”的定势，导致“冯唐易老”“李广难封”的悲剧持续发生。

❖ 要直奔现场听其言观其行、直面干部察其表析其里，聚焦严峻复杂的斗争一线、层出不穷的风险考验、急难险重的工作任务，考准考实干部作风状态和实绩表现，不把个性当成缺点、不因细短忘其所长，公正对待、大力选用面对困难不“绕弯子”、遇到矛盾不“撂挑子”、发现问题不“捂盖子”的“闯将”“干将”，坚决调整不作为慢作为的干部，让奋斗者更有劲头、担当者更有奔头，形成有为者有位、能干者能上、优秀者优先的良好选人用人局面，激励干部勤出力愿出智、敢出新能出彩。

十、统战工作

好词

凝心，聚力，铸魂，团结，奋进，开拓，活跃，参谋，组织，协调，督促，分析，研究，了解，掌握，发现，提出，推进，推动，制定，出台，完善，建立，健全，加强，强化，增强，促进，加深，深化，扩大，落实，细化，突出，建设，营造，开展，发挥，发扬，创新，转变，发展，统一，提高，提升，保持，优化，召开，举行，贯彻，执行，树立，引导，规范，整顿，服务，协调，沟通，配合，合作，支持，加大，开拓，拓展，巩固，保障，保证，形成，指导。

一回生、二回熟，大团结、大联合，谋大事、议大事、抓大事，内驱力、推动力、创造力、引领力、创新力、组织力、凝聚力，联系人、引导人、用好人、鼓舞人、凝聚人，鼓与呼、起而行，主阵地、主战场，最前沿，讲尊重、讲平等、讲诚恳，新气象、新提高、新作为、新面貌，好参谋、好帮手、好同事。

不扣帽子、不揪辫子、不打棍子，长期共存，互相监督，肝胆相照，荣辱与共，统一思想，提高认识，认清形势，明确任务，加强领导，完善机制，交流经验，研究问题，团结协作，密切配合，中心所在、大局所需、统战所长，凝聚人心，汇聚力量，资源丰富，联系广泛，借力发力，人才荟萃，智力密集，协调关系，化解矛盾，广泛参与，长期帮扶，内生力量、精神力量、能动力量。

真懂大道理、善讲小道理，建睿智之言、献务实之策，以平台聚人、以服务聚心、以活动聚力。

好句

❖ 海纳百川，团结的人越多越好。

❖ 心灵相通，才能有思想和情感共鸣。

❖ 一万次的灌输，不如一次真正的唤醒。

- 与统战工作对象交朋友，关系既要“亲”，也要“清”。
- 有理不在声高，平等交流最可能求得共识和共鸣。
- 周公吐哺，天下归心。大道之行，大势所趋，人心所向。
- 积力之所举，则无不胜也；众智之所为，则无不成也。
- 统战工作应当是有温度的，不能机械死板、流于形式。
- 思想交流要讲求方式方法，最好能情理兼容、晓以大义。
- 搭建政企“连心桥”，当好×××“推进器”，拓展党外“朋友圈”。
- 统战工作是日日做功、久久为功的“慢功夫”，“潜绩”多于“显绩”。
- 千夫诺诺，不如一士谔谔。真话有时候不好听，但是受用、管用。
- 党外不是法外，党外没有例外，善识统战之变、善聚统战之智、善汇统战之力。
- 对党外人士要多接触、多谈心、多帮助，讲尊重、讲平等、讲诚恳。
- 不仅要善于“施恩”，更要懂得“感恩”，使统战对象感到×××人都是重情重义的。
- 书画会友，翰墨传情。琴棋书画、诗词歌赋是加强团结联谊的有效方式。
- 越是变化大，越是要把统一战线发展好、把统战工作开展好。
- 要做到以理服人，应当和风细雨讲道理，不要劈头盖脸扣帽子。
- 加强信息交流、工作联系和情感沟通，使统战工作对象更好地知情明政。
- 在重大原则立场问题上必须旗帜鲜明，不能含含糊糊、语焉不详。
- 党的领导越有力，党的旗帜越鲜明，越能巩固和壮大统一战线，越能汇聚各方面智慧力量。
- 大音希声，大象无形。将思想政治引导工作融入日常小事，是一种至高的境界。
- 众人拾柴火焰高。能用众力，则无敌于天下矣；能用众智，则无畏于圣人矣。
- 统一战线以……领导为圆心，固守圆心做得越好，形成的同心圆就越大。
- 统战工作，做和不做不一样，真做和假做不一样，做到家和做一半不一样。

- 统战工作是阳谋，不是阴谋。阳就阳在是大大方方地争取人心和力量。
- 风雨同舟，方能走向辉煌。稳泛百年沧浪，爱国统一战线不仅胜在最牢固，还胜在最广泛。
- 尊重知识、爱惜人才，把各方面知识分子凝聚起来，聚天下英才而用之。
- 凝聚“想在一起”的团结之心，激荡“干在一起”的团结之力。
- 键对键代替不了面对面，见面交流往往比其他沟通方式效果更佳。
- 遇到秀才要能说书，遇到农民要能谈养猪，坚持统一战线，团结战胜一切。
- 人心是最大的政治，统一战线是凝聚人心、汇聚力量的强大法宝。
- 说到底，统一战线是做人的工作，搞统一战线是为了壮大共同奋斗的力量。
- 有大仁大义，明大是大非，才能抵御大风大浪，防止大起大落。
- 引导统战工作对象用自己擅长的方式支持党和人民的事业。
- 做统战工作是找麻烦，但又省麻烦，找来的是小麻烦，省去的是大麻烦。
- 己所不欲、勿施于人，统战工作中有时要积极争取，但不要强人所难。
- 对统战工作对象不要求全责备，在非原则性问题上要多体谅包容。
- 凡议国事，惟论是非，不徇好恶。要善于倾听不同的意见，哪怕比较尖锐的意见。
- 领导最重要的是管好自己，同事最重要的是和谐相处，群众最重要的是齐心协力。
- 团结就是力量。不团结，一个人本事再大，也办不成任何事情。
- 手背手心都是肉。统战工作中，既要注意内外有别，也要注意一视同仁。
- 做到哪里有统战成员，哪里就有统战工作；统战成员扩大到哪里，统战工作就延伸到哪里。
- 只要我们把政治底线这个圆心固守住，包容的多样性半径越长，画出的同心圆就越大。
- 讲道理，不仅要能自圆其说，还要能以理服人，这样才能实现思想政治引领。
- 思想引领坚定有力，服务大局积极有效，防范风险坚决有为，基层统战创新有位。
- 求大同、存小异。增进一致而不强求一律、尊重差异而不扩大分歧、包容多样而不弱化主导。

- 领导小组议大事、主要领导亲自推、统战部门强协调、专项机制抓日常、督查考核保落实。
- 统战工作具有很强的政治性、政策性，必须旗帜鲜明讲政治，要讲原则、讲纪律、讲规矩。要想真正团结有力，就不能搞没有原则的一团和气。
- 做好统战工作，关键是要在“导”上想得深、看得透、把得准，努力做到“导”之有方、“导”之有力、“导”之有效。
- ×××统一战线要提高站位抓落实，做到在大局之上思考问题，在大局之中找准方位，在大局之下抓好落实，推动各领域工作争先进、创一流。
- 唯以心相交，方成其久远。尊重、维护、照顾同盟者的利益，帮助党外人士排忧解难，是我们党的职责，也是实现党对统一战线领导的重要条件。
- 人的认识是螺旋式上升、波浪式前进的。思想认识不会一下子就提高，要通过细致深入的工作帮助统战工作对象提高认识，不能急于求成。
- 既尊重多数人的意愿，又照顾少数人的合理要求，广纳群言、广集民智，增进共识、增强合力。
- 眼观当下，×××在统一战线上取得了不俗成绩，形成了团结统一的良好局面，但是分裂势力仍蠢蠢欲动，分裂活动仍不时冒头，“黑天鹅”“灰犀牛”事件时有发生。
- 要夯实基层基础，推动统战工作与基层党建、社会治理有机融合，畅通“最后一公里”，确保统战工作有人抓、有人管。
- 为政以德，譬如北辰，居其所而众星共之。中国特色社会主义最本质的特征是中国共产党领导，中国特色社会主义制度的最大优势是中国共产党领导，党是最高政治领导力量。
- 多听听不同的意见。有事好商量，众人的事情由众人商量，找到全社会意愿和要求的最大公约数，是人民民主的真谛。
- 思想交流务求深入，即使是思想交锋，也要让人有酷夏饮冰、寒冬围炉的感觉，营造体谅包容、宽松和谐的氛围。
- 统一战线不仅要鼓与呼，更要起而行，把中心所在、大局所需与统战所长结合起来，多做引领引导之事，多献可行可用之策，多聚同向同行之力。
- 明确方位才能找准方向，把握大势才能赢得未来。当前，世界之变、时代之变、历史之变的特征更加明显，统战工作面临的时和势、肩负的使命和任务也发生了重大变化。

- 统战工作的本质要求是大团结大联合，这就要求我们要坚持求同存异，发扬“团结—批评—团结”的优良传统，找到最大公约数、画出最大同心圆。
- 人心向背、力量对比是决定党和人民事业成败的关键，是最大的政治。统战工作的本质要求是大团结大联合，解决的就是人心和力量问题。
- 不因言废人，也不因人废言。在坚持一定政治原则的前提下不断提高合作共事能力，团结与自己意见不一致的同志一道前进。
- 做好×××的统战工作，既要“操其要于上”，加强战略谋划和顶层设计，也要“分其详于下”，把握工作着力点。
- 要看到自身存在的差距和不足，要看到统战工作对象的优势和长处。对党外人士，任何时候都不能忽视，都不能轻视。
- 统战工作解决的是人心和力量问题，关乎“国之大者”，要用全球视野、战略意识、前瞻眼光观察问题、洞悉规律。
- 对统战工作者来说，是自信，是真诚，是胸怀；对统战工作对象来说，是尊重，是认可，是鼓励。
- 统战工作要善于走“群众路线”，从群众中来，到群众中去，须臾不能脱离统战工作对象和人民群众。
- 世事洞明皆学问，人情练达即文章。做统战工作的同志，既要有渊博学识和人格魅力，也要通晓人情世故，与人交往要有人情味。
- 统战工作是慢功夫、良心活，需要树立正确的政绩观，涵养“功成不必在我”的境界和“功成必定有我”的担当，从党的事业和人民利益出发考虑工作、谋划工作。
- 统战工作还有一个重要特征，就是讲求很强的工作艺术。统战工作是党的特殊群众工作，要有特殊的方式方法。
- 始终高举爱国主义、社会主义旗帜，牢牢把握大团结大联合的主题，牢牢占据为中国人民谋幸福、为中华民族谋复兴，推动人类社会进步、实现人类美好理想的道义制高点。
- 统一战线工作对象为党外人士，重点是其中的代表人士，要注意处理“一根头发”与“一把头发”的关系。
- 越是目标远大、任务艰巨，越是形势复杂、斗争激烈，越要把统一战线发展好、把统战工作开展好，为战胜各种艰难险阻、争取更大的胜利提供强大力量支持。

- 做好党外知识分子工作，充分尊重是前提，加强引导是关键，发挥作用是目的。新的社会阶层人士是中国特色社会主义事业的建设者，要把他们组织起来，加强引导、发挥作用。
- 实现大团结大联合要求团结的程度要深，新时代的统战工作要扎扎实实、广交深交好朋友，通过关键时刻能否发挥作用、同甘共苦、共克时艰检验团结的真诚。
- 有多少融入，才会有多少深情。特别是在民族、宗教工作中，要尊重少数民族的文化传统，尊重宗教界人士的宗教习俗。
- 所谓政治，就是把我们的人搞得多多的，把敌人搞得少少的。我们的势力越大，胜利的把握就越大，这是很硬的道理。
- 要使统战工作对象心服口服，对统战工作者自身的能力素质有很高的要求。统战干部要发扬优良作风，做到诚恳谦和、平等待人、廉洁奉公，真正赢得党外人士尊重和认同。
- 大厦之成，非一木之材也；大海之阔，非一流之归也。人心的力量通过个体力量的叠加，实现力量之间的聚合，最终实现聚变。
- 既然要发展统一战线，既然要做统战工作，就不可能是清一色的，各式各样的人都会有，也应该有，否则搞统一战线就没有意义了。
- 要加强同党外人士的团结联系，坚持尊重、维护、照顾同盟者利益的原则，待之以诚、动之以情、晓之以理、助之以实，为党交一大批肝胆相照的党外朋友。
- 统战工作要注意内紧外松、内外有别。不能把自己等同于统战工作对象，不能用党内的标准要求统战工作对象，也不能对统战工作对象自身的事情直接干预、包办代替。
- 别人的批评，正确的要听、要改正，不正确的要容、要引导，不能因为怕麻烦就拒人于千里之外。
- 统一战线无小事。做好统战工作，必须善于联谊交友。联谊交友是统战工作的重要内容，也是统战工作的重要方式。
- 声一无听，色一无文，味一无果，物一不讲。统战工作要处理好一致性与多样性的关系，在夯实共同思想政治基础的前提下应尊重、包容多样性，要增进一致但不强求一律。
- 统战工作要同各式各样的人打交道，既不能自我封闭，搞关门主义，也不能戴着有色眼镜看人，搞排他主义。
- 发扬民主精神，以民主促团结。努力形成又有集中又有民主，又有纪律又有自由，又有统一意志又有个人心情舒畅、生动活泼那样一种政治局面。

- 要把握好固守圆心和扩大共识的关系、潜绩和显绩的关系、原则性和灵活性的关系、团结和斗争的关系，以正确政绩观推动统战工作行稳致远，以斗争的意志和本领形成牢不可破的真团结。
- 没有政局稳定，什么事都做不成。人们有的时候就是这样，对一些很重要的东西，拥有时不懂得珍惜，失去了方觉可贵。所以，对党外人士，我们任何时候都不能忽视，都不能轻视。
- 统一战线构成复杂、利益多元、观念多样，能够联合起来靠的是共同的奋斗目标、共同的思想基础，说到底靠的是正确的政治引领。
- 包容的多样性半径越长，画出的同心圆就越大。智慧汇聚，众人拾柴，党的统一战线百年发展，凝聚共识、汇聚积极因素，吸收天下之智，画出“最大同心圆”，圈圈环环层层同心。
- 统一战线中的各种关系、各种问题，很多要靠政策来调节。有的同志不学习、不熟悉统战政策，遇到问题荒腔走板、动作变形。
- 对统战工作对象的诉求不要轻易说“不”，即便其所提要求难以满足，也要耐心解释说明，切忌简单粗暴、盛气凌人。
- 要把握好固守圆心和扩大共识的关系，不断增进共识，真正把不同党派、不同民族、不同阶层、不同群众、不同信仰以及生活在不同社会制度下的全体中华儿女都团结起来。
- 我们搞统一战线，从来不是为了好看、为了好听，而是因为有用、有大用、有不可或缺的作用。
- 人民为国家之基，人心为国家之根，根的力量，表面上难以看见，却在“土壤”深层发挥着本质作用。民心所向，则如根系之牢固，是一个国家长治久安的根基。
- 统一战线是一致性和多样性的统一体，只有一致性、没有多样性，或者只有多样性、没有一致性，都不能建立和发展统一战线，正所谓“非一则不能成两，非两则不能致一”。
- 人民群众是成事之基、力量之源、为政之本。一个国家的人民如果没有旺盛的斗志、向上的动力、奋斗的激情，那这个国家必定不会兴旺发达，更不会有开创未来、拥抱盛世的机会。
- 从某种意义上说，统一战线工作做得好不好，要看交到的朋友多不多、合格不合格、够不够铁。多不多是数量问题，合格不合格、够不够铁是质量问题。

❖ 统一战线是党克敌制胜、执政兴国的重要法宝，是团结海内外全体中华儿女实现中华民族伟大复兴的重要法宝。

❖ 要包容，但不能无原则地迁就，该坚持的原则要坚定不移。对危害中国共产党领导、危害我国社会主义政权、危害国家制度和法治、损害最广大人民根本利益的问题，必须旗帜鲜明反对，不能让其以多样性的名义大行其道。这是政治底线，不能动摇。

❖ 一个篱笆三个桩，一个好汉三个帮。实践证明，建立新中国，建设新中国，开拓改革路，实现中国梦，都需要各党派团体和各界人士齐心努力。越是处于改革攻坚期，越需要汇集众智、增强合力；越是处于发展关键期，越需要凝聚人心、众志成城。

❖ 统战工作是做人的工作，必须研究方式方法，讲究工作艺术。要做好统筹协调工作，学会“弹钢琴”，做到统筹左右、协调八方，努力形成推动统战工作开展的整体合力，巩固党委统一领导、统战部牵头协调、有关方面各负其责的大统战工作格局。

❖ 统一战线是中国共产党凝聚人心、汇聚力量的政治优势和战略方针，是夺取革命、建设、改革事业胜利的重要法宝，是增强党的阶级基础、扩大党的群众基础、巩固党的执政地位的重要法宝，是全面建设社会主义现代化国家、实现中华民族伟大复兴的重要法宝。

❖ 统一战线是一致性和多样性的统一体，只讲多样性、不讲一致性，统一战线就是“一盘散沙”，不能同心协力；只讲一致性、不讲多样性，统一战线就会变成“清一色”，失去应有作用。要坚持一致性和多样性相统一，增进一致而不强求一律、尊重差异而不扩大分歧、包容多样而不弱化主导。

❖ 统一战线工作涉及工作部门多、领域广，需要通过深入细致的工作，促进政党关系、民族关系、宗教关系、阶层关系、海内外同胞关系和谐，既要加强统筹协调，又要更好发挥各方面优势和作用，关键要构建党委统一领导、统战部门牵头协调、有关方面各负其责的大统战工作格局。

❖ 要加强对统战工作中战略性前瞻性问题的研究，善于见微知著，从错综复杂的问题中把握发展趋势、预判可能出现的问题，加强深层次的研究谋划，进一步增强新时代统战工作的主动性。

❖ 壮大共同奋斗的力量，需要统一战线有最大的包容性和丰富的多样性，既要做到求同存异、和而不同，又要能容人之短、容人之失、容人之异，还要照顾到其他同盟者的利益。唯如此，我们才能夯实团结合作的基础，找到最大公约数，画出最大同心圆。

❖ 统一战线是一致性和多样性的统一体。做好统战工作，必须正确处理一致性和多样性关系。一方面，要不断巩固共同思想政治基础，包括巩固已有共识、推动形成新的共识，这是基础和前提。另一方面，要充分发扬民主、尊重包容差异。

❖ ×××要举旗定向、守牢阵地，唱响爱党爱国主旋律，绷紧意识形态这根“弦”，织密宣传舆论这张“网”，扛好精神文明这面“旗”，更好地唱响主旋律、打好主动仗、传播正能量，不断巩固干部群众团结奋进的共同思想根基。

❖ 在统战工作中实现团结的方式既有包容，求同存异，也有斗争，通过批评教育，化解矛盾，增进共识。要把团结和斗争统一起来，既要善于团结，做到春风化雨，又要善于斗争，增强斗争本领，形成牢不可破的真团结。

❖ 统战干部要在学懂弄通做实×××上下功夫，善于从政治上看问题，善于把握政治大局，不断提高政治判断力、政治领悟力、政治执行力，增强科学把握形势变化、精准识别现象本质、清醒明辨行为是非、有效抵御风险挑战的能力。

❖ 统一战线工作领导小组是构建大统战工作格局的重要抓手，要着眼加强党对统一战线工作的集中统一领导，结合统战系统机构改革进一步履行职责，发挥统战部统筹协调民族工作、统一管理宗教工作、统一管理侨务工作的职责作用，进一步提高工作站位、整合工作资源。

❖ 榜样的力量是无穷的。典型本身就是一种政治力量。所谓领导权，不是要一天到晚当作口号去高喊，也不是盛气凌人地要人家服从我们，而是以党的正确政策和自己的模范工作，说服和教育党外人士，使他们愿意接受我们的建议。

❖ 从政治高度来认识把握新时代统战工作，持续增强统战意识、压实统战责任、优化统战方法，团结一切可以团结的力量，调动一切可以调动的积极因素，为××各项事业高质量发展汇聚起万众一心、无坚不摧的磅礴伟力。

❖ 良田千顷，需万夫同力才能禾稻齐育。用好统一战线的法宝，持之以恒地将各种力量交织聚拢到一起，紧紧地“黏合”到一起，团结就是力量，这股力量似铁如钢。统战工作激荡出大团结，必是人心齐向，力量同注，保持信仰的一致性，找到最大公约数。

❖ 统战工作是做人心的工作，争取人心既要靠理想和道德的感召，也需要很强的工作艺术。要了解统一战线成员的个体心理和群体意识，找准团结引导党外人士的切入点和突破口，深化对统战工作的规律性的认识。

❖ 要加强党对统战工作的全面领导，主要领导带头抓，统战部门牵头抓，各地各单位分头抓，推动统战工作融入日常、融入基层治理、融入群众工作，形成左右联合、内外联通、上下联动的大统战工作格局。

❖ 要领悟新时代党的统一战线工作的重要思想深刻内涵，用“忠诚”锚定思想“圆心”、用

“团结”拓展合力“半径”、用“奋进”画实担当“圆弧”，绘就共同奋斗最大“同心圆”，共筑中华民族伟大复兴的中国梦。

- 深刻把握好新时代统一战线这一重要法宝，切实认识到“大团结”“大联合”是统一战线的永恒主题，“聚人心”“汇力量”是统一战线的政治功能，“交诤友”“交挚友”是统战工作的优良传统。

- 面对严峻复杂的国际形势和艰巨繁重的国内改革发展稳定任务，现在的统战工作不是过时了、不重要了，而是更重要了。统战工作点多面广，涉及部门多，这就要求建立大统战工作格局，统筹各方面力量，发挥各部门优势，共同做好工作。

- 统战工作范围覆盖十几个方面，党外代表人士大多是各行业各领域的顶尖人才，统战干部与他们交心交友、团结引导，就要有多方面的知识储备。这就要求统战干部树立本领恐慌的忧患意识，以时不我待的精神，增强补课充电的紧迫感，干什么学什么、缺什么补什么，成为统战工作的行家里手。

- 打铁还需自身硬，成事还需自身强。新形势新任务要求统战干部应对，新情况新问题要求统战干部解决，新经验新对策要求统战干部总结，统战干部的素质决定了统战工作的实绩。因此，统战干部要坚持不懈地练“功”。

- 要发挥统一战线资源丰富、联系广泛的优势，汇聚推动×××发展的强大合力。要发挥统一战线人才荟萃、智力密集的优势，汇聚做好×××工作的强大合力。要发挥统一战线协调关系、化解矛盾的优势，汇聚创造安全稳定环境的强大合力。要发挥统一战线广泛参与、长期帮扶的优势，汇聚推动×××的强大合力。

- 要加强领导，形成合力，充分保障好新时代统一战线这一重要法宝，在“领起来”上履好职，在“统起来”上尽好责，在“强起来”上用好力，建立完善党政、群团、社会组织等方方面面密切联系、各负其责的大统战工作体系，不断推动新时代××统一战线工作创新发展。

- 把守正创新作为开展统战工作的重要原则，在坚持重大原则立场、保持正确方向的基础上，敢于破除既有思维定式、工作惯性和路径依赖，对标×××会议明确的重点任务和鼓励创新方向，积极学习借鉴“他山之石”，加强探索实践，提供具有示范效应的××方案、××模式。

- 要将严肃党内政治生活落实到全面加强统战干部队伍建设上来，坚持以上率下，带头坚定理想信念，带头讲政治、守规矩，带头提振勇于担当的精气神。要进一步凝聚思想共识、政治共识，构建统一战线良好政治生态，切实激发统一战线服务××振兴发展的强劲动力。

❖ 统战工作是做人心工作，尽管有些工作是看得见的显绩，但更多的是平平淡淡、潜移默化、润物无声、打基础利长远的潜绩。所以，做人心工作既需要把握当下，又需要持之以恒；既要发扬“钉钉子”精神，踏踏实实，真抓实干解决好现实中的紧迫问题，又要有耐心和恒心，树立长远目光，一步一个脚印处理好历史问题和现实难题，推动党的统战事业行稳致远。

❖ 新时代实现大团结大联合要求团结的人要多，在爱国主义、社会主义伟大旗帜下，只要有利于全面建设社会主义现代化国家、实现中华民族伟大复兴，不论什么人，都要加强同他们的联系，把他们团结起来。

❖ 要完善制度办法，践行“亲”“清”要求，加强联系和交流，引导民营企业家自觉遵守国家法律法规，传承中华民族传统美德，守法诚信经营，履行社会责任，树立良好形象，为全省经济社会发展贡献智慧、力量。

❖ 无产阶级只有解放全人类，才能最后解放自己，是无产阶级统一战线的根本指导思想。做好统战工作，最根本、最重要的是坚持和巩固党的领导，要时时刻刻着眼于增强党的阶级基础、扩大党的群众基础、巩固党的执政地位。在统战工作中，实行的政策、采取的措施都要有利于坚持和巩固党的领导地位和执政地位。

❖ 广大统战系统干部要加强同党外人士沟通联系，把统战工作的半径拉长；要主动担当历史使命，争做政治坚定、业务精通、作风过硬、精神振奋的高素质统战干部，为××长足发展和长治久安凝心聚力。

❖ 加强统一战线是我党长期的工作，并涉及各个方面，不仅仅是统战部门的事。统战工作是全党的工作，需要全党共同来做；统战工作是随时随地都可以做的工作，关键看有没有做工作的自觉。

❖ 要以高度的政治自觉，充分发挥统一战线的独特优势，广泛凝聚共识、凝聚人心、凝聚智慧、凝聚力量，为实现宏伟目标共同奋斗。要紧紧围绕省委决策部署，一招不让抓推进，步步紧逼促落实，奋力推动×××统战事业持续创新发展，努力创造无愧于历史、时代和人民的新业绩。

❖ 统一战线是我们党的重要法宝，发挥着凝聚人心、汇聚力量、协调关系、化解矛盾的特殊作用，只要全国人民思想上统一、行动上一致、情感上共鸣，心往一处想、劲往一处使、人往一处奔，就一定能形成实现中华民族伟大复兴的聚合力。

❖ 俗话说：“一人为仇嫌太多，百人为友嫌太少。”交朋友的面要广，朋友越多越好，特别是要交一些能说心里话的挚友诤友。想交到这样的朋友，不能做快餐，而是要做佛跳墙这样的功夫菜。对党外人士，要多接触、多谈心、多帮助，讲尊重、讲平等、讲诚恳，不随意伤害对方自尊心，不以势压人。同党外人士交朋友当然会有私谊，但私谊要服从公谊。要讲原则、讲纪律、讲规矩，不能把党外人士当成个人资源，而要出于公心为党交一大批肝胆相照的党外朋友。

❖ 统战工作归根结底是做人的工作、做“人心”的工作，主责主业就是加强思想政治引领、巩固共同思想政治基础。要引导推动×××各级统战部门知主责主业、明主责主业，紧抓主责主业、聚焦主责主业，把加强思想政治引领作为统战工作的出发点和落脚点，并贯穿统战工作各方面各环节，赋予每一项工作和活动以凝聚人心、加强团结的意义，防止把思想政治引领“矮化”“僵化”“虚化”“简单化”等现象。

十一、纪检工作

好词

骨气、底气、勇气，腐蚀，围猎，藏着、掖着、捂着、盖着，自重、自省、自警、自励，守德、守纪、守法，考验，锻炼，培养，言传，身教，严管，震慑，肃纪，正风。

不信邪、不怕鬼、不怕压，正歪树、治病树、拔烂树，常和长、严和实、深和细，苗头性、倾向性、潜在性，有底气、有正气、有锐气，不敢腐、不能腐、不想腐，微腐败、软腐败，不偏向、不变通、不走样。

公私分明，纤尘不染，见微知著，防微杜渐，信仰缺失，政治动摇，放弃原则，作风不正，滥用权力，清廉失守，动辄则咎，触及灵魂，反腐惩恶，猛药去疴，刀刃向内，真刀真枪，紧盯不放，寸步不让，权力不大、胆子天大，级别不高、调子老高，发力加压，正风肃纪，刷新吏治，勠力同心，刮骨疗毒，淬火打磨，打虎生威，拍蝇显力，严的基调、严的措施、严的氛围，查漏补缺，持续深化，重典治乱，河清海晏，祛病疗伤，咬耳扯袖，修正错误，自我净化，红脸出汗，干干净净，清清爽爽，硬硬朗朗，以上率下、以小见大、以惩促治、以虚带实，压实责任，凝聚人心，标本兼治，开门监督，一刻不停、一寸不让、一以贯之、一抓到底，拧紧螺丝，上紧发条，驰而不息，久久为功，朗朗乾坤，不定指标，上不封顶，凡腐必反，除恶务尽，以案谋私、以案促改、以案促建、以案促治、以案释德、以案释纪、以案释法，思想从严、监督从严、执纪从严、治吏从严、作风从严、反腐从严，高压态势，程序规范，过程安全，治本长效，徇私包庇，跑风漏气，内外勾连，及时提醒，严肃批评，高度警觉，露头就打，分类摘要，问题线索，线索处置，暂存待查，予以了解，谈话函询，宽打窄用，纪言纪语，改进作风，严明纪律，惩治腐败，观念淡漠，组织涣散，纪律松弛，态度不变、力度不减、重心不偏、节奏不变，公平竞争，优胜劣汰，良性循环，涵养正气，慎独慎微，心存戒惧，履责到位、督责有力、考责精准，更加完善、更加凸显、更加巩固、更加彰显、更加坚定、更加强劲、更加响亮、更加广泛、更加坚强、更加鲜明，不断深入、不断优化、不断增强、不断改善、不断巩固、不断涌现、不断扩大、不断发展、不断提升、不断健全，全面加强、全面提升、全面深化、全面进步、全面推进、全面展开。

“清单式”管理，“项目化”推进，打虎无禁区，拍蝇零容忍，猎狐撒天网，经得起磨砺、顶得住压力、打得了硬仗。

好句

- 作风是叶，制度是根。
- 把紧每个关口，关闭每道闸门。
- 根除病原体，切掉毒肌瘤。
- 气节纯则党性纯，党性正则骨气硬。
- 弘扬“严实勤硬”，力戒“宽松懒软”。
- 要“做事不做秀”，要“交卷不交差”。
- 一步紧似一步行，一锤接着一锤敲。
- 破冰须用利斧，劲风方可除霾。
- 向问题“叫板”，拿问题“开刀”。
- 多点“婆婆嘴”，常念“紧箍咒”。
- 筑牢“防火墙”，用对“靶向药”。
- 持续“拧螺丝”，重锤“钉钉子”。
- “加减法”并举，“组合拳”并重。
- 该亮黄灯亮黄灯，该亮红灯亮红灯。
- “紧箍咒”的提醒，“探照灯”的监督。
- 领导有正气，职工有士气，单位有朝气。
- 松是害，严是爱，廉洁自律做表率。
- 做实第一职责，强化政治监督、强化自我监督。
- 思想上的螺丝拧得更牢，工作上的发条上得更紧。

❖ 小问题就会变成大问题，小管涌就会沦为大塌方。

❖ 不触动灵魂，刀子难下；不净化思想，手术难做。

❖ 聚焦问题不跑偏，揪住问题不放松。

❖ 开弓没有回头箭，反腐没有休止符。

❖ 歪风不刹，清风难兴；邪气不除，正气难彰。

❖ 小疏忽酿成大事故，小细节决定大成败。

❖ 彰显法纪，关键在行；落实规矩，关键在严。

❖ 把严规铁纪立起来，把底线红线严起来。

❖ 严管出战斗力创造力，厚爱出凝聚力向心力。

❖ 以雷霆之势抓整改，以过实作风抓提升。

❖ 把教训当“故事”听，把案件当“剧本”看。

❖ 多杀几个“回马枪”，多淬几把“回炉火”。

❖ 对“闯红灯”的出拳，对“涉禁区”的亮剑。

❖ 问责有“雷霆之威”，追责有“万钧之力”。

❖ 打通“淤点”“堵点”，补足“漏点”“短板”。

❖ 一次次学习教育，一次次思想升华，一次次灵魂洗礼。

❖ 念牢政治纪律“紧箍咒”，恪守政治规矩“高压线”。

❖ 将问题“连根拔起”，让问题“树倒根断”。

❖ 既要擦亮“监督镜”，更要挥好“问责剑”。

❖ 政治体检“规范化”，政治表现“事中察”。

❖ 以刮骨疗伤的勇气整治问题，以坚决勇毅的精神攻坚克难。

❖ 让严的味道随时能“闻到”，让铁的纪律随时能“听到”。

❖ 以霹雳手段打响“攻坚战”，以坚强毅力打好“持久战”。

- 人心如秤，称量谁轻谁重；民意似镜，照出孰贪廉。
- 在原则问题上寸步不让，在策略问题上灵活机动。
- 家庭是人生的第一个课堂，家风是一个家庭的精神内核。
- 这“第一刀”刀出不归鞘，这“一阵风”劲吹不停息。
- 把“无病”当作“有病”防，把“无事”当作“有事”抓。
- 纪律是铁，谁碰谁流血；纪律是钢，谁碰谁遭殃。
- 触动心灵的“思想整风”，铭心刻骨的“政治洗礼”。
- 位不在高，廉洁则名；权不在大，为公则灵。
- 关系粉墨登场，原则就会失守；利益高于一切，法纪就会蒙尘。
- 既抓紧“刹车”又防止“翻车”，既堵住“后门”又开好“前门”。
- 纪律既是“紧箍咒”，也是“护身符”，是干部成长路上的“安全带”。
- 既有木板上“拧螺丝”的统筹协调，又有乱麻中“找线头”的重点突破。
- 对于一个党员，纪律是高压线；对于一个政党，纪律是生命线。
- 在重点上“哪壶不开提哪壶”，在成效上“提了哪壶开哪壶”。
- “不妄取”者靠觉悟，“不苟取”者保名节，“不敢取”者畏纪法。
- 这些人有权力、有影响，却视权力为变现的工具，把项目当“唐僧肉”，拿企业当“摇钱树”。
- 触动思想、触动灵魂是“前奏曲”，即知即改、立行立改是“重头戏”。
- 在“聚光灯”下行使权力，在“放大镜”下开展工作。
- 道德使人向善，是纪律的必要前提和基础，纪律用来纠错，是道德的坚强后盾和保障。
- 严不严，广大群众说了算；实不实，解决实际困难是关键。
- 强化不敢腐的震慑，扎牢不能腐的笼子，增强不想腐的自觉。
- 重在固本强基，要在依法办事，利在聚焦发展，贵在和谐稳定。

❖ 监督者，自身要接受监督；执纪者，自身要严守纪律；反腐者，自身要廉洁不腐。

❖ 不敢腐的目标初步实现，不能腐的制度日益完善，不想腐的堤坝正在构筑。

❖ 要始终勤奋敬业、高度负责，敢于唱“黑脸”，坚决不做“老好人”、不搞一团和气。

❖ 探索载体抓手，找准方法途径，校准思想之标，绷紧纪律之弦，调正行为之舵。

❖ 零容忍的态度不变、猛药去疴的决心不减、刮骨疗毒的勇气不泄、严厉惩处的尺度不松。

❖ 相对于“远在天边”的“老虎”，群众对“近在眼前”嗡嗡乱飞的“蝇贪”感受更为真切。

❖ 以正心正道正派抵御私心私欲私念，使心中正道清风润泽，真正成为事业发展的压舱石。

❖ 变味的“顾全大局”，实质就是以大局为幌子的偏安狭隘、顾及一己之私的掩盖问题。

❖ 大事上泾渭分明，小节上从严把握，廉政纪律不可忘、腐败红线不可触、公仆之情不可移。

❖ 自觉遵守制度、严格执行制度、坚决维护制度，增强政治能力、严守政治纪律、强化政治担当、提高政治觉悟。

❖ 吃点、喝点、挥霍点，脱离群众早一点；懒点、慢点、享受点，群众威信低一点；骄点、傲点、自我点，群众反感多一点；拿点、要点、贪占点，群众信任少一点。

❖ 解决“四风”问题，要坚持“五治”，治“浮”接基层底气；治“虚”练发展实功；治“庸”提政绩位次；治“懒”增工作效能；治“散”树公仆形象。

❖ 决不能内卷躺平、决不能不懂规矩、决不能漠视职工冷暖、决不能让劣币驱逐良币、决不能破坏政治生态，知敬畏、存戒惧，保持定力、守住内心。

❖ 把纪律和规矩挺在前面，立起来，严起来，以铁的决心、铁的手腕，治“病树”，正“歪树”，拔“烂树”，坚决清除腐败分子，营造政治上的青山绿水，为走好新长征扫清路障。

❖ 永远在路上，贵在开好头，重在看方向。管党治党宽松软是多年形成的，严紧硬也绝非一日之功。

❖ 不虑于微，始成大患；不防于小，终亏大德。不因“小腐败”而违规逾矩，不因“小问题”而姑息迁就，不因“小意思”而欣然笑纳。

❖ 必须清醒认识到，对待生活小事，既不能以小视之，更不能麻木不仁，因为它既有可能成为思想决堤的“管涌口”，也容易成为温水煮青蛙的“迷魂汤”。

- 精准整治搞“包装式”落实、“洒水式”落实、“一刀切式”落实等形式主义官僚主义问题，坚决防止不良习气、不严不实做法滋长蔓延、成风成势。

- “微腐败”也可能成为“大祸害”，它损害的是老百姓切身利益，啃食的是群众获得感，挥霍的是基层群众对党的信任。

- 要不断锤炼意志力、坚忍力、自制力，坚守政治红线、纪律高压线、廉洁底线，时刻保持高度清醒和警觉，坚决防范被“围猎”，防止落入别人设置的“陷阱”。

- 内斗生危，团结则胜。一个地方的事业快速发展、干部健康成长都是团结出来的，一个地方的事业屡遇挫折、干部屡出状况大多也是内斗出来的。

- 坚持思想不松、目标不变、标准不降、力度不减，全力推进整改工作，做到整改一个、销号一个、验收一个、公开一个。

- 辩证唯物主义认为，矛盾是普遍存在的，矛盾无时不在、无处不有，有矛盾就会有斗争，解决矛盾的过程就是斗争的过程。

- 一个地方政治生态好，所有人都受益，政治生态不好，所有人都深受其害。政治生态关系到一个地方的发展，也关系到干部的政治生命，我们要像爱护自己的生命一样去爱护政治生态。

- 一个人只有明大德、守公德、严私德，其才方能用得其所。如果不立德、不修德、不践德，本事再大、能耐再大，也难以成为党和人民信赖的好干部。

- 破除“不思己过”的看客心理，破除“不伤大体”的侥幸心理，破除“不犯众怒”的圆滑心理。

- 要牢记清廉是福、贪欲是祸的道理，树立正确的权力观、地位观、利益观，任何时候都要稳得住心神、管得住行为、守得住清白。

- 经常抬头看看星空，能助长高；老是低头捡便宜，将致驼背。腰间的“算盘”只会把格局算得越来越小、境界算得越来越低。

- 谁拿纪律规矩不当回事，纪律规矩就会找谁的事；谁把吃喝问题当小事，小事就会坏谁的大事；谁贪公家的小便宜，小便宜就会让谁吃大亏。

- 刀刃向内从严整肃队伍，对执纪违纪、执法违法现象零容忍，坚决清除害群之马，坚决防治“灯下黑”。纪检监察机关不是“保险箱”，纪检监察干部没有天然的“免疫力”。

❖ 把名利看重了，就会把理想看轻；把位子看重了，就会把奉献看轻；把自己看重了，就会把别人看轻。

❖ 工作顺利时，做到谦虚谨慎；行使权力时，懂得临渊履薄；取得成绩时，保持戒骄戒躁；遇到诱惑时，头脑清醒坚定；面对吹捧奉承时，要有自知之明。

❖ 即便能够把“可能”称为一种主义，但它也不能成为一种奢谈空论。“可能”二字，拆开就是：如要可以，必有能力。

❖ 要习惯在“探照灯”下成长成才，勇于在“玻璃房”中干净干事，以踏石留印、抓铁有痕的作风务求遵规百分百、守纪实打实。

❖ 敢于板起脸来批评，敢于狠下心来问责，就能有效防止“破窗效应”，使纪律真正成为带电的高压线。

❖ 一个人能否廉洁自律，最大的诱惑是自己，最难战胜的敌人也是自己。一个人战胜不了自己，制度设计得再缜密，也会“法令滋彰，盗贼多有”。

❖ 擦亮监督“探头”，就要拓宽监督渠道、强化监督合力。采取专项检查、随机抽查、突击检查、交叉互查等方式，提高监督的精细度与精准度。

❖ 要带头建立健康的工作关系，不把管理的公共资源用于个人或者单位结“人缘”、拉关系、谋好处。

❖ 古人说：“距谏者塞，专己者孤。”如果把监督当成挑刺儿，或者当成摆设，就听不到真话、看不到真相，有了失误、犯了错误也浑然不知，那是十分危险的。

❖ 要让每一个干部牢记“手莫伸，伸手必被捉”的道理。“见善如不及，见不善如探汤。”领导干部要心存敬畏，不要心存侥幸。

❖ 层层深入：一级带着一级干，把作风建设推向前进；常抓不懈：一扣接着一扣拧，用管用的制度实现作风建设常态化；激浊扬清：一浪推着一浪行，引领良好社风民风。

❖ 放权不是甩手不管，减权并没有减监管的责任，要坚持把“放”和“管”统一起来，把有效监管作为简政放权的必要保障。

❖ 一个人如果被陋规所裹挟，长此以往，良知正气就会跑冒滴漏，是非界限就会日渐模糊，思想和行为就会偏离正道，最终必被陋规所误。

❖ 探究“思想雾霾”产生的根子，就是世界观、人生观和价值观发生了扭曲，理想信念这个“总开关”出了问题。

❖ “治其本，朝令而夕从；救其末，百世不改也。”不从政治上认识问题、解决问题，就会陷入头痛医头、脚痛医脚的被动局面，就无法从根本上解决问题。

❖ 抵御诱惑，关键是要心神宁静，锤炼“利诱拉不动、邪风吹不动、威逼吓不动、哄骗移不动”的过硬自控力。

❖ 往思想教育的熔炉中持续添火，拧紧刚性约束的螺丝扣，清除思想中的微生物，才能实现从“不敢”“不能”到“不想”的深层次转变。

❖ 把人民放在心中最高位置的人，人民会把他高高举过头顶；自以为“我是何等人物”的人，最终必然自食其果。

❖ 现实生活中有极少数党员干部却不知不觉淡化党员意识，享受权利的时候“大声疾呼”，自亮身份；履行义务时却“隐姓埋名”，绝口不提，完全把党员身份当成可有可无的“标签”。

❖ 发挥“探照灯”作用，突出政治导向力；发挥“显微镜”作用，突出廉政风险点；发挥“利剑”作用，直指问题不撒手；发挥“指南针”作用，引领工作新征程。

❖ 纪律不仅是管党治党的“戒尺”，也是党员干部约束自身行为的“准则”。让纪律成为党员干部的“护身符”，不仅要严格执纪执法，也要通过“婆婆嘴”常念廉洁“经”。

❖ 好家风就像阳光雨露，沐浴润泽党员干部修身立业之心志；而家风败坏则如同瘴气毒药，会侵蚀扼杀信仰信念和奋斗初心。

❖ 要牢牢把握铸就政治忠诚、清除害群之马、健全严管体系、增强斗争本领的目标任务，坚持把严的要求和实的举措相结合，确保教育整顿沿着正确方向扎实推进。

❖ 把“持续动真格”当作常态，没有半个台阶可下，没有一点面子可留，从小处入手，刹住了那些曾被认为不可能刹住的歪风邪气，破除了那些曾被认为司空见惯的沉疴痼疾。

❖ 清理小环境，需要培养孙悟空那样的火眼金睛，保持开弓没有回头箭的坚韧斗志，掌握好灭鼠拍蝇的方法技巧。

❖ 廓清思想迷雾，增强理论自信，抓好理论武装，加强阵地建设，开出醒脑良方，筑牢思想根基。

❖ 补足精神之钙、高扬信念之帆、把牢思想之舵、校准思想之标、绷紧纪律之弦、调整行为之舵、常修为官之德、常怀律己之心、坚守为政之本。

❖ 上紧作风发条，织牢制度牢笼，紧握法纪戒尺，挺起精神脊梁，增强党性修养，强化宗旨意识，经常打扫庭院，清除害群之马，清清白白从政，踏踏实实干事，堂堂正正做人。

- 明于盛衰之道，达乎去就之理，时时刻刻谨言慎行，一举一动不可放纵。领导干部本就处在有风险的岗位上，老百姓安危冷暖系于一身、责任所在，必须为人表率，说话办事必须公道正派。

- 不能低估腐败问题的顽固和复杂，不能指望一劳永逸，不能搞“差不多主义”，更不能见好就收。在舆论的探照灯和公众的注视下，发现一起查处一起，不遮丑不护短，果断处理从严查处，是必须保持的全面从严治党战略定力。

- 一些干部犯错误，往往都是从思想上的小毛小病、小枝小节和经济上的小偷小摸、小贪小占开始的。他们在有了一般违法违纪行为之后，不仅不悬崖勒马、痛改前非，反而知错不改、任其发展，甚至心怀侥幸、铤而走险，导致最终走上不归路。

- 制定纪律就是要执行的，党的规矩，党组织和党员干部必须无条件遵照执行，既不能搞特殊、有例外，也不能合意的就执行，不合意的就不执行。不加强管理，不追究责任，再好的制度也会成为纸老虎、稻草人。

- 创新“下访”便民机制，拓宽××纪检监察信访举报渠道。创新“察访”联动机制，健全基层纪检监察信访举报网络。创新××干部廉政教育机制，筑牢××干部廉洁从政思想根基。创新××干部监督机制，使××干部的权力在阳光下运行。

- 古人讲，“吏不畏吾严，而畏吾廉；民不服吾能，而服吾公”。廉洁是最好的公信力，公心是最强的领导力！领导考虑问题如果都从私利出发，哪怕能力再强、本领再大、水平再高，群众也不会真心跟着你干。

- “空谈误国，实干兴邦。”农民忙碌了一年，有的粮米满仓，有的颗粒无收，区别就在于种田的时候能不能“面朝黄土背朝天”地苦干实干，能不在日复一日的辛勤劳作中等待丰收的喜悦。纪检监察工作重在行动，行动要付诸实践，要沉得下身子弯得下腰，在工作一线实实在在地摸爬滚打。

- 惩治是最好的教育，也是最有力的预防，要稳固惩治“后墙”，保持态度不变、力度不减、重心不偏，对违纪违法问题发现一起查处一起，让党员干部从害怕被查处的“不敢”转变为敬畏组织、敬畏纪法的“不敢”，形成严管严治长效机制。

- 不谋全局者不足以谋一域。身为纪检监察干部，尤其是中层领导干部，要清醒认识到新时代纪检监察工作面临的形势和挑战，审时度势、与时俱进，切实肩负起党章和宪法赋予的职责使命。

- 坚持严字当头，坚持真管真严、敢管敢严、长管长严，狠抓思想从严、监督从严、执纪从严、治吏从严、作风从严、反腐从严，把严的标准贯穿管党治党的全过程、各方面，不留死角、不留盲区、不允许有任何特殊和例外，严出了习惯、严出了正气、严出了形象、严出了干事创业的精气神。

❖ 微信“红包”不点开，逾时“过期”就会自动退回。肩负风气建设责任的每一名同志，在收到微信“红包”时应提醒自己不去点上面那个“开”字，想想组织纪律，想想廉洁准则，让待领“红包”过期退回吧。

❖ 必须做到胸怀全局，既要从宏观上全盘考虑指明正确方向，又要心细如丝，从微观上制定切实可行的解决办法，决不能凭个人经验、用“土方法”、总靠领导把关，或是简单应付、“一刀切”等，要有预见性和超前性，把本单位纪检监察工作和上级纪检监察机关及本单位党委的有关政策相结合，分析研判，找准切入点，使纪检监察工作的重点始终围绕大局。

❖ 巡视工作突出问题导向，紧盯重点人，专注重点事和重点问题，发挥政治“显微镜”、政治“探照灯”作用，当好党中央和各级地方党委的“千里眼”和“顺风耳”，找出“老虎”和“苍蝇”，让利剑高悬、震慑常在。

❖ 身体没病，才会精力充沛；心理没病，才会心无旁骛；思想没病，才会全心践行党的宗旨。无论组织交给什么任务，都直面考验不回避，主动担责、积极尽责、全面履责；直面挑战不退缩，敢抓敢管，敢于亮剑；直面难题不推诿，说了就干、定了就办，紧抓快干、干成干好，确保决策部署件件落地、项项落实。

❖ “夫战，勇气也。”精神就是勇气，有精神才会有力量。正风肃纪反腐任务繁重艰巨、形势严峻复杂、永远在路上，面对艰难险阻，面对攀高登顶，往往要靠雄健的精神、压倒一切的气概才能够越过去。

❖ 强化内部监督制约，确保执纪执法权正确行使。推进纪检监察工作规范化、法治化、正规化建设，是新时代新征程纪检监察工作高质量发展的必然要求。要牢固树立法治意识、程序意识、证据意识，严格按照权限、规则、程序开展工作。

❖ 遇到困难冲上去而不是绕着走，行动迅速、主动出击，不犹豫，不观望；遇到矛盾解决它而不是放一边，胆大心细、科学谋划，不怕事、不莽撞；遇到风险顶上去而不是趴下来，积极应对、敢于伸头，不畏缩、不躲闪；面对失误揽下来而不是推出去，舍弃小我、挺身担责，不推诿、不逃避。

❖ 辩证来看，越是隐蔽的地方越是明显，越是细微的地方越是扎眼。而最隐蔽最细微的地方，也最能检验一个人的品质。高尚的人在闲居独处、无人监督的时候，同样是谨慎的。有些“两面人”台面上道貌岸然，形同正人君子；私下里偷鸡摸狗，恰是虚伪之徒。这警示我们，要从小事小节上守起，就要在私底下、无人时和细微处，始终做到不放纵、不越轨、不逾矩。

❖ 思想汇报一旦滋生“模板思维”，想在他人的思想汇报中“捞现成”，缺乏对自己思想的深入剖析和对照检视，靠“拿来主义”滥竽充数、敷衍了事，甚至怀着“闯关心理”，把思想汇报当作通向组织大门的“敲门砖”。

❖ 斗争是团结的手段，团结是斗争的目的。反腐败斗争并不是办案越多越好、处罚越重越好，而是要本着“惩前毖后、治病救人”方针，坚持不敢腐、不能腐、不想腐一体推进，努力实现标本兼治。

❖ 全面从严治党的目的不是要把人管死，让人瞻前顾后、畏首畏尾，搞成暮气沉沉、无所作为的一潭死水，而是要通过明方向、立规矩、正风气、强免疫，营造积极健康、干事创业的政治生态和良好环境。

❖ 要用监督传递压力，用压力推动落实。对违规违纪、破坏法规制度踩“红线”、越“底线”、闯“雷区”的，要坚决严肃查处，不以权势大而破规，不以问题小而姑息，不以违者众而放任，不留“暗门”、不开“天窗”，坚决防止“破窗效应”。

❖ 各级领导干部特别是高级干部要从自身做起，廉洁用权，做遵纪守法的模范，同时要坚持原则、敢抓敢管，立“明规矩”、破“潜规则”，通过体制机制改革和制度创新促进政治生态不断改善。

❖ 要坚持法治、反对人治，对宪法法律始终保持敬畏之心，带头在宪法法律范围内活动，严格依照法定权限、规则、程序行使权力、履行职责，做到心中高悬法纪明镜、手中紧握法纪戒尺，知晓为官做事尺度。

❖ 有的领导干部觉得“成大事者，不拘小节”，不注意在小节问题上明辨是非。殊不知，亚马孙雨林一只蝴蝶翅膀偶尔振动，也许两周后就会引起美国得克萨斯州的一场龙卷风。在小节问题上分不清是非，头脑犯糊涂，就会导致大是大非面前走错路。

❖ 境界源于自省，名节来自修养。在小事小节上加强防守，从一点一滴上完善自我，要求我们强化慎初意识、立足于早，树立慎微观念、立足于小，发扬慎独精神、立足于严。切实做到小事不放纵、大事不糊涂，我们才能够守住拒腐防变防线，炼就金刚不坏之身。

❖ 面对歪风邪气和消极腐败现象有正气、零容忍，既不能睁一只眼、闭一只眼，看见了像没看见、遇到了像没事人，患上了斗争“软骨病”“恐惧症”，缺乏基本的党性原则；也不能事不关己高高挂起，不涉及个人视若无睹、不牵扯自己决不伸头，在斗争上打折扣、作选择，缺乏基本的思想觉悟；更不能讲面子、徇私情，先私后公甚至因私废公，为了情面丢弃原则，为了私利罔顾法纪，连做一名纪检监察干部的基本条件都不够。

- 根据形势需要把握时、度、效，及时调整斗争策略，是斗争能够取得胜利的保障。纪检监察工作也不例外，只有掌握好力度节奏火候，才能在斗争中始终占据主动、取得良好效果。要准确把握斗争时机，以对党员干部的纪律教育为例，就要在初尝权力、志得意满时浇一浇冷水，灭一灭“心火”，在人生受挫、失落迷茫时点一点迷津、鼓一鼓斗志，在违纪违法、受到处分后暖一暖心窝、提一提士气，抓住干部成长的关键节点，及时开展有针对性的纪律教育。

- 在用人问题上，既有人尽其才、才尽其用的追求，也有人岗相适、人事相宜的追求，需要努力寻求这两者的平衡，而这个平衡必然是动态的。因此在干部的使用中，只有动态的公平，没有静态的公平。这就需要考验我们干部的素质和定力，如果经不起考验、不能保持定力，就会在公平的天平暂时失衡时滑出杠杆，失去天平再平衡的机会，永远被淘汰，只有那些经得起考验、保持定力的人才有平衡回来的机会。

十二、生态环境工作

蓝天，碧水，青山，净土，降碳，减污，扩绿，增长，精准，科学，依法，清洁，低碳，安全，高效，节能、节地、节材、节水，投放，收集，运输，处置，理性，协调，并进，减煤，控车，抑尘，治源，禁燃，增绿。

高标准，全覆盖，常态化、细致化、专业化、荒漠化、石漠化，生产端、贸易端、消费端，科技侧，流域美，找借口，不动摇、不松劲，做样子，打折扣，宽松软，真追责、敢追责、严追责，天更蓝、山更绿、水更清，听得进、记得住、传得开、用得上。

工业减排，散煤治理，扬尘管控，实事求是，量力而行，遵循规律，诚信整改，吹哨报到，宣传教育，信息反馈，督查督办，过度索取，肆意破坏，宜林则林、宜草则草、宜沙则沙、宜荒则荒，绿色出行，节水节电，“光盘行动”，垃圾分类，尊重自然、顺应自然、保护自然，生产发展、生活富裕、生态良好，人水和谐，水岸同治、流域共治，无废城市，状况调查，风险评估，治理修复，千山万水，山明水秀、山高水长，穷山恶水，绿色低碳，安全韧性，嘴上关注，行动忽略，系统治理、源头治理、综合治理，一碧千里，翠色欲流，千山一碧，碧波荡漾，翠绿欲滴，绿草如茵，空间重构、资源重组、功能重塑、产业重整、环境重生，精准治污、科学治污、依法治污，污染治理，生态保护，源头预防，前端减排，全程监管，协同增效，头痛医头、脚痛医脚，顾此失彼，蓝天永驻，青山常在，绿水长流，自然之美、生命之美、生活之美，应收尽收、应用尽用、应处尽处，生态优先，以人为本，简约自然。

源头减量化、利用资源化、处置无害化。

好句

- 树木丛生，百草丰茂。
- 青青河畔草，郁郁园中柳。
- 金山银山换不来绿水青山。
- 绿水青山的“小康味道”。
- 仓满鼠雀喜，草尽兔狐愁。
- 人法地，地法天，天法道，道法自然。
- 生态就是资源，生态就是生产力。
- 取之有度，用之有节，则常足。
- 老翁欹枕听莺啭，童子开门放燕飞。
- 绿水青山既是自然财富，又是经济财富。
- “绿水青山”成“幸福靠山”。
- 人不负绿水青山，绿水青山定不负人。
- 保护绿水青山，才能使绿水青山变成金山银山。
- 俗话说，撼山易、治水难。
- 生态兴则文明兴，生态衰则文明衰。
- 环境就是民生，青山就是美丽，蓝天也是幸福。
- 望得见山，看得见水，记得住乡愁。
- 生态环境没有替代品，用之不觉，失之难存。
- 污染治理集成，环保监管统合，产业链条耦合。
- 只有恢复绿水青山，才能使绿水青山变成金山银山。
- 端好绿水青山“金饭碗”，念活绿色经济“致富经”。
- 既要绿水青山，又要金山银山，实际上绿水青山就是金山银山。

❖ 人类发展活动必须尊重自然、顺应自然、保护自然，否则就会遭到大自然的报复。

❖ 经济发展不能以破坏生态为代价，生态本身就是经济，保护生态就是发展生产力。

❖ 宁肯不要钱，也不要污染，严格防止污染搬家，污染下乡。

❖ “浊水荒山”变成“绿水青山”，“绿水青山”如何变成“金山银山”？

❖ 推动形成绿色发展方式和生活方式，是发展观的一场深刻革命。

❖ 优美生态环境为全社会共同享有，需要全社会共同建设、共同保护、共同治理。

❖ 要弘扬生态文明理念，培育生态文化，让绿色低碳生活方式成风化俗。

❖ 临时管控只是“治标”，大幅减排才能“治本”。坚持标本兼治、应急减排和常态治理并重。

❖ 环境保护和生态文明建设工作是一项长期任务，只有进行时，没有结束时。

❖ 我们不要陶醉于我们对自然界的胜利，对于每一次这样的胜利，自然界都报复了我们。

❖ 千年大计，就要从千年秀林开始，努力接续展开蓝绿交织、人与自然和谐相处的优美画卷。

❖ 取之有度，用之有节，则常足。取之无度，用之不节，则常不足。

❖ 竭泽而渔，岂不得鱼，而明年无鱼；焚薮而田，岂不获得，而明年无兽。

❖ 其他垃圾全焚烧、餐厨垃圾全处理、生活垃圾零填埋，整体大美新风貌、标本兼治新解法、生态文明新风尚。

❖ 我们既要绿水青山，也要金山银山。宁要绿水青山，不要金山银山，而且绿水青山就是金山银山。

❖ 给绿水青山“定价”，不仅让人们看到了绿水青山的“市价”，更具意义的是，让人意识到破坏绿水青山的“代价”。

❖ 从“用绿水青山去换取金山银山”，到“既要绿水青山也要金山银山”，再到“绿水青山就是金山银山”，反映了生态保护价值优先，标志着发展理念的深刻变革。

❖ 污染防治攻坚战越是深入，出现的问题会越复杂，遇到的困难阻力会越大，越是需要一支政治过硬、顽强善战、无坚不摧的环保铁军。

❖ “奉法者强则国强，奉法者弱则国弱。”生态环境保护工作政治性、人民性、法治性很强，必须尊崇法治、敬畏法律，依法行政、依法履职，善于运用法治思维和法治方式开展工作。

- 要力戒形式主义、官僚主义，坚决反对“齐步走”“一刀切”，坚决反对拍脑袋决策、拍胸脯蛮干，坚决反对敷衍塞责、弄虚作假，以实打实、不掺水分的生态环境保护成效取信于民。
- 要以绿色低碳理念贯通生产端、贸易端、消费端和科技侧，扩大绿色低碳产品供给，加大绿色消费引导撬动力度，让绿色时尚成为活跃都市经济的“催化剂”。
- 实现碳达峰碳中和，等不得也急不得，不可能毕其功于一役，必须坚持稳中求进、逐步实现，决不能搞“碳冲锋”“运动式减碳”。
- 把碳排放权、用能权、用水权、排污权等资源环境要素一体纳入要素市场化配置改革总盘子，支持出让、转让、抵押、入股等市场交易行为。
- 要坚持重点攻坚，抓住主要矛盾和矛盾的主要方面，对突出生态环境问题采取有力措施，以重点突破带动全局工作提升。
- 环保不是打鸡血似的喊口号，也不是假大空式的条幅标语，而是贯穿于我们生活中的时时刻刻，点点滴滴。
- 我们既要绿水青山，也要金山银山。宁要绿水青山，不要金山银山，而且绿水青山就是金山银山。我们绝不能以牺牲生态环境为代价换取经济的一时发展。
- 要进一步健全资源环境要素市场化配置体系，用好绿色财税金融政策，让经营主体在保护生态环境中获得合理回报。
- 坚决向×××环保督察“回头看”和×××的工作标准对标看齐，做到整改尺子不松、标准不降，既不能搞低标准整改，更不能搞自欺欺人的虚假整改、表面整改和敷衍整改。
- 生态是×××的立市之本，是优势所在，也是发展约束，更是未来所系。生态环境保护工作的好坏，直接关系到×××高质量发展的成色。
- 环境保护关系着人类的福祉，关系着子孙后代和人类的未来，要坚持节约资源和保护环境的基本国策。
- 保护生态环境、提高生态文明水平，是转方式、调结构、上台阶的重要内容。经济要上台阶，生态文明也要上台阶。我们要下定决心，实现我们对人民的承诺。
- 我们要维持地球生态整体平衡，让子孙后代既能享有丰富的物质财富，又能遥望星空、看见青山、闻到花香。

❖ 大力倡导简约适度、绿色低碳、文明健康的生活理念和消费方式，让绿色出行、节水节电、“光盘行动”、垃圾分类等成为习惯，各级党政机关和国有企事业单位要走在前列。

❖ 善待地球就是善待自己。拯救地球就是拯救未来。但存方寸地，留与子孙耕。有限的资源，无限的循环。珍惜自然资源，供应生命绿色。

❖ 环境就是民生，青山就是美丽，蓝天也是幸福。要着力推动生态环境保护，像保护眼睛一样保护生态环境，像对待生命一样对待生态环境。

❖ 要牢固树立绿水青山就是金山银山的理念，加强生态保护和修复，扩大城乡绿色空间，为人民群众植树造林，努力打造青山常在、绿水长流、空气常新的美丽中国。

❖ 要牢固树立绿水青山就是金山银山的理念，统筹山水林田湖草系统治理，优化国土空间开发格局，继续打好蓝天、碧水、净土保卫战，抓好生态环境保护。

❖ 还青山翠绿，还江河清澈，让空气更加清新，让花艳树影婆娑，让草绿鸟儿欢歌，让家园美丽生机勃勃，我们才能安享多彩的生活。

❖ 良好的生态环境是最普惠的民生福祉，坚持生态惠民、生态利民、生态为民，重点解决损害群众健康的突出环境问题，不断满足人民日益增长的优美生态环境需要。

❖ 不能因为经济发展遇到一点困难，就开始动铺摊子上项目、以牺牲环境换取经济增长的念头，甚至想方设法突破生态保护红线。

❖ 生态环境保护和经济发展不是矛盾对立的关系，而是辩证统一的关系。把生态保护好，把生态优势发挥出来，才能实现高质量发展。

❖ 生态环境投入不是无谓投入、无效投入，而是关系经济社会高质量发展、可持续发展的基础性、战略性投入。

❖ 要推动污染防治见到新成效，聚焦大气污染治理、河湖水质提升、土壤安全保护、人居环境改善，打好蓝天、碧水、净土保卫战，推动污染治理工作全面进步、整体提升。

❖ 你善待环境，环境是友好的；你污染环境，环境总有一天会翻脸，会毫不留情地报复你。因此，对于环境污染的治理，要不惜用真金白银来还债。

❖ 解决好人民群众反映强烈的突出环境问题，既是改善环境民生的迫切需要，也是加强生态文明建设的当务之急。

❖ 要加强生态文明建设，划定生态保护红线，为可持续发展留足空间，为子孙后代留下天蓝地绿水清的家园。

❖ 我们既要“求温饱”，又要“盼环保”，不能为了“温饱”，忽略了“环保”，也不能只顾“环保”，不顾“温饱”。

❖ 一头挑起“绿水青山”，一头挑起“金山银山”；一头挑起农民的“粮袋子”，一头挑起农民的“钱袋子”。

❖ 问题不查清不放过、整改不到位不放过、责任不落实不放过、群众不满意不放过、问责不到位不放过、信息不公开不放过，重要工作亲自部署、重大问题亲自过问、重要环节亲自协调、重要案件亲自督办。

❖ 生态环境没有替代品，用之不觉、失之难存，不仅关系经济发展质量，而且攸关每个人的生活品质。只有人人动手、人人尽责，激发起全社会共同呵护生态环境的内生动力，才能让中华大地蓝天永驻、青山常在、绿水长流。

❖ 必须始终坚持用最严格制度最严密法治保护生态环境，保持常态化外部压力。要进一步建立健全和严格执行生态环境法规制度，坚持运用好、巩固拓展好强力督察、严格执法、严肃问责等做法和经验。

❖ 只管以开会、发文形式安排部署工作，不主动思考协调推进的“形式主义”；平时不落实，督察检查前就“临时烧香”“挑灯夜战”的工作“一阵风”现象；环保工作推进落实办法少，方式相对单一，一般就是考核、督查、通报“老三篇”等问题也不同程度存在。

❖ 要强化目标协同、多污染物控制协同、部门协同、区域协同、政策协同，不断增强各项工作的系统性、整体性、协同性。要统筹兼顾，推动局部和全局相协调、治标和治本相贯通、当前和长远相结合。

❖ 节约资源是保护生态环境的根本之策。要大力节约集约利用资源，推动资源利用方式根本转变，加强全过程节约管理，大幅降低能源、水、土地消耗强度，大力发展循环经济，促进生产、流通、消费过程的减量化、再利用、资源化。

❖ 对于传统行业，不能简单当成“低端产业”一退了之、一关了之，而是要推动工艺、技术、装备升级，实现绿色低碳转型。要以更加积极的姿态参与全球气候治理，形成更加主动有利的新局面。

❖ 自然生态系统是一个有机生命躯体，有其自身发展演化的客观规律，具有自我调节、自我净化、自我恢复的能力。治愈人类对大自然的伤害，首先要充分尊重和顺应自然，给大自然休养生息足够的时间和空间，依靠自然的力量恢复生态系统平衡。

❖ 自然恢复的局限和极限，对人工修复提出了更高的要求，也留下了积极作为的广阔天地。我们要把自然恢复和人工修复有机统一起来，因地因时制宜、分区分类施策，努力找到生态保护修复的最佳解决方案。

- 要逐条逐项落实整改措施，切实做到问题不查清不放过、整改不到位不放过、责任不落实不放过、群众不满意不放过、问责不到位不放过、信息不公开不放过，确保整改成效经得起×××“回头看”，经得起群众的评判。

- 对于严重透支的草原森林、河流湖泊、湿地农田等生态系统，要严格推行禁牧休牧、禁伐限伐、禁渔休渔、休耕轮作。对于水土流失、荒漠化、石漠化等生态退化突出问题，要坚持以自然恢复为主、辅以必要的人工修复，宜林则林、宜草则草、宜沙则沙、宜荒则荒。

- 对于生态系统受损严重、依靠自身难以恢复的区域，则要主动采取科学的人工修复措施，加快生态系统恢复进程。城市特别是超大特大城市和城市群，要积极探索自然恢复和人工修复深度融合的新路子，让城市更加美丽宜居。

- 良好生态环境是最公平的公共产品，是最普惠的民生福祉。要发挥这一公共产品的最大效用，让人民群众在美丽家园中共享自然之美、生命之美、生活之美，防止过度索取、肆意破坏，就要有明确的边界、严格的制度，做到取用有节、行止有度，这就离不开强有力的外部约束。

- 生态环境保护是攻坚战，是持久战。我们既要有一以贯之、持续加力的工作举措，更要有标本兼治、从根子上解决的自觉，系统治理、依法治理、长效治理，推动我市生态文明建设不断取得新成效。

- 绿水青山和金山银山绝不是对立的，关键在人，关键在思路。保护生态环境就是保护生产力，改善生态环境就是发展生产力。让绿水青山充分发挥经济社会效益，不是要把它破坏了，而是要把它保护得更好。

- 天蓝不能等风来，必须下“笨功夫”一点点削减污染负荷，守正笃实，久久为功。一方面，优化能源结构，立章建制狠抓源头治理，从根本上减少污染物排放。另一方面，大气无边界，必须强化区域协作，联控联防。

- 生态环境没有替代品，用之不觉，失之难存。在生态环境保护建设上，一定要树立大局观、长远观、整体观，坚持保护优先，坚持节约资源和保护环境的基本国策，像保护眼睛一样保护生态环境，像对待生命一样对待生态环境，推动形成绿色发展方式和生活方式。

- 抓环保我们不可能走“回头路”，就是要进一步打造天蓝、地绿、水清的优美环境，就是要造福×××群众、惠及×××儿女，就是要打造招商引资、招才引智“强磁场”，就是要推动经济结构、质量、效益向好变化。

- 要坚决筑牢环境风险防线，严守生态保护红线、环境质量底线、资源利用上线，着力解决人民群众身边急难愁盼环境问题，突出抓好上级督察反馈问题整改，突出严格执法主基调，突出打好污染防治攻坚战，确保生态环境质量“只能更好、不能变坏”。

- 生态环境保护事关民生和发展。各级各部门要有更加坚决的态度，全面做好打大仗、打苦仗、打硬仗的心理准备，拿出背水一战、破釜沉舟的勇气和决心，全域动员、协同攻坚，坚决打赢生态环境治理攻坚战、翻身仗。

- 坚决摒弃损害甚至破坏生态环境的发展模式，坚决摒弃以牺牲生态环境换取一时一地经济增长的做法，让良好生态环境成为人民生活的增长点、成为经济社会持续健康发展的支撑点、成为展现我国良好形象的发力点，让中华大地天更蓝、山更绿、水更清、环境更优美。

- 要保持加强生态环境保护的定力，不动摇、不松劲、不开口子。这就要求我们坚持生态优先、绿色发展，坚决守住生态环境底线，对突出生态环境违法犯罪行为严惩重罚，推动实现更高质量、更有效率、更加公平、更可持续、更为安全的发展。

- 要统筹各领域资源，汇聚各方面力量，打好法治、市场、科技、政策“组合拳”，为美丽中国建设提供基础支撑和有力保障。

- 而在“绿水青山就是金山银山”实践创新基地创建中，各地在夯实绿水青山本底、壮大绿色发展动能、探索“绿水青山”与“金山银山”转化机制、培育生态文化和推动生态惠民方面取得积极进展。

- “绿水青山就是金山银山”，森林小镇建设把“绿水青山”转化为发展的“软实力”和“硬实力”，为生态与经济找到了一个最佳耦合点，为“绿水青山”转变为“金山银山”提供了现实条件。

- 要站在人与自然和谐共生的高度谋划发展，把资源环境承载力作为前提和基础，自觉把经济活动、人的行为限制在自然资源和生态环境能够承受的限度内，在绿色转型中推动发展实现质的有效提升和量的合理增长。

- 生态环境问题归根到底是经济发展方式问题，要坚持源头严防、过程严管、后果严惩，治标治本多管齐下，朝着蓝天净水的目标不断前进。这是利国利民利子孙后代的一项重要工作，决不能说起来重要、喊起来响亮、做起来挂空挡。

- 生态文明是反映人与自然和谐程度的新型文明形态，是人类文明进步的重大成果。建设生态文明，就是要树立尊重自然、顺应自然、保护自然的理念，以资源环境承载能力为基础，以自然规律为准则，以可持续发展、人与自然和谐为目标，建设生产发展、生活富裕、生态良好的文明社会。

❖ 推进碳达峰碳中和是党中央经过深思熟虑作出的重大战略决策，是我们对国际社会的庄严承诺，也是推动经济结构转型升级、形成绿色低碳产业竞争优势，实现高质量发展的内在要求。这不是别人要我们做，而是我们自己必须要做。我们承诺的“双碳”目标是确定不移的，但达到这一目标的路径和方式、节奏和力度则应该而且必须由我们自己做主，决不受他人左右。

❖ 生态环境保护是人民群众共同参与共同建设共同享有的事业。做好生态环境保护工作，要不断转变工作作风，切实改进文风、会风，注意避免桃花源中、曲高和寡。制定政策、宣讲政策都要更加考虑通俗化、大众化，采取为群众喜闻乐见的方式，使生态环境保护各项政策更好为群众所掌握、为基层所掌握，真正落地生根、开花结果。

❖ 森林是陆地生态的主体，是国家、民族最大的生存资本，是人类生存的根基，关系生存安全、淡水安全、国土安全、物种安全、气候安全和国家外交大局。必须从中华民族历史发展的高度来看待这个问题，为子孙后代留下美丽家园，让历史的春秋之笔为当代中国人留下正能量的记录。

❖ “胸中有数”体现了马克思主义立场观点方法。对生态环境系统干部而言，首先要对“国之大者”胸中有数，关注党中央在关心什么、强调什么，深刻领会什么是党和国家最重要的利益、什么是最需要坚定维护的立场，密切跟踪把握国内国际发展大势，自觉在党和国家事业大局下开展工作，做到既为一域争光、更为全局添彩。

❖ 要高度重视××环保督察工作，精心做好配合保障服务，客观真实反映工作情况。对督察反馈问题，要主动认领、照单全收，第一时间组织力量排查，实行台账管理。能立即解决的，要立行立改；通过努力能够整改到位的，要合理计划安排，不折不扣推动；需要长期整改或存在困难的，要做好沟通衔接，持续加力破解。要坚持实事求是，加强对上衔接，既不人为拔高目标，也不盲目降低标准，更不敷衍整改、虚假整改、表面整改。

❖ 推进生态文明建设，解决资源约束趋紧、环境污染严重、生态系统退化的问题，必须采取一些硬措施，真抓实干才能见效。实行能源和水资源消耗、建设用地等总量和强度双控行动，就是一项硬措施。这就是说，既要控制总量，也要控制单位国内生产总值能源消耗、水资源消耗、建设用地的强度。这项工作做好了，既能节约能源和水土资源，从源头上减少污染物排放，也能倒逼经济发展方式转变，提高我国经济发展绿色水平。

❖ 诗人说：“云朵之上，天空奢侈地蓝。”驱雾散霾，迎接蓝天，当然不可能毕其功于一役，但是，如果陷入“非不能也，实不为也”的懒政逻辑，如果缺少“只争朝夕”的紧迫意识，如果既不愿意在“最先一公里”“最后一公里”上迈开步，也不愿意力破“中梗阻”，所谓的蓝天梦就只能是遥远的梦想。面对雾霾的造访，多一些责任意识，就不会处处被动；多对接民众的殷切目光，就不会行事慵懒。

❖ 对照人民群众对优美生态环境的更高期待，大美××建设还面临不少挑战，既有生态环境保护结构性、根源性、趋势性压力尚未根本缓解等共性问题，也存在空间功能布局散乱、减污降碳负重承压、环境风险源点多面广、生态新型基础设施支撑不足等突出短板，必须以永不懈怠的紧迫感、勇立潮头的使命感，聚力改革创新、主动破题解难，让××大地蓝天永驻、青山常在、绿水长流。

❖ 在发挥资源禀赋优势的过程中，是不是有效实现了把绿水青山变成金山银山？在污染防治工作中，是不是仍然存在不尊重规律，简单浮躁、盲目冒进、贪功求快、事与愿违的问题？在贯彻执行和问题整改的过程中，是不是仍然存在找借口、做样子、打折扣、宽松软的问题？在看待排名和总结成绩的时候，是不是仍然存在自我满足、盲目乐观的倾向？客观理性地回答好这××个问题，既是对过去工作的总结，也是对未来工作的展望。当前××已进入×××发展至关重要的一年，每一位同志都要带着问题进行自我剖析、自我检视，要把×××不折不扣落实到生态环境保护的具体行动中。

十三、老干部工作

好词

传，帮，带，融，稳，争，创，保，敬，真，暖，优，细，策，养，医，勤，深，实，活，新，薪，激，送，提，升，云。

联动、联情、联心，勤学、勤思、勤干，问计、问政、问需，做深、做细、做实、做好，初心、贴心、用心、暖心、忠心，优质，周到，分析，打造，优化，高龄，空巢，失能，重病，余热、火热。

全天候、全时段，一站式、保姆式，办实事、排忧事、解难事，用真心、用真情，监督员，智囊团，连心桥，问需求、问难题，坐得住、听得进，不烦躁，无怨言，看不清、听不见、记不住，懂政策、懂管理，技术好，说服力、感召力，娘家人、知心人、贴心人、暖心人、局内人、局外人，引导员、服务员、参谋员，看得见、摸得着，可复制，能推广，吸引力、向心力、凝聚力，讲政治，守纪律，懂规矩，善作为，提能力，转作风，树形象，操心事、烦心事、揪心事，心连心，面对面、一对一，活字典、活教材，经验足，阅历广，业务精，任务书，施工图，日程表，年年有、年年改、年年在。

连心电话，感恩之心、孝亲之心、尊老之心，守护夕阳，爱党敬业，公道正派，克己奉公，受人尊敬，开拓进取，兢兢业业，严谨务实，老骥伏枥、老当益壮，真心尊重、真切关怀、真情服务，送学上门、送医上门，老有所得、老有所乐、老有所安、老有所为，发光发热，政治优势、经验优势、智慧优势，文化养老，精准把脉、精确制导，敬重之心、关爱之情、务实之举，不怕麻烦、不怕琐碎、不怕苦累，带着敬重、带着感情、带着责任，政治优势、经验优势、威望优势，共叙情谊、共话发展，“问”得深入、“问”得具体，以“老”带“小”，“银领力量”，管理清单、服务清单、责任清单；荣誉给予，心理疏导，困难帮扶，建言献策，点拨指导，斡旋调解，青蓝相继，薪火相传，推进工作，突破桎梏，群众满意，主动想事、精准谋事、用心成事，银发生挥，银发经济，情暖夕阳，激发活力。

银色正能量、银色新活力、银色新作为，思想上强化、生活上感化，多算政治账，少算经济账，做一次宣讲、听一堂讲座、发一次手册、推一项服务、送一份健康，政治上尊重、思想上关心、生活上照顾、精神上关怀，归属感更实、幸福感更真、获得感更足，事事有回应、件件有着落，实现新突破、取得新成绩、再创新辉煌，向往的日子，无愧于先辈、无愧于时代，意识不弱化、标准不降低、生活不脱离。

好句

- 莫道桑榆晚，为霞尚满天。
- 离岗不离党，退休不褪色。
- 对接新闻动态，学习时政热点，掌握海量知识。
- 传承红色血脉，淬炼政治自觉，激扬信仰力量。
- “退休”不能“褪色”，“离岗”不能“离责”。
- 党委政府关切、民生民意关心、重大任务关注。
- 问政于老干部，问计于老干部，想老同志所想、急老同志所急。
- 常思创业之艰、常怀敬老之心、常倾反哺之情。
- 常怀爱老之心、倾注爱老之情、笃行为老之事。
- 涵养政治品格，厚植为民情怀，主动担当作为。
- 政治理论不落伍、党性修养不掉队、文化素养不落后。
- 虚心向老干部学习，及时向老干部取经，广泛听老干部意见。
- 没有广大老干部的长期艰苦奋斗，就没有今天经济社会蓬勃发展的大好局面。
- 老干部工作和其他工作一样，需要以点带面，拓展推进。
- 没有调查就没有发言权，不准确掌握老干部的需求，就没法提供周到的服务。

- 只要机关老同志有需求，无论大事小事，我都会高度重视、高效落实。
- 老干部工作无小事，老干部工作事关大局，十分重要。
- 新形势下老干部工作与其他工作一样，既实现了新发展、新跨越，也面临着新困难、新挑战。
- 政治上充分尊重，精神上倍加关心，生活上悉心照顾，政治上有荣誉感、组织上有归属感、生活上有幸福感。
- 一副笑脸相迎、一张椅子请坐、一杯热茶相奉、一颗耐心倾听、一片诚意办事、一声“走好”相送。
- 老干部工作有自身的规律和节奏，但只有时不我待，才能“让时间成为积极的存在”；唯有只争朝夕，才能让“诗和远方”更加可期。
- 广大老干部在××的大开发、大建设中作出了卓越贡献，离开工作岗位后，仍在为推动经济社会发展发挥余热、默默奉献。
- 离退休干部党员为祖国和人民奔波辛苦了一辈子，理应过上“向往的日子”、安享“多彩的晚年”。
- 老干部工作者要充分发挥他们的表率作用，借助他们的威望优势，引导青年一代做风清气正的良好政治生态的维护者，争做内心纯净、做事干净的年轻干部。
- 老干部熟悉区情区貌、工作阅历丰富、群众基础深厚、社会影响广泛，无论从时间、空间、经历、阅历上，都是推动科学发展、促进社会和谐一个不可或缺的重要力量。
- 广泛宣传老同志的先进事迹，在全社会广泛形成尊重老同志、爱护老同志、学习老同志的良好社会氛围。
- 确保广大离退休干部党员“离岗不离党，退休不褪色”，始终保持公仆本色，始终牢记党员身份，始终坚定理想信念，始终保持对党忠诚的政治品格，是做好老干部工作的基础性工程。
- 同样一句话，让老干部来讲，群众会更信赖；同样一件事，让老干部来说，群众会更信任；同样一个理，让老干部来论，群众会更信服。
- 充分调动老同志发挥模范作用、桥梁作用的积极性，保持老干部“工作热情激情不减”“忧党忧国情怀不变”，引导老同志把发挥余热当成一种“精神境界”。
- “关心今天的老人，就是关心明天的自己”，我们要像对待自己的眼睛一样去关心服务他们，积极主动去了解他们的需求，大胆创新工作方法，甘做新时代离退休老干部的“热心人”。

❖ 全力做好各项服务保障工作，改善“老有所养”条件，开辟“老有所乐”渠道，搭建“老有所为”舞台，让老干部在政治上更有荣誉感、组织上更有归属感、生活上更有幸福感。

❖ 要杜绝千篇一律的重大节日“作秀”式慰问，拥抱日常生活中的持续性关注，杜绝“胡子眉毛一把抓”般的“平均”式关怀，拥抱能够聚焦真实需求和实际“急难愁盼”的举措。

❖ 自视甚低，看轻老干部工作，把自身重任当普通业务来做，只懂审材料、走流程、搬规矩，不学不读党和国家的大政方针，不管不问老干部的所思所想和急难愁盼。

❖ 全面从严治党永远在路上，无论是在职干部还是离退休干部，特别是离退休干部党员，都不能有任何“喘口气”“歇歇脚”的念头。

❖ 在座的我们每个人都会老，老干部的今天就是我们的明天，今天把老干部工作做好做实，也是在为我们的明天谋福利。

❖ 离退休干部卸任了主要工作岗位，但不能卸下了“思想包袱”，动摇了“思想根基”，做“糊涂人”，办“糊涂事”。

❖ 为离退休干部服务，感情是第一要素，只有感情到位，才能服务到位；只有全心全意，才会千方百计。

❖ 只要立足政治性这个基本点，实际上也就对正了焦距，找准了穴位，抓住了要害，也就能自觉将老干部工作和事业同党的工作和事业同步推进、同向发力。

❖ 贴近地皮，方见草根。广大老干部工作者要进“百家门”、行“万里路”，要善于从老干部的喜怒哀乐中“望”出问题、“望”出实情，准确把握老干部动态，进而做到“心中有数”。

❖ 要强化榜样带动作用，注意发现和树立老干部党支部和老干部的先进典型，确保比有对象、学有榜样，赶有目标，超有方向。

❖ 坚持工作人员多跑腿，多上门服务，发自内心地倾听老干部所思所想、所忧所盼，在思想上多关心、生活上多照顾、精神上多关怀。

❖ 简单粗放式服务为老干部带不去“亲情”，唯有不断追求“精细精准”服务，才能使老干部感觉我们“不是亲人，胜似亲人”。

❖ 广大离休干部为了国家和人民的利益，面对危险时，勇往直前，毫不畏惧，始终保持着革命乐观主义精神，不惜付出自己的青春和热血，甚至生命。

- 饮水思源，我们应当常思创业之艰，常怀敬老之心，常倾反哺之情，把感恩转化为关心服务老干部的具体行动。

- 广大离休干部一生的写照，像一座灯塔，照亮黑暗，指引方向；像一面旗帜，激荡心灵、鼓舞斗志；像一面镜子，见贤思齐、检身正己。

- 自视甚高，端起架子做工作，将“讲政治”作为推诿扯皮的理由，这实质是脱离群众的官僚主义，将严重损害我们在老干部中的形象和亲和力。

- 业务精通是做好老干部服务工作的前提。做好老干部服务工作不仅仅要有精心、精细、精准服务的奉献精神，还要有过硬的政策理论水平和业务能力。

- 灵活运用广播、电视、报刊、网络等媒体，加强对老干部和老干部工作的宣传，充分展示老干部工作的丰硕成果和老干部的精神风貌，激励更多的老干部围绕发展大局，贡献智慧力量。

- 仍有少部分同志认为老干部工作“可有可无”，无需“大费周章”，抓“大”放“小”式的“随便应付”成了一些人的做事准则。

- 老干部工作者要加强引导作用，多在“老有所为”“老有所乐”上下功夫，多在发挥余光、余热上下功夫，多在公益事业、夕阳服务上下功夫。

- 老干部工作是一项需要付出、需要奉献的重要工作，也是值得付出、值得奉献的光荣事业，要努力在平凡的岗位上创造出不平凡的业绩。

- 我们应当以真情的态度、务实的行动，把老干部视为自己的亲人和长辈，设身处地为老干部着想，用真诚感化、温暖老干部，为老干部做好事、办实事、解难题。

- 坚持“老干部需要什么，我们就做什么”的理念，不断丰富学习、活动、养老资源，为老干部推出定制化服务，最大限度上满足老干部个性化需求。

- 切实让离退休干部把好理想信念这个“总开关”，明晰思想灵魂层面“良”与“莠”的输入与输出，封堵住各种歪风邪气的侵袭，坚决禁止出现和党规党纪打“擦边球”、玩“捉迷藏”的问题，扛起一辈子对党忠诚、听党指挥、为党尽责的政治担当。

- 要做好调研“回头看”，根据新变化新形势兼顾需要和可能，不断完善调研决策，做到问题不解决不松劲、解决不彻底不放手，真正将调研成果转化为推进工作、突破桎梏、群众满意的实际成效，推动各项举措落实落地，破除问题年年有、年年改、年年在的积重难返。

❖ 离退休干部是打江山、建江山、守江山的功臣，今天的幸福生活离不开他们的浴血奋战，只有满怀感恩之心，才能深刻体会肩负职责的神圣，感悟平凡工作的高尚，品味守护夕阳的快乐。

❖ 我们要发挥老干部的政治优势，把这批具有光荣革命传统的老干部当作理想信仰教育的“活教材”，当作补好精神之钙的“添加剂”，向年轻干部进行“红色教育”，传承“红色基因”，培育“红色精神”。

❖ 讲奉献要求在落实上下功夫，工作不能停留于文件、停留于笔头，而应该沉下去、落地生根、见到成效，离退休老干部们要安度晚年、颐养天年，需要我们关心好、服务好这些老干部，他们等不起、拖不得。

❖ 生活待遇关系老干部切身利益，应树立精准化服务理念，想老干部之所急、解老干部之所需，做好老干部服务供给侧结构性改革，不搞“花拳绣腿”低端无效供给，多提供“雪中送炭”高质量服务，争做让所有“乙方”都满意的“甲方”，增强老干部获得感幸福感安全感。

❖ 满怀热情是做好老干部服务工作的基础。老干部是党的宝贵财富，要满腔热忱做好服务，做到服务保障力度不降、标准不降、质量不降，做到思想上多关心、生活上多照顾、精神上多关怀，让离退休老干部无后顾之忧。

❖ 希望老干部们一如既往关心支持×××工作，多提宝贵意见，当好干部作风的“监督员”，做好高质量发展的“智囊团”，架好党群关系的“连心桥”，及时向×××传递和反馈民心民意，形成推动高质量发展的强大合力。

❖ 起初，我以为的离退休干部是过着“采菊东篱下，悠然见南山”的惬意生活，直到我成为一名老干部工作者，与他们接触才发现，他们是“桑榆未晚霞尚满天”，他们是平凡生活中的“一抹亮色”。

❖ 老干部工作者既要当好记录者，也要当好“淘金人”。要第一时间将老干部口述内容、珍藏物件等整理归纳，在征求老干部个人意愿的基础上，有目标、有方向、有规划适度形成个人传记。

❖ 工作成效好不好，老干部脸上见分晓。老干部工作主要是跟老干部打交道，老干部的“脸色”可谓是一面镜子，能照出老干部的工作成效好不好。只有用心看、细心察，才能看到老干部生活品质的高低、幸福程度的深浅。

❖ 要学会与老干部沟通聊天服务的方法技巧，带着感情和责任为老干部搞好服务，当好政策的“宣讲员”、家庭矛盾的“调解员”、排忧解难的“服务员”，甘做新时代离退休老干部的“知心人”。

❖ 老干部是不图回报的挖井人，他们倾注了大量的心血和汗水，为我们继续前进“开疆拓土”，作为他们的“接棒人”，我们当吃水不忘挖井人，在思想上关心、精神上关怀、生活上照顾，以“满腔赤诚献夕阳，一片真情暖桑榆”，让老同志得到更多的获得感、幸福感和安全感。

❖ 实践证明，对离退休干部的感情有多深，工作的热情就有多高，服务的自觉性就有多强。讲感情，就是要求老干部工作者要常怀感恩之心、孝亲之心、尊老之心，倾注爱老之情、笃行为老之事。

❖ 广大老干部工作者当如“虚心竹”般谦恭“求问”，真正学会站在老干部的角度看问题，要“问”得深入、“问”得具体，多培塑亲和力，放下身段向老干部“问”计策，在“问”需中拉近与老干部关系，从而开出对症下药的“良方”。

❖ 要继续凝聚“银发”力量，创造条件、搭建平台，组织老干部开展更多有特色、有影响、饱含正能量的活动，不断为老干部工作注入新动能，切实做到让老干部老有所学、老有所依、老有所为。

❖ 要把维护和实现离退休干部的根本利益作为工作的出发点和落脚点，把老干部的呼声作为各级党组织和领导干部做决策的第一信号，把老干部的需求作为第一选择。要通过令人信赖的服务质量、令人赞许的服务效率、令人满意的服务态度，得到老干部的充分认可。

❖ 必须清醒地意识到，时代的瞬息万变，老干部工作同样需要与时俱进，这需要老干部工作者与各级老干部工作部门的双向发力，想老干部之所想，急老干部之所急，创新各类管理服务模式，始终如一用心用情、尽心尽责、精准服务，让老干部工作“永远在路上”。

❖ “莫道桑榆晚，为霞尚满天。”一个老干部就是一部历史，一个老干部就是一本教科书，他们有着丰富的政治智慧、工作经验、人生阅历和群众基础，是我们取之不尽用之不尽的“经验宝库”。

❖ 老干部亲历了中华民族迎来从站起来、富起来到强起来的伟大飞跃，对理想信念坚定执着、对党和人民事业无比忠诚，作出了重要贡献。他们是单位里的“老功臣”，是党的优良传统的“忠实传人”，是年轻干部的“传帮带老师”。

❖ 老干部工作承担着×××关心爱护老干部的重要任务。长期以来，广大老干部工作者默默无闻、无私奉献，为做好老干部工作付出了大量心血、作出了积极贡献。老干部工作部门和老干部工作者要用心用情、精准服务，努力在平凡的岗位上创造出不平凡的业绩。

❖ 青年一代应该以老干部为榜样，学习他们兢兢业业、一丝不苟的工作作风，修炼勤学、勤思、勤干的务实本领，不断学习改革发展经验，掌握攻坚克难的制胜方法，并将学到的好方法、好经验、好作风付诸实践。

- “政治线”是党员干部的“生命线”，要及时把党的路线方针政策决议传达给离退休干部党员，确保他们与党同心同向，同频同振，讲政治，明规矩，守底线，在政治上思想上始终同党中央保持高度一致，继续听党话，跟党走。

- 老干部工作者要充分利用老干部的政治优势、经验优势和威望优势，搭建平台载体，多渠道多方式引导全体老干部将红色基因传承下去、将革命信念传扬出去、将工作经验传播开来，不断展现夕阳风采，用“薪”做好老干部基因传承，保证不少一人。

- 当今时代，离退休老干部也是党和国家的宝贵财富，作为老干部工作者，我们应认真翻阅老干部这本“活字典”，认真学习老干部这本“活教材”，从他们身上学习好方法、好经验、好作风，争当老干部工作里的行家里手。

- 要完善工作机制、联合多方力量，将服务工作做到老干部的心坎里，确保做得细、做得深、做得实，以有力的行动回应老干部的需求，以“连心电话”传递关爱，以“当面交流”加强沟通，在解决问题上及时跟进、压实责任，以“全天候”“全时段”的关心关爱做好服务工作。

- 莫道桑榆晚，为霞尚满天。老干部虽已离退休，但他们离岗不离党、退休不褪色。离退休干部要发挥经验优势当好“二传手”，向青少年进行“红色教育”，传承“红色基因”，培育“红色精神”，通过亲身的言传身教和点拨指导，切实增强青少年的文化自信。

- 老干部工作虽然姓“老”，但我们的思维方式、工作方法不能“老”。时代在发展、环境在变化，这就要求我们老干部工作方式必须与时俱进、不断创新跟上时代的步伐，才能更好地服务老干部。

- 要扩大老干部的“活动圈”，坚持引导老干部从室内走向室外、从线上走向线下，融入社区中去、农村中去，在广阔天地中不断丰富自身的退休生活。要扩大老干部的“养老圈”，让社区居家养老、候鸟式旅居养老、集中养老等养老模式走进老干部视线，在多样化选择中优化养老资源配置。

- 坚持把老干部的小事当大事办、私事当公事办、缓事当急事办，努力做到充满感情，态度诚恳，处处尊重，把该想到的及时想到，该做到的尽力做到，该说到的尽量说到，只有这样才能把服务工作做到位、做到家，做到老干部的心坎上，激励老干部充分发挥政治优势、经验优势、威望优势，继续为党和国家事业作出新贡献。

- 各项政策和服务的落实是做好老干部服务工作的根本。不断加强离退休干部思想政治建设和党组织建设，全面落实政治待遇和生活待遇，严格落实离休干部“一人一策”一对一服务管理机制，确保每位老干部有人联系、事情有人办理、困难有人解决，保持敬重之心、倾注关爱之情，依法保障老干部各项权益。

❖ 做事通常可划分为两步，一是谋事，二是抓落实。做好老干部工作，要写好“精心谋划”的精品文章。对老干部队伍现状进行深入调研，摸清老干部队伍人员结构情况、生活起居情况、身体健康状况、参加活动情况，了解老干部精神状况和心理状况，掌握老干部平时投入单位和社区建设发挥作用的情况。

❖ 尊重老同志、关怀老同志，是我党一贯的光荣传统，也是市院党组始终坚持的优良作风。对老同志要在政治上尊重、思想上关心、生活上照顾、精神上关怀，主动向老同志报告检察工作，及时了解老同志所思所盼、所忧所虑，真心用心为老同志办实事、排忧事、解难事，努力让老同志老有所得、老有所乐、老有所安。

❖ 离岗不离×，离岗不离心，退休不褪色，卸任不卸岗。离退休干部具有威望高、经验足、联系群众紧密等得天独厚的优势，要将这些优势转化为发展胜势，就必须牢牢将离退休干部团结在党的周围，充分在乡村振兴、生态保护、基层治理等领域发挥“余热”，创造“价值”，让“银发力量”嘹亮“发展强音”，共谱“富裕华章”。

❖ “忠诚不绝对，就是绝对不忠诚。”对党忠诚掺不得“半点杂质”，容不得“半点水分”，必须是唯一的、彻底的、无条件的。离退休干部虽离开了“主战场”，卸下了“戎装”，但是离岗不代表离开了责任，离开了共产党员的身份，必须将“讲政治”作为“常修课”“必选项”“常青课”，无论身在何处，干在何方都必须在党言党、在党爱党、在党为党。

❖ 在从事老干部工作过程中必须创新方式方法，对老干部工作中出现的一些“标准模式”和“经典方法”要敢于创新和改进，要善于发现老干部工作中的隐性问题、深层问题，不断提高用新方法、新理念去分析、解决老干部工作中的新问题、新矛盾，切实加强老干部工作的实际效果。

❖ 让老干部发挥政治优势，当好“辅导员”，建立起老干部与青年党员干部的联系机制，以老干部的深厚理论基础和干事创业能力帮助年轻人增长才干、避免“山路十八弯”；发挥阅历优势，当好“督导员”，老干部上知政策取向，下晓社情民意，应充分动员老干部为政策落实情况把脉问诊，及时纠正工作“偏差”；发挥威望优势，当好“宣传员”，经常深入机关、社区、学校、企业，传播党的声音、宣传党的主张，汇聚起全社会昂扬向上的强大“正能量”。

❖ 老干部工作如果没有找准脉，那极有可能会做出错误的决策，那样带来的危害可想而知。广大老干部工作者既要立足眼前，解决好老干部的急难愁盼问题，在追根究底、找准根源中做到“对症下药，药到病除”，形成办实事的有效“闭环”，又要“三思而后行”，要多扪心自问“我这样做，老干部高不高兴，老干部满不满意”，只有这样，才能得到老干部的拥护，增加老干部的“幸福指数”。

- 起初，对老干工作“只闻其声未见其人”，一直以为做老干部工作轻松简单，渐渐地才发现这是一份需要“身入”“心入”“情入”的工作，对待老干部更需有耐心、细心、真心、恒心、爱心，有呼必应、有困必纾，而我也在不断地努力，争取成为一名合格的老干部工作者，后来我的努力似乎也得到了“回应”，在我离开老干岗位后，仍还有老同志会关心我的动向，一声“×××”、一句“还好吗”胜过千言万语。

- 同其他工作相比，老干部工作有其自身的特殊要求。做好这项工作必须分清轻重缓急，因人而异，因事而异，采取既积极又稳妥的办法。对符合政策规定、具备条件解决的，不推不拖，抓紧协调，争取快办；对特殊情况、需要解决的，积极创造条件，特事特办；对不符合政策规定、无条件解决的，坚持原则，耐心做好解释；对条件不成熟、容易造成攀比、引发矛盾的，坚持冷处理，适当缓办。

- 当明白真心实意的关爱对老干部队伍的建设及地方的发展均有助益时，要始终以不降工作标准、不减干事热情的姿态全力以赴提升老同志的“幸福指数”。

- 要始终将“纪律规矩”挺在前面，明正德、严私德、守公德，时刻弄清“权力来自哪里”“公权为了谁”“退休要干啥”的道理，保持清醒的头脑不当“糊涂虫”，保持道路坚定不当“墙头草”，保持纪律在前不当“矩外人”，保持一身正气不当“两面人”，坚决反对和抵制各种错误思潮，坚决反对享乐主义和奢靡之风，让“廉洁”的底色在离退休干部身上愈加明亮。同时，离退休干部要洁净自己的“朋友圈”“生活圈”，培养良好的家风学风，避免被“有心之人”钻了空子。

- 要常怀敬老之心、善谋为老之策、恪守爱老之责、多做敬老之事，满腔热情地做好老干部各项生活服务工作，要把老干部关注的医疗保健、住房保障、精神服务等工作作为重点，把老干部的呼声作为第一信号、把老干部的需要作为第一选择、把老干部的满意作为第一标准，热心搞服务、贴心送温暖、耐心解难题，推动老干部工作从“做了”向“做好”转变，从注重“量”向注重“质”转变，确保广大老干部老有所养、老有所医、老有所教、老有所学、老有所为、老有所乐，使他们切身感受到党组织的关怀和温暖，不断提升老干部晚年生活“幸福指数”。

- 进入“两高期”后，老年人独有的特征逐步凸显，如思维敏捷程度下降，行动变得迟缓，语言表达能力降低，心理障碍增多等，有时因为一句话说得不妥、一个举动不当、一件事办得不周，都会引起思想上的波动、情绪上的不满。为此，该干休所坚持所领导普遍走访、其他干部骨干分片包干，定期登门看望，多与老干部说知心话、唠家常事，准确了解他们在干什么、在想什么、需要什么，争取了工作的主动权。

- 老干部呼声是老干部工作的“第一信号”，因此，我们要善于倾听老干部的民声民意，既听喜讯，也听牢骚；既关注工作，也关注家常。通过“闻”，真正培养“一叶落而知天下秋”的洞察力、涵养“一枝一叶总关情”的情怀，通过了解老干部的所思、所盼、所想，从而让我们的工作更有针对性，在虚心倾听、耐心察情、真心沟通中赢得老干部的理解和支持，换得老干部的“满意度”。

- 无论是在艰难创业的建设时期，还是在艰辛探索的改革时期，老干部始终坚持一颗红心跟党走、一身正气干事业、一腔热情为家乡，在各自岗位上创造了突出业绩，我们要继续发挥老同志的经验智慧、优势专长，鼓励和支持老同志在助力党的建设、乡村振兴、社会治理、科技创新、培育时代新人等方面，多出点子、多提建议、多想办法、多搭桥梁，引导老同志继续发挥余热，为经济社会发展献智出力。

- 作为老干部工作者，不仅要在重阳节这天为老干部送去党的关怀与爱，更要积极发挥好桥梁纽带的作用，继续点亮老干部这一“银光宝藏”，引导老干部通过信仰的“传递”、思想的“碰撞”、行动的“感染”，把“内功”精准传递给年轻干部，真正让老一辈忠党爱党的革命精神、求真务实的工作作风和丰富的工作经验有效传承下去，使年轻干部真正能够接得住新时代的接力棒、握得好新征程的方向盘。

- 通过积极搭建平台、铺设参政桥梁，充分发挥老干部政治强、觉悟高、党性好、社会影响力大等优势，引导他们积极宣传×××的重大决策部署，当好政策解读的“宣传员”；充分发挥老干部德高望重、受人尊敬及辨别是非、说服感召能力强等优势，引导他们参与化解矛盾纠纷，为促进社会的稳定，推动经济社会和谐发展发挥余热，当好人民群众的“调解员”；积极引导老干部关注下一代的成长，当好青少年健康成长的领路人，用自己的成长经历、工作经历教育青少年，结合本地的红色资源讲好党百年奋斗重大成就和历史经验的故事，同时进入中小学开展公民道德、法治宣传，激发青少年的爱国热情，增强青少年的法治观念，切实当好青少年的“辅导员”。

- 江山就是人民，人民就是江山，我们党打江山、守江山，守的就是民心。莫道桑榆晚，为霞尚满天。新时代赋予离退休干部新的使命，也赋予新的任务。广大离退休干部要发挥好“银发力量”，主动告别“无官一身轻”的心态，主动从“工作一线”卸任至“人民主线”，在田间、在车间、在地里调研发现人民群众在“三农”工作、在就业创业、在医疗养老等方面的“中阻梗”，向人民群众宣传科普党的最新方针、惠民利民政策等方面，让人民群众的操心事、烦心事、难心事在离退休干部的殷切关心之下，一步一个脚印得到解决，最终实现日子“红起来”、脸蛋“笑起来”、生活“富起来”。